中国古代佛教思想文化与文学论集

赵 伟 著

中国社会科学出版社

图书在版编目(CIP)数据

中国古代佛教思想文化与文学论集 / 赵伟著 . —北京：中国社会科学出版社，2021.8
ISBN 978-7-5203-8362-2

Ⅰ.①中… Ⅱ.①赵… Ⅲ.①佛教史—思想史—研究—中国—古代 ②中国文学—佛教文学—古典文学研究 Ⅳ.①B949.2②I207.99

中国版本图书馆 CIP 数据核字（2021）第 076170 号

出 版 人	赵剑英
责任编辑	任　明　周怡冰
责任校对	冯英爽
责任印制	郝美娜
出　　版	中国社会科学出版社
社　　址	北京鼓楼西大街甲 158 号
邮　　编	100720
网　　址	http：//www.csspw.cn
发 行 部	010-84083685
门 市 部	010-84029450
经　　销	新华书店及其他书店
印刷装订	北京君升印刷有限公司
版　　次	2021 年 8 月第 1 版
印　　次	2021 年 8 月第 1 次印刷
开　　本	710×1000　1/16
印　　张	23.25
插　　页	2
字　　数	393 千字
定　　价	138.00 元

凡购买中国社会科学出版社图书，如有质量问题请与本社营销中心联系调换
电话：010-84083683
版权所有　侵权必究

目　　录

道安与东晋清谈 ………………………………………………（1）
　　两晋之际，佛教僧徒在宣扬、传播佛教时，多在理论上牵合魏、西晋兴起的玄学，多取《老》《庄》中之名辞，用来比附、释解佛教概念……

六朝观音信仰的流行与博兴的观音造像 …………………（21）
　　山东地区是中国佛教活动开始较早的地方之一，在关于佛教初入中国的文献记载中，《后汉书·楚王英传》记载楚王"更喜黄、老，学为浮屠，斋戒祭祀"……

遵式台净合一的护教观 ……………………………………（35）
　　北宋初，一场"山家山外"之争，使北宋的天台宗再度受到了相当高的关注。北宋天台宗的发展状况，受到国内外较多的关注，如安藤俊雄《天台性具实相论》……

"内藏儒志气"：智圆的儒者志意与文道观念 ……………（60））
　　"内藏儒志气"出自智圆《湖居感伤》诗，其中云"内藏儒志气，外假佛衣裳"。作为一名佛教徒，智圆竟然说自己内心为儒、外行为佛……

契嵩与灵隐寺 ………………………………………………（131）
　　……北宋初的文学，基本上是沿袭了五代十国的遗绪，散文多为骈体，风格浮艳，文风浮靡

《佛说化珠保命真经》与王阳明《药王菩萨化珠保命真经序》……（148）

  《续藏经》收录的第25部经是《佛说化珠保命真经》，这部经很有可能是一部伪经。此经前有王阳明所作的《药王菩萨化珠保命真经序》，不见收录于各版本的王阳明文集……

王龙溪与佛教……（162）

  关于王龙溪与佛教的研究，彭国祥《良知学的展开——王龙溪与中晚明的阳明学》（三联书店2005年版）有提到……

救济应验与融入心学：药师信仰中国化的两种途径……（201）

  药师信仰传入中国之后，受到中国人极大的欢迎，关于药师佛的经籍的译本已有多种，如东晋帛尸梨密多罗译《佛说灌顶拔除过罪生死得度经》、刘宋时期的慧简译《药师琉璃光经》（已佚）……

重元寺小志……（222）

  重元寺始建于梁武帝天监二年（503年），据唐代陆广微撰写的《吴地记》载，寺为陆僧赞捐出宅院而建，"梁卫尉卿陆僧瓒天监二年旦暮，见住宅有瑞云重重复之，遂奏请舍宅为重云寺，台省误写为重玄，时赐大梁广德重玄寺"……

汉译佛经的譬喻与寓言……（260）

  佛陀的教法因为过于深奥及听讲人根性的差别，往往不容易理解……

"诗法禅机，悟同而道别"——谢榛与佛教……（297）

  在一般的中国文学通史和明代文学史中，前后七子往往被当作一个整体来进行研究和探讨，对个人的具体情况分析得不多……

论汤式散曲中的佛教意蕴 (315)

汤式，元末明初的戏曲创作者，《录鬼簿续编》有汤式小传，云："汤舜民，象山人，号菊庄……

非空非色：施绍莘散曲中的佛教意识 (328)

施绍莘（1581—1640年），字子野，华亭人（又云嘉兴人），自号峰泖浪仙。施绍莘是明代后期重要的散曲创作者之一，今存散套86套，小令72首，收录在《秋水庵花影集》中……

道安与东晋清谈

两晋之际，佛教僧徒在宣扬、传播佛教时，多在理论上牵合魏、西晋兴起的玄学，多取《老》《庄》中之名辞，用来比附、释解佛教概念。如《世说新语》载支愍度事云："愍度道人始欲过江，与一伧道人为侣。谋曰：'用旧义在江东，恐不办得食。'便共立'心无义'。既而此道人不成渡，愍度果讲义积年。后有伧人来，先道人寄语云：'为我致意愍度，无义那可立？治此计，权救饥尔，无为遂负如来也！'"所谓的"旧义"，刘孝标注引云："种智有是而能圆照。然则万累斯尽，为之空无；常住不变，为之妙有。"尽累之谓空，即万物未尝无之意，不空外物，非佛教之正理。支愍度摒弃"旧义"，而言"心无"，意如刘孝标注引："种智之体，豁如太虚。虚而能知，无而能应。"① 此即汤用彤先生所说："推求心之体，以为豁如太虚，虚而能知，无而能应。"② 刘孝标的注引及汤用彤的解释，皆表明了支愍度所立新义向玄学的贴近。这种贴近，或许真的不是为了佛教理论上的发展，更多的是如伧道人所说的为"权救饥尔"。

支愍度弃旧义而立新义以"权救饥尔"的做法，一方面是为了争取统治者的支持，如释道安所说的："不依国主，则法事难立。"③ 另一方面是为了增加与玄学士人的交往，通过与名士的交往提高自己的知名度，从而更好地宣扬佛教。支愍度的做法或许是出自不得已，然同时之释道安，则能在清谈之下使佛教理论得到发展，汤用彤说："东晋之初，能使佛教有独立之建设，艰苦卓绝，真能发挥佛陀之精神，而不全藉清谈之浮华者，实在弥天释道安法师。"④ 关于释道安"不全藉清谈之浮华"而"能

---

① 余嘉锡：《世说新语笺疏》假谲第二十七，中华书局1983年版，第949页。
② 汤用彤：《汉魏两晋南北朝佛教史》第九章，北京大学出版社1997年版，第188页。
③ 释僧祐编：《出三藏记集》卷十五，中华书局1995年版，第562页。
④ 汤用彤：《汉魏两晋南北朝佛教史》第八章，第132页。

使佛教有独立之建设"的探讨，如其译经及所贡献、般若理论的阐发、佛教戒律的制定等诸方面，梁启超《佛学研究十八篇》诸文、汤用彤《汉魏两晋南北朝佛教史》及《魏晋玄学论稿》、荷兰学者许里和《佛教征服中国》、孙昌武《中国佛教文化史》、任继愈《中国佛教史》等著作中已有充足的论述，本文不赘述释道安之思想与佛教理论，重在叙述其与东晋清谈之关系。

一

释道安生于晋永嘉六年（312年），卒于太元十年（385年）。西晋时期，名士们纷纷热衷于读佛经和结交僧徒。汤用彤分析"得助于魏晋清谈"是两晋佛教兴盛的原因之一，他说："盖世尚谈客，飞沉出其指顾，荣辱定其一言。贵介子弟，依附风雅，常为能谈玄理之名俊，其赏誉僧人，亦固其所。"[①] 此种状况，如《晋书》云："会稽有佳山水，名士多居之。谢安未仕时，亦居焉。孙绰、李充、许询、支遁等，皆以文义冠世，并筑室东土，与羲之同好。"[②] 孙绰、李充、许询都是当时的名士，支遁即支道林，作为佛教僧徒，与玄谈之名士们交往颇密。

《晋书》王羲之传中又言："羲之既去官，与东土人士尽山水之游，弋钓为娱。又与道士许迈共修服食，采药石不远千里，遍游东中诸郡，穷诸名山，泛沧海，叹曰：'我卒当以乐死。'谢安尝谓羲之曰：'中年以来，伤于哀乐，与亲友别，辄作数日恶。'羲之曰：'年在桑榆，自然至此。顷正赖丝竹陶写，恒恐儿辈觉，损其欢乐之趣。'"[③] 这段话表明晋之名士们游山水与玄谈目的之一是为求"乐""欢乐之趣"，同时表明名士们交往所玄谈的对象十分广泛，除了名士之间的交谈，还有与佛教僧徒、道教道徒们之间的谈论。这些玄谈往往不仅能丰富玄谈的内容，亦能推动佛教、道教在理论上的发展。

对佛教而言，通过与名士以及为适应玄谈和翻译佛经的需要而对《老》《庄》等道家典籍的阅读，促进了佛教理论在两晋的发展。众多的

---

① 汤用彤：《汉魏两晋南北朝佛教史》第八章，第134页。
② 《晋书》卷八十《王羲之传》，中华书局1974年版，第2098—2099页。
③ 《晋书》卷八十《王羲之传》，第2101页。

僧人对《老》《庄》都有深入的阅读，这种阅读，不仅在佛经翻译中可以明显体现出来，而且在玄谈中也是随口而出。如竺道潜，《高僧传》云："潜优游讲席三十余载，或畅方等，或释《老》《庄》。投身北面者，莫不内外兼洽。至哀帝好重佛法，频遣两使殷勤征请，潜以诏旨之重，暂游宫阙，即于御筵开讲《大品》，上及朝士并称善焉。于时简文作相，朝野以为至德，以潜是道俗标领，又先朝友敬，尊重挹服，顶戴兼常，迄乎龙飞，虔礼弥笃。潜尝于简文处遇沛国刘惔，惔嘲之曰：'道士，何以游朱门？'潜曰：'君自睹其朱门，贫道见为蓬户。'"① 竺道潜本为琅琊王氏，是王敦之弟，视朱门为蓬户有出身的原因，实际上更有显示谈论水平的原因。《世说新语》德行篇第一中，"有高名"桓颖之子桓彝评价竺道潜说："此公既有宿名，加先达知称，又与先人至交，不宜说之。"② 竺道潜在出家前为名族（"衣冠之胤"③），出家后又与名士们往来紧密，成为"道俗标领"。支道林颇"宗其风范"，称赞其为"弘道之匠"，《高僧传》云："潜虽复从运东西，而素怀不乐，乃启还剡之仰山，遂其先志，于是逍遥林阜，以毕余年。支遁遣使求买仰山之侧沃洲小岭，欲为幽栖之处，潜答云：'欲来辄给，岂闻巢、由买山而隐。'遁后与高丽道人书云：'上座竺法深，中州刘公之弟子，体德贞峙，道俗纶综。往在京邑，维持法网，内外具瞻，弘道之匠也。'"竺道潜给支道林"欲来辄给，岂闻巢、由买山而隐"的答语，显示了他高超的清谈技巧。竺道潜"维持法网"的方式，应该即以佛经和《老》《庄》为玄谈内容，这种方式对推动佛教僧徒清谈佛教之理与《老》《庄》等道教典籍相结合自然是起到很大的作用。

支道林于竺道潜不仅能"宗其风范"，更能发扬玄谈佛经和《老》《庄》之内容和方式。支道林交往的名士更多，"王洽、刘恢、殷浩、许询、郗超、孙绰、桓彦表、王敬仁、何次道、王文度、谢长遐、袁彦伯等，并一代名流，皆著尘外之狎"④。这些名士大与支道林都极为亲近，如谢安曾写信给支道林说："思君日积，计辰倾迟，知欲还剡自治，甚以

---

① 释慧皎：《高僧传》卷四，中华书局1992年版，第156页。
② 余嘉锡：《世说新语笺疏》，第35页。
③ 余嘉锡：《世说新语笺疏》，第35页。
④ 释慧皎：《高僧传》卷四，第159页。

怅然。人生如寄耳,顷风流得意之事,殆为都尽。终日戚戚,触事惆怅,唯迟君来,以晤言消之,一日当千载耳。此多山县,闲静,差可养疾,事不异剡,而医药不同,必思此缘,副其积想也。"① 谢安说的"医药不同",或许指的是道教的养生活动和医方。同传中,又载众名士对支道林的评价:"至晋哀帝即位,频遣两使,征请出都,止东安寺讲《道行波若》,白黑钦崇,朝野悦服。太原王濛,宿构精理,撰其才词,往诣遁,作数百语,自谓遁莫能抗。遁乃徐曰:'贫道与君别来多年,君语了不长进。'濛惭而退焉。乃叹曰:'实缁钵之王何也。'郗超问谢安:'林公谈何如嵇中散?'安曰:'嵇努力裁得去耳。'又问何如殷浩,安曰:'亹亹论辩,恐殷制支。超拔直上渊源。浩实有惭德。'郗超后与亲友书云:'林法师神理所通,玄拔独悟。实数百年来,绍明大法,令真理不绝,一人而已。'"王濛比之为何晏、王弼,谢安则云嵇康努力才能与之相并,都是极高的评价。

支道林讲《道行波若》而使"朝野悦服",并被比为何晏、王弼,应该是两个方面的缘故:一是以玄谈的方式讲之,而不是单纯地讲般若之学。二是讲《庄子》能标新立异。举《世说新语》中有两段关于支道林讲《庄子·逍遥篇》的轶事,第一段是:"《庄子·逍遥篇》,旧是难处,诸名贤所可钻味,而不能拔理于郭、向之外。支道林在白马寺中,将冯太常共语,因及逍遥。支卓然标新理于二家之表,立异义于众贤之外,皆是诸名贤寻味之所不得。后遂用支理。"第二段是:"王逸少作会稽,初至,支道林在焉。孙兴公谓王曰:'支道林拔新领异,胸怀所及,乃自佳,卿欲见不?'王本自有一往隽气,殊自轻之。后孙与支共载往王许,王都领域,不与交言。须臾支退。后正值王当行,车已在门,支语王曰:'君未可去,贫道与君小语。'因论《庄子·逍遥游》。支作数千言,才藻新奇,花烂映发。王遂披襟解带,留连不能已。"对于第二段,《高僧传》的说法是:"王羲之时在会稽,素闻遁名,未之信,谓人曰:'一往之气,何足言。'后遁既还剡,经由于郡,王故诣遁,观其风力。既至,王谓遁曰:'《逍遥篇》可得闻乎?'遁乃作数千言,标揭新理,才藻惊绝。王遂披衿解带,流连不能已。"不管是支道林主动去找王羲之,还是王羲之主

---

① 释慧皎:《高僧传》卷四,第160页。

动找支道林，都说明了支道林讲《庄子》水平很高。

支道林讲《庄子》能"标新理于二家之表，立异义于众贤之外"，其意大略可从《高僧传》的叙述中见出，《传》云："遁尝在白马寺，与刘系之等谈《庄子·逍遥篇》，云：'各适性以为逍遥。'遁曰：'不然，夫桀跖以残害为性，若适性为得者，彼亦逍遥矣。'于是退而注《逍遥篇》。群儒旧学，莫不叹服。"①支道林反对"各适性以为逍遥"的说法，若这样的说法成立的话，"以残害为性"的桀、跖也可看作"逍遥"了。从这个片段，看得出支道林的思考确实要深入许多，正是基于这样的认识，才能使要出门的王羲之"披襟解带"，出现"朝野悦服""群儒旧学，莫不叹服""遂用支理"的情形也就丝毫不意外了。

《高僧传》中提到一段支道林讲经的轶事，应该就是支道林使"朝野悦服"的讲《道行波若》的方式："晚移石城山，又立栖光寺。宴坐山门，游心禅苑，木餐涧饮，浪志无生。乃注《安般》《四禅》诸经及《即色游玄论》《圣不辩知论》《道行旨归》《学道诫》等。追踪马鸣，蹑影龙树，义应法本，不违实相。晚出山阴，讲《维摩经》，遁为法师，许询为都讲，遁通一义，众人咸谓询无以厝难，询设一难，亦谓遁不复能通，如此至竟两家不竭。"②《世说新语》记载说："支道林、许掾诸人共在会稽王斋头，支为法师，许为都讲。支通一义，四坐莫不厌心；许送一难，众人莫不抃舞。但共嗟咏二家之美，不辩其理之所在。""许为都讲"下引《高逸沙门传》语云"道林时讲《维摩诘经》"③。

由上来看，支道林不仅谈论佛经，更与士人谈论《庄子》，对这两方面的谈论，都能使士人悦服，不禁使人感叹其谈论水平之高了。支道林有《述怀诗》，其中说："总角敦大道，弱冠弄双玄。"他说的"双玄"，应该就是谈论佛经和《庄子》，所以《世说新语》文学篇在"王遂披襟解带，留连不能已"句后引《支法师传》中语说："法师研十地，则知顿悟于七住；寻庄周，则辩圣人之逍遥。当时名胜，咸味其音旨。《道贤论》以七沙门比竹林七贤，遁比向秀，雅尚《庄》《老》，二子异时，风尚玄同也。"

---

① 释慧皎：《高僧传》卷四，第160页。
② 释慧皎：《高僧传》卷四，第161页。
③ 余嘉锡：《世说新语笺疏》文学第四，第250页。

在竺道潜、支道林与名士密切盛谈之时，同时的释道安，主要在北方进行"独立之建设"佛教的工作。关于释道安的年历，可参见汤用彤《汉魏两晋南北朝佛教史》第八章相关部分。当时的释道安，在与名士清谈方面，似乎要比支道林等人逊色得多。《世说新语》中只在雅量篇中录轶事一则，云："郗嘉宾钦崇释道安德问，饷米千斛，修书累纸，意寄殷勤。道安答，直云：'损米，愈觉有待之为烦。'"①沈约所撰与《世说新语》同类之著作《俗说》中，收释道安事一则："释道安生便左臂上一肉，广一寸许，著臂如钏，将可上下，时人谓之印手菩萨。"②《俗说》一书已佚，本条存于《太平御览》中。其与名士们的交往、清谈之风，似乎远不如支道林等人。实际上，释道安与两晋的清谈并不是没有关系，本文从般若学为其他清谈者提供清谈内容、分徒众至扬州和荆州结交彼地之"君子"而弘法两个方面，述其与两晋清谈之关系。

二

支道林虽然与名士们盛谈双玄，但其所宗则为释道安所论之理。《世说新语》雅量篇"郗嘉宾钦崇释道安德问"下，注引《安和上传》云："以佛法东流，经籍错谬，更为条章，标序篇目，为之注解。自支道林等皆宗其理。"③支道林在当时并非佛教活动之中心，活动之中心乃是释道安。梁启超说："安为中国佛教界第一建设者，虽未尝自有所译述，然苻秦时代之译业，实由彼主持。苻坚之迎鸠摩罗什，由安建议；四《阿含》《阿毗昙》之创译，由安组织；翻译文体，由安厘正；故安实译界之大恩人也。"④许里和说："考察完晋代士大夫佛教和王室佛教在东部地区的兴起之后，我们将要追踪当时其他三个主要的佛教中心：在襄阳（湖北北部汉水之滨）有由道安主持的教团，兴盛于公元 365—379 年；在江陵

---

① 余嘉锡：《世说新语笺疏》雅量第六，第 410 页。
② 沈约：《俗说》，见《太平御览》卷三百六十九；又见《鲁迅辑录古籍丛编》第一卷，人民文学出版社 1999 年版，第 60 页。
③ 余嘉锡：《世说新语笺疏》雅量第六，第 410 页。
④ 梁启超：《翻译文学与佛典》，载《佛学研究十八篇》，上海古籍出版社 2001 年版，第 169—170 页。

（湖北南部长江之滨）有相对逊色但在当时仍属重要的佛教中心；在庐山（江西北部）也有一个中心，约于公元380年建立，持续到开山祖师慧远（公元377—417年）圆寂为止。"① 梁启超所论主要着眼于其功绩，许里和之论则着眼于其在襄阳的活动。

释道安是在晋哀帝兴宁三年（365年），因慕容儁略河南，而南下襄阳。来襄阳之前，释道安已经具有了很大的影响。习凿齿在《与释道安书》中说："又闻三千得道，俱见南阳，明学开士，陶演真言。上考圣达之诲，下测道行之验。深经并往，非斯而谁，怀道迈训，舍兹孰降。是以此方诸僧，咸有倾想，目欣金色之瑞，耳迟无上之藏。老幼等愿，道俗同怀，系咏之情，非常言也。若庆云东徂，摩尼回曜，一蹑七宝之座，暂视明誓之灯，雨甘露于丰草，植栴檀于江湄，则如来之教复崇于今日，玄波逸响重荡濯于一代矣。不胜延豫，裁书致心意之蕴积，曷云能畅？弟子襄阳习凿齿稽首和南。"② 习凿齿在书信中充分表达了敬仰之意，书末落款"弟子襄阳习凿齿稽首和南"，竟自称是释道安之"弟子"了。

习凿齿之所以能给释道安写信，自然是看到释道安当时的重大影响了。道安自幼"聪俊罕俦"："年七岁读书，再览能诵，乡邻嗟异。至年十二出家，神智聪敏，而形貌甚陋，不为师之所重。驱役田舍，至于三年，执勤就劳，曾无怨色，笃性精进，斋戒无阙。数岁之后，方启师求经，师与《辩意经》一卷，可五千言。安赍经入田，因息就览，暮归，以经还师，更求余者，师曰：'昨经未读，今复求耶？'答曰：'即已闇诵。'师虽异之，而未信也。复与《成具光明经》一卷，减一万言，赍之如初，暮复还师。师执经覆之，不差一字，师大惊嗟而异之。"后师佛图澄，澄"见而嗟叹，与语终日"。众见"形貌不称"，颇有轻视之意，佛图澄说："此人远识，非尔俦也。"③ 道安在佛图澄门下修学多年，取得了相当大的成绩，逐渐在整个北方佛教界建立起一定的声望。石赵灭亡后，冉闵政权不重视佛教，"人情萧索"，道安对跟随他的徒众说："今天灾旱蝗，寇贼纵横，聚则不立，散则不可。"遂复率众入王屋、女休山，隐居

---

① ［荷兰］许里和：《佛教征服中国》，李四龙、裴勇等译，江苏人民出版社1998年版，第305页。
② 释僧祐编：《弘明集》卷十二，《四库全书》本。
③ 释慧皎：《高僧传》卷五，第177页。

避乱，继续修学。道安对这段时期的状况描述说："予生不辰，值皇纲纽绝，猃狁猾夏，山左荡没。避难濩泽，师殒友折，周爰咨谋，顾靡所询。时雁门沙门支昙讲、邺都沙门竺僧辅，此二仁者，聪明有融，信而好古，冒险远至，得与酬酢。寻章察句，造此训传，希权与进者，暂可微寤。"① 释道安在如此困难时期，周围都有大量志同道合的徒众，声望与凝聚力自是不言而喻。南投襄阳时，徒众据《出三藏记集》所记有五百余人，其中不乏竺法济、竺昙讲、竺法汰、释慧远等水平很高的名僧。

习凿齿给释道安写信，一定是鉴于其所获得的声望，以及在译经方面所取得的成绩。释道安此时在译经方面的成绩，汤用彤总结说："安公曾读支曜之《成具光明经》。自言中山支和上写《放光》至中山，又为慧远讲般若。则其于汉末以来洛阳仓垣所传之佛学，已备加研寻。而其《渐备经叙》云，在邺得见博学道士帛法巨。此应即在天水为竺法护笔受者。并言遇凉州二道士，皆博学，以经法为意。其一人名'彦'，曾言及护公所出经，则二人疑亦为护公之徒。叙又云：得《光赞》一卷。则其在河北，已注意及竺法护所传之大乘经矣。其在濩泽，见大阳竺法济，并州雁门支昙讲，与折槃畅碍，作《阴持入经注》。又与支昙讲、邺都沙门竺僧辅注《道地经》。又冀州沙门竺道濩，于东垣界得《大十二门经》，送至濩泽。安公为之笺次作注。三经均安世高所译之禅经。此外，《安般守意》《人本欲生》《十二门》等之经，均有关禅数，世高所译，安公各为之作注。"② 道安正是因其所造的这些工作，受到尊重，并使支道林等人"宗其理"。

支道林所宗其理，最主要的应该是般若学。支道林善讲般若，上引《高僧传》言其注《安般》《道行旨归》等，又讲《道行波若》等。据《世说新语》文学篇，支道林还讲过《小品》："有北来道人好才理，与林公相遇于瓦官寺，讲《小品》。于时竺法深、孙兴公悉共听。此道人语，屡设疑难，林公辩答清析，辞气俱爽。此道人每辄摧屈。"从"道人每辄摧屈"来看，支道林讲般若的效果很不错。和支道林交往的众多名士，也有许多热衷于讲般若，如殷浩，《世说新语》文学篇云："殷中军被废

---

① 释道安：《道地经序》，载《出三藏记集》卷十，第368页。
② 汤用彤：《汉魏两晋南北朝佛教史》第八章，第141页。

东阳，始看佛经。初视《维摩诘》，疑般若波罗密太多，后见《小品》，恨此语少。"又云："殷中军读小品，下二百签，皆是精微，世之幽滞。尝欲与支道林辩之，竟不得。今《小品》犹存。"本句下注引《高逸沙门传》曰："殷浩能言名理，自以有所不达，欲访之于遁，遂邂逅不遇，深以为恨。其为名识赏重如此之至焉。"①

支道林与道安都擅长般若之学。道安一生对《般若》的研究最为用力，根据汤用彤的罗列，道安与《般若》有关的著述有《光赞折中解》一卷、《光赞抄解》一卷、《放光般若折疑准》一卷、《放光般若折疑略》一卷、《放光般若起尽解》一卷、《道行经集异注》一卷、《实相义》、《道行旨归》、《般若折疑略序》、《道行经序》、《大品序》、《合放光光赞略序》、《摩诃钵落若波罗蜜经抄序》、《性空论》等。支道林谈及与《般若》有关的著述亦有《道行指归》等多种。

道安、支道林时代的般若学，昙济概括为六家七宗。陈朝小招提寺慧达法师作《肇论序》，言"或六家七宗，爰延十二"，唐元康作《肇论疏》解释说："或六家七宗，爰延十二者，江南本皆作'六宗七宗'，今寻记传，是'六家七宗'也。梁朝释宝唱，作《续法论》一百六十卷云，宋庄严寺释昙济作《六家七宗论》。论有六家，分成七宗。第一本无宗，第二本无异宗，第三即色宗，第四识含宗，第五幻化宗，第六心无宗，第七缘会宗。本有六家，第一家分为二宗，故成七宗也。言'十二'者，《续法论》文云，下定林寺释僧镜作《实相六家论》，先设客问二谛一体，然后引六家义答之。第一家，以理实无有为空，凡夫谓有为有。空则真谛，有则俗谛。第二家，以色性是空为空，色体是有为有。第三家，以离缘无心为空，合缘有心为有。第四家，以心从缘生为空，离缘别有心体为有。第五宗，以邪见所计心空为空，不空因缘所生之心为有。第六家，以色色所依之物实空为空，世流布中假名为有。前有六家，后有六家，合为十二家也。故曰'爰延十二'也。"② 其中，主张即色论者便为支道林，主张本无宗者即道安。

所谓本无，即般若性空。《名僧传抄》之《昙济传》中云："著《七

---

① 余嘉锡：《世说新语笺疏》文学第四，第257—258页。
② ［日］伊藤隆寿：《肇论集解令模钞校释》卷上，上海古籍出版社2008年版，第16—17页。

宗论》,第一本无立宗曰:'如来兴世,以本无弘教。故《方等》深经,皆备明五阴本无。本无之论,由来尚矣。何者?夫冥造之前,廓然而已。至于元气陶化,则群像禀形。形虽资化,权化之本,则出于自然。自然自尔,岂有造之者哉!由此而言,无在元化之先,空为众形之始。故称本无。非谓虚豁之中,能生万有也。夫人之所滞,滞在末有。宅心本无,则斯累豁矣。夫崇本可以息末者,盖此之谓也。'"① 所谓的即色,《世说新语》文学篇"支道林造《即色论》"下引支道林集《妙观章》云:"夫色之性也,不自有色,色不自有,虽色而空,故曰'色即为空,色复异空'。"② 表面上看,"即色"与"本无"没有密切的相关联系,但汤用彤说:"支法师即色空理,盖为《般若》'本无'下一注解,以即色证明其本无之旨。盖支公宗旨所在,固为本无也。如其《要抄序》曰:'夫《般若波罗蜜》者……明诸佛之始有,尽群灵之本无。登十住之妙阶,越无生之径路。何者耶?赖其至无,故能为用。'此谓至极以无为体。因须证无之旨,支公特标出即色空义。"③ 原来,支道林的即色宗,不过是道安本无宗的注解,是故言支道林乃宗道安之理。

支道林之所以宗道安之理,应该还有一个原因,即如道安这样一个有成就的佛教学者,亦谈论玄学。本无之所出,乃与玄学有关,"观乎本无之各家,如道安、法汰、法深者,则尤兼善内外。如竺法深之师刘元真,孙绰谓其谈能雕饰,照足开蒙。盖亦清谈之人物。故其弟子法深,能或畅《方等》,或释《老》《庄》。而支公盖亦兼通《老》《庄》之人。因此而六朝之初,佛教性空本无之说,凭藉《老》《庄》清谈,吸引一代之文人名士"④。道安之兼善《老》《庄》,从"本无"一语本身来说,何晏、王弼祖述《老》《庄》,指出以天地万物皆以无为本。支谶《道行经》第十四品名为《本无品》,其中云:"一切皆本无,亦复无本无,等无异于真法中本无,诸法本无,无过去当来现在,如来亦尔,是为真本无。"是支谦时便以"本无"译"真如",道安的本无论,在一定程度上是沿袭了支谦的译法。这种译法,在一定意义上说,是由于《般若》之理趣与《老》

---

① 宝唱:《名僧传抄》第十六,《续藏经》第77册,第354页。
② 余嘉锡:《世说新语笺疏》文学第四,第245页。
③ 汤用彤:《汉魏两晋南北朝佛教史》,第183页。
④ 汤用彤:《汉魏两晋南北朝佛教史》,第171页。

《庄》之旨趣相符。道安又在《安般注序》中引用《老子》中语："寄息故无六阶之差，寓骸故有四级之别。阶差者，损之又损，以至于无为。级别者，忘之又忘之，以至于无欲。无为故无形而不因，无欲故无事而不适。"① "损之又损，以至于无为"者，《老子》第四十八章云 "为学日益，为道日损，损之又损，以至于无为；无为而无不为。取天下常以无事，及其有事，不足以取天下"②。《庄子·知北游篇》以黄帝之口援引云："为道者日损，损之又损之，以至于无为，无为而无不为也。"③ 道安《合放光光赞随略解序》云："般若波罗蜜者，成无上正，真道之根也。正者，等也，不二入也。等道有三义焉：法身也，知也，真际也。故其为经也，以如为始，以法身为宗也。如者，尔也，本末等尔，无能令不尔也。佛之兴灭，绵绵常存，悠然无寄，故曰如也。法身者，一也，常净也。有无均息，未始有名，故于戒则无戒无犯，在定则无定无乱，处智则无智无愚，泯尔都忘，二三尽息，皎然不缁，故曰净也，常道也。真际者，无所着也，泊然不动，湛尔玄齐，无为也，无不为也。万法有为，而此法渊默，故曰'无所有者，是法之真也'。由是其经万行两废，触章辄无也。何者？痴则无往而非徼，终日言尽物也，故为八万四千尘垢门也。慧则无往而非妙，终日言尽道也，故为八万四千度无极也。所谓执大净而万行正，正而不害，妙乎大也。"④ 这段话也是融会佛教与《老》《庄》之理。道安的此种援引以释解般若，使支道林尤有同感。

由此看来，释道安是擅长"双玄"的，支道林等热衷于玄学清谈之僧徒与众名士皆"宗其理"的状况，说明释道安对于"双玄"的阐发，对两晋清谈的内容、形式和风气都起到了推动作用。此正如胡适所说的："道安序《道地经》，称为'应真之玄堂，升仙之奥室'。他序《安般经注》，称为'趣道之要经'；又说'安般（出息入息）寄息以成守，四禅寓骸以成定。寄息故有六阶之差，寓骸故有四级之别。阶差者，损之又损之，以至于无为；级别者，忘之又忘之，以至于无欲也……《修行经》以斯二者而成寂。得斯寂者，举足而大千震，挥手而日月扪，疾吹而铁围

---

① 释僧祐：《出三藏记集》卷六，第245页。
② 陈鼓应：《老子注译及评介》，中华书局1984年版，第250页。
③ 陈鼓应注译：《庄子今注今译》，中华书局2001年版，第558页。
④ 释僧祐：《出三藏记集》卷六，第266页。

飞，微嘘而须弥舞。'读这种说话，可知当时佛教徒中的知识分子所以热心提倡禅法，正是因为印度的瑜伽禅法从静坐调息以至于四禅定六神通，最合那个魏晋时代清谈虚无而梦想神仙的心理。"①《高僧传》等文献皆记载道安对自己所注经不自信事，云："安常注诸经，恐不合理，乃誓曰：'若所说不堪远理，愿见瑞相。'乃梦见胡道人，头白眉毛长，语安云：'君所注经，殊合道理，我不得入泥洹，住在西域，当相助弘通，可时时设食。'"②道安担心自己所注佛经"恐不合理"，猜测可能有以下两个原因：一是担心自己所注不符合佛经的原意而受到批评；二是担心自己以玄学的观念注解佛经的方式不被认可。所以在梦中安排一个"胡道人"（亦有文献说是"梵道人"，比较起来，"梵道人"可能要更准确一些）肯定自己所注经"殊合道理"，由是而安下心来；道安实际上是为自己寻找一个依据。

三

上文述及，在《世说新语》等记载当时名士、僧徒清谈与轶事的著述中，仅录有两条与道安清谈相关的材料，与支道林等僧徒、殷浩等名士保存下大量的清谈资料相比，是微不足道的。但并不是释道安就没有注意到当时清谈对佛教发展的推动作用；相反，释道安在对佛教的推扬过程中，是极好地利用了两晋的清谈。

道安为了弘扬佛教，曾两次分徒众到各地去传法。第一次带领五百余徒众南下襄阳时，《世说新语》赏誉篇"初，法汰北来，未知名"下注引车频《秦书》云："释道安为慕容晋（儁）所掠，欲投襄阳，行至新野，集众议曰：'今遭凶年，不依国主，则法事难举。'乃分僧众，使竺法汰诣扬州，曰：'彼多君子，上胜可投。'法汰遂渡江至扬土焉。"以往，研究者颇为注意释道安在这里提出的"不依国主，则法事难举"之语，认为道安认识到，要在中国传扬佛法，必须得到统治阶层的支持。然其对竺法汰所说的扬州"彼多君子，上胜可投"之语，亦不可忽略。

---

① 胡适：《中国中古思想小史》，载欧阳哲生主编《胡适文集》第六册，北京大学出版社1998年版，第653页。

② 释慧皎：《高僧传》卷五，第183页。

道安注意到扬州"彼多君子",对佛教的发扬非常有利。那么扬州的"君子"都是什么人呢?兹举几例,便可知晓。事例一。《世说新语》黜免篇云:"殷中军被废在信安,终日恒书空作字,扬州吏民寻义逐之,窃视唯作'咄咄怪事'四字而已。"① 殷中军便是殷浩,作为非常活跃且影响极大的清谈者,清谈之水平颇得到时人的认可,如《世说新语》文学篇"殷中军读《小品》"下注引《语林》言其与支道林事云:"浩于佛经有所不了,故遣人迎林公。林乃虚怀欲往,王右军驻之曰:'渊源思致渊富,既未易为敌,且己所不解,上人未必能通。纵复服从,亦名不益高。若佻脱不合,便丧十年所保。可不须往。'林公亦以为然,遂止。"②《世说新语》政事篇"殷浩作扬州"条下注引《浩别传》云:"浩字渊源,陈郡长平人……浩少有重名,仕至扬州刺史、中军将军。"殷浩任扬州刺史的时间不短,故《世说新语》文学篇"李弘度常叹不被遇"条中,直接称其为"殷扬州"。《郭子》中有"殷浩作扬州"条,言其治扬州甚严,云:"殷浩作扬州,尹行,日小暮,便命左右取被幞;人问其故,答曰:'刺史严,不敢夜行。'"③

事例二。《世说新语》伤逝篇云:"庾文康亡,何扬州临葬,云:'埋玉树著土中,使人情何能已已!'"注引《灵鬼志·谣征》曰:"文康初镇武昌,出石头,百姓看者于岸歌曰:'庾公上武昌,翩翩如飞鸟。庾公还扬州,白马牵旒旐。'又曰:'庾公初上时,翩翩如飞鸦。庾公还扬州,白马牵旒车。'"④ 可知庾亮亦曾驻守扬州。

事例三。《世说新语》贤媛篇云:"周浚作安东时,行猎,值暴雨,过汝南李氏。李氏富足,而男子不在。有女名络秀,闻外有贵人,与一婢于内宰猪羊,作数十人饮食。事事精办,不闻有人声。密觇之,独见一女子,状貌非常。浚因求为妾,父兄不许。络秀曰:'门户殄瘁,何惜一女!若连姻贵族,将来或大益。'父兄从之。"注引《八王故事》曰:"浚字开林,汝南安城人,少有才名。太康初,平吴,自御史中丞出为扬州刺

---

① 余嘉锡:《世说新语笺疏》黜免第二十八,第954页。
② 余嘉锡:《世说新语笺疏》文学第四,第252页。又见《语林》,载《鲁迅辑录古籍丛编》第一卷,第25页。
③ 《郭子》,载《鲁迅辑录古籍丛编》第一卷,第55页。
④ 余嘉锡:《世说新语笺疏》伤逝第十七,第707页。

史。元康初，加安东将军。"① 是"少有才名"的周浚曾于此作扬州刺史。

事例四。《世说新语》仇隙篇云："王右军素轻蓝田。蓝田晚节论誉转重，右军尤不平。蓝田于会稽丁艰，停山阴治丧。右军代为郡，屡言出吊，连日不果。后诣门自通，主人既哭，不前而去，以凌辱之。于是彼此嫌隙大构。后蓝田临扬州，右军尚在郡。初得消息，遣一参军诣朝廷，求分会稽为越州。使人受意失旨，大为时贤所笑。蓝田密令从事数其郡诸不法，以先有隙，令自为其宜。右军遂称疾去郡，以愤慨致终。"下注引《中兴书》以言王蓝田（述）任职扬州事："羲之与述志尚不同，而两不相能。述为会稽，艰居郡境。王羲之后为郡，申慰而已，初不重诣，述深以为恨。丧除，征拜扬州，就征，周行郡境，而不历羲之。"② 是知王述曾居官于扬州。《世说新语》赏誉篇中亦云："王蓝田拜扬州，主簿请讳，教云：'亡祖、先君，名播海内，远近所知；内讳不出于外。余无所讳。'"③

事例五。《语林》记王导事，云："王丞相拜扬州，宾客数百人，并加沾接，人人有悦色。唯有临海一客，姓任名颙，时官在都，预王公坐，及数胡人为未洽。公因便还到，过任边云：'君出，临海便无复人。'任大喜悦，因过胡人前，弹指曰：'兰闍！兰闍！'群胡同笑，四坐并惧。"④ 此事并见《世说新语》政事篇，赏誉篇载："丞相治杨〔扬〕州，按行而言曰：'我正为次道治此尔！'何少为王公所重，故屡发此叹。"注引《晋阳秋》曰："充，导妻姊之子，明穆皇后之妹夫也。思韵淹济，有文义才情，导深器之。由是少有美誉，遂历显位。导有副贰已使继相意，故屡显此指于上下。"⑤ 王导从兄王敦亦曾为扬州牧，《世说新语》文学篇"卫玠始度江，见王大将军"下注引《敦别传》曰："敦字处仲，琅邪临沂人。少有名理，累迁青州刺史。避地江左，历侍中、丞相、大将军、扬州牧，以罪伏诛。"⑥ 王氏家族多名重要成员曾驻扬州，可见扬州地位之

---

① 余嘉锡：《世说新语笺疏》贤媛第十九，第759页。
② 余嘉锡：《世说新语笺疏》仇隙第三十六，第1021页。
③ 余嘉锡：《世说新语笺疏》赏誉第八，第513页。
④ 《语林》，载《鲁迅辑录古籍丛编》第一卷，第54页。
⑤ 余嘉锡：《世说新语笺疏》赏誉第八，第503页。
⑥ 余嘉锡：《世说新语笺疏》文学第四，第231页。

重要。

事例六。事例二中提到的"何扬州"、事例五中提到的"次道"是何充，字次道，亦曾为扬州刺史。《语林》云："何公为扬州，有葬亲者，乞数万钱，而帐下无有。扬州常有栲米，以赈孤寡，乃有万余斛；虞存为治中，面见，道：'帐下空素，求檠此米。'何公曰：'何次道义不与孤寡争粒。'"①《世说新语》政事篇"何骠骑作会稽"条注引《晋阳秋》曰："何充字次道，庐江人。思韵淹通，有文义才情。累迁会稽内史、侍中、骠骑将军、扬州刺史，赠司徒。"② 何充是高层官僚中较早信仰佛教者，《晋书》何充本传言"性好释典，崇修佛寺，供给沙门以百数，糜费巨亿而不吝也。亲友至于贫乏，无所施遗"③。《世说新语》排调篇云："何次道往瓦官寺礼拜甚勤，阮思旷语之曰：'卿志大宇宙，勇迈终古。'何曰：'卿今日何故忽见推？'阮曰：'我图数千户郡，尚不能得，卿乃图作佛，不亦大乎？'"④ 瓦官寺是当时士族和名士们汇集的一个中心，上引《世说新语》载支道林曾在瓦官寺讲《小品》，如何充、刘丹阳、王长史、僧意、王修、戴安道、桓伊等士族和名士皆曾在此汇集过。何充之弟何准也是虔诚的佛教徒，"充居宰辅之重，权倾一时，而准散带衡门，不及人事，唯诵佛经，修营塔庙而已"⑤。

事例七。《世说新语》方正篇"王丞相作女伎，施设床席，蔡公先在坐，不说而去，王亦不留"条下注引《蔡司徒别传》，言蔡谟亦尝为扬州刺史，云："谟字道明，济阳考城人。博学有识，避地江左，历左光禄，录尚书事，扬州刺史。"⑥

上述所举七个事例，说明在此前后的时期里，扬州是重臣镇守且众多名士会集，更有如喜谈佛经又为刺史的殷浩，既符合道安依靠"国主"，又迎合清谈的想法，对佛教的发展必然发挥着重要的推动作用。

道安第二次分徒众，是在襄阳。《高僧传》卷第六《晋庐山释慧远》

---

① 《语林》，载《鲁迅辑录古籍丛编》第一卷，第33页。
② 余嘉锡：《世说新语笺疏》政事第三，第198页。
③ 《晋书》卷七十七，第2030页。
④ 余嘉锡：《世说新语笺疏》排调第二十五，第882页。
⑤ 《晋书》卷九十三，第2417页。
⑥ 余嘉锡：《世说新语笺疏》方正第五，第353页。

云:"后随安公南游樊河。伪秦建元九年（373年），秦将苻丕寇斥襄阳，道安为朱序所拘，不能得去，乃分张徒众，各随所之。临路，诸长德皆被诲约，远不蒙一言，远乃跪曰：'独无训勖，惧非人例。'安曰：'如公者岂复相忧！'远于是与弟子数十人，南适荆州，住上明寺。"① 道安这次分徒众，将最器重的门人慧远分向荆州。

道安将慧远分向荆州，反映了他的过人之处，体现了他灵敏的嗅觉。晋南渡之后，有徐州、扬州、江州、荆州等重镇。这几个地方的刺史基本上由几个大的门阀望族所占据。这几个州中，扬州和荆州地位尤其重要。在三吴，扬州与会稽由于一直比较稳定且物产丰饶，是当时晋朝的粮食供应地，都城与军队的粮食基本上依靠的就是扬州与会稽的供应。荆州地处要冲，扼住东晋都城建业的上游，重要的地理位置成为门阀大族、权臣们争夺之地。任过荆州刺史的有庾亮、桓温、殷仲堪、庾翼、王敦、陶侃等，只有陶侃起自寒门，"望非世族"，其他皆为门阀大族；陶侃虽出自寒门，然亦位高权重。在荆州的不只是权重之臣，更在这些重臣周围聚集了大量的名士，给道安写信的习凿齿亦曾居于荆州，《世说新语》文学篇云："习凿齿史才不常，宣武甚器之，未三十便用为荆州治中。"② 习凿齿能居荆州，是因为他是桓温的亲信，颇受桓温的信任。兹列举在荆州之"君子"之事例。

事例一。《世说新语》德行篇云："殷仲堪既为荆州，值水俭，食常五碗，盘外无余肴，饭粒脱落盘席间，辄拾以啖之。虽欲率物，亦缘其性真素。每语子弟云：'勿以我受任方州，云我豁平昔时意，今吾处之不易。贫者，士之常焉，得登枝而捐其本！尔曹其存之。'"殷仲堪为荆州刺史，乃接王忱，本条下注引《晋安帝纪》曰："荆州刺史王忱死，乃中诏用仲堪代焉。"③《世说新语》识鉴篇记殷仲堪为荆州刺史之原因说："王忱死，西镇未定，朝贵人人有望。时殷仲堪在门下，虽居机要，资名轻小，人情未以方岳相许。晋孝武欲拔亲近腹心，遂以殷为荆州。"④ 王忱乃当时善言谈者，《世说新语》赏誉篇云："范豫章谓王荆州：'卿风流

---

① 释慧皎：《高僧传》卷六，第212页。
② 余嘉锡：《世说新语笺疏》文学第四，第284页。
③ 余嘉锡：《世说新语笺疏》德行第一，第47页。
④ 余嘉锡：《世说新语笺疏》识鉴第七，第451页。

僬望，真后来之秀。'王曰：'不有此舅，焉有此甥。'"① 殷仲堪亦为善谈论者，《世说新语》言语篇记其与桓玄事："桓玄诣殷荆州，殷在妾房昼眠，左右辞不之通。桓后言及此事，殷云：'初不眠，纵有此，岂不以"贤贤易色"也？'"②《世说新语》政事篇云："殷仲堪当之荆州，王东亭问曰：'德以居全为称仁，以不害物为名。方今宰牧华夏，处杀戮之职，与本操将不乖乎？'殷答曰：'皋陶造刑辟之制，不为不贤；孔丘居司寇之任，未为不仁。'"③《世说新语》文学篇中又记二人相互攻难："桓南郡与殷荆州共谈，每相攻难，年余后但一两番，桓自叹才思转退，殷云：'此乃是君转解。'"④《语林》亦记二人相互嘲弄事："桓玄字信迺，沛国龙亢人也。晋时为部公，与荆州刺史殷仲堪语次，二人遂相为嘲。玄曰：'火燎平原无遗燎。'堪曰：'投鱼深泉放飞鸟。'次复危言，玄曰：'矛头淅米剑头炊，百岁老翁攀树枝。'堪曰：'井上辘轳卧小儿。'"⑤

事例二。《世说新语》言语篇云："庾稚恭为荆州。"注引《庾翼别传》曰："翼字稚恭，颍川鄢陵人也。少有大度，时论以经略许之。兄太尉亮薨，朝议推才，乃以翼都督七州，进征南将军、荆州刺史。"⑥

事例三。《世说新语》政事篇："陶公性检厉，勤于事。作荆州时，敕船官悉录锯木屑，不限多少。咸不解此意，后正会，值积雪始晴，厅事前除雪后犹湿，于是悉用木屑覆之，都无所妨。"⑦

事例四。《世说新语》政事篇："桓公在荆州，全欲以德被江汉，耻以威刑肃物，令史受杖，正从朱衣上过。桓式年少，从外来，云：'向从阁下过，见令史受杖，上捎云根，下拂地足。'意讥不著。桓公云：'我犹患其重。'"此处的"桓公"是指桓温。本条下注引《温别传》曰："温以永和元年，自徐州迁荆州刺史，在州宽和，百姓安之。"⑧

---

① 余嘉锡：《世说新语笺疏》赏誉第八，第547页。
② 余嘉锡：《世说新语笺疏》言语第二，第172页。
③ 余嘉锡：《世说新语笺疏》政事第三，第206页。
④ 余嘉锡：《世说新语笺疏》文学第四，第268—269页。
⑤ 《语林》，载《鲁迅辑录古籍丛编》第一卷，第40页。
⑥ 余嘉锡：《世说新语笺疏》言语第二，第123页。
⑦ 余嘉锡：《世说新语笺疏》政事第三，第196—197页。
⑧ 余嘉锡：《世说新语笺疏》政事第三，第201页。

事例五。《世说新语》文学篇载"桓玄初并西夏,领荆、江二州,二府一国",注引《玄别传》:"玄既克殷仲堪,后杨佺期,遣使讽朝廷,朝廷以玄都督八州,领江州、荆州二刺史。"①

这次分徒众是在苻秦攻略襄阳、道安被朱序所拘不得出的状况下作出的决定,荆州相对比较安稳。释道安让慧远到荆州去,可谓实现了他的目的。慧远来到荆州后,见到了殷仲堪。《世说新语》文学篇中,记载殷仲堪与慧远的对话:"殷荆州曾问远公:'《易》以何为体?'答曰:'《易》以感为体。'殷曰:'铜山西崩,灵钟东应,便是《易》耶?'远公笑而不答。"最终慧远成了当时佛教的一个发展中心②。

需要指出的是,上述在扬州、荆州的门阀权臣,本身就是名士,或者为了政治上的需要而与名士结交紧密,否则他们就很难周旋于士族名士之间。这些权臣因为政治利益,完成了由门阀士族向玄学士族的转化,这在上述所征引的材料中便可窥见一二,在《世说新语》等类的所谓志人小说中还有更多的文献可以说明。

道安将最信任的弟子分向扬州和荆州,相信是认真考虑过这些事情、并分析过东晋的局势的。即便是他南投襄阳,或许也是经过慎重考虑的。襄阳所处的位置亦极为重要,居荆州上游,顺汉水而下,足以威胁夏口、武昌,陆道南出,又可以指向江陵,对荆州拥有极大的地理优势。因此,襄阳也历来是门阀权臣所争夺之地。先后镇守荆州的庾氏家族和桓氏家族,对襄阳进行着激烈的争夺。道安接到习凿齿的信而南投襄阳,应该是已经考虑到襄阳的有利位置,以及可能对传播佛教所带来的有利条件。道安来到襄阳之后,经过努力,使佛教"遂以骤盛":"中国佛教史,当以道安以前为一时期,道安以后为一时期。前此稍有事业可纪者,皆西僧耳(即竺法护亦本籍月支)。本国僧徒为弘教之中坚活动,实在安始。前此佛学为沙门专业,自安以后,乃公之于士大夫,成为时代思潮……安与一时贤士大夫接纳,应机指导,咸使妙悟,大法始盛于居士中(以上杂据《高僧传》安传及其他诸传,不备引原文)。要而论之,安自治力极强,理解力极强,组织力极强,发动力极强,故当时受其人格的感化与愿力的

---

① 余嘉锡:《世说新语笺疏》文学第四,第305页。
② 余嘉锡:《世说新语笺疏》文学第四,第265—266页。

加被，而佛教遂以骤盛。"① 可以相信的是，道安在襄阳接纳的，定不止一般的士大夫，更重要的是与当时门阀权臣的接纳，如上文引其与当时权臣郗嘉宾（超）事。许里和注意到道安在襄阳与士大夫、王室之间的联系，如不让道安离开襄阳的朱序，与道安联系紧密。朱序在襄阳即将被苻秦攻破的情况下，仍不让道安离开，是因他对道安的极其尊重。道安此时还结交襄阳之外的一些权臣，如曾为凉州刺史、荆州刺史的桓豁，主动向他示好、送米千斛的郗超，当时居建业。

根据某些材料来看，在道安之前，佛教发展的程度还是有限的，例如，习凿齿在写给道安的信中说："且夫自大教东流四百余年矣，虽藩王居士时有奉者，而真丹宿训，先行上世，道运时迁，俗未全悟。"② 道安在颠沛流离中坚持弘扬佛教："观乎安公南下，从行之众，《僧传》所言，并未尝过于揄扬。盖安公内外俱赡，恰逢世乱。其在河北，移居九次，其颠沛流离不遑宁处之情，可以想见。然其斋讲不断，注经甚勤，比较同时潜遁剡东、悠然自得之竺道潜、支遁，其以道自任，坚苦卓绝，实已截然殊途矣。"③ 正是道安"以道自任"、艰苦卓绝地弘教，佛教才达到了"骤盛"。许里和曾说："我们发现在公元3世纪末4世纪初，出现了形成僧人知识精英（intellectual clerical elite）的明显最初迹象。他们由中国或本地化的僧人组成，去创生或弘扬一种完全汉化了的佛教教义，这些教义从那时以降开始渗入到中国上层社会。"④ 此即桓玄在《与王令书论道人应敬王事》中所言的："曩者晋人略无奉佛，沙门徒众皆是诸胡，且王者与之不接，故可任其方俗，不为之检耳。"⑤ 许里和所说的"中国或本地化了"的僧人知识精英，道安无疑是当之无愧的代表。

要明确说明两个方面的事情。其一，道安将徒众们分向扬州、荆州等地，显示了他对东晋政治局势的一种预判和细致观察。在一般人的印象中，门阀政治贯穿于整个魏晋南北朝时期，实际上，门阀政治只是东晋一朝百年间的政治形态，而不是其他时期政治形态的主流，具体可参见田余

---

① 梁启超：《中国佛法兴衰沿革说略》，载《佛学研究十八篇》，第5—6页。
② 习凿齿：《与释道安书》，载《弘明集》卷十二。
③ 汤用彤：《汉魏两晋南北朝佛教史》，第141页。
④ [荷兰] 许里和：《佛教征服中国》，李四龙、裴勇等译，第94页。
⑤ 桓玄：《与王令书论道人应敬王事》，载《弘明集》卷十二。

庆《东晋门阀政治》(北京大学出版社 1989 年版)。道安可能看到了门阀士族在东晋政治中的作用,而将其徒众分向门阀士族所控制之地。其二,尽管《世说新语》等记载六朝轶事的著述中,关于释道安的文献资料非常罕见,但从上述考察来看,道安是擅长"双玄"的。其所译经及其对佛教理论的发挥、对《老》《庄》的借用,为其他清谈者如支道林等人,提供了清谈"双玄"的内容。

　　道安并非不善清谈,他在襄阳与习凿齿见面时,习凿齿说:"四海习凿齿。"道安曰:"弥天释道安。"事见《高僧传》卷第五。由道安下意识地敏捷反应来看,道安是非常擅长清谈的。以至于苻坚攻襄阳而得到道安和习凿齿后说:"朕以十万之师取襄阳,唯得一人半。"一人半即"安公一人,习凿齿半人也"[①]。道安不仅善于清谈,而且为当时的僧徒和名士们提供了新的清谈内容;更重要的是,他能利用门阀士族的名士化及与名士们的结交,大力弘扬佛教,使佛教出现"骤盛"的局面。道安之所以没有如支道林那样多的清谈事迹,应该是他把更多的精力用在佛教的"独立建设"上了。

---

　　① 释慧皎:《高僧传》卷五,第 180 页。

六朝观音信仰的流行与博兴的观音造像

博兴位于今山东省滨州市东南部，历史悠久，六朝时名为博昌。自20世纪80年代以来，博兴境内陆续出土了大量的六朝时期的佛教造像，这些造像对研究博兴乃至山东、全国六朝时期的佛教发展状况、宗教信仰、社会心理与习俗都有着重要的价值。

一

山东地区是中国佛教活动开始较早的地方之一，在关于佛教初入中国的文献记载中，《后汉书·楚王英传》记载楚王"更喜黄、老，学为浮屠，斋戒祭祀"，是非常重要的史料之一，说明此时佛教已经传入进来了。《资治通鉴》根据袁宏《汉纪》所载，言楚王刘英是最先好佛教者："初，帝闻西域有神，其名曰佛，因遣使之天竺求其道，得其书及沙门以来。其书大抵以虚无为宗，贵慈悲不杀，以为人死精神不灭，随复受形；生时所行善恶，皆有报应，故所贵修炼精神，以至为佛。善为宏阔胜大之言，以劝诱愚俗，精于其道者，号曰沙门。于是中国始传其术，图其形像，而王公贵人，独楚王英最先好之。"[①]《后汉书》楚王英本传中又说明帝永平八年（65年），汉明帝诏天下有死罪可用绢赎，楚王刘英亦奉黄绢、白纨各五十匹，明帝诏曰："楚王诵黄、老之微言，尚浮图之仁祠，洁斋三月，与神为誓。何嫌何疑，当有悔吝？其还赎以助伊蒲塞、桑门之盛馔。"这里把黄老与浮屠并列，显然将佛教看作与黄老是一类的。楚王英的活动范围是在以彭城（今江苏徐州）为中心的苏北、鲁南一带，是我国佛教发展较早的地区之一。1952年，山东沂南县发现了东汉末年的

[①] 司马光：《资治通鉴》卷四十五，中华书局1978年版，第1447页。

画像石墓,墓室的中央立有一根八角擎天柱,这根柱子南北两面的上层各刻有一尊头后有圆光的佛立像。鲁西南滕州出土的东汉末年画像石上刻有六牙白象的图案,明显受到了佛教的影响①。

据记载,佛教初入中国,首先是以佛像传入的形式。《四十二章经序》和牟子《理惑论》中都记载到汉明帝求法的事。牟子《理惑论》中说:"昔孝明皇帝梦见神人,身有日色,飞在殿前,欣然悦之。明日,博问群臣:'此为何神?'有通人傅毅曰:'臣闻天竺有得道者,号曰佛,飞行虚空,身有日光,殆将其神也。'于是上悟,遣使者张骞、羽林中郎将秦景、博士弟子王遵等十二人,于大月支写取佛经四十二章,藏在兰台石室第十四间。时于洛阳城西雍门外起佛寺,于其壁画千乘万骑,绕塔三匝,又于南宫清凉台,及开阳城门上作佛像。明帝存时,预修造寿陵,陵曰'显节',亦于其上作佛图像。"②据此,有可能佛像最先传入到中原,汉明帝根据梦中所见而造作佛像表明中国佛教从一开始就对造像非常重视,唐人张彦远在提到这个故事时说:"汉明帝梦金人长大,顶有光明,以问群臣,或曰西方有神名曰佛,长丈六,黄金色。帝乃使蔡愔取天竺国优瑱王画释迦倚像,命工人图于南宫清凉台及显节陵上。以形制古朴,未足瞻敬,阿育王像至今亦有存者可见矣。后晋明帝、卫协皆善画像,未尽其妙。洎戴氏父子皆善丹青,又崇释氏,范金赋彩,动有楷模,至如安道潜思于帐内,仲若悬知其臂肌,何天机神巧也。其后,北齐曹仲达、梁朝张僧繇、唐朝吴道玄、周昉,各有损益,圣贤盼蠁,有足动人;璎珞天衣,创意各异。至今刻画之家,列其模范,曰曹、曰张、曰吴、曰周,斯万古不易矣。"③由此可见,佛教及其图画的造作在中国极受重视,表明佛像的出现,不仅极大地影响了中国人的信仰,也极大地影响到了中国艺术的发展。至汉武帝元狩中,开始供奉佛像:"汉武帝元狩中,遣嫖姚将军霍去病讨匈奴,至皋兰,过居延,昆邪主将其众五万来降,获其金人,帝以为天神,列于甘泉宫。金人率长丈余,不祭祀,但烧香礼拜而已。此则佛道流通之渐也。及开西域,遣张骞使大夏,还,传其旁有身毒国,一

---

① 参见刘鹏《北魏山东佛教造像考》,《广西民族大学学报》2012年第2期。
② 僧祐:《弘明集》卷一。
③ 张彦远:《历代名画记》卷五,《四库全书》本。

名天竺，始闻有浮屠之教。"① 可能是中原有记载的供奉佛像的开始。随着佛教在中原地区的传播，供奉佛像的形式越来越受到信徒们的重视，故在中原的佛教造像也越来越多，尤其是南北朝，出现了一个佛教造像的高峰时期。

山东境内出土的六朝时期佛教造像的数量很大，曾在全国发生相当的影响，《魏书·释老志》中提到孝文帝延兴二年（472年）下诏说："济州东平郡，灵像发辉，变成金铜之色。殊常之事，绝于往古。熙隆妙法，理在当今。有司与沙门统昙曜令州送像达都，使道俗咸睹实相［像］之容，普告天下，皆使闻知。"② 尤其在青州一代所出土的北魏造像，更是具有十分重要的价值，对此，已有众多的研究成果予以证明。青州在六朝期间，先后归属于西晋、后赵、前燕、前秦、后燕、南燕、东晋、刘宋、北魏、东魏、北齐及北周。博兴在六朝时期属于青州管辖，在青州造像风气的笼罩之下，博兴彼时亦造像成风。

自20世纪80年代以来，博兴出土了大量的北朝时期的佛教造像，具体可参看常叙政、李少南《山东省博兴县出土一批北朝造像》（《文物》1983年第7期），丁明夷《谈山东博兴出土的铜佛造像》（《文物》1984年第5期），李少南《从博兴出土的石刻线画略谈北朝线刻艺术》（《考古》1989年第7期），博兴县文物管理所《山东博兴县出土北朝造像等佛教遗物》（《考古》1997年第7期），刘凤君《论青州地区北朝晚期石佛像艺术风格》（《山东大学学报》1998年第3期），张淑敏、田茂亭《浅谈山东博兴出土的北朝铜佛像》（《中原文物》2005年第2期），金申《博兴出土的太和年间金铜观音立像的样式与源流》（《中原文物》2005年第2期）等论文，专著有张淑敏《山东博兴铜佛像艺术》（文物出版社2009年版）、山东博物馆和博兴县博物馆集体编撰的《山东白陶佛教造像——山东地区佛教造像调查与研究》（文物出版社2011年版）等，这些成果对博兴地区的佛教造像、造像艺术等方面进行了论述。

根据上述的成果，博兴的佛教造像活动延续的时间相当长，从北魏十六国到隋初，长达150余年。博兴出土的佛像可分为六期：第一期为北魏

---

① 《册府元龟》卷五十一，凤凰出版社2006年版，第537页。
② 《魏书》卷一百一十四，中华书局1974年版，第3038页。

前期（386—477 年），第二期为北魏中期（477—508 年），第三期为北魏晚期（508—534 年），第四期为东魏（534—550 年），第五期为北齐（550—581 年），第六期为隋（581—618 年）。在众多的造像中，最多的是佛陀像和菩萨像，佛陀作为佛教的教主，他的造像多是理所当然的。博兴的观音造像，有研究者称其数量之多、年代之久、纪年序列之清楚，在中国都是首次发现。尤其是出土的铜造像的题材中，丁明夷在《谈山东博兴出土的铜佛造像》中说："博兴铜造像的题材，居第一位的是观世音立像，其次是弥勒、坐佛、立菩萨和释迦、多宝并坐像等。"[①] 据博兴县博物馆馆长张淑敏介绍，这批铜像中关于释迦的有 11 件，关于弥勒佛的有 6 件，关于卢舍那佛的有 1 件，而关于观音的则有 22 件，由此可见观音造像在博兴佛教造像中的重要地位。

二

博兴在六朝时期之所以有如此多的观音造像，也与当时观音信仰的流行有关。佛教由于更能满足民众对"救济"的渴望，尤其是大乘佛教建立在万法平等、众生悉有佛性基础之上的救济思想的传入，使其在六朝时期赢得了民众的信仰。菩萨思想作为佛教救济意识的集中体现，更是受到中土社会各阶层的热烈欢迎，特别是在困苦无告的下层民众之中更是如此。在张淑敏提供的 47 件带铭文的造像中，可辨别出造像名称的有 16 件，其中 11 件为观音造像[②]。从铭文来看，这些造像的制造者大多是普通的百姓。除兴和二年（540 年）薛明陵"为一切众生"造像、武定二年（544 年）程次男"为皇帝陛下师僧"造像外，其余造像人皆是为父母、自身或家眷祈福，表达出对如"现世安稳""无诸患苦""常与佛会""普同斯愿"等美好愿景的渴望。这些都说明，在六朝博兴的民众信仰中，菩萨思想深受社会下层民众重视。

现在所说的观音是"观世音"的简称，梵文为 Avalokiteśvara，早期有"阿缚卢枳低湿伐罗""阿那波娄去低输"等译法，或简化为"卢楼

[①] 丁明夷：《谈山东博兴出土的铜佛造像》，《文物》1984 年第 5 期。
[②] 参见张淑敏、田茂亭《浅探山东博兴出土的北朝铜佛像》，《中原文物》2005 年第 2 期。

桓"。现在意义上的"观音"称呼的出现，可能不会早于《法华经》译出之前。西晋竺法护于太康七年（286年）译出《正法华经》，称之为"光世音"；元康元年（291年），无罗叉译出《放光般若》，译为"现音声"，这两个名称是目前所知的最早的译法。与竺法护同时的聂道真在太康、永嘉间，译有缺本的《观世音受记经》，以及在《文殊般若涅槃经》《无垢施菩萨应辩经》中，使用了"观世音"的名称。后魏菩提流支于正始五年（508年）译出《法华经论》，使用的是"观世自在"的名称，至鸠摩罗什翻译《妙法莲华经》，使用"观世音"之后，"观世音"及其略称"观音"开始在全国流行起来①。

菩萨思想在早期的流行主要是依据《法华经》，该经主要思想是调和大、小乘佛教，赞扬大乘佛教而主张"三乘归一"。该经中的《观世音普门品》宣扬观音信仰，为实现佛道而修菩萨道。有研究者认为，该品无论从思想内容来看，还是从组织结构来看，都不和全经中心思想相吻合，《观世音普门品》本来是一部单独的经典，是《法华经》造成以后附入其中的。

《法华经》的翻译，在竺法护之后，最为重要的就是后秦的鸠摩罗什于弘始八年（406年）译出了《妙法莲华经》，其中的《观世音普门品》被认为是宣扬菩萨思想的主要篇章。《普门品》所体现的是观音信仰的普门救济，即普遍的救济，"普门"之意为颜面向着一切的方位。本品开头即云："善男子，若有百千万亿众生，受诸苦恼，闻是观世音菩萨，一心称名，观世音菩萨即时观其音声，皆得解脱。"② 闻声往救的能力，使观音菩萨如同世人的救世主一样，有着全能的救济功能。

六朝时期，所译出的关于观世音的经典还有很多，如《出三藏记集》卷二《新集经论录第一》中还录有竺法护译《光世音大势至受决经》、祇多密译《普门品经》、沮渠京声译《观世音观经》、法意等译《观世音忏悔除罪咒经》等多种。只是这些译本已失，内容无可考察。同时，还出现了一些有关观世音的"伪经"，如《观音三昧》《观音忏悔》《大悲雄猛观世音》，以及敦煌写卷中的《佛说观音普贤经》《佛顶观世音菩萨救

---

① 可参考孙昌武《中国文学中的维摩与观音》第三章"观音信仰的弘传"中的相关内容，高等教育出版社1996年版。

② 鸠摩罗什译：《妙法莲华经》，《大正藏》第9册，第56页。

难神愿经》等。相关经典的大量译出和众多伪经的出现，表明了观世音信仰在中国民众中受欢迎程度之高和在中国社会中流行之广泛。

民众信仰观世音最主要的原因，是它的救苦功能。观音信仰是大乘佛教的独特内容，与小乘佛教注重自我解脱不同的是，大乘佛教注重"他力救济"。观音所行是菩萨行，所求是菩萨道。菩萨全称是"菩提萨埵"，意思是"觉有情""道心众生"。菩萨不以自我解脱轮回之苦为目标，而是要度脱一切众生，自作舟桥，让众生达到彼岸。《华严经·入法界品》也是赞扬观音的，其中说："善哉善哉，善男子，乃能发阿耨多罗三藐三菩提心。善男子，我已成就大悲法门光明之行，教化成就一切众生，常于一切诸佛所住，随所应化，普现其前。或以慧施摄取众生，乃至同摄取众生，显现妙身不思议色摄取众生，放火光网除灭众生诸烦恼热，出微妙音而化度之。威仪说法，神力自在，方便觉悟，显变化身，现同类身，乃至同止摄取众生。善男子，我行大悲法门光明行时，发弘誓愿，名曰摄取一切众生，欲令一切离险道恐怖，热恼恐怖，愚痴恐怖，系缚恐怖，杀害恐怖，贫穷恐怖，不活恐怖，诤讼恐怖，大众恐怖，死恐怖，恶道恐怖，诸趣恐怖，不同意恐怖，爱不爱恐怖，一切恶恐怖，逼迫身恐怖，逼迫心恐怖，愁尤恐怖。复次，善男子，我出生现在正念法门，名字轮法门。故出观一切众生等身，种种方便，随其所应，除灭恐怖而为说法，令发阿耨多罗三藐三菩提心，得不退转，未曾失时。"① 经中所提到的除去一切"恐怖"等苦难，无疑对民众具有着强烈的吸引力。观音因此也被民众称为"救苦"观音。

六朝时期，流传着大量的观音应验故事，这也是观音受到民众信仰和欢迎的原因之一。鲁迅在《中国小说史略》中指出，佛教的传入加剧了中国本有鬼道之说的传播，使得六朝时期出现了大量的鬼神志怪之事。鲁迅说："中国本信巫，秦汉以来，神仙之说盛行，汉末有大畅巫风，而鬼道愈炽；会小乘佛教亦入中土，渐见流传。凡此，皆张皇鬼神，称道灵异，故自晋讫隋，特多鬼神志怪之书。其书有出于文人者，有出于教徒者。"② 这些宣扬佛教故事的书，鲁迅称之为"释氏辅教之书"，其中观音

---

① 佛陀跋陀罗译：《大方广佛华严经》卷五十一，《大正藏》第9册，第718页。
② 鲁迅：《中国小说史略》第五篇"六朝之鬼神志怪书"，上海古籍出版社1998年版，第24页。

信仰应验故事是辅教之书的重要门类之一："释氏辅教之书，《隋志》著录九家，在子部及史部，今惟颜之推《冤魂志》存，引经史以证报应，已开混合儒释之端矣，而余则俱佚。遗文之可考见者，有宋刘义庆《宣验记》，齐王琰《冥祥记》，隋颜之推《集灵记》，侯白《旌异记》四种，大抵记经像之显效，明应验之实有，以震耸世俗，使生敬信之心。"①鲁迅所提到的这几种书中，内容中包含有各种应验故事，如舍利应验、《金刚经》应验等，而观音应验是其中最为重要的内容之一。关于更集中反映观世音应验故事的，现在还能看到的有刘宋傅亮的《光世音应验记》、刘宋张演的《续光世音应验记》、齐陆杲的《系观世音应验记》三种。其中，《光世音应验记》有七个故事，《续光世音应验记》有十个故事，《系观世音应验记》则有六十九个故事，说明了关于信仰越来越流传的趋向。

《光世音应验记》中第一个应验故事说的是竺长舒，文云："竺长舒者，其先西域人也。世有资货为富人。居晋元康中，内徙洛阳。长舒奉佛精进，尤好诵《光世音经》。其后邻比有火，长舒家是草屋，又正在下风，自计火已逼近，政复出物，所全无几。《光世音经》云：'若遭火，当一心诵念。'乃敕家人不复辇物，亦无灌救者，唯至心诵经。有顷，火烧其邻屋，与长舒隔篱，而风忽自回，火亦际屋而止。于时咸以为灵应。里中有凶险少年四五，共毁笑之云：'风偶自转，此复何神？伺时燥夕，当爇其屋，能令不然者，可也。'其后天甚旱燥，风起亦驶。少年辈密共束炬，掷其屋上，三掷三灭，乃大惊惧，各走还家。明晨相率诣长舒，自说昨事，稽颡辞谢。长舒答曰：'我了无神，政诵念观世音，当是威灵所祐，诸君但当洗心信向耳。'邻里乡党，咸敬异焉。"②竺长舒因诵念光世音名号，而使自家免于火灾，表明了诵念观世音名号的灵验。更值得注意的是，文中提到此故事发生的时间是"晋元康中"，元康是晋惠帝司马衷的年号，从291年到299年共9年，竺法护是286年译出的《正法华经》，说明了《法华经》刚被译出，就迅速为大众所接受。

观音造像起于何时，现在不得而知，东晋郭宣之"依见所形"而"制造图像"，是观音造像较早的文献记载。《法苑珠林》载王琰《冥祥

---

① 鲁迅：《中国小说史略》第五篇"六朝之鬼神志怪书"，第32页。
② 董志翘：《〈观世音应验记〉三种译注》，江苏古籍出版社2002年版，第3—4页。

记》记郭宣之诵念观音应验故事云:"晋郭宣之,太原人也。义熙四年为杨思平梁州府司马。杨以辄害范元之等被法,宣亦同执在狱。唯一心归向观世音菩萨。后夕将眠之际,忽亲睹菩萨光明照狱。宣瞻觌礼拜,祈请誓愿,久之乃没。俄而宣之独被恩赦。既释,依所见形,制造图像,又立精舍焉。"① 义熙为东晋安帝司马德宗的第四个年号,义熙四年是公元408年。同书亦引《唐高僧传》中孙敬德造观音像事,云:"魏天平年中,定州募孙敬德造观音像,自加礼敬。后为劫贼所引,不胜拷楚,妄承其死,将加斩决。梦一沙门令诵《救生观世音经》,千遍得脱。有司执缚向市,且行且诵,临刑满千,刀斫自折,以为二段,皮肉不伤。三换其刀,终折如故。视像项上有刀三迹。以状奏闻丞相高欢,表请免死,敕写其经,广布于世。今谓《高王观世音经》。"② 天平乃东魏孝静帝的年号,起止为534年十月至537年十二月。这两段文献,说明了当时人因信仰观音菩萨得解救而造作观音像。

有研究者说,现存最早的观音像,是北魏皇兴四年(470年)金铜莲华手菩萨立像。在博兴的造像中,可以看到菩萨的造像开始于造像的第二个时期,即北魏中期(477—508年),现在能见到有一尊太和二年(478年)观世音像,此为单身观世音立像。通高16厘米,宽6.7厘米。像高7.1厘米。头戴莲瓣状宝冠。裸上身,披长巾,长巾绕臂飘于身体两侧。下著贴体长裙,裙摆及足踝。右手上举持长茎莲蕾,左手下垂提净瓶,赤足立于莲台上。莲台下有铭文,云:"太和二年……落陵委为亡父母造观音像一躯。"③ 从时间上来看,这座观音像在全国也是已知此类像中较早的一躯,说明了博兴紧跟观音造像之风。

还需提到的是,博兴出土的菩萨造像中出现了女性的头饰,如常叙政、李少南提到造像中有一座头戴三花冠或化佛冠,"有一件菩萨头戴'蝉冠',这是南北朝贵族妇女所戴的一种冠饰"④。经咨询张淑敏馆长,应该说就是太和二年落陵委所制造的这尊头戴莲瓣状宝冠的观音像。与此形貌相类似的,还有武平元年(570年)孙天□所造观世音像,此像为

---

① 释道世:《法苑珠林》卷十七,中华书局2003年版,第559—560页。
② 释道世:《法苑珠林》卷十七,第565页。
③ 张淑敏、田茂亭:《浅探山东博兴出土的北朝铜佛像》,《中原文物》2005年第2期。
④ 常叙政、李少南:《山东省博兴县出土一批北朝造像》,《文物》1983年第7期。

单身观世音立像，通高13.5厘米，宽4.2厘米，像高4.3厘米，头戴莲花宝冠，面长圆。在博兴白陶佛教造像中，标本340—161的描述为："……菩萨头后桃形头光与肩部相连。头戴花鬘宝冠，冠正中饰火焰宝珠，宝缯垂肩。"① 所说的"花鬘宝冠"就是如常叙政、李少南论文中提到的三花冠。同标本340—161头饰相同的或相似的，博兴博物馆馆藏还有标本232—4、标本233—5、标本264—36、标本339—160、标本645—252、标本341—162、标本265—37、标本600—72、标本964—321、标本753—280、标本487—53、标本483—54、标本484—55、标本486—57、标本758—285、标本489—60等多座。如此多带有女性装饰的菩萨造像，在其他地区是很少见的。

观音像开始出现女性的面貌，这是观音菩萨在中国演化过程中的一件大事。观音菩萨在印度都是男身，而现在所见到的中国观音菩萨一般都是女性形象。这尊头戴女性冠饰的观音像，表明博兴的观音造像在菩萨的中国化中起到了一定的作用。白化文在《中国佛教四大菩萨》一文中，提到了菩萨的装束，说："据佛教说，菩萨可穿出家僧衣，也可作在家装束。可是佛教传入中国后，穿僧衣的菩萨甚少。菩萨的形象与装束，唐代开始基本定型。大致是面作女相。为了不违反佛教中菩萨变相'非男非女'——应该说明，据佛经，一般菩萨都是'善男子'出身——的通俗性说法，常常画出蝌蚪形小髭，北宋以后小髭取消。圆盘脸（宋代以后变长），长而弯的翠眉，凤目微张，樱桃小口。高髻或垂鬟髻，多出来的长发垂在肩上，戴宝冠。上身赤裸或斜披天衣（北宋后穿上带袖天衣，但仍常袒胸），有帔巾，肤色润泽、莹洁、白皙。戴项饰、璎珞、臂钏。腰束贴体羊肠锦裙或罗裙，两足丰圆。总之，繁丽的衣饰，是加上中国人想象的古代南亚次大陆贵族装饰，又夹杂有唐代贵族妇女时装，是这两者奇异而又调谐的混合。健美的面庞和体态，则纯以唐代贵族妇女特别是家伎等女艺术家为模特儿。这就是中国化（汉化）了的菩萨。"② 这里是说，唐代时，中国想象古代南亚次大陆贵族装饰，加上唐代贵族妇女的衣装，形成了现在看到的女性菩萨的样貌。而从博兴头戴南北朝贵族妇女所戴的

---

① 《山洞白陶佛教造像》，文物出版社2011年版，第4页。
② 白化文：《中国佛教四大菩萨》，载《佛教与中国文化》，中华书局1988年版，第218—219页。

"蝉冠"来看，博兴的观音造像可能对菩萨在中国的演变发挥了一定的影响和作用。

观音信仰的普遍流行，反映了当时民众的一种强烈的精神期盼。博兴地区内的众多观音造像，既是当时观音信仰盛行的一个有力证明，也是当时全国观音信仰的一个缩影，更反映出博兴民众对依靠观音之力来使自己得到救度的精神期望。其中出现的有女性装饰的观音像，有可能在中国观音进行性别演变过程中起到了推动作用。

三

从文献来看，博兴历史上的造像远不止于现在已发掘出来的数量，《民国重修博兴县志》中还记载了博兴佛教的一些造像，如记"博昌镇福昌寺有铜佛一尊"说："坐像，高六尺二寸，手长一尺一寸，厚寸许，重约千斤。"又说"辛阁庄亦有铜佛在三官庙"①。还有民国时能见到的一些铜像云："大佛铜像，在东门内路北景德寺内，寺久废，民国十三年即其地改建初级中学，今改为师范讲习所，佛像仍存所内。又，准提菩萨铜像六手，旧有庙在东门内，与景德寺毗连，庙废像存，亦在师范讲习所内。"②又有提到一个叫王世和的造像者，说："王世和等造像，在城东南四十里般若寺。碑高丈许，宽二尺，碑阳镌巨佛一尊，余三面俱镌小，座字多模糊，文曰：'大魏正光六年岁次乙巳六月甲戌朔□□戊子青州乐□□般县王世和□文王伏会寺法义兄弟□心敬造尊像一口，上为□□□□官牧为□□□现在父母□□家眷属为法家□□□动□□□□□□□□□。'"③这三段材料说明，博兴的造像除了被埋在地下的之外，仍有许多一直保存在民众中。也从侧面说明，博兴造像的数量可能是很大的。

在博兴的造像中，不仅有佛教造像，还有道教造像。据张淑敏介绍，在1983年9月出土的94件铜造像中，有一件道教的老子像，这尊老子像的描述是："通高13.6厘米，宽5厘米。老子戴道冠，面清瘦，眉目细

---

① 《民国重修博兴县志》卷十七，第260—261页。
② 《民国重修博兴县志》卷十七，第261页。
③ 《民国重修博兴县志》卷十六，第252页。

长，蓄长须。著对襟窄袖道袍，躯体瘦长。左手下垂扶案几一角，右手上举执麈尾，盘腿坐于四足方座上。身后有圆形头光及椭圆身光，头光内刻莲瓣纹。身后铸光背，上半部阴线刻一树，若垂柳。四足方座上刻铭文：'开皇十一年十月，道民孔锁造老子像一躯口德。'老子戴道冠、著道袍、蓄须、执麈尾、扶凭几坐于树下，具有道教造像的特点，但其身后头光中的莲瓣、舟状的光背及四足方座，却又借鉴于佛教造像的形式。"[1]

说这尊老子像借鉴了佛教造像的形式，是正确的。道教在最初的时候，只有神位、壁画等，没有神像。当时的信仰者认为道是不可见的，如《老子想尔注》中说："道至尊，微而隐，无状形象也，但可以认其诚，不可见知也。"[2] 出于道不可见的观念，所以道教最初是不立形像的。陈国符在《道教形像考原》一文中，引唐代僧人法琳《辨证论》卷六自注，云："考梁陈齐魏之前，唯以瓠庐成经本无天尊形像。案：任子《道论》及杜氏《幽求》云：道无形质，盖阴阳之精也。王淳《三教论》云：'近世道士，取活无方，欲人归信，乃学佛家制作形像。假号天尊，及左右二真人，置之道堂，以凭衣食。宋陆修静亦为此形。'"认为道教自刘宋时代，"已有形像"[3]，当时的道士陆修静已经造作道像了。《隋书》提到北魏太武帝时，寇谦之"于代都东南起坛宇……自是道业大行，每帝即位，必受符箓，以为故事，刻天尊及诸仙之像，而供养焉"[4]，则又说明在北魏时出现了造作道像的活动。从法琳的话来看，道教徒造作道像的活动，乃是"学佛家制作形像"，因此道教造像中出现佛教的因素或者仿佛像的形貌是不可避免的。

博兴所出土的这尊老子像，从外观上看，尤其是身后的圆形头光及椭圆身光及头光内所刻的莲瓣纹，与一同出土的几尊佛像、菩萨像很相似[5]，表明当时的造像者在造像时有可能是参照了佛陀和菩萨的形像来制作的，说明在博兴的民众中同时流行着对道教的信仰。从文献来看，博兴

---

[1] 参见张淑敏、田茂亭《浅探山东博兴出土的北朝铜佛像》。
[2] 《老子道德经想尔注》（敦煌本），载《中华道藏》第9册，第173页。
[3] 陈国符：《道藏源流考》附录二《道教形像考原》，中华书局1963年版，第268页。
[4] 《隋书》卷三十五，中华书局1973年版，第1093—1094页。
[5] 参见张淑敏、田茂亭《浅探山东博兴出土的北朝铜佛像》、山东博物馆和博兴县博物馆编《山东白陶佛教造像》中所载的佛教造像。

的道教造像并非只此一座，如《县志》中提到的关帝庙和城隍庙中的造像说："城内关帝庙、城隍庙均铜像真武，铜像有二，一在北隅镇北极宫，一在兴福镇真武阁。"① 因此，这座老子像的出现并非偶然，只是被埋在地下的众多道教造像之一。

从这里来看，博兴喜好老子与信仰道教者亦众多，如高家渡人张梅村，"喜读《老子经》，孤身不取，家贫，一介不取诸人。年未满二十，离家，栖身七神堂中，不出户门，不谈世事，日以读经、种花为事，有访之者，笑而不答。长须白发，俨然仙人"②。很显然，张梅村所代表的，是六朝时期的道教信众们。

从佛教造像来看，博兴在六朝时佛教盛行，是毫不怀疑的。奇怪的是，在《博兴县志》中，只能见到龙华寺、兴国寺、吴溯寺三所寺院的简单介绍，竟然没有一个佛教僧人、信徒的介绍或传记，也没有一个应验传说故事的记载。相反，《县志》中却有不少的道教信仰、应验、道教人物、道教传说的记载。如其一"唐建中初乐安任琐者读书深山中"条：

唐建中初，乐安任琐者读书深山中，忽有一黄衣翁曳杖叩门，貌甚秀。琐延坐，与语既久，讶其色沮，问之，曰："君得无有尤耶？"老人曰："然。吾诚有尤，赖子而释耳。吾龙也，西去一里有大湫，吾家之数百岁，今将厄于一人，非子不能脱。"琐曰："某尘中人，独知书耳，非有他术，何以能脱翁？"老人曰："非藉他术，独劳数言而已。"琐曰："愿教授。"翁曰："阅二日当有一道士自西南来，用术竭我湫水，子即厉声呼天'有命杀黄龙者死'，再竭再呼，如是者三，即脱我矣。"琐许之，如期往，见一道士长有丈余，乘片云自西来，立湫岸，出黑符数道，投湫水中，倾之水尽涸，见一黄龙困沙中。琐果厉声呼翁所授词，湫水尽溢。道士怒，更出丹符数道，投之湫，水又竭，琐又呼如前，湫又再溢。道士怒甚，乃出赤符数道，空掷之，尽化为赤云，入湫中，水又竭，琐又呼之，水忽又再溢。道士顾谓琐曰："我迟之十一年始得此龙为食子儒也，何救此异类耶？"

---

① 《民国重修博兴县志》卷十七，第261页。
② 《民国重修博兴县志》卷十七，第260页。

诉责而去，琐亦还。是夕，梦黄衣老人来谢曰："幸赖君子，得不死道士手，无以报德，谨奉一珠于湫岸，幸取之。"琐往，果得一径寸珠于湫岸草中，光色洞彻。琐后持之广陵市，有胡人见之，拜曰："此真骊龙之珠也，世人莫可得。"以钱数万售之。

其二"吕仙翁"条：

吕仙翁祠在城内，即韩氏酒炉也。仙翁常饮于此，书屋壁云"吕岩独酌洞滨宣和壬寅六月书"凡十三字，后盗焚民居殆尽，惟韩氏室完，土人因名为避火符。按，仙翁游人间，多称回道人，而此独显书名姓，宾字复加水，岂以避火而然也？

其三"许神仙"条：

许神仙名慎行，国朝乾隆间人，少得异术，人莫知其所，自跛一足。年十二三时，与群儿嬉，入苇塘中，群儿联臂围而求之，卒不得。奔告其家，慎行坐床上大笑，群语其母，母弗信。一日，母执蒸黍一器，谓诸子："路远，谁能馈汝外大母？"慎行曰："儿能之。"即持黍行，家人尾之不及，及返，言："儿去颇疾，返与舅俱，故迟。舅氏赴远市物，且来省母。"母犹疑之，既而舅果至，云："甥馈黍时，器尚温也。"母大惊，谓儿"既尔何跛为"，慎行笑，卒不言。既娶妇生子女，皆数岁，忽谓妇："此男能养汝，当携之适他人，女留许氏，嫁必得所，勿念也。"妇愕然问故，曰："非汝过，命须更嫁。"妇不可，慎行坚嫁之。母殁，以女归人，出游不返。家人踪迹之不可得十余年，忽闻滨州有许神仙者，坐四矮轮舆，为人医病奇验，人争迎之，从游弟子数十人。家人疑而探之，果是，劝其归，不可。滨州牧以为妖，系之狱。无何，州牧母病，阁衙以为系神仙故，母信之，必欲神仙医己疾，州牧不得已乃出神仙，神仙先知之，谓："明府忽见赦，为太夫人疾也。南面见囚可也，见医非也，宜设杯茗，北面揖乃可。"牧不得已，从之，神仙命即持茗饮太夫人，病立已。牧命舆马送神仙归，实具案文，递解之。甫出城，风尘大作，送者目眩，风息而神仙弗见，空舆返。三日后，仍在城医疾如初，州牧乃不复问。一日，神仙骤病死，遗命弟子为床舁尸归博兴。其弟某在里忽见神仙，一足著靴，一足跣而荷靴于肩，南行，呼弗应。却顾间，而舁者至，从徒数十人。弟疑兄死非令终，诘舁者，至相喧争，神仙忽起，谓弟曰："人死有定数，此何为者？"弟诧，喜命家人出见神仙，神仙问答已，复登床死。其徒出资葬神仙。

其四"王克身"条：

王克身有奇才，弱冠绝意进取，专心学仙。出外十余年，回家避烟火食，惟盘膝趺坐，月余，家人不知而去。题诗壁上云："钵鱼随身带，补衲剪云块。一饭化千家，游尽山川外。"后不知所终。①

这里所记载的这些人物、故事或传说，是道教典籍记载道教神异和神秘事件的典型方式和手法。尽管上述的四条材料，主要是记载唐及其之后的事情，但也能表现出古代博兴的道教信仰和道教风气，其盛行的程度可能不亚于佛教。

尤其是第二条中，吕洞宾在墙上所书的"吕岩独酌洞滨宣和壬寅六月书"字样，成为此家的避火符号而成功免于火灾，不禁会使人想起上文所述的竺长舒诵念观音名号而避火的事情。这段记载是否借用了竺长舒诵念观音名号的应验故事，尚不得而知，但可以知道的是，老子造像借鉴了佛像、观音像的外观和造像手法。在六朝道教攻击佛教却又大量吸收佛教因素的大背景下，流传于博兴区域内的菩萨传说、应验故事等，应当会对民众的道教信仰有所影响。

---

① 《民国重修博兴县志》卷十六，第257、258、259页。

遵式台净合一的护教观

北宋初，一场"山家山外"之争，使北宋的天台宗再度受到了相当高的关注。北宋天台宗的发展状况，受到国内外较多的关注，如安藤俊雄《天台性具实相论》等，潘桂明、吴忠伟撰《天台宗通史》有专门的阐述。北宋天台宗的复兴，有赖于天台宗诸多法师的努力，山家山外之争的重要参与者遵式便在其中发挥了重要的作用，如《天台宗通史》中说："由于四明系的振兴有赖于知礼和遵式，故当（宝云）义通去世后，二人便担负起传教弘法大任。"[1] 重新复兴的北宋天台宗，具有重忏法与台净合流的特点，遵式对忏法也相当重视，《天台宗通史》等著述中有较为详细的论述，本文重在论述遵式的台净合一，以及为天台宗争取发展空间所做的努力。

一

法师讳遵式，字知白，本姓叶氏，临海郡宁海人。20岁出家受具戒，第二年习律学于守初法师，随后入国清寺，于普贤像前炷一指，"誓传天台之道"，至此方始修习天台教观。遵式有《游天台观》诗云："古观春山下，寻幽似有期。瀑清冥坐久，峰好独归迟。客啸巢禽识，仙踪药叟知。我来无别趣，禅性尽相宜。"[2] 该诗虽不一定是作于此时，但诗中"寻幽似有期""禅性尽相宜"之语，表达出对于天台之学的相契。雍熙元年（984年），遵式至四明从宝云义通法师学天台之学，路途中梦老僧对他说"吾文殊和尚也"，见到宝云后发现"正所梦僧"。入四明之后，

---

[1] 潘桂明、吴忠伟：《天台宗通史》第十章，江苏古籍出版社2001年版，第406页。
[2] 《全宋诗》第二册，北京大学出版社1998年版，第1111页。

遵式"誓力行四三昧"。端拱元年（988年），宝云义通去世后，遵式返回天台，以苦学感疾，至于呕血，遂行消伏咒法，自誓云"若四教兴行在我，则其疾有瘳，不尔则毕命于此"，《佛祖统纪》载此事云："至三七日，闻室中呼曰'遵式不久将死'，师益不懈。五七日，见死尸盈室，师践之而行，其尸即没。满七七日，室中声曰'十方诸佛增汝福寿'。寐见一巨人持金刚杵以拟其口，又尝亲见观音垂手于师口引出数虫，复舒指注甘露于口，身心清凉，宿疾顿愈。既而顶高寸余，手垂过膝，声若鸿钟，肌如白玉。"① 可见其弘传天台学之志。

由于重视忏法，遵式被称作"式忏主"，如《直斋书录解题》释氏类云："《金园集》三卷，钱唐天竺僧遵式撰；《天竺别集》三卷，遵式撰，世所谓'式忏主'者也。"② 遵式有忏法著述多种，如《炽盛光道场念诵仪》《请观世音菩萨消伏毒害陀罗尼三昧仪》《法华三昧行事运想补助仪》《金光明护国道场仪》，排定《肇论疏科》等，又"诗集曰《采遗》曰《灵苑》，其杂著曰《金园》曰《天竺别集》，皆行于世"。《天竺别集》实际上就是《天竺灵苑集》，契嵩《杭州武林天竺寺故大法师慈云式公行业曲记》云"《天竺别集》者曰《灵苑集》"③。遵式的诗歌专集现不见，散见于各种文献中，《全宋诗》中有辑录，《佛祖统纪》引许端夫对遵式诗歌的评价，云："慈云之诗文贯于道，言切于理，酷似陶彭泽。盖合于情动形言，止乎礼义之意。昔贯休作《禅月集》，初不闻道，而才情俊逸，有失辅教之义。中庸子作《闲居编》，言虽鸣道而文句阒冗，有失诗人之体。慈云则不然，文既清丽，理亦昭显，雅正简淡，有晋宋之风。盖其道业宏大，故诗名不行也。"④ 这个评价还颇高。

遵式与观音信仰、净土信仰的关系，自在母胎中便已开始。其母"乞男于观音大士，梦美女授以明珠，咽之生师"，至七月大时"能从母称观音名"。关于上文提到的"誓行四种三昧"，灵鉴《炽盛光道场念诵仪拾遗序》中提到说："宋天竺法师慈云尊者，以行光教，示灭于钱塘天竺道场。门弟子灵鉴，以所禀法师道德，化乎当世，三昧行法，施于后

---

① 志磐：《佛祖统纪》卷十"宝云旁出世家"，《大正藏》第49册，第207页。
② 陈振孙：《直斋书录解题》卷十二，上海古籍出版社1987年版，第357页。
③ 契嵩：《镡津文集》卷十二，《大正藏》第52册，第713页。
④ 志磐：《佛祖统纪》卷十，《大正藏》第49册，第209页。

代。发扬四种三昧，在乎斯文。行法之盛，不可以不纪，于是拾其遗编，独有《炽盛光道场念诵仪》未广流布，遂更采诸文，补助始末。"① 四种三昧，是指知礼将行法分为一行三昧、般舟三昧、法华三昧、观音三昧，《修忏要旨》云："夫诸大乘经所诠行法，约身仪判，不出四种，摄一切行，罄无不尽。一曰常坐即一行三昧；二曰常行即般舟三昧，并九十日为一期；三曰半行半坐即方等三昧，七日为一期；又法华三昧三七日为一期；四曰非行非坐即请观音三昧，四十九日为一期，又大悲三昧三七日为一期。"② 其中请观音三昧，就带有净土之意。

关于遵式苦修苦学感疾呕血，《佛祖统纪》《宗统编年》等皆云是受到观音救助而愈，再次体现出与净土的关涉。病愈后，遵式专门著《观音礼文》一篇。关于《观音礼文》，各种关于遵式的传记与文献中都提到，但却并未查到该篇文献，遵式述《请观世音菩萨消伏毒害陀罗尼三昧仪》（题下注云"《金光明最胜忏仪》同"）叙缘起第一云："此文再治凡四因缘：一者为国清始集之日，正欲于灵墟自修，既迫所期，遽取成就，其间事理文句错杂，广略未允，一往难晓。依《百录》题《请观音忏》法是也，今之再治，务本有在，命用经题，以异众制及所治本。二者为国清集，多润色之语，并削去之，悉用经疏止观等言。既援据有在，俾后之人增长正信。三者近得国清所集，晚学狂简于忏愿文后，更添《法华忏文》中四悔，并音切梵字。又见一本，删去诸仪及观慧等文，直写佛位并忏愿而已，题云《观音礼文》。又一本应是耄年书写，全行脱落，粗注不分，却于行间私安注字，意欲区别。"可见《观音礼文》并非遵式所撰，实际上是对原有《观音礼文》进行的完善、补充，其所谓的撰《观音礼文》，指的或许就是这本完善之后的《请观世音菩萨消伏毒害陀罗尼三昧仪》。叙缘起第一中续云："应知大乘三种忏悔，必以理观为主，《止观》云'观慧之本不可阙也'，《辅行》（按，《辅行》指的是《止观辅行传弘决》）释云'若无观慧，乃成无益苦行故也'，《禅波罗蜜》云'一切大乘经中明忏悔法，悉以此观为主，若离此观，则不得名大乘方等忏也'。《补助仪》（按，指的是唐湛然撰《法华三昧行事运想补

---

① 遵式：《炽盛光道场念诵仪》，《大正藏》第46册，第978页。
② 知礼：《修忏要旨》，《永乐北藏》第167册，第842页。

助仪》）云'夫礼忏法，世虽同效，事仪运想，多不周旋。或粗读忏文，半不通利，或推力前，拒理观一，无效精进之风，阙入门之绪。'"① 遵式明显是以天台止观以行观音忏仪，是将台观与净土交合在一起。

至道（995—997年）中（《净土圣贤录》载为至道二年），遵式结缁素之众修习净业，作《念佛三昧咏》及《誓生西方记》。《念佛三昧诗》之一云："万感外形骸，俨然虚堂寂。明毫冠群彩，幽神资始绩。妙象非夙预，俗览岂良觌。析之会入微，清玩心无怿。"之二云："金肌昧真见，八音愚正闻。玄空了无托，至涉宁有勋。森罗会都寂，长空销积氛。良哉此达观，局士安与云。"之三云："融抱回曲照，熙如鉴中象。谛览无遗心，虚求非滞想。追梦忘始终，通幽宛如往。藉此会神姿，逍遥期西赏。"之四云："鉴极玄想孤，动静如为区。大象讵形仪，大方谁廉隅。正赏不隐括，妙践无回迁。心澄遍知海，粲粲黄金躯。"诗序云："念佛三昧，践圣之妙道，凡揭厉于法流者，何莫由斯矣。晋慧远师化浔阳集贤辈，乘之为际极之轨，琅琊王乔之洎群贤，皆为念佛三昧诗，远为序。皇宋丙申，沙门（遵式）会四明高尚之宾百余人，春冬二仲一日一夜，萃宝云讲堂，想无量觉，行汉魏经。壬寅既废，适台之东山，忽思俄成故事，惜无述焉，乃拟晋贤作诗，寄题于石，垂于后世也。"②

遵式因"幸得观音幽赞"，命工匠雕刻旃檀像，作《大悲观音栴檀像记》云："太岁己亥，宋仁孝皇帝即位之三祀，方帝之钦明文思，光宅天下，亲族授民，上下咸袄。儒释之典，偕务进修。岁四月，四明沙门遵式刻檀写像，曰大悲观世音菩萨，惧晦于后世，手题记云：幸哉，式也！出家学道，值天台智者所说妙悟法门，其法门大略直指身心，而为密藏所宗之教，即《法华》《涅槃》醍醐之唱，所修之行即《摩诃止观》圆顿之门，凡一言一理皆囊括权实偏圆小大。三世佛法，蕴乎其中，高尚之宾，畴不蒙泽。式久学于四明，晚还天台，因手集《请观音仪》十科，即《摩诃止观》第四三昧法也。每身行此法，罔有敢怠，若自兼人，必藉其力矣。钦哉，大圣人以无为之利，利厥我躬，我将引躬之利，利于他人。夫利之道，要也莫盛乎明感召以诱之，格仪像以告之，赞皇国以绥之，敷

---

① 遵式：《请观世音菩萨消伏毒害陀罗尼三昧仪》，《大正藏》第46册，第968页。
② 宗晓：《乐邦文类》卷五，《大正藏》第47册，第221页。

正教以规之。四者备矣，可以臻于无为焉。肇十有四愿，赞国敷教，以冠篇首。"并撰十四大愿文，分别是：一护国土愿，二三四护三宝愿，五六七护众生愿，八未来护法愿，九至十一本菩提愿，十二至十四护香像愿。从《记》与十四愿文中，清晰显示出护国之意，如护国土的第一愿文云："我所造像，为护皇国正法。明王圣体康念，天祚永久。慈临万国，哀济四生。妃后诸宫，忠心奉事。福祉所资，长守荣乐。诸土辅相，百司五等。保国安民，翼赞万世。四海被化，惇信明义。祥风甘雨，泽物以时，合穗连瓜，膺期表德。然后树信，三宝植善。三田国哲，朝贤推物。就理不诬，正教归向。有在劝助，明王同扬。佛法广兴，塔像深奉。大乘君子德风，万姓悦伏。率于上下，崇正绝邪。五福施民，六度济物。举国清乐，如净佛土。"第三愿云："牟尼佛法，三乘教藏，遍诸国土，显扬不没。所流布处，下至一偈一句，天龙八部勤力守护，为除障难。于其有经卷处，常作吉祥，令其境界一切丰乐。设有灾难侵国害民，愿诸菩萨即出其境，讲读经卷，令消难却敌。使国君辅相及国人民一切正信，悉护佛法，广写经卷，令正法久住，为度苦海舟船。"施工时，工匠出现失误"折其像所执杨枝者"，遵式"大恐，即自接之"，结果"不胶漆而合"①，可见遵式对观音信仰的极度崇仰。并于祥符八年（1015年），"治定往生净土忏仪"②，此即应为《往生净土忏愿仪》。

明初道衍撰《诸上善人咏》第四十四"慈云遵式法师"云："燃指陈词遍吉前，力行三昧自长年。临终请像为明证，直占西方上品莲。"将之视为极为重要的净土祖师，附小传中载其与净土相关著述云"师惟以净土劝人，制大小本《弥陀忏法》《晨朝十念法》《往生坐禅观法》《念佛方法》《十六观颂》《念佛三昧诗》"③。现存有《往生净土决疑行愿二门》（《续藏经》本）、《往生净土忏愿仪》（《续藏经》本）、《炽盛光道场念诵仪》（《续藏经》本）等；以及多首与净土相关的诗作，如《每日念佛忏悔发愿文》诗云："我今称念阿弥陀，真实功德佛名号。惟愿慈悲垂摄受，证知忏悔及所愿。我昔所造诸恶业，皆由无始贪嗔痴。从身口意之所生，一切我今皆忏悔。愿我临欲命终时，尽除一切诸障碍。面见彼佛

---

① 遵式：《大悲观音栴檀像记》，《续藏经》第57册，第31页。
② 志磐：《佛祖统纪》卷十，《大正藏》第49册，第208页。
③ 道衍：《诸上善人咏》，《续藏经》第78册，第173页。

阿弥陀，即得往生安乐刹。彼佛众会咸清净，我时于胜莲华生。亲见如来无量光，现前授我菩提记。蒙彼如来授记已，化身无数百俱胝。知力广大遍十方，普利一切众生界。"① 本诗与上所引十四愿文一样，表达了对净土信仰的无比虔诚。

遵式在《往生净土决疑门》中言"古今诸师归心净域"，不仅是净土信仰的问题，而且净土成为诸宗祖师之所归。《往生净土决疑门》云："或制疏解经，或宗经造论，或随情释难，或伽陀赞扬，虽殊途同归，而各陈所见。"由于"动盈编帙寻究良难"，遵式因编《往生净土决疑门》以三疑"统彼百家"，所谓三疑即"一疑师二疑法三疑自"。所谓一疑师者，即："一邪外等师，倒惑化人，非所承也。二正法之师，复有凡圣因果……今显示西方令回向者，唯果佛圣师释迦如来，及十方诸佛，出广长舌，说诚实言，赞劝往生，更何所惑。"二疑法者，即："一者小乘不了义法，二者大乘了义法。大乘中复有了不了义，今谈净土唯是大乘了义中了义之法也。"三疑自者，即："若了如上，法性虚通，及信弥陀本愿摄受，但勤功福，宁俟问津。况十念者得生，唯除五逆，及谤正法，又定心十念，逆谤亦生。今幸无此恶，而正愿至求，夫何惑矣。"②

知礼法师以阐扬天台圆旨为主，同时亦行净土，从遵式《上四明法师书》中讨论净土以及净土忏法等事可知。书有二封，第一书云："吾兄凝寒，道体必康，仍知修忏开讲，说行二门，己他二利，一日并运，未之有也。所蒙教乘，一时给借，深感我交之不弃也。"第二书云："遵式寅白法智大师，吾兄近蒙惠书并新记，焚香披读，若临藻鉴，忻慰之抱，其可量也。劣弟自夏洎秋，伏枕沉瘵，略不自持，于今腹中气块，有若负石，百医千药，有加无瘳，乃过去业缘现在所作之剧报也，但待死至。余无所云，所恨不果良交一面而后诀耳。仰想吾兄将大有俊少辐凑讲席，愿安隐久住，弘济斯道。于今山家一教。旋观海内。唯兄一人而已，非诞言也……若得数处讲香不绝，死亦何恨。劣弟必在今冬去也，愿承我兄净土本愿之力，令我才预末品，当有相见之分。"③ 二封书信的内容，表明遵式之说中台净合流的特征。就天台圆融止观而言，亦是以净土为归，遵式

---

① 遵式：《金园集》卷上，《续藏经》第 57 册，第 5 页。
② 遵式：《往生净土决疑门》，《大正藏》第 47 册，第 145 页。
③ 宗晓：《四明尊者教行录》卷五，《大正藏》第 46 册，第 906 页。

著有《往生净土决疑行愿》《论往生坐禅观法》等文以述之。《往生净土决疑行愿》之述见下文，《论往生坐禅观法》云："欲修往生观者，当于一处，绳床西向，易观想故，表正向故。跏趺端坐，顶脊相对，不昂不俯，调和气息，定住其心。然所修观门，经论甚多，初心凡夫，那［哪］能遍习？今从要易，略示二种，于二种中，仍逐所宜，不必并用。其有于余观想熟者任便，但得不离净土法门，皆应修习。所言二种，一者扶普观意。坐已，自想实时所修，计功合生极乐世界。当便起心，生于彼想，于莲华中结跏趺坐，作华合想，作华开想。当华开时，有五百色光来照身，想作眼目开，想见佛菩萨及国土，想即于佛前坐听妙法……作此想时，大须坚固，令心不散，心想明了，如眼所见，经久乃起。二者直想阿弥陀佛丈六金躯，坐于华上，专系眉间白毫一相……作此想时，停心注想，坚固勿移。然复应观，想念所见，若成未成，皆想念因缘，无实性相，所有皆空，一如镜中面像，如水现月影，如梦如幻。即空即假即中，不一不异，非纵非横，不可思议。心想寂静，则能成就念佛三昧。"[1] 以止观法门修净土观，将圆融归于净土，遵式即是如此将止观与净土有机结合在一起。

二

遵式与知礼作为宝云义通的"二神足"，为北宋初期天台宗的复兴做出了重要贡献。知礼努力传扬天台圆融之旨，遵式也在传扬圆旨，如撰写《圆顿观心十法界图》《摩诃止观义题》等，同时在推进与完善着天台忏法与忏仪，成为天台僧徒的基本修持法门。关于遵式忏法的论述，《天台宗通史》有专节进行了阐述，并以专节阐述遵式忏法的护教立场。值得注意的是，遵式以忏法护教，是通过为国行忏的护国立场而获得统治者支持的，从而达到护教立场。

遵式实现这一立场，通过两个途径，一是直接为最高统治者服务而获得支持，二是通过结交官僚士大夫而获得支持。就第一个方面来说，遵式将天台忏法作为护国的重要功用、方式与手段。乾兴元年（1022年），章懿太后遣使赍白金百两，命遵式于山中为国行忏法。遵式以"《金光明护

---

[1] 彭际清：《净土圣贤录》卷三，《续藏经》第78册，第246页。

国道场仪》上之"①。遵式编有《金光明忏法补助仪》，并不见有《金光明护国道场仪》，《释门正统》遵式本传云"章献太后以师熏修至精，遣使赍白金百两，命于山中为国修忏，师著《金光明护国仪》文上之"②。这里有两处不同，一是"章懿太后""章献太后"的差异，按照当时实际情况来看，章献太后的可能性更大；二是遵式上的是《金光明护国仪》文。早在咸平三年时，四明大旱，宋真宗命知礼与遵式一同祈雨。对于这次祈雨，《佛祖统纪》知礼传与遵式传载述稍有差异。遵式传中云"师同法智异闻师率众行请观音三昧，冥约'三日不雨，当焚其躯'，如期雨大至"③。知礼传则云："师与遵式、异闻二法师，同修金光明忏以为祷，三日雨未降，彻席伏地自誓以告曰'兹会佛事，傥未应祷，当各然一手以供佛'已而雨大洽。"④ 这里又出现行《观音三昧》《金光明忏》的差异。综合来看，二人求雨时应该行的是《金光明忏法》，遵式编的《金光明忏法补助仪》应该是辅助忏法仪式的，且是对昙无谶和义净二人所译《金光明经》及智𫖮《金光明忏法》的补充。"请观音三昧"指的可能是《请观世音忏法》，也可能是《金光明忏法补助仪》中说的"准请观音三义，一为自故请，二为他故请，三护正法故请"⑤，故虽载述有差异，实际上说的都是《金光明忏法补助仪》。

由上可知，遵式是章献太后之命行忏法，并编写成《金光明忏法补助仪》上献，这就赋予了《金光明忏法补助仪》护国功用，如第八修行五悔方法中有发愿云："我归命顶礼十方一切诸佛世尊，证我微诚，现前所愿。愿诸天八部增长威神，常来护持我此国土，风祥雨顺谷果丰成，圣帝仁王慈临无际，群臣官属常守尊荣，万姓四民永安富乐。佛法檀越，父母师僧，历代冤亲，法界含识，咸生正信，发菩提心，六度齐修，二严等备。复愿我等众圣冥加，常值大乘，及善知识，开我佛慧。愿行现前，荷负流通三世佛法，诱化一切然无尽灯，普会众生同归秘藏。"愿文中"常

---

① 志磐：《佛祖统纪》卷十，《大正藏》第49册，第208页。
② 宗鉴：《释门正统》卷五，《续藏经》第75册，第320页。
③ 志磐：《佛祖统纪》卷十，《大正藏》第49册，第207页。
④ 志磐：《佛祖统纪》卷四十九，《大正藏》第49册，第441页。
⑤ 遵式：《金光明忏法补助仪》，《大正藏》第46册，第958页。

来护持我此国土"① 是对国家的卫护。

正是以之护国之意，《金光明忏法补助仪》通篇使用"请"之口吻，如"别明礼请洒散二法第三"中云"应知此法同请观音以请为行，七日六时须番番礼请"②。对此有疑之者，云"《百录》云金光明忏法，但应折意悔罪，那忽有求"，遵式回答道："其理实然。但由行法事出此品，以吉祥为主故，品意复是福资说听。品内之文多明财宝，少说忏悔，唯新本云供养诸佛自陈其罪、回向发愿等。然复品明增长财物，因是之故，多招谄附，欲免斯过，故示所求也。"③ 忏法本意在于悔罪，此处却是求请之口吻，正是出于行忏法以护国之故。

遵式撰的《炽盛光道场念诵仪》，从内容上看，主要目的不是为个人消灾或获得福佑，而是为国家祈福。如第一"设坛场供养"包含二层意，一意为选清净处，云："于国于家及分野处，若定须闲静，离于阛闹。""若国王大臣及豪富者，选取上处，避喧远秽，迥绝之室及先非秽染，或新立堂宇最为第一，若苾刍精舍，亦选可知，当于其处作诵呪场。"当然，正文中提到，贫穷者不必另选他址，只在自己家中即可，这样将设坛场供养的对象包含了所有人；然为国祈福之意自然是十分浓厚的。二意为"立道场法"，云："若国王臣庶并须预空其屋，净洁扫洒，香泥涂地，随看广狭而安道场。于香坛上正面安释迦像，以曼殊、普贤、观音等像从之，四方安护世四天王像，坛中佛前安忿怒明王像。"④

在行净土忏法中，同样体现出护国护教之意，上引《大悲观音栴檀像记》中的十四大愿文中，可以清楚显示出遵式以佛教护国的做法。《为檀越写弥陀经正信偈发愿文》诗中写出了对国家、皇帝等的回向，云："稽首十方佛，弥陀圣中尊。方等修多罗，一切法宝藏。观音及势至，大地菩萨僧。我以诚信心，刻板并印造。阿弥陀经卷，及以正信偈。旋造各一万，施四众受持。偈以发信心，经以资读诵。若有每日中，至少诵三卷。年诵千八十，十年万八百。况复多诵者，及历多年数。如是积功德，自然生佛前。我此万卷经，随所流布处。极少得一人，诵持生净土。我愿

---

① 遵式：《金光明忏法补助仪》，《大正藏》第46册，第960页。
② 遵式：《金光明忏法补助仪》，《大正藏》第46册，第957页。
③ 遵式：《金光明忏法补助仪》，《大正藏》第46册，第958页。
④ 遵式：《炽盛光道场念诵仪》，《大正藏》第46册，第978页。

承此力，决定生彼国。况复于多人，人亡经复在。辗转相传授，是名无尽灯。灯灯相照耀，破生死长夜。显出佛菩提，究竟悉同生。常寂光净土，持此清净福。回向奉群亲，我国圣帝王。及圣后圣位，仁寿各万年。覆育群氓类，我父母眷属。怨亲非怨亲，咸承胜善根，同生安养国。"① 护国之意在诗歌中表露得十分清楚。

《佛祖统纪》载遵式以诗歌为宋仁宗服务事，云："天圣四年，谏议胡则守郡屡入山问道，欣领法要，为施金造山门廊宇。五年中秋月望之夕，桂子降于殿庭，师取其实播种林下，乃作桂子之诗。"当宋仁宗阅《光明护国仪》时，抚几叹曰"朕得此人足以致治"，遂亟令宣召，遵式此时"则已入寂矣"②，可见遵式的努力得到了统治者的认可。宋人曹勋在《天竺荐福寺忏主遵式敕赐师号塔名记》中提到遵式的努力，云："绍兴三十年七月某日，有敕以天竺时思荐福寺故住持传天台教观僧慈云法宝大师遵式，谥'忏主'、禅慧大法师，塔曰瑞光。一众望阙祗承明命，天下衲子赞叹异恩，得未曾有，诚山林苾刍不世之遇。维砥砺名节，端委立朝，钜德崇勋，暴耀一时，未有百岁而后际会若斯之隆也。"能够受到统治者的厚待，皆由于遵式的修行与人格魅力，故使皇帝与大臣愿与之交，曹勋接着评论云："惟师苦身灭性，死心忘生，夙于贤劫会中尚志而出，遂与天子宰相讲论至要，廓然大观，以己之天开人之天，骞然高举，出于其类而拔其萃。一意愿力，铺张宗乘，修六度，备万行，止作观，以明空幻之法，俾本性灵承安静无住。又行道之地，每炽炭燃鏊，寘殿四隅，昼夜经行，以指抹鏊，十指存三，乘痛烟起示无生法忍，俾学空寂者得真法供养，以是不爱躯命，顾肯求嘉号夸示后世耶？然利于时用者道必广，化导既深者誉益崇，虽历尘劫，声迹愈著，是宜为圣主览文知名，即名增谥，显题塔号，以荣其终，光昭异数，用诏方来。"③

以佛教护国，是遵式争取佛教在北宋初生存所做的努力。当遵式在乾兴元年为国行忏法之后，便奏请天台教文收入《大藏经》中，但当时并没有被采纳。天圣元年，内臣杨怀古降香寺中，"重师道德复奏之"，始将天台宗典籍"如其志"收入《大藏经》中，使天台宗的发展获得极大

---

① 遵式：《天竺别集》卷中，《续藏经》第57册，第38页。
② 志磐：《佛祖统纪》卷十，《大正藏》第49册，第208页。
③ 曹勋：《松隐集》卷三十，《四库全书》本。

推动。关于遵式奏请将天台经籍入藏，文献有不同的记载。

遵式有《天台教观目录》《天台教随函目录》《上玉宸供奉黄（元吉）进天台教部随函目录手状》等文，皆为争取天台经籍入藏而作。《天台教随函目录》序中详述天台佛籍入藏之始末云："（天台宗）若以龙树为高祖，至荆溪则九世矣；以智者为始祖，至荆溪即六世矣。遵式叨生台岭，滥预桑门，刿心尝习于斯宗，白首敢言于精业，志愿此教编入大藏，俾率土咸益。天禧三年，会相国太原王公钦若出镇钱唐，因以宿志闻于黄阁，遂许陈奏。事未果行，倏焉薨逝。至天圣纪号，幹当玉宸殿高班黄元吉以兹法利上闻天听，皇帝、皇太后体尧仁以覆物，奉佛嘱以护法，爰择梵侣，精校于真筌，旋系竺坟，广颁于秘藏。"[1] 遵式先是请王钦若上奏，事未果王钦若去世，《释门正统》《佛祖统纪》等文献记天圣元年内臣杨怀古至杭州，遵式又请杨怀古上奏，经杨怀古上奏皇帝、皇太后，入藏事得到应允。遵式《天台教观目录》则载是继请黄元吉上奏。《上玉宸供奉黄（元吉）进天台教部随函目录手状》是遵式呈给黄元吉书信，请求黄元吉奏请皇帝准天台经籍入藏，云："沙门遵式祗肃致讯玉宸供奉执事，近令小师了净可久斋书上达，不审迩日体候，何似想符多福。遵式以教门事多，乾尊抱卒，言谢不及，兹者撰得《天台教部随函目录》一卷。此有二缘，故须制此文，一为教文入藏，恐铨排失次，疏记不相，附近后人看读不知其类；二为后人看读不循部类，全成无益，止如《辅行》一记，全释《摩诃止观》，若异处各看，殊不知旨，今若得此文发函启卷文义相须如指诸掌，如览儒经正义，安可异处。他皆放此，欲上告供奉，闻圣听奏，呈此文乞随函各著一卷，如此则教文入藏不徒设也。然遵式虽怀此意，其如裁量进否，一计供奉，愿利益天下，远及万古。遵式十有余载，经理天竺山寺，只为传持大教，更无一念他图，其如外护檀越，不可一日无之。此际遭逢供奉，如得父母之莫异也。遵式年老能得几何，只为岁寒与后次传教者作外护，良图意在正教宣行，令佛种不断，故雪山童子为半偈捐躯宣扬，利深信矣。今供奉宿植善根，身近至尊，深信佛法，焉知不是诸佛付嘱而来耶？又岂非宿发大愿而来耶？护法之功，出《大般涅槃经》，不可卒具此者。了净可久，恐伊不熟，庶事望供奉以骨肉见待，每

---

[1] 遵式：《天竺别集》卷上，《续藏经》第57册，第24页。

事指南，不以形迹为碍，幸甚也。其如山门所求好事，乞供奉深挂融抱，栖依栖依。遵式近采拾寺之左右古今灵迹，各赋一咏，以纪名目，虽词无可取，谨此写呈，所贵供奉览之，熟于天竺景物如旧游之莫异矣。遵式为阙人写公状起居直染，手削眼昏，书字不谨，伏惟仁慈宽恕为幸。"①

遵式所云"采拾寺之左右古今灵迹，各赋一咏"，有可能就是《五峰合涧诗》。本诗有五首，《白猿峰》云："人死猿亦亡，碧峰空崔嵬。六龙驭圆景，巨壑流红埃。今亦看诚古，后还思悲哀。兹山俯南涧，水洁影如颓。春筱生嫩筠，秋兰变枯荝。方新林下寺，吟此心悠哉。"《飞来峰》云："乾坤持中枢，动运非物图。郁郁彼灵鹫，飘飘如飞凫。层空累怪石，古木生其肤。仁虎终安栖，白猿时号呼。钱源注鲛室，谢月扬天衢。曩喆多遗尘，清风来四隅。"《合涧》云："灵峰天竺寺，水向南北流。源远无竭时，石渠平且修。潭洁照台馆，岸滋蔚松楸。晚霁起长虹，夜寒吟潜虬。余居山水中，炎夏长如秋。飞梁会一泻，清响出林邱。"《稽留峰》云："武林神仙宅，代有隐者游。谷静云性闲，源长水涵幽。吾居余十年，自足忘百忧。岂嚼不死草，夙陪无生俦。道惭情未损，身与世为雠。安得会昔人，竹枝歌中秋。"《莲华峰》云："青瑛丽芙蕖，造化工且奇。辉彩向星河，结根在天地。临飚无馨香，御雨不离披。朝霭发翠华，暮云生碧姿。鼎湖几荣落，华岳何盛衰。独尔谢群芳，自将天地期。"《月桂峰》云："嫦娥戏仙桂，掷子落人寰。秀颖发矫林，芳馨胜远山。兔边甘百上，鸟外谁一攀。月里催人老，云根伴余闲。余霞照海甸，高翠暖湖关。康乐不在哉，猿来空庭间。"② 五首诗铺陈景色，虽然有尽力描写"造化工且奇"之意，就诗歌本身来说并无惊艳之处，但诗歌唱和成为遵式与文人交往的重要手段。宋代佛教僧徒结交文人士大夫，一以佛教信仰，一以文学作品，遵式能够纯熟运用这两种手段与方式，获得文人士大夫的好感与支持，从而为佛教尤其是天台宗的发展做出重要的贡献。

三

上文提到王钦若、黄元吉在天台入藏中起到的巨大作用，这是遵式通

---

① 遵式：《天竺别集》卷上，《续藏经》第57册，第26页。
② 《全宋诗》第2册，第1113页。

过结交官僚士大夫来弘传天台之教；有了士大夫的支持，使北宋天台宗的发展获得巨大的助力。

《天台教观目录》序中提到与王钦若结识始末。天禧三年，遵式请王钦若上奏朝廷，恳请将天台经籍入藏。王钦若，字定国，《宋史》有传，传中评价其为人云："智数过人，每朝廷有所兴造，委曲迁就，以中帝意。又性倾巧，敢为矫诞。"以揣摩帝意，最终至相位，宋仁宗宠之颇厚，去世后"赠太师、中书令，谥文穆，录亲属及所亲信二十余人"，所遇之后"国朝以来宰相恩恤，未有钦若比者"。王钦若颇行奸巧，众臣常斥其奸状，至于宋仁宗尝谓辅臣曰"钦若久在政府，观其所为，真奸邪也"，王曾尝论曰"钦若与丁谓、林特、陈彭年、刘承珪，时谓之'五鬼'，奸邪险伪"①。四库馆臣在《名臣碑传琬琰集》一百七卷提要评论说"如丁谓、王钦若、吕惠卿、章惇、曾布之类，皆当时所谓奸邪"②，《宋史》卷二百八十三"论"云："王钦若、丁谓、夏竦世皆指为奸邪，真宗时海内乂安，文治洽和，群臣将顺不暇，而封禅之议成。于谓天书之诬，造端于钦若，所谓以道事君者，固如是耶。竦阴谋猜阻，钩致成事，一居政府，排斥相踵，何其患得患失也。钦若以赃贿干吏议，其得免者幸矣。"③ 由此来看，王钦若为人为官的声誉确实比较差。

综上所述，王钦若糟糕的声誉，一是"以赃贿干吏议"，《宋史》本传中举其与僧徒受贿干涉科考事云："河阴民常德方讼临津县尉任懿赂钦若得中第，事下御史台劾治。初，钦若咸平中尝知贡举，懿举诸科，寓僧仁雅舍。仁雅识僧惠秦者与钦若厚，懿与惠秦约，以银三百五十两赂钦若，书其数于纸，令惠秦持去。会钦若已入院，属钦若客纳所书于钦若妻李氏，惠秦减所书银百两，欲自取之。李氏令奴祁睿书懿名于臂，并以所约银告钦若。懿再入试第五场，睿复持汤饮至贡院，钦若密令奴索取银，懿未即与而登科去。仁雅驰书河阴，始归之。"④ 二是关于澶渊之盟与泰山封禅事。关于这两件事，《宋史》有详细的记载，《寇准传》云："颇自矜澶渊之功，虽帝亦以此待准甚厚。王钦若深嫉之，一日会期，准先退，

---

① 《宋史》卷二百八十三，第9563—9564页。
② 《四库全书总目》卷五十七，《四库全书》本。
③ 《宋史》卷二百八十三，第9578页。
④ 《宋史》卷二百八十三，第9560页。

帝目送之，钦若因进曰'陛下敬寇准，为其有社稷功邪'，帝曰'然'。钦若曰：'澶渊之役，陛下不以为耻，而谓准有社稷功，何也?'帝愕然，曰'何故'，钦若曰'城下之盟，春秋耻之，澶渊之举是城下之盟也，以万乘之贵而为城下之盟，其何耻如之。'帝愀然为之不悦，钦若曰：'陛下闻博乎？博者，输钱欲尽，乃罄所有出之，谓之孤注。陛下，寇准之孤注也，斯亦危矣。'由是，帝顾准寖衰，明年罢为刑部尚书，知陕州，遂用王旦为相。"① 王旦本传："契丹既受盟，寇准以为功，有自得之色，真宗亦自得也。王钦若忌准，欲倾之，从容言曰：'此春秋城下之盟也，诸侯犹耻之，而陛下以为功，臣窃不取。'帝愀然曰'为之奈何'，钦若度帝厌兵，即谬曰'陛下以兵取幽燕，乃可涤耻'，帝曰'河朔生灵始免兵革，朕安能为此，可思其次'，钦若曰'唯有封禅泰山，可以镇服四海，夸示外国，然自古封禅当得天瑞，希世绝伦之事，然后可尔'，既而又曰'天瑞安可必得前代，盖有以人力为之者，惟人主深信而崇之，以明示天下，则与天瑞无异也'。帝思久之，乃可。"② 两人传中对此事的记载完全相同，王钦若被描述成妒贤嫉能、挑拨是非的奸猾形象。为了夺宠，鼓动宋真宗去泰山封禅。卷二百八十二"论"评论道："宋至真宗之世，号为盛治，而得人亦多，李沆为相正大光明，其焚封妃之诏，以格人主之私，请迁灵州之民，以夺西夏之谋，无愧宰相之任矣。沆尝谓王旦边患既息，人主侈心必生，而声色土木、神仙祠祷之事将作，后王钦若、丁谓之徒果售其佞。"③ 元陈应润亦说："宋真宗朝，王钦若、丁谓辈为相，于祭祀封禅之时，妄言天书下降以诳上。真宗明知其妄，反赂王旦寰之不言，由是土木祠祷之事兴，日奉天书以乱天下。"④

关于澶渊事，王钦若主张南迁金陵，遭到寇准的极力反对，《东都事略》载寇准本传云："是岁契丹入边，直抵澶魏，真宗召群臣问御戎策。参知政事王钦若，江南人也，请幸金陵；金书枢密院事陈尧叟，蜀人也，请幸成都。真宗以问准，时钦若、尧叟在侧，准心知二人所为，阳若不

---

① 《宋史》卷二百八十一，第9531页。
② 《宋史》卷二百八十二，第9544页。
③ 《宋史》卷二百八十二，第9557页。
④ 陈应润：《周易爻变易缊》卷四，《四库全书》本。

知，曰：'谁为陛下画此二策者，罪可斩也。'"① 最终以寇准为主，签订了澶渊之盟，明杨爵评论说："如宋真宗澶渊之事，非有寇准、高琼，则王钦若辈遂定南迁之策，其危甚矣。高宗播荡伏窜，国势削弱，而终不能振。"② 这是极力肯定寇准等，而极力批驳王钦若等。虽在南迁金陵事上受挫，但王钦若确实会揣摩帝意，《文献通考》载王钦若鼓动宋真宗至泰山封禅云："先是殿中侍御史赵湘请封禅，上拱揖不答，王旦等曰'封禅之礼旷废已久，若非盛世承平，岂能振举。'初，王钦若既以城下之盟毁寇准，上自是常怏怏，他日问钦若曰'今将奈何'，钦若度上厌兵，即谬曰'陛下以兵取幽蓟乃可刷此耻也'。上令思其次，钦若因请封禅以镇服四海、夸示契丹，又言'封禅当得天瑞'，又言'天瑞盖有以人力为之，陛下谓河图洛书果有之乎？圣人以神道设教耳。'"③ 这里说宋真宗"自是常怏怏"，应该确实切中了宋真宗的心病，为鼓动宋真宗到泰山封禅埋了伏笔。宋真宗之所以能到泰山封禅，王钦若的鼓动其实只是一个方面，真正决定去封禅的还是宋真宗本人，若宋真宗无封禅之意，即使王钦若如何鼓动，宋真宗恐怕也不会成行的，所以胡渭在提到此事时又说"因问镐河出图洛出书果何事，镐遽对曰'此不过以神道设教耳'，其言与钦若闇合，真宗意遂决"④。所谓的杜镐所对之语，《东都事略》载杜镐传云："王钦若劝真宗为祥瑞，以镇服四夷，真宗疑焉，因问镐河出图洛出书果何事，镐遽对曰'此圣人以神道设教耳'，真宗意遂决。议者谓祥瑞事启自钦若，而成于镐云。"⑤ 对杜镐的漫应，胡渭颇为愤慨地论云"镐之言不惟成君之恶，且大得罪于圣人矣"⑥。吴澄说："宋祥符间，王钦若蛊惑真宗，欲以人力伪作天书，真宗颇入其言，一旦忽问老儒杜镐，曰'古所谓河出图洛出书果何事邪'，镐对曰'圣人以神道设教尔'。澄按，杜镐一时谩对，真宗因此遂从钦若所教，而成天书之伪。"⑦

---

① 王称：《东都事略》卷四十一，《四库全书》本。
② 杨爵：《周易辩录》卷四，《四库全书》本。
③ 马端临：《文献通考》卷八十四，《四库全书》本。
④ 胡渭：《洪范正论》卷一，《四库全书》本。
⑤ 王称：《东都事略》卷四十六。
⑥ 胡渭：《易图明辨》卷一，《四库全书》本。
⑦ 吴澄：《易纂言外翼》卷七，《四库全书》本。

南迁金陵之议与鼓动泰山封禅，明代叶山说："王钦若遇契丹之寇，已束手无策矣，不知求智勇以胜之，而独闭门诵经、修斋设醮，若之何其不索索而矍矍哉。"① 其中所说"闭门诵经、修斋设醮"，反映的是王钦若的宗教信仰。王钦若崇信道教，曾言遇异人，本传引其自言云："少时过圃田，夜起视天中，赤文成'紫微'字。后使蜀，至褒城道中，遇异人，告以他日位至宰相。既去，视其刺字，则唐相裴度也。"既贵之后，"遂好神仙之事，常用道家科仪建坛场以礼神"，朱书"紫微"二字陈于坛上。王钦若参与编撰著述颇多，如《天禧大礼记》五十卷目二卷（《宋史》卷二百三）、《天书仪制》五卷，又《卤簿记》三卷（《宋史》卷二百四）、《七元图》一卷、《先天纪》三十六卷（《宋史》卷二百五）、《彤管懿范》七十卷目十卷、《彤管懿范音义》一卷（《宋史》卷二百七）、《册府元龟》一千卷（《宋史》卷二百七）等，但自以深达道教的王钦若，参与编修的道经更多，本传云"领校道书，凡增六百余卷"；曾推荐张君房编撰《云笈七签》，《四库全书总目》云："《云笈七签》一百二十二卷，宋张君房撰……祥符中自御史台谪官宁海，适真宗崇尚道教，尽以秘阁道书付杭州，俾戚纶、陈尧臣校正，纶等同王钦若荐君房主其事。"② 王钦若以深达道教自任，曾奉诏撰《翊圣真君传》，四库馆臣评论此书云："《翊圣保德传》三卷，宋王钦若撰……钦若尝自言少时见天中赤文成'紫微'二字，复于褒城道见异人，告以他日当位至宰相，视其刺，乃唐裴度。自以为深达道教，遂创修醮仪，领校道书，凡增六百余卷，复自著道书数种，此传其一也。传中所言翊圣真君降盩厔民张守真家，太祖、太宗皆崇信之，事殊怪妄。盖自张鲁之教有三官，天地之外独有水官，而木金火土不与，故道家独尊元武，此所谓翊圣真君即元武也。钦若小人，借神怪之说以固宠，不足多责，至著而为书，则无忌惮之甚矣。"③ 曾巩评述王钦若在道经上所做的贡献，云："道藏经，大中祥符九年枢密使王钦若删详，凡三洞四部共四千三百五十九卷。钦若言道德隆符乃老君圣祖所述，升于洞真部《灵宝度人经》之次，又总为目录，表求御制序，诏从其请，赐名曰《宝文统录》。钦若又言'三洞真经者，无上

---

① 叶山：《叶八白易传》卷十三，《四库全书》本。
② 《四库全书总目》卷一百四十六。
③ 《四库全书总目》卷一百四十七。

大罗天中玉京元都祕藏之所蕴也，元始命天皇真人象形模写，名曰天书玉篆，为文字之宗'，由是经录符图诸天灵宝递相祖述，故道经为首焉。洞真经、洞元经、洞神经总百九十二万四千三百八十卷，祕在玉京元都三十三天，未尽降世间，开辟后已降之经一万九千九百七十卷，梁简文帝时有六千余卷，唐明皇所撰《琼纲》才三千余卷，徐铉等尝校勘，去其重复得三千七百三十七卷，至钦若又增五百余卷焉。洞真、洞元、洞神谓之三洞，太清、太平、太真、正一谓之四部，钦若又于《道藏》中检阅神仙姓国姓者四千人事迹以闻，诏图形景灵宫廊庑。"①

深达道教的王钦若，《翊圣真君传》中论述到佛教时，却颇为失义，《佛祖统纪》云："王钦若奉诏撰《翊圣真君传》，其间论佛最为失义。如翊圣云'诸天万灵仙众梵佛悉来朝上帝'。夫佛为三界师，为天中尊，佛所住处，梵天帝释皆来卫从，明知天帝所以奉佛也，今传言佛来朝帝，甚为无状。"此或许即《解惑编》所说王钦若"诋毁释教"："有道家伪《经化图》尚存，多隐匿未毁，帝命枢密副使等，暨诸道流，考证真伪，曰：虽卷帙数千，究其本末，惟《道德》二篇，老子所著，余悉汉张道陵，后魏寇谦之，唐吴筠、杜光庭，宋王钦若辈，撰造演说，凿空架虚，诋毁释教。假阴阳术数，以示其奥；衷诸子医药，以夸其博。所载符咒，妄谓佩之，令人商贾倍利，子嗣蕃息，伉俪和谐，如鸳鸯之有偶，将以媒婬乱，而规财贿至。有教人佩符在臂，则男为君相，女为后妃，入水不溺，入火不焚，刀剑不伤，徒以诳惑愚俗，自道德外，宜悉焚去。"② 尽管《翊圣真君传》如此失义，或者王钦若有"诋毁释教"的成分存在，《佛祖统纪》却为之开脱，云："钦若稍称知佛，作传之辞亦未必有此语，特恐道流不知天位，妄撰此言入于传中，虽欲尊天而卑佛，适所以诬天而慢佛也。"之所以为之开脱，恐怕是由于王钦若位居宰相之位。王钦若实际上与佛教的关系着实不浅，"天圣三年冬十月，诏以司徒兼门下侍郎平章事王钦若充译经使兼润文"③，由此说来，王钦若"稍称知佛"应该是事实。上所述与僧人惠秦行不法事，表明王钦若同时结交佛教徒。

惠秦之外，遵式是王钦若交往的佛教徒之一。天禧三年（1019年），

---

① 曾巩：《隆平集》卷一，《四库全书》本。
② 弘赞：《解惑编》卷下之上，《嘉兴藏》第35册，第464页。
③ 志磐：《佛祖统纪》卷四十，《大正藏》第49册，第397页。

时居相位的王钦若出镇钱塘，率僚属拜访遵式，这是二人首次会面。王钦若请遵式讲《法华》及心佛众生三法。遵式"才辩清发，衣冠为之属目"，王钦若嗟赏"此道未始闻，此人未始见也"，讲题即《为王丞相钦若讲法华经题》，讲云"妙即褒叹之辞，法即权实之法"。遵式在讲解中提到"心生十法界，顿圆千性相具足"，即其从圆顿观来讲《法华经》，云："天台所谈佛性与诸家不同，诸家多说一理真如名为佛性，天台圆谈十界生佛互融，若实若权，同居一念。一念无念，即了因佛性；具一切法，即缘因佛性；非空非有，即正因佛性。是即一念生法，即空假中，在理名三因，在果名三德。圆妙深绝，不可思议，名心法妙也。"讲毕，遵式"以天台宗教本末具陈于公"①。天禧四年（1020年），王钦若"复与秦国夫人施财六百万以建大殿"，并"致书问天台立教及解经义旨、与今古孰为优劣"，遵式有《答王丞相钦若问天台教书》，云："右，遵式启伏以五月二十四日，奉蒙相公顾问天台智者立教及解经消文义旨，与今古诸师孰为优劣，遵式座间略具口对。又承台旨，令逐要录上，并须词意分明可见者。"书中云，王钦若"问及讲法华经至第几卷至何处文"，遵式对曰："至第二卷火宅喻品诸子索车文，遂略口具索车大意"；又问及"智者消文与诸师及慈恩宗优劣可略录一二不"，遵式对曰："只此所陈索车之义，古人与天台二家消文，足见优劣，便可录呈。今先录古师一二对智者释义，次别引慈恩基法师正破天台一义，还用天台被破之文，与彼并决是非，故须别引。"可见王钦若问及的内容颇多，遵式借此机会相当细致地对王钦若阐述天台教义。王钦若览遵式之文，对遵式"益加信喜"②。天禧三年、四年这段时间，遵式集中阐述天台教义，如又作《十六观经颂》《摩诃止观义题》等。

二人讨论天台教义最为集中的是在《圆顿观心十法界图》中。遵式作《圆顿观心十法界图》呈王钦若观阅，十法界分别是佛界、菩萨界、缘觉界、声闻界、天法界、人法界、阿修罗界、饿鬼界、畜生界、地狱界，十界皆是由心所造，如述"佛界"云："若人因读圆满修多罗及闻善知识所说起净信心，信己一念三道之性即三德性，苦道即法身，烦恼即般

---

① 遵式：《天竺别集》卷下《为王丞相钦若将〈法华经〉题》，《续藏经》第57册，第38—39页。

② 遵式：《天竺别集》卷下《答王丞相钦若问天台教书》，《续藏经》第57册，第40页。

若，结业即解脱，法身究竟，般若清净，解脱自在，一究竟一切究竟，般若解脱亦究竟，一清净一切清净，法身解脱亦清净，一自在一切自在，法身般若亦自在。即一而三，即三而一，非纵非横，亦非一异。法身常住，余亦常住，乐我净亦如是。是则常乐四德，秘密之藏遍一切处，一切诸法悉是佛法。既信是已，以境系心，以心系境，心境念念相续不断，必见法性。"王钦若为《圆顿观心十法界图》作序，云："修观之道曰从行，曰附法，曰托事，唯三而已。今观心图者，从行之正轨也。准夫止观二十五法，为方便十乘十境为正修者，固非于此能备。若其日用之际，以十界德过升沉鉴我心曲，虽丝发不能自逃，其迁善改过之要乎？慈云法师示我以观心之图，研味法喜心乎？"序前有偈云："若人欲了知，三世一切佛；应观法界性，一切唯心造。"①《圆顿观心十法界图》是遵式对于圆顿观的阐释，王钦若偈中的"一切唯心造"，是对《圆顿观心十法界图》开篇"窃闻其广不可涯，高不可盖，长不可寻，将盈而虚，将晦而明，虽边而中，微妙深绝，叵得而思议者，惟心也"②的再述，表明王钦若有很好的佛教修养；"应观法界性，一切唯心造"颇能充分表述遵式之意，《圆顿观心十法界图》云"于一心字派出十界"③。遵式《答王知县书》中言"心"云："遵式，学浮图究心者也。浮图，示物之性者也。性，心之体也；心，性之相也。究心了性，号浮图也。迷体执相，号众生也。心性一也，体相非二也。孰乎无心有心者，孰不可同性也。"④佛教就是究心了性，十界是由心所派出，究心就是究十界。

此序作于天圣元年（1023年），是在结交遵式四年后。王钦若能为遵式作序，首先是其对于佛教徒的交往；其次是遵式在《圆顿观心十法界图》完成后，呈送给王钦若，并作有《上王丞相（钦若）十界心图颂》，云："无象无名杳莫寻，强将名象测幽深。凭斯会解还相背，舍此他求转自沉。鹫岭殷勤亲付嘱，龙门恺悌好知音。仍闻挂在高堂上，误杀来人错认心。"⑤颂中将王钦若称作"好知音"。最后是王钦若对于佛教的认同，

---

① 遵式：《天竺别集》卷中《圆顿观心十法界图序》，《续藏经》第57册，第28页。
② 遵式：《天竺别集》卷中《圆顿观心十法界图》，《续藏经》第57册，第28页。
③ 遵式：《天竺别集》卷中《圆顿观心十法界图》，《续藏经》第57册，第28页。
④ 遵式：《天竺别集》卷下《答王知县书》，《续藏经》第57册，第44页。
⑤ 遵式：《天竺别集》卷中《圆顿观心十法界图》，《续藏经》第57册，第30页。

其序以及序前的偈颂,尤其是"应观法界性,一切唯心造",实际上就是对《圆顿观心十法界图》之圆顿观的简要概括,《圆顿观心十法界图》叙述遵式的圆顿观念云:"天台师闻诸于灵山,证诸于三昧,知其寂默,非数所求,而强以数,数于非数,依法华作十界百界三千权实,以明诸性,非合也非散也,自然而然,曰诸法实相,使人易领也。然后示之一念空三千皆空,一念假三千皆假,一念中三千皆中,成圆三观,观圆三谛,以明诸修,大智也大行也,不运而速,曰白牛大车,使人顿入也。故得自因至果,不移一念,坐道场成正觉,降魔说法,度众生入涅业,而能事毕矣。用龙树偈'因缘即空,即假即中',会而同之。十法界者何也?十统诸法也。三谛为界也,何者?谓佛以中为法界者也,菩萨以俗为法界者也,缘觉声闻同以空为法界者也,地狱鬼畜修罗人天同以因缘生法为法界者也。空假中者,虽三而一也,十界者亦一而十也,故使互含一复,具九如帝珠交映成百法界也。一因缘一切因缘,一空一切空,一假一切假,一中一切中,良由于此。三千者复何谓也?成界之法者也,有其十谓,如是相,如是性,如是体,如是力,如是作,如是因,如是缘,如是果,如是报,如是本末究竟等,斯总也。十法在佛,为中,为实,为常,为三智,为五眼,为十力,为四无畏,为不共法;在菩萨,为假,为权,为荣,为常,为万行,为四摄;在二乘,为空,为权,为三脱,为四枯,为无漏,为涅槃;在凡夫,为倒,为惑,为漏,为盖,为缠,为集恼,为生死。斯别也,统彼百界,乃成千法,复播诸百界,为三世间,成三千法耳。百界三千一也,与夫一念,非前后也,非相含也。统之有宗,会之有元,必归乎不思议三谛无量三法三德密藏矣。"① 这里虽然阐述的是天台之学的圆顿观,实际上也是遵式的圆顿观,由应允遵式奏请天台经籍入藏的请求,表明王钦若赞同认可遵式的圆顿观。

如上所言,王钦若的声誉可谓有些狼狈,即如《四库全书总目》所言"钦若小人,借神怪之说以固宠""无忌惮之甚"等之不堪,遵式却倾力与之相交,其目的就是借助王钦若之力弘传天台之学,一方面获得朝廷官僚士大夫的支持,另一方面可以通过王钦若上奏皇帝,获得皇帝的支持。王钦若答应遵式的请求,并将其请求上奏皇帝,就说明遵式达到了他

---

① 遵式:《天竺别集》卷中《圆顿观心十法界图》,《续藏经》第57册,第28页。

的目的和想要的效果。借着这次与王钦若会面，遵式请王钦若奏请西湖为放生池，以此为宋真宗祝寿，《佛祖统纪》载云："后文穆尹应天府，因微疾梦与师会，疾即除愈，遂奉书道其事。及移镇江宁升用迓师府会，朝夕问法，一留三月，因为著《十法界观心图》《住南岳心要偈》。会乾元，即公以其道闻于上，乃赐慈云之号。"① 经过王钦若、黄元吉等人的努力，宋真宗终于将天台经籍收入《大藏经》中。

四

王钦若之外，遵式交往比较重要的士大夫还有马亮、林逋、杨亿等。遵式与马亮相交，主要在净土信仰方面，天禧元年（1017年），"雅尚净业"的马亮出守钱唐，造访遵式，遵式为之撰《净土行愿法门》《净土略传》等文。《净土行愿法门》应为《往生净土决疑行愿》，分决疑门与行愿门，行愿门今不见，决疑门所述之意是圆融止观以净土为归依，《净土圣贤录》在论及遵式时说："遵式……先后依经撰集诸忏法，圆融三观以净土为归。又因知府马亮问道，述《往生净土决疑行愿二门》。其《决疑门》略云：佛法有二，一者小乘不了义法，二者大乘了义法，大乘中复有了义不了义。今谈净土，唯是大乘了义中了义之法也。此教诠旨，圆融因果，顿足佛法之妙，经云'十方谛求，更无余乘，惟一佛乘'，斯之谓与！是则十方净秽，卷怀同在于刹那；一念色心，罗列遍收于法界。并天真本具，非缘起新成。一念既然，一尘亦尔。故能一一尘中一切刹，一一心中一切心，一一心尘复互周，重重无尽无障碍。一时顿现，非隐显，一切圆成无胜劣。我心既然，生佛体等。此则回神亿刹，实生于自己心中，孕质九莲，岂逃乎刹那际内。信此圆谈，则事无不达，昧斯至理，则触类皆迷。故云诸佛如来是法界身，入一切众生心想中，乃至是心作佛，是心是佛。今但直决疑情，令知净土百宝庄严，九品因果竝在众生介尔心中，理性具足，方得往生。"② 《乐邦文类》收录《钱唐胜事寄江宁府主马侍郎》诗，云："往岁钱唐胜事并，就中安养最存诚。心池菡萏如长在，须

---

① 志磐：《佛祖统纪》卷十，《大正藏》第49册，第208页。
② 彭际清：《净土圣贤录》卷三，《续藏经》第78册，第246页。

作西方佛上卿。"诗下有注释云"侍郎往岁酷于西方净土，尝印造《弥陀法门》一千卷，分施道俗，因是生于西方"①。职方郎中崔育才向遵式问施食之道，遵式为撰《施食观想答崔育材职方所问》，文中称："凡作一切佛事，乃至献一华一香，皆能作观者，不滞生死，一一流入萨婆若海中，少戒少施，皆成佛果，良由兹矣。"②此诗是以观想行净土事，亦是台净合一的表现。

《释门正统》智圆本传中，载遵式与智圆事云："时王文穆钦若与慈云为法喜友，因至钱塘，郡僧悉迎于关外。慈云遣使邀师同往，师以疾辞，笑谓使者曰：'为我致意慈云，钱塘且驻，却一僧子。'"③智圆，自号中庸子，著《闲居编》。智圆与林逋为邻友，有《赠林逋处士》诗，云："深居狎鸟共忘机，荀孟才华鹤氅衣。满砌落花春病起，一湖明月夜渔归。风摇野水青蒲短，雨过闲园紫蕨肥。尘土满床书万卷，玄纁何日到松扉。"④智圆与林逋的交往，详见下文《"内藏儒志气"：智圆的儒者志意与文道观念》。遵式亦与林逋相交，二人并与王钦若相交往，《冷斋夜话》载"林和靖送遵式诗"条云："王冀公镇金陵，以书致钱塘讲师遵式，遵式以病辞。及愈，将谒公，乃过孤山和靖先生林逋，逋以诗送之曰：'虎牙熊轼隐铃斋，棠树阴阴长碧苔。丞相望崇宾谒少，清谈应喜道人来。'"⑤林逋有《送遵式师谒金陵王相国》三首，之一云："杯渡当过白鹭滩，石城春气尚微寒。公台谒罢如乘兴，试访南朝事迹看。"之二云："高牙熊轼隐铃斋，棠树阴浓长绿苔。丞相望尊宝谒少，清言应喜道人来。"之三云："天竺孱颜暂掩扉，讲香浮穗上行衣。白猿声里生公石，莫遣移文怨晚归。"⑥佛教文献中都是记载王钦若去拜访遵式，林逋的诗歌表明遵式亦时常拜访王钦若；要争取王钦若的支持，发展天台之教，遵式有机会就去拜访王钦若是可以想象得到的。诗中"公台谒罢如乘兴"是写王钦若对于佛教的沉浸，"清言应喜道人来"是写王钦若与遵式的交

---

① 宗晓：《乐邦文类》卷四，《大正藏》第47册，第222页。
② 遵式：《金园集》卷中，《续藏经》第57册，第12页。
③ 宗鉴：《释门正统》卷五，《续藏经》第75册，第317页。
④ 厉鹗：《宋诗纪事》卷九十一，中华书局2013年版，第2173页。
⑤ 惠洪：《冷斋夜话》卷五，《四库全书》本。
⑥ 林逋：《林和靖集》卷四，《四库全书》本。

契，"讲香浮穗上行衣"是写遵式对王钦若的讲法。《尧山堂外纪》载三人交集始末云："王冀公镇金陵，以书致钱塘讲师遵式，遵式以病辞，及愈，将谒公，乃过孤山和靖先生林逋，逋以诗送之曰：'虎牙熊轼隐铃斋，棠树阴阴长碧苔。丞相望崇宾谒少，清谈应喜道人来。'"①

可以想见，遵式结交的士大夫肯定很多，如《宋诗纪事》中引遵式两首诗。其一《寄刘处士》云："度月阻相寻，应为苦雨吟。井浑茶味失，地润屐痕深。鸟背长湖色，门闲古树阴。想君慵更甚，华发昼方簪。"其二《酬苏屯田西湖韵》云："雨余残景照渔家，渔子鸣榔彻郡衙。今夜相呼好垂钓，平湖新雨涨蒹葭。"② 从诗意来看，遵式与刘处士、苏屯田关系算比较亲近。契嵩十分钦敬遵式，作《杭州武林天竺寺故大法师慈云式公行业曲记》，提到遵式与士大夫的交往云："法师讳遵式……其时之卿大夫闻其风而乐其胜缘者，若钱文僖、杨文公、章郇公，他公卿益多，恐斥名，不悉书。法师闲雅词笔，篇章有诗人之风，其文有曰《金园集》者、《天竺别集》者曰《灵苑集》。然修洁精苦，数自炽其指，而存者一二耳。逮其持笔，书翰精美，得钟王之体，灵山秋霁，尝天雨桂子，法师乃作桂子种桂之诗，尚书胡公见而盛赏之，乃与钱文僖公赓之，胡公领郡钱唐，益施金而为其寺之三正门者。法师领寺既久，尝欲罢去，史君李公谘即会郡人苦留之。"③ 文中"其时之卿大夫闻其风而乐其胜缘"之言，应该并不是夸张之言。

契嵩提到与遵式交往的杨亿，《宋史》有传，本传云："会修《册府元龟》，亿与王钦若同总其事。其序次体制，皆亿所定，群寮分撰篇序，诏经亿窜定方用之。三年，召为翰林学士，又同修国史，凡变例多出亿手。大中祥符初，加兵部员外郎、户部郎中。五年，以疾在告，遣中使致太医视之，亿拜章谢，上作诗批，纸尾有'副予前席待名贤'之句。以久疾求解近职，优诏不许，但权免朝直。亿刚介寡合，在书局唯与李继、路振、刁衎、陈钺、刘筠辈厚善，当时文士咸赖其题品。或被贬议者，退多怨谤。王钦若骤贵，亿素薄其人，钦若衔之，屡抉其失。"④ 王钦若与

---

① 蒋一葵：《尧山堂外纪》卷四十四，《四库全书》本。
② 厉鹗：《宋诗纪事》卷九十一，第2174页。
③ 契嵩：《镡津文集》卷十二，《大正藏》第52册，第714页。
④ 《宋史》卷三百五，第10082—10083页。

杨亿虽同修《册府元龟》等，二人之间却并不和睦，《尧山堂外纪》载杨亿戏王钦若云："与丁谓、林特、陈彭年、刘承珪同恶，时称五鬼。夫人悍妒，欲置姬侍，竟不可得。好宾客，畜乐院二十人。宅后圃中作堂名三畏，杨亿戏曰'可改作四畏'，公问其说，曰'兼畏夫人'。王深以为恨。"① 二人虽不睦，却都喜欢结交佛教僧徒，杨亿本传云："重交游，性耿介，尚名节。多周给亲友，故廪禄亦随而尽。留心释典禅观之学。"② 知礼亦同时交好杨亿，有《复杨文公请住世书》，书题表明杨亿曾致信知礼，请其住世，看出二人的交往颇为不浅，书中云："谨于讲忏之隙，依本宗教观写书，奉答秘监大檀越。伏奉载垂真翰，曲赐重言，俾毕此忏期，更留讲训，仰承尊旨，合改先心。但以专诚久趣此门，鄙志莫能易辙，况良时难遇，胜事易差，故欲且副凤心，不果恭遵严命。其如传法之务，利人之功，谅此身所为，其益盖寡。俟净土却至，其化方隆，所言知礼洞三观之指归者，称之太过也。又云'极乐本由示权，修道须忘忻厌者'，诚哉是言也。而知礼今忻净土，特厌患身，亦有其由，辄伸于后。若其一心三观，虽非洞达，敢不依凭。"由此表明知礼亦主台净合流。讲三观者，即"一念即空即假即中"；讲净土之教，则"为胜方便验知，是如来善巧权用"，即"弥陀以无缘之慈取极乐之土，释迦以乐说之辨示往生之门"③。知礼、遵式、杨亿三人之间或许有共同的交往。

遵式即如上以佛教护国争取最高统治者的支持，结交官僚士大夫扩大天台之教的弘传，最终实现了天台经籍入藏的愿望。对于遵式弘教的努力，《佛祖统纪》评论说："道籍人弘，人必依处，此三者不可不毕备也。吾道始行于陈隋，盛于唐，而替于五代。逮我圣朝，此道复兴，螺溪宝云振于前，四明慈云大其后。是以法智之创南湖，慈云之建灵山，皆忘躯为法，以固其愿，而继之以神，照启白运。"④ 遵式的努力，不仅仅使天台之学得到更广泛深入的弘传，更重要的是扩大了佛教在北宋初年的影响，佛教在北宋的复兴，遵式的努力是不容忽略的。契嵩评价遵式说："慈云聪哲，志识坚明，故其以佛法大自植立，卓然始终不衰，虽古高名僧不过

---

① 蒋一葵：《尧山堂外纪》卷四十四。
② 《宋史》卷三百五，第10083页。
③ 宗鉴：《释门正统》卷五，《续藏经》第75册，第319页。
④ 志磐：《佛祖统纪》卷十，《大正藏》第49册，第209页。

也。世以方之真观，不其然乎？天台之风教益甚于吴越者，盖亦资夫慈云之德也。吾恨不及见其人。"① 正如契嵩《杭州武林天竺寺故大法师慈云式公行业曲记》中所言，"天台之风教益甚于吴越"的状况，遵式的努力确实不容忽视。不过，北宋初年对佛教的反对与批驳仍然不少，尤其是以石介、欧阳修等著名道学家、思想家、古文家，为佛教获得进一步发展空间的，便是智圆与契嵩等人的继续努力。智圆开北宋道学先声，契嵩以自己的方式赢得了最高统治者，尤其是改变了欧阳修等文人对佛教的看法，为佛教在北宋的进一步发展打下了深厚的基础。

---

① 契嵩：《镡津文集》卷十二，《大正藏》第 52 册，第 714 页。

"内藏儒志气"：智圆的儒者志意与文道观念

"内藏儒志气"出自智圆《湖居感伤》诗，其中云"内藏儒志气，外假佛衣裳"。作为一名佛教徒，智圆竟然说自己内心为儒、外行为佛，如此表明自己的儒释态度，在佛教徒之中是相当罕见的。诗以"感伤"为题，感伤之旨在诗末揭明，云："一空长寂寂，万类本惶惶。庶了无生旨，无生更可伤。"[①] 智圆对解悟有着与众不同的感受，一般对解悟往往有着豁然开朗与超脱的喜悦，智圆则是更加感受到对悟透"无生"的感伤。这种情感，仔细体味的话，感伤的情绪实际上是对"无生"更加透彻的了解，是名副其实的解悟者；同时更是表明智圆内心中强烈的儒者志意。

一

对智圆的研究，主要集中在两个方面：第一方面是在北宋初天台宗的研究中，多有对智圆的论述。日本学者忽滑骨快天《中国禅学思想史》（上海古籍出版社2002年版）论及天台教观的复兴时提及智圆《文殊说般若经疏》等著述，及其讲道不倦、不废吟哦。蒋维乔《中国佛教史》（江苏文艺出版社2009年版）将智圆与庆昭作为山外代表与知礼辩难，并详细列举了智圆的著述。吕澄讲到宋明佛家义学的变化与归趣时，谈及天台宗山家与山外之争：晤恩注解智顗《金光明经玄义》，提出观法性不必通过观心，四明知礼对此进行了反驳，认为五重玄义中的关心即是把所要观的道理集中在心上来观；智圆又对知礼进行了反驳，"前后经过七年

[①] 智圆：《闲居编》卷四十九，《续藏经》第56册，第941—942页。

的辩论，往返互问共达十次"，最终导致天台宗分为山家与山外："知礼曾以七年的长时间和晤恩、智圆等往复辩难，意见终于不能一致，而分裂为两派，知礼等成为山家，即称晤恩等为山外。"① 杨曾文《宋元禅宗史》（中国社会科学出版社 2006 年版）简述山家与山外之争，提到智圆围绕山家、山外之争撰写的《金光明经玄义表微记》《请观音经疏阐义抄》等著述。郭鹏《中国佛教思想史》（福建人民出版社 1995 年版）分析山家、山外之争时，简单提了一下智圆的名字；顾吉辰《宋代佛教史稿》（中州古籍出版社 1993 年版）将智圆视为山外的重要代表之一。骆海飞《天台宗史略》（上海社会科学院出版社 2014 年版）将知礼与智圆之间的论辩划分为第二次山家、山外论战，智圆向知礼发起辩论，知礼进行回应。潘桂明、吴忠伟《中国天台宗通史》与闫孟祥《宋代佛教史》对山家、山外之争的论述非常翔实，《中国天台宗通史》亦将智圆参与的辩争作为山家、山外之争的第二阶段，书中指出智圆在辩争中所持的核心观念："智圆实际上是建构起以心具论为核心的理论体系，从而不仅坚持了钱塘派的立场，而且对知礼的思想也予以相当的涵摄。可以说，智圆这一套精巧的构思是在四明派与钱塘派相争的刺激下产生的，体现了钱塘诸师对自身理论体系的反思。智圆对知礼的一系列批驳均是建立在这一基础上的。"②《中国天台宗通史》着重指出智圆的核心理论体系，闫孟祥《宋代佛教史》在论述论辩双方的主要人物、论辩过程之后，一方面指出双方之争的分歧点："到知礼论破智圆的'四难'，前后约二十年，其间分歧很多，但主题是对观心之境的真妄问题。"另一方面指出论辩的性质："宋代天台宗内部出现的这一场'辩论'，研究者多从'争'的角度予以认识，认为是双方谁为天台宗正统的一场争执，是'一场争夺山家教门解释权的论争'。称其'争'，很容易被看成天台宗内容的一场派系倾轧。事实上，当时还没有'争'的性质，仅限于对教义认识的辩论。"③ 这个说法是相当准确的。随后详细论述了知礼与智圆的辩论，指出二者的不同："知礼等主要是从天台宗的角度，所论是天台宗的传统说法，而庆

---

① 吕澄：《中国佛学源流略讲》，中华书局 1998 年版，第 267、391 页。
② 潘桂明、吴忠伟：《中国天台宗通史》，凤凰出版社 2008 年版，第 409 页。
③ 闫孟祥：《宋代佛教史》，人民出版社 2013 年版，第 155、156—157 页。

昭、智圆等直接从大乘佛教的角度论述问题。"① 上述研究成果,将山家山外之争的过程、参与者、分歧点、论辩性质以及智圆的观点,基本上已经论述得十分清楚了。

第二方面是智圆涉儒及与北宋初思想史问题的研究。陈寅恪《冯友兰中国哲学史下册审查报告》以敏锐的眼光评说道:"北宋之智圆提倡中庸,甚至以僧徒而号中庸子,并自为传以述其义(孤山《闲居编》)。其年代犹在司马君实作《中庸广义》之前(孤山卒于宋真宗乾兴元年,年四十七),似亦于宋代新儒学为先觉……举此一例,已足见新儒家产生之问题,犹有未发之覆在也。"② 林科棠对此持不同意见,《宋儒与佛教》中说:"宋初山家山外两派中硕学辈出,论辩甚烈,于是天台宗一时勃兴,竟有使天台教籍列入经藏之盛况。其后天台学即代表佛学,通宋代与隆盛无比之禅宗并立。然天台学与唯识学,以其体系之浩博致密,不容易了解,加以有疏于实修之憾,故不易普及。密、净二宗,在当时虽有相当势力,然不为多数学者所喜。因此,普及朝野之佛教,即为以华严教理为背景之禅宗。吾人可谓宋代之儒、释、道三教统于佛教,而谓佛教统于禅宗,亦无不可。斯时律院次第改为禅院,华严及天台之寺院,亦往往改为禅院,盖亦时代之风潮也。然则所谓宋学与佛教之关系,不过宋学与禅之关系耳。"③ 与此看法不同,漆侠沿着陈寅恪"未发之覆"之言继续加以探索,论述儒佛二家思想经过长期矛盾斗争并通过智圆而相互渗透,"释智圆是从佛家思想到儒家思想演变的中间环节"④。漆侠首先简述智圆的生平及儒释思想相通的观念,指出智圆不仅强调儒释两家合作,更进一步明确提出儒家"中庸"之道即佛家的"中道义"。通过对儒家《中庸》与佛教《中论》分别进行剖析,阐述了智圆所理解的儒家中庸与佛教中道义的关系,指出:"智圆通过《中庸》和《中论》把儒佛两家绾连沟通起来,而这种绾连和沟通是自然的、顺理成章的,无任何牵强附会之处。但从根本上看,儒家中庸和佛家中道义又是不同的。儒家讲入世,客观事物是实在的,中庸之道讲质的稳定性,是真实事物质的稳定性。佛家讲出

---

① 闫孟祥:《宋代佛教史》,第185页。
② 陈寅恪:《金明馆丛稿二编》,生活·读书·新知三联书店2011年版,第284页。
③ 林科棠:《宋儒与佛教》,商务印书馆1930年版,第50页。
④ 漆侠:《宋学的发展和演变》,河北人民出版社2011年版,第126页。

世，讲空，一切事物都是虚幻的、空的，客观事物是变动不居的，'元自性'，因而否定真实事物的存在，也就否定了真实事物质的稳定性。从这一根本上看，儒家中庸与佛家中道是大相异趣的。但不论怎么说，二者既有相通之处，儒佛两家通过智圆这一中间环节而得到绾连和沟通，智圆的这一重要作用是值得赞扬的。"[1] 漆侠这一看法相当中肯，以独到的眼光观察到智圆沟通儒佛二家所搭建的桥梁的极其重要的作用。漆侠进一步论述了智圆对儒家道统的注意、文以载道的文艺观、对儒佛相互渗透但非合流的强调，最后指出智圆沟通与绾连儒佛二家，却又力辨二教混同，对近年来笼统地讲儒、释、道三教合流等说法提出了一些意见。漆侠的论述极其深刻，论述的不仅是智圆的思想，更是思想史研究、三教关系研究的重要指向，遗憾的是，这些洞见似乎并没有引起相关研究者的高度重视。王晓薇的博士学位论文《宋代〈中庸〉学研究》（河北大学，2006年）依据漆侠对宋学形成、发展和演变过程的划分，对宋代的《中庸》学进行了详尽探究，其中在"释智圆《闲居编》所倡儒释贯一论及其《中庸子传》"部分中，指出智圆既强调儒释的同，亦强调二者的异，与漆侠的看法完全一致。论文中分析了智圆说的儒家中庸即佛教的中道，智圆反对"荡空"和"胶有"与儒家反对"过"与"不及"的中庸之道同具有辩证法思想。承继漆侠的看法，论文中指出智圆将中庸作为儒佛之间的绾连与沟通。

孙昌武《中国佛教文化史》第三编列"智圆与契嵩——援儒入释"专章，指出智圆不偏不倚地研习儒释道三家典籍，是典型的学僧；指出智圆特别重视"文"的作用，把"文"当作明道的媒介；认为智圆提倡儒释合一，体现了当时儒释双方理论相交融的趋势，又代表教团内部出现的一种新潮流。书中述及智圆提倡《中庸》的意义不可低估："以僧侣身份，把'中庸'作为立身行事、修养心性的指针，其意义和影响是不可低估的。"[2] 潘桂明《中国佛教思想史稿》（江苏人民出版社2009年版）第三卷介绍了"智圆及其《闲居编》"，指出智圆的儒学观念，是佛教界上层面对宋初儒家思想复兴的局面带来的压力而及时做出的反应，这

---

[1] 漆侠：《宋学的发展和演变》，第136页。
[2] 孙昌武：《中国佛教文化史》，中华书局2010年版，第2274页。

与陈寅恪、漆侠的看法稍有差别。书中从三个方面分析智圆的观念：第一，指出智圆对儒释既调和又加以区别，这与漆侠、王晓薇的看法一致；第二，智圆认同忠孝、仁义等儒家社会政治与伦理道德；第三，重视儒家的心性理论，推崇《中庸》的思想学说，认为智圆对《中庸》的重视是宋初三教关系中最为值得瞩目的事件。《中庸》在宋代思想史上的重要性，韩毅《宋初僧人对中庸思想的认同与回应——以释智圆与释契嵩为中心的考察》(《中华文化论坛》2005 年第 3 期)，通过智圆、契嵩对儒家思想的认识与回应，分析了宋代僧人对中庸思想的认识与回应如何、对宋代哲学史和思想史的发展产生的学术指向。论文指出宋代中国思想界最早探索中庸之道的不是儒家学者，而是佛教僧徒智圆；并指出智圆试图通过对儒家中庸思想的认识，来达到沟通儒家中庸之道与佛家中道义学说的目的。韩焕忠《佛教四书学》(人民出版社 2015 年版) 有"孤山智圆的儒学观"专节，指出智圆的儒学观在三个方面推动儒学的发展：第一，促进儒家思想在佛教兴盛后的话语积累，促使儒学广泛渗透到社会生活的各个方面；第二，无形中提升了《中庸》《论语》《孟子》的地位；第三，为儒家学者批判地援佛入儒提供了范例。

上述研究成果分别从北宋初的天台宗，山家、山外之争，以及智圆的涉儒与宋代思想史等问题进行了翔实的论述，本文在此基础上，从"道学"的角度出发，分析智圆的儒家志意及儒家志意在文道观念中的体现。

二

法师智圆，字无外，自号中庸子，或名潜夫；由于常年疾病缠身，又号病夫。对西湖极为喜爱，后居于西湖孤山，被称为孤山智圆。据《佛祖统纪》载，智圆自学语时即知孝悌，喜爱读书写字，"稍长常析木濡水、就石书字，列花卉若绵蕝，戏为讲训之状"。八岁入佛门受具戒，二十岁从源清法师学天台三观之道。源清法师圆寂后，居西湖孤山，"与处士林逋为邻友"。彼时智圆名声大显，交接文人官僚，"王钦若出抚钱唐，慈云遣使邀师"；慈云称赞其云"钱唐境上且驻却一僧"[①]。居孤山之后，

---

① 志磐：《佛祖统纪》卷十，《大正藏》第 49 册，第 204 页。

智圆"讲道吟哦未尝倦"①。

　　林逋为北宋初著名处士，隐居不仕，《孤山诗》之三"云迷处士居"，下注云"处士林逋高节不仕，隐居兹山"②；《山堂落成招林处士》诗题表明智圆建好山堂之后立即招呼林逋来，诗中"此中无俗物，自可会清贤"③之语，肯定林逋清洁的品格。《九月望夜招处士林君泛湖翫月》诗云"病负中秋约，残秋月自新"说了作为邻友的二人往来密切，最后"何妨此夕玩，况是不羁人"突出二人的共同点，中间四句："寒波沉皓魄，碧落辗冰轮。风静砧声绝，烟收岳影均。"④通过景物描写突出作为二人共同点的"不羁"，"不羁"并非性格的狂放无束，而是不与世俗相交相混，正与"此中无俗物""清贤"之语相映照。智圆有多首赠林逋的诗作，《赠林逋处士》诗云："深居猿鸟共忘机，荀孟才华鹤氅衣。满砌落花春病起，一湖明月夜渔归。风摇野水青蒲短，雨过闲园紫蕨肥。尘土满床书万卷，玄纁何日到松扉。"⑤诗中赞林逋之才华，更述彼此居于孤山"共忘机"之生活。《寄林逋处士》诗云："湖山淡相映，世尘那得侵。杳杳烟波色，苍苍云木阴。苔荒石径险，犬吠桃源深。中有上皇人，高眠适闲心。花开还独酌，花落还独吟。空庭长瑶草，幽树鸣仙禽。不见已三载，鄙吝盈虚襟。终期秋月明，乘兴闲相寻。"⑥诗中也是描写"高眠适闲心"的"忘机"生活，这样的忘机生活"世尘那得侵"；"犬吠桃源深""中有上皇人"突出的是上古之人的淳朴，诗中的"忘机"隐含了对上古淳朴品格的向往，并非完全不与世俗相混之义，从这一点来看，智圆"忘机"的真切含义是"无机"的意思。

　　林逋的诗作中显示，智圆的一生与林逋一样，主要过着隐居的生活。《病夫传》自称"病夫"，云"病夫者，以其厌厌常病，故以为号"，其病由三教之典籍方可医治，"尝杜门穷居，箪食瓢饮，不交世俗，每精别

---

① 念常：《佛祖历代通载》卷十八，《大正藏》第49册，第661页。
② 智圆：《闲居编》卷四十，《续藏经》第56册，第924页。
③ 智圆：《闲居编》卷四十七，《续藏经》第56册，第936页。
④ 智圆：《闲居编》卷四十七，《续藏经》第56册，第936页。
⑤ 智圆：《闲居编》卷四十一，《续藏经》第56册，第925页。
⑥ 智圆：《闲居编》卷四十八，《续藏经》第56册，第941页。

方书、调品药石以自医……吾心其病乎？三教其药乎？"① 《久病》诗亦云："医王有妙药，饮了万缘虚。"② 智圆确实一直疾病缠身，在其著述中可以知晓。长期的身体不适，应该是其以隐居生活为主的原因之一，对疾病的屡屡阐释，智圆并非在抱怨疾病或者抒发疾病给自己带来的苦痛，其实是借病表达自己的性格，云："虽富贵权豪而托病不附，虽大名厚利而托病不苟，虽清商流徵而托病不听，虽膏粱甘旨而托病不嗜。由者不为权所动，不为名所役，不为音所聱，不为味所爽，不为人所忌，不为俗所混，而全生之用，见素之道，尽蕴于病中矣。"③ 以病为借口，"不为权所动，不为名所役"，疾病并没有成为智圆的烦恼，相反成为其不依附富贵权豪的借口。

以病为借口不为富贵名利所羁束、不与低俗相混，而能满足"全生之用"，智圆因此没有流露出一丝对疾病的抱怨，作品中屡屡描写自己羸病与隐居的舒闲生活，《试笔》诗云："城市居无分，山林住有缘。语憨甘似荠，道贵直如弦。兀兀吟终日，羸羸病过年。静招湖畔鹤，闲泛雪中船。散闷虽无酒，怡情喜有禅。鬓根霜任点，心迹火休然。冷淡将谁合，逍遥且自怜。闲来窗下坐，试笔偶成篇。"④ 在山林中体味着禅静，泛船伴鹤，生活可谓静谧自得。《戏题四绝句》序中将这种静谧自得、隐居山林生活描述得更为细致，云："潜夫之居濒湖倚山，有野鹤野鹿焉以为耳目之翫，有家鸡家犬焉以为警御之备。潜夫每自色目，其鹤为在阴，其鹿为食苹，其犬为吠月，其鸡为司晨。有时天雨晴，秋气清，在阴唳于大泽，食苹鸣于幽谷，吠月吠于闲轩，司晨啼于乔木，音响更作，似于潜夫前各大夸其能也。传称介葛卢别牛鸣，世谓公冶长辩鸟语，信矣。夫先民有通于禽兽语者，吾无先民之能，以意度之，似有所得，遂为四绝句，以见其意。"⑤ 序中所描写的完全就是"世尘那得侵"的忘机生活。

如《试笔》诗中之言，智圆的"忘机"是对禅静的体味与禅理的透悟，对于生死的彻底理解，可能是其透悟的原因之一，《生死无好恶论》

---

① 智圆：《闲居编》卷三十四，《续藏经》第 56 册，第 915 页。
② 智圆：《闲居编》卷四十七，《续藏经》第 56 册，第 936 页。
③ 智圆：《闲居编》卷三十四，《续藏经》第 56 册，第 915 页。
④ 智圆：《闲居编》卷三十八，《续藏经》第 56 册，第 920 页。
⑤ 智圆：《闲居编》卷五十，《续藏经》第 56 册，第 944 页。

云其寝疾于床时,"其手足也将启,其神爽也将亡",智圆对生死却"怡然无闷",而是"以道自强",即生死时刻占据其头脑的,不是关于生死的思考,而是对于"道"的坚持。探视者发出疑问说:"夫人好之大者莫若生乎?恶之大者莫若死乎?予观子也于生似无所好,于死似无所恶,予也惑,敢问。"智圆因此发出"世人唯知恶其死而不知恶其生,可不大哀乎"的感叹。智圆以"夫枝必有根,流必有源"为喻,指出生乃死之根源,因为有生才有死,故"既有其生,安得无死生也。人之始死也,人之终,物既有始终,人故有生死"。因此不应好生而恶死,说:"夫春必有冬,昼必有夜,其有好春而恶冬好昼而恶夜,岂不大愚乎!生死者,亦犹春冬昼夜也,何所好恶哉?故庄周曰以无为首,以生为脊,以死为髋,故知有无死生乃一体也,岂可存其脊而去其髋耶?吾以此观之,故于生无所好,于死无所恶也。"智圆能透脱地认识到有生必有死,如同有春必有冬,因此能做到"于生无所好,于死无所恶"。生死如春冬的比喻之外,智圆更深一层指出生死本身并无好恶,云:"夫天理寂然,曾无生灭之朕乎?妄情分动,遂见去来之迹矣……苟瞪目劳视,则狂华乱生,华既有生而亦有灭,愚者无故好华生而恶华灭,而不知华本自无好恶之心,是徒劳耳。"[1] 有好恶的是人之心,而非生死本身,从空的角度来看,如《楞严经》云"一切众生从无始来生死相续,皆由不知常住真心性净明体,用诸妄想,此想不真,故有轮转"[2],"生灭去来,本如来藏常住妙明",生死本身就是俗谛、妄想,于性真常中求去来、迷悟、死生,则"了无所得"[3],明此则真明生死。

如这般透脱生死的"忘机"归隐生活,诗作中应该主要表现自由自在、恬静清净的心态。不少诗作中,智圆确实表现出这样的心态与心境,如《孤山种桃》诗云:"领童闲荷锄,埋核间群木。他人顾我笑,岂察我心曲。我欲千树桃,夭夭遍山谷。山椒如锦烂,山墟若霞簇。下照平湖水,上绕幽人屋。清香满邻里,浓艳蔽林麓。夺取武陵春,来悦游人目。

---

[1] 智圆:《闲居编》卷十八,《续藏经》第56册,第893页。
[2] 释般刺密帝译:《大佛顶如来密因修证了义诸菩萨万行首楞严经》卷一,《大正藏》第19册,第106页。
[3] 释般刺密帝译:《大佛顶如来密因修证了义诸菩萨万行首楞严经》卷二,《大正藏》第19册,第114页。

花开复花落,知荣必有辱。荣辱苟能齐,人人心自足。须知我种桃,可以化风俗。"① 诗中"他人顾我笑,岂察我心曲"表现出内心相当自任与"自足",生活完全凭依自己的内心而非外在的看法与议论,"花开复花落,知荣必有辱"是对禅理与自然规律的透悟,自在悟静的心境完全展现出来。再如《寄雪窦长老》诗云:"绝顶久潜隐,心闲道更真。山深林下雪,堂静昼无人。云抱看经石,禽接入定身。敢言他世约,安养愿相亲。"② 诗中处处显示诗者内心的清净自在,后六句每一句都在描述"心闲道更真"的心境。这样的心境能悟透万缘如梦幻,认识到万缘梦幻般的真实,又能更真切体现"心闲道更真"的心境,《初晴登叠翠亭偶成》诗云:"已觉万缘真是梦,岂因闲事妄劳形。可怜竞利贪名者,扰扰人间醉未醒。"③ 将透悟与执迷二者作了比较,以《病起》诗中"浮生能几日,长作水沤观"④ 的观念,可以将沉迷于"竞利贪名"的未醒者唤醒或者警醒。

三

透脱的生死观念表达的是达观的人生态度,感受禅静的喜悦带来的是静谧自得且自在的心境,按理说是不应该有感伤的,与智圆一样透悟禅理、心境清净的禅者,往往一生沉浸于清净自在之境中,智圆却在清净中透露出不一样的情绪与志意,即如上引《湖居感伤》诗"庶了无生旨,无生更可伤"之语,由对禅理的透悟而产生出感伤的情绪。《江亭晚望》诗云:"江亭闲写望,秋景正无穷。鸟没寒云外,帆归暮色中。淡烟生极浦,败叶坠凉风。"⑤ 诗中"寒云""败叶""凉风"很明显带有由天气、环境带来的隐藏在内心情绪之中的丝丝感伤。《登武林高峰》诗云:"千寻堆冷碧,极顶绝尘踪。雨霁闻清籁,云开见别峰。落泉喷怪石,惊鸟入

---

① 智圆:《闲居编》卷四十八,《续藏经》第56册,第941页。
② 智圆:《闲居编》卷四十七,《续藏经》第56册,第936页。
③ 智圆:《闲居编》卷四十,《续藏经》第56册,第923页。
④ 智圆:《闲居编》卷四十七,《续藏经》第56册,第937页。
⑤ 智圆:《闲居编》卷四十三,《续藏经》第56册,第928页。

深松。吟罢凭栏久，遥天起暮钟。"① 整诗在极力描写武林山峰的秀异净清，"凭栏久""起暮钟"还是带有着丝丝的怅惘与感伤，《上方院》诗"吟罢慵回首，迟迟独凭栏"② 之语亦透露出相同的情绪。

看上去智圆的心境与思想存在着矛盾，仔细阅读其著述后，就会清晰地看到其感伤的来源，非常重要的一方面是对于时光迁流与历史的慨叹，以及由离别、怀念带来的情感流露；另一方面则是由儒者志意带来的忧道伤怀。

时光的流逝容易带来情绪上的伤感，往往在文人中有较为普遍的表现，佛教僧徒往往能以透悟与超脱的视角，从时光的流逝中悟解真实。智圆诗中感发时光之作颇多，其对时光的抒写，既有如多数僧徒一般对于时光的透悟，又有着如文人般由时光的流逝而在内心中产生感伤的情绪。

如上引《江亭晚望》诗，智圆通过特定的诗语抒写内心的感伤情绪，《游石壁寺》诗云："寺幽称绝境，荷策自登临。翠岳千峰险，寒松一径阴。清香秋殿冷，疏磬古廊深。静立忘归兴，残阳鸟忽吟。"③ 诗的前七句充斥着清冷的意味，最后一句忽然使用了"残阳"，便使整诗的意旨变成了残阳将落时的感伤；"幽""寒松""冷""深"本只描写清冷，"残阳"一词却使这些词由清冷转变为面对日暮时毫无来由的伤感。《和辩才访仲微上人不遇》诗云"不见二十载，重寻事更违"述时间迁变之快忽，"事更违"透露着无奈，后一句"鸟向夕阳归"以"夕阳归"的述说带出与"残阳"一致的清冷的感伤，"吟恐成华发"④ 是由感伤转入慨叹。

时间的流逝包括自然节气的规律变化与更替，生命时段时光的流逝，历史时光的流逝等。自然节气的规律变化与更替如花开花落、众芳荣枯，《莫言春日长》诗云："莫言春日长，一坐又西暮。众芳荣复落，万事新成故。临川久兴嗟，藏舟孰云固。萧然荡斯虑，空门有归路。"⑤ 《落花》诗云："花开花落尽由风，数日荣衰事不同。庭下晚来犹可玩，绿苔芳草

---

① 智圆：《闲居编》卷四十三，《续藏经》第56册，第928页。
② 智圆：《闲居编》卷四十三，《续藏经》第56册，第929页。
③ 《闲居编》卷五十一，《续藏经》第56册，第946页。
④ 《闲居编》卷四十，《续藏经》第56册，第924页。
⑤ 《闲居编》卷四十，《续藏经》第56册，第923页。

缀残红。"① 人的情绪容易受到外界环境变化的影响，由枯到荣往往会使内心感染到兴奋、欣慰的情绪，由荣到枯则会使心境感到凄凉，从而从内心中生发出感伤。《牡丹》诗云："栽培宁暇问耕桑，红白相鲜映画堂。泪湿浓妆含晓露，火燔寒玉照斜阳。黄金剩买心无餍，绮席闲观兴更狂。谁向风前悟零落，百年荣盛事非长。"② 前三句以"红白相鲜""浓妆"写出牡丹盛时的光彩，引起观者"兴更狂"，接着却以"谁向风前悟零落"一语，将"兴更狂"的情致浇灭，让读者引起盛衰无常的对比的感悟，最后以"百年荣盛事非长"将这种感悟进一步升华，即华彩并不长存，而是短暂，盛衰无常的变迁才是永恒事实、真相与主题。"零落"扑灭"红白相鲜"带来的"兴更狂"的情致，对悟者与唯物者来说，内心与情感情绪上有很强烈的冲击，华彩不常存的凄凉感充斥着内心之中。

　　生命时段时光的流逝，主要表现在对于自身生命逐步衰退的感叹，如《春日闲居即事寄元敏上人》诗云"少壮可惊年暗减"③，《有客》诗云"搘肘凭栏俯仰乾坤，百年瞬息得丧谁论"④。少壮易老、百年瞬息，最直观的表现是头发由黑变白，以及由此而引起的无尽感叹。《书怀》诗："一锡任西东，孤怀孰与同。吟髭潜变白，人事旋成空。秋阁闲看月，寒窗卧听鸿。时将寂寥意，深夜寄丝桐。"⑤ 人事成空、孤怀无同，暗暗变白的须发带来了无由的伤绪，《登楼感事寄天台友人》诗："闲倚危栏思黯然，浮生谁共叹流年。愁催华发生无极，心许青山去有缘。冷淡空江澄暮色，参差归雁没寒烟。吟余更羡林间客，高卧深云听瀑泉。"⑥ 诗中以"心许青山""高卧深云"尽力消解愁绪，由愁绪催白之发仍使"黯然"的思绪横露于表面，《寄润侄法师》诗云"谁知此时兴，华发暗相侵"⑦，即使在某个时刻内心中露出兴致，华发也暗暗将其扑灭。华发将兴致暗暗扑灭的时刻，凄凉感与无奈感充斥着内心，《白发》诗写以愁浇灌华发，

---

① 《闲居编》卷四十六，《续藏经》第 56 册，第 935 页。
② 《闲居编》卷四十六，《续藏经》第 56 册，第 935 页。
③ 《闲居编》卷四十一，《续藏经》第 56 册，第 925 页。
④ 《闲居编》卷四十，《续藏经》第 56 册，第 924 页。
⑤ 《闲居编》卷四十三，《续藏经》第 56 册，第 929 页。
⑥ 《闲居编》卷四十一，《续藏经》第 56 册，第 925 页。
⑦ 《闲居编》卷四十四，《续藏经》第 56 册，第 930 页。

云:"华发如春卉,森森易满头。栽培全仗老,浇灌半凭愁。世态谁能避,仙方莫漫求。回观短折者,欲见更无由。"①《江上闻笛》诗通过旅途中"闲惊"白发写一生的漂泊,云:"夜久闻横笛,寥寥景更赊。天容垂极岸,月色冷平沙。静引乡心远,闲惊旅鬓华。哀音殊未已,何处落梅花。"②发已白则不可再变黑,寓意时光的不可倒流,《早秋》诗云:"人生呼吸间,何为苦忧愁。发白不再黑,兔走难暂留。徘徊感古人,劝我秉烛游。"③诗中通过"秉烛游"与感悟古人志意,消解人生的"苦忧愁",但"发白不再黑"使读者感受到"苦忧愁"不仅没有被消解,反而却更加浓厚了。

历史时光的流逝主要表现在曾经繁华的消逝的今昔对比,曾经的繁华与壮丽变成了对于历史的慨叹,《陈宫》诗写南朝陈的兴衰,云:"龙盘虎踞景堪寻,王气消亡信祸淫。结绮临春何处是,数声啼鸟暮烟深。"④《送僧之金陵》诗中写到南京的兴衰,云:"金锡孤携问去程,萋萋原草暮烟平。六朝旧迹秦淮畔,应感兴亡听水声。"⑤南京作为六朝古都,历史及遗迹往往成为歌咏者书写历史兴衰的对象,相似的还有钱塘,《浙江晚望》诗云"钱王霸业今何在,牢落荒城积野烟"⑥;西晋石崇的金谷园同样是写作颇多的对象,《草》诗云"更堪思往事,金谷旧年荒"⑦。曾经的繁华与壮丽,如今留下的只有荒芜,生长着的是无尽生机勃勃的野草,充斥着的只有野烟,一切留给观者的今昔对比的凄凉。

时光的流逝尤其是自然规律的荣衰更迭、今昔巨大的反差,使得世界如梦般虚幻,如《秋日感事》诗云"往事全成梦,浮生渐觉空"⑧,往事如梦,一生如空,与白发相对应时,虚幻感更强烈,《旅中即事寄友生》诗云:"欹枕不成梦,寒虫叫壁阴。高梧深夜雨,远客故乡心。分与浮名

---

① 智圆:《闲居编》卷四十七,《续藏经》第56册,第937页。
② 智圆:《闲居编》卷四十八,《续藏经》第56册,第942页。
③ 智圆:《闲居编》卷四十八,《续藏经》第56册,第941页。
④ 智圆:《闲居编》卷四十五,《续藏经》第56册,第931页。
⑤ 智圆:《闲居编》卷四十五,《续藏经》第56册,第932页。
⑥ 智圆:《闲居编》卷四十六,《续藏经》第56册,第935页。
⑦ 智圆:《闲居编》卷五十一,《续藏经》第56册,第945页。
⑧ 智圆:《闲居编》卷四十四,《续藏经》第56册,第930页。

背，年将白发侵。终须约宗炳，结社向东林。"①《偶成》诗云："世态如轮转，劳生岂定期。否终还受泰，乐极又生悲。商代尊伊尹，秦庭戮李斯。未能知幻化，安得证无为。"②诗题表明此诗是作者偶发的感悟，偶发的感悟却正是内心中所常想，世事轮转导致的乐生悲、泰转否，或者乐生悲、泰转否导致的轮转，由此而带来的情绪波动，不过是未悟"幻化"的表现。《赠头陀僧》诗云："上行唯知足，时人岂易同。一身依树下，万虑尽禅中。乞食村飘雪，降眠月坠空。应悲浮世上，烦恼事无穷。"③与未悟"幻化"者相比，此诗中"唯知足"的头陀僧则是悟者，从悟者的角度观浮世之未悟者，确实是"烦恼事无穷"。

时光迁流给智圆带来敏锐纤细的内心感受，《病起》之一云："衡门牢落雨苔斑，病起深秋气象闲。照水未能嗟白发，倚栏重得见青山。风高砌木蝉犹噪，社近茆堂燕已还。孤坐孤吟又终日，有谁来此问衰颜。"之二云："湖天淡荡雁参差，行乐搘筇绕所居。古壁苔荒鸣蟋蟀，水轩风冷谢芙蕖。看云默诵空王偈，拂榻闲开孔圣书。闭户无人慰寥索，草堂深夜照蟾蜍。"④两首诗都是从自然景致的描写，引出内心之中"寥索"的情绪，《病中感体元上人见访》诗亦云："犬吠衡门宿雾消，草堂风冷竹萧萧。若非故友怜衰病，谁肯凌晨访寂寥。"⑤智圆内心"寥索"的情绪，与未悟者的"苦忧愁"绝不相同，《暮秋》诗云："嗈嗈宾雁又随阳，兔走乌飞两共忙。露冷小池荷减绿，风高幽砌菊添黄。圆明自喜心如月，皓白谁愁鬓似霜。闲卧不堪思往事，星河耿耿夜偏长。"⑥前六句对于景物的描写，是在衬托"如月"的"圆明自喜"之心，"圆明自喜"之心由于受到"鬓似霜"的感染而生发出"往事"不堪回首的情绪，因此智圆的"寥索"情绪，是在对于透悟无生之旨的前提下而在内心之中生发出的感伤。

智圆的感伤情绪，亦有来自与友朋的离别、对友人的怀念，如《春

---

① 智圆：《闲居编》卷四十四，《续藏经》第56册，第930页。
② 智圆：《闲居编》卷四十七，《续藏经》第56册，第938页。
③ 智圆：《闲居编》卷四十七，《续藏经》第56册，第937页。
④ 智圆：《闲居编》卷五十，《续藏经》第56册，第943页。
⑤ 智圆：《闲居编》卷五十，《续藏经》第56册，第944页。
⑥ 智圆：《闲居编》卷五十，《续藏经》第56册，第944页。

日别同志》诗云:"路岐南北与东西,竚立迟迟惜解携。忍向离亭折杨柳,晚花零落杜鹃啼。"① 第一句以道路方向的相反写别离,后面的"迟迟""忍向""杜鹃啼"写别离之情,"杜鹃啼"本身就带有别离的悲伤,加上"晚花零落"加重了悲伤情绪中的凄凉之感。从诗意上看,本诗与一般文人吟咏别离之作并无差别,可以感受到智圆身上的文人化气息。对悟解无生之旨的智圆来说,别离与怀念诗非止抒写文人之作中的悲伤与不舍,其中亦含有对无生之旨的悟透,《和聪上人悼梵天阇梨》诗云:"讲院悲风动素帷,摇松难更见吾师。尘生旧榻休开卷,月上秋轩罢赋诗。真法自将传后学,清名谁为勒丰碑。横经弟子怀高迹,共指龙华作后期。"② 诗中写到"真法",写到弟子们"共指龙华作后期"对"真法"的承续。如《哭辩端上人》诗云:"平昔于诗苦,精搜省未闲。坏房空鸟外,清句满人间。瘦影悬邻壁,孤坟接旧山。吊回高树下,寒水自潺潺。"③ 最后一句"寒水自潺潺"是从万缘的真实上消解对逝者的悲伤之情。一般禅诗中,"寒水自潺潺"往往带来心境的清净,此诗似乎亦是以此句来消解感伤的情绪,但此句前的"吊回高树下",使此句不仅没有清净之意,更没有消解悲伤的情绪,反而备添凄凉之感,感伤的情绪弥漫于天地之间;"瘦影""孤坟""诗苦"等语,使带来的伤感弥加真实。

怀念诗、别离诗中表达的情感极其真切,表达出智圆与友人之间的亲密感情,《代书寄奉蟾上人》诗云:"闲宵坐月下,往事来心头。书之将寄君,路远水悠悠。"④ 往事自然是指二人之间交往的情事,"来心头"与寄书显示对远方者的思念;"水悠悠"既写二者相距路程之远,又暗含对之思念之悠长。《病中雨夜怀同志》诗云:"杉竹竞霏霏,天时正积阴。背窗秋烛暗,欹枕夜堂深。月被重云蔽,萤依湿气沉。无憀不成寐,况复想知音。"⑤ 雨夜使人不能寐,想起志同道合的友朋就更不能寐了,"想知音"体现出彼此之间的亲密。《怀友人》诗云:"忆向荒原别,残阳雪霁初。几宵成去梦,经闰绝来书。处世慵难减,眠云癖未除。幽怀向谁说,

---

① 智圆:《闲居编》卷四十五,《续藏经》第56册,第931页。
② 智圆:《闲居编》卷四十,《续藏经》第56册,第924页。
③ 智圆:《闲居编》卷五十一,《续藏经》第56册,第946页。
④ 智圆:《闲居编》卷四十八,《续藏经》第56册,第941页。
⑤ 智圆:《闲居编》卷四十七,《续藏经》第56册,第937页。

昨夜对蟾蜍。"① 以"残阳雪霁"写荒原别离的伤绪,以"几宵成去梦"写关系的亲近,以"幽怀向谁说,昨夜对蟾蜍"表达怀念。与此诗"几宵成去梦"表达相同的,《怀同志》:"孤吟成白首,十载别同声。海国书难到,空堂梦易成。淳风心共乐,直道世多轻。未卜重相见,波涛万里程。"② 同志即志同道合者,该诗对此作出"淳风心共乐""直道"的解说,以此加重彼此间情感的亲近。"未卜重相见,波涛万里程"写彼此之间相见或再见之难,加重"怀"之意。之所以与志同道合者之间能如此亲近,在于相互间的心交,《心交如美玉》诗云:"心交如美玉,经火终不热。面交如浮云,顷刻即变灭。对坐成参商,咫尺成胡越。我有心交者,不见几岁月。山叠水茫茫,含情向谁说。"③ 能经"几岁月"不相见而仍相互怀念,确实是心交,与浮云般"顷刻即变灭"的面交,心交虽"经火终不热",但却有"含情向谁说"的契合。与浮云般"顷刻即变灭"的面交实际上就是指世俗之交,心交则与世俗之交相违,《寄曦照上人》诗云:"尘外禅房掩渺弥,高情终与俗流违。苦吟几度成华发,默坐连宵忆翠微。风带荷香飘静榻,雨滋苔色污闲扉。炎天几阻相寻兴,空倚危楼对落晖。"④ 曦照上人之风格与俗流相违,实际上也表达二人之交与俗流之面交的相违。

综览智圆的别离诗与怀念诗,尽管诗中都流露出相互的亲密情感,但也能看到诗中的亲密情感往往带着浓厚的感伤色彩。《经武康小山法瑶师旧居》诗:"我来访旧居,景物如有情。闲庭惨树色,空山咽猿鸣。斯人今也亡,孤棹寻归程。"⑤ 本诗是睹物思人,"惨""咽"挥发了诗中的感伤。《和聪上人悼梵天阇梨》写到弟子们对真法的承续,《寄题章安禅师塔》诗写香火的断绝,云:"祖师坟塔在天台,雨坏风摧事可哀。香火无人空有迹,夜深明月照苍苔。"⑥ 坟塔被"雨坏风摧"、香火断绝都使人感

---

① 智圆:《闲居编》卷五十一,《续藏经》第56册,第946页。
② 智圆:《闲居编》卷四十九,《续藏经》第56册,第943页。
③ 智圆:《闲居编》卷四十八,《续藏经》第56册,第941页。
④ 智圆:《闲居编》卷四十一,《续藏经》第56册,第926页。
⑤ 智圆:《闲居编》卷四十,《续藏经》第56册,第923页。
⑥ 智圆:《闲居编》卷四十六,《续藏经》第56册,第934页。

到凄凉与感伤。《寄栖白师》诗云"凭栏独相忆，残日下遥天"①，"残日"将"相忆"带上了凄凉之感。《登楼怀遵易》诗："闲景杳无极，凭栏思若何。鸟行沉远岳，秋色满沧波。来信经年绝，新愁向晚多。依依自吟望，旧约负烟萝。"② 以"鸟行沉远岳"暗含友人愈行愈远，"经年绝""新愁"写思念与愁绪的堆积，抒发出思念之情的愈来愈重；新愁的堆积与辜负的相约，使思念之情中充满着惆怅。《哭叶授》诗或许是智圆充满着感伤之思念之作的总结，云："今春闻落第，为君心凄然。束书独南还，愤气胸间阗。迹寄浙河旁，家延南海边。遘疾既弥留，一命成弃捐。囊中无余金，零落空文编。龟鹤本微类，享寿皆千年。如何君子儒，三十归重泉。天高不可问，为君强问天。"③ 以龟鹤享寿千年对比君子儒"三十归重泉"，感叹人生之短暂与无常；"为君强问天"表现了极其强烈的悲伤与愤慨，"囊中无余金，零落空文编"有对人生的无奈与感伤。

智圆的诗作同时有对自身的感伤，《闻蝉》诗云："江天凉雨霁，嘒嘒出疏林。清极残阳里，愁生远客心。离亭秋草碧，荒堙暮烟深。不忍多时听，吟髭雪暗侵。"④ 诗中的"愁生远客心"显然是自喻。值得注意的是，智圆一生主要隐居于西湖孤山，并未长期羁绊于旅程之中，"愁生远客心"应该是一种代入，想象自己处于旅程的羁绊之中，从而生发出漂泊的感伤。智圆之所以作出这样的代入，应该是对人生短暂无常的体味，短暂的人生如同漂泊的旅途，因此对旅途之羁绊生发出同样深刻的感受。《挽歌词》应该是为自己所作，是与自己别离、对自己的怀念，诗之二云："萧萧墓后千竿竹，郁郁坟前一树松。此处不须兄弟哭，自然相对起悲风。"诗中以"不须兄弟哭"之语尽力消除悲伤的情绪，"自然相对起悲风"却仍然带出无限的伤悲，只不过是将"兄弟哭"的伤悲换成了"悲风"之伤悲。诗之三云："莫谈生灭与无生，漫把心神与物争。陶器一藏松树下，绿苔芳草任纵横。"⑤ 诗意是欲进一步消除伤悲，将生命逝去之悲转化成对无生的体认、"绿苔芳草任纵横"的超脱，"此处不须兄

---

① 智圆：《闲居编》卷四十三，《续藏经》第56册，第929页。
② 智圆：《闲居编》卷四十三，《续藏经》第56册，第929页。
③ 智圆：《闲居编》卷四十八，《续藏经》第56册，第940页。
④ 智圆：《闲居编》卷五十一，《续藏经》第56册，第946页。
⑤ 智圆：《闲居编》卷三十七，《续藏经》第56册，第920页。

弟哭,自然相对起悲风"终究还是使全诗有着浓厚的感伤情绪。

  智圆上述感伤情绪,都是在对无生之旨透悟前提下的抒发,而非单纯宣泄感伤的情绪;诗作中透露出来的感伤情绪,反过来进一步说明了智圆对于无生之旨的彻悟。最后再回到本文开篇所引《湖居感伤》诗,全诗有五十四韵,共分为五层。第一层是:"迷真渺无始,飘业产钱唐。外族宗南郡,门风祖偃王。微缘先劫种,宿习妙龄彰。父母怜多病,亲宾怪异常。布花模讲道,画石敦题章。戒印龀年佩,心猿志学狂。荣名虚准拟,簪组妄思量。"叙述家乡、出家渊源及年幼时的学习状况,"荣名虚准拟,簪组妄思量"表明智圆此时尽管出家修行,但并没有悟得佛教之旨,心中仍存有"荣名""簪组"等挂牵,为接下来叙述学周孔作了铺垫。第二层是:"礼乐师周孔,虚无学老庄。躁嫌成器晚,心竞寸阴忙。翼翼修天爵,孜孜耻面墙。内藏儒志气,外假佛衣裳。"说明出家之后的学习周孔、道家道教等内容,"躁嫌成器晚,心竞寸阴忙"再次说明智圆此时尚没有彻悟,仍被名利所牵;但智圆"心竞"者又与俗世之人所追逐的名利不同,而是追逐于儒家之"道";作为出家的佛教僧徒,又追求儒家之"道",所以说"内藏儒志气,外假佛衣裳"。第三层叙写突破修行的瓶颈而豁然开朗,云:"每恶销金口,时劳疾恶肠。手中期得桂,箭下待穿杨。骇鹿方随焰,坚冰忽遇阳。系珠知在体,甘露忝亲尝。要道传三观,真机得妙常。不然心迹火,任结鬓根霜。"前四句言转向修行,"手中期得桂,箭下待穿杨"是对悟解的期望,"骇鹿方随焰,坚冰忽遇阳"似乎是指获得了悟解的契机,突破了真修实悟的瓶颈,豁然感觉到"系珠知在体,甘露忝亲尝"。"要道传三观"是指对于天台之学的悟解,"不然心迹火,任结鬓根霜"进一步说明自己确实是得到了真正的悟解。第四层叙写豁然悟解后的体会,云:

    觉路双轮驾,真空两翅翔。饥来还遇膳,渴去已逢浆。静处如来室,高眠解脱床。理高山峭拔,道大海汪洋。力战魔军散,功扶佛化昌。空山怜寂寂,尘路笑茫茫。触境知无著,闲居贵坐忘。消摇希自了,言说亦何妨。撰疏松窗冷,挥松古殿凉。来蒙随力化,真谙应机扬。达理虽云短,寻文或有长。圆伊令了悟,法爱教消亡。性任融凡圣,修宜示否臧。冥心潜应梦,取验敢垂祥。事佛身多累,为师道实荒。衡门连竹石，草屋带林塘。冬服和缔绤，中飡乏稻粱。水边云作伴，岩下柏为香。景物看无厌，幽栖兴未央。晚篱啼翡翠，春沼浴鸳鸯。菡萏花如画，嶔崟岫若妆。飘窗松韵淡，翻砌菊花黄。放鹤时登岭，观鱼或在梁。岂愁身病害，长喜世平康。无处求烦恼，随时任寂光。昏衢悬慧日，苦海泛慈航。誓坐菩提树，高跻寂灭场。冥真周法界，垂应遍诸方。顿渐门皆邃，偏圆药尽良。惊迷辩雷震，摧惑法轮疆。鹫岭先开会，金河后秘藏。留形归后德，遗法益无疆。四等心弥广，三慈化甚详。道齐诸妙觉，事类释迦皇。

智圆叙述自己对彻了"真实"后的体悟，从诗的叙写来看，智圆确实是真正地彻悟，达到了任运随缘的境地，同时感受到悟解之后"道大海汪洋"的广阔。"力战魔军散"援引佛陀悟道时战胜魔王的典故，"景物看无厌，幽栖兴未央""无处求烦恼，随时任寂光"等语，说明智圆不再有"躁嫌成器晚，心竞寸阴忙"的状态。第五层是："生灭非吾土，圆澄是故乡。一空长寂寂，万类本惶惶。庶了无生旨，无生更可伤。"① "生灭非吾土，圆澄是故乡"既是对上述悟解叙述的总结，又点出透悟无生之旨不在于向外，而在于向内悟解自心；"一空长寂寂，万类本惶惶"两句是为了说明后面的"无生更可伤"，揭明感伤的来源。"空"表明对于万缘本质的认识，透脱地认识世界真实后，虽然保有了清净心境，但世界是暂存且一直处于迁变之中的真相，使得智圆充满着感伤的情绪；"庶了无生旨"之后的智圆，因此内心之中充斥着更多的感伤情绪。

"庶了无生旨"的感伤，《闲咏》诗中也有透彻的表达，云："造化无余岂有私，如何庶物自参差。群乌不涅身长黑，双鹭无愁顶亦丝。岩桂翠浓深雪夜，井桐黄落暮秋时。虚空世界都如幻，莫把闲心逐境思。"② 第一句阐述对于任运自然的顺化，第二、三、四三句叙写在随顺自然的状况下，万物的"参差"，其中寓含着道家之意，实际上是将对于无生的透悟融入道家义理之中；"岩桂翠浓深雪夜，井桐黄落暮秋时"是为后两句"虚空世界都如幻，莫把闲心逐境思"的铺叙，由对"深雪夜""暮秋

---

① 智圆：《闲居编》卷四十八，《续藏经》第 56 册，第 941—942 页。
② 智圆：《闲居编》卷五十，《续藏经》第 56 册，第 944 页。

时"等含有凄凉之意的景物描写引出世界"如幻"的真实。"虚空世界都如幻"来自《楞严经》"迷妄有虚空,依空立世界""自心取自心,非幻成幻法"之语,"莫把闲心逐境思"来自《楞严经》"不取无非幻,非幻尚不生,幻法云何立"之语,二句将智圆对于无生之旨的彻悟淋漓表达出来。"莫把闲心逐境思"写出智圆面对无生时无挂碍,但对此的悟解与直抒是由含有"岩桂翠浓深雪夜,井桐黄落暮秋时"之语引出,无生之旨的透悟中含有的感伤之意就无法掩藏了。"岩桂翠浓深雪夜,井桐黄落暮秋时"两句不可能是写实,否则应该是"井桐黄落暮秋时,岩桂翠浓深雪夜",是诗者由心中感发的情景,抒发悟透无生之旨的感伤情绪。"岩桂翠浓深雪"是冬日常见的和谐的画面,浓翠与深雪相得益彰,给面对者带发出禅悟之感;诗中更深的用意或许并非以此表达禅意,而是与"井桐黄落"引出凄凉之感,使"虚空世界都如幻,莫把闲心逐境思"的透悟中带有了深郁的感伤情绪。此诗可谓是对"庶了无生旨,无生更可伤"的深切说明,《池上》诗云:"沤生复沤灭,水湿元无异。尽日倚栏看,无人知此意。"① 诗中通过"沤生复沤灭,水湿元无异"对于无生的透悟,"尽日倚栏看"是由对无生的透悟而引起的思绪,一方面在以身心感悟无生之旨,另一方面应该有叹惜"无人知此意"的意味。"无人知此意"或许又可以作三层解:其一有叹惜世人不知无生之旨的意绪,其二是无人意会其对无生的感悟,其三含有由透悟无生而带来的感伤情绪,即"无生更可伤"之意。

由上述的分析,智圆透悟后,保有清净而任运随缘的心境是真实的,对万缘为空、迁变不止的感伤情绪,同样是发自内心且深刻而真实的。

四

上引《寄林逋处士》诗"犬吠桃源深""中有上皇人"写的是上古之人的淳朴,这是儒家士人经常表达的愿望;同样上引《赠林逋处士》诗中的"荀孟才华",更多地指的是儒家之道与志意。林逋作为隐士亦入佛,智圆的归隐生活看上去与林逋无二致,实际上却有很大的不同,智圆

---

① 智圆:《闲居编》卷四十八,《续藏经》第56册,第943页。

《勉隐者》诗云："潺潺涧中水，不入贪夫耳。茫茫陌上尘，不霑静者身。静者贵寡欲，贪夫常患贫。躁进陷邪佞，洁己废大伦。况当文明时，草泽罗贤人。行道尚中庸，蠖屈宜求伸。"① 诗中明确表明，归隐中的智圆有着强烈"行道尚中庸"的志意。此诗有可能是写给林逋或者同类的隐者，也可能隐者只是自喻，自喻不追求富贵权势与欲望，即使穷困与归隐，一以求"道"为归。智圆描写山林静境、表现无欲自在的作品，应该都是表现以"道"自充自乐，视荣名富贵为空无，如《山中行》诗云："苒苒岩上云，潺潺涧中水。山鸟如唤人，喃喃深林里。"② 诗中的心境恬淡自在而无一毫之挂碍，智圆以清净清灵的禅境，显示内心有"道"之充实与至乐。再如《送僧》诗云："秋风吹行衣，旧山逍遥归。斋盂涤空潭，古磬敲残晖。须知高静怀，杳与尘俗违。"③ 诗中一方面述说出清净逍遥的心境，同时强调了"高静怀"与世俗之见的巨大差别，智圆所言的差别与一般禅僧任运随缘应该是有相当不同的，他与世俗的差别是由心中有"道"所带来的充实感而导致的。

由此可见，智圆将无生之旨与儒家之道融会在一起，领悟的无生之旨之中亦有对儒家之"道"的悟解，《讲堂书事》诗云："早翫台衡宗，佛理既研精。晚读周孔书，人伦由著明。达本与饰躬，志在求同声。击蒙虽云劳，来学苦无成。扬雄玄尚白，仲尼道不行。青山梦中归，华发年来生。唯当照真空，万事徒营营。"④ 智圆将佛教之理与儒家之道"求同声"，表明无生之旨包含着对佛教之理与儒家之道的彻悟、追求。"万事徒营营"一语，又出现在《山中与友人夜话》诗中，云："草舍闲宵坐，消摇（遥）事可评。澄心防有著，深隐贵无名。砌月移松影，风泉混磬声。共期吾道在，万事任营营。"⑤ 透悟无生之旨、秉持儒家之"吾道"，则"万事徒营营"，看上去清净无挂碍，但"仲尼道不行""华发年来生"寓含着对儒家之道不行的感伤，因此《湖居感伤》中"庶了无生旨，无生更可伤"之感伤，其中亦包含着由儒家志意所带来的慨叹。

---

① 智圆：《闲居编》卷四十，《续藏经》第56册，第923页。
② 智圆：《闲居编》卷四十，《续藏经》第56册，第923页。
③ 智圆：《闲居编》卷四十，《续藏经》第56册，第923页。
④ 智圆：《闲居编》卷四十，《续藏经》第56册，第923页。
⑤ 智圆：《闲居编》卷四十八，《续藏经》第56册，第942页。

智圆在诗作中进一步说明了这种慨叹，《旅中别赵璞》诗云："乡远书难到，吟狂酒易醺。堪嗟经济术，未得致明君。"① 慨叹来自空负有经济术而不能"致明君"，这样的慨叹与北宋初以道学自任的文人们一般无二，《汉武帝》诗云："酷矣秦皇灭，荒哉汉武还。将军封五利，神药访三山。重色为金屋，穷兵过玉关。岂知尧舜道，千古在人间。"② 汉武帝尽管功绩显赫，智圆却仍将其与秦始皇并列，以"荒哉""神药""重色""穷兵"等批驳其追求功绩、长生而非尧舜之道。

《旅中别赵璞》《汉武帝》等诗作体现的是浓重的儒者求"道"的志意，结合上述自然更迭、别离怀念及儒家之道不行的慨叹等生发出的感伤，就更能领悟到智圆对禅理或无生之旨悟解的透彻。

智圆有着强烈的忧道意识，忧道包含两个方面，一方面指臣子不能以道事君并致君行道，即"未得致明君"；另一方面是指"道"之不行，即"仲尼道不行"。《赠进士叶授》诗中，智圆对叶授云"垂拱明堂有圣君"③，称赞当时皇帝为"圣君"，这是纯粹的道学家之说。当世存在着"圣君"，却无缘以经济之术"致明君"，对不能以"道"之的臣子来说是莫大的悲哀。《贻叶秀才诗》诗阐述君子之道云："松柏异众木，岁寒陵严霜。兰茝异众草，林深发幽香。须知君子道，不为穷困伤。须知君子言，唯为仁义彰。夫君真儒者，言行何优长。文宗轹兼雄，志嫉墨与杨。攘袂叱浮伪，百感生刚肠。岌冠事礼容，群小畏矜庄。去年游雪溪，相逢秋气凉。倾盖既如旧，寄宿林间房。开怀黜二霸，议道归三王。月席屡更仆，风轩时飘霜。相遇分既洽，相别情弥伤。今年住孤山，夫君又来杭。泛舟频相寻，道旧皆夕阳。君惟儒家流，才术况汪洋。终期正礼乐，勿事和尘光。青云即奋飞，庶见儒风扬。"④ "开怀黜二霸，议道归三王"是典型的道学家言论，诗中阐发了"不为穷困伤"的君子之道、彰显"仁义"的君子之言，智圆表达出与叶授的志同道合。诗中"青云即奋飞，庶见儒风扬"是对叶授美好的期望与勉励，"终期正礼乐，勿事和尘光"似乎是说叶授处于"穷困"之中，尽管有"圣君"在世，却有"仲尼道不

---

① 智圆：《闲居编》卷四十四，《续藏经》第 56 册，第 930 页。
② 智圆：《闲居编》卷四十七，《续藏经》第 56 册，第 937 页。
③ 智圆：《闲居编》卷四十一，《续藏经》第 56 册，第 924 页。
④ 智圆：《闲居编》卷三十九，《续藏经》第 56 册，第 922 页。

行"之感。即使自身"穷困",士人或君子仍应求道而非求权势。《寄所知》诗云:"宠辱不关念,扬名日更新。但怜吾道在,宁顾谪官频。故国抛天外,全家寄水滨。堂空巢少燕,门冷谒无人。直气终干斗,刚肠肯泣麟。逍遥轻嗣立,干没笑安仁。爱主长思阙,寻幽且养神。伴闲初种竹,出使旧埋轮。佞舌终期断,民冤必为伸。他年修史传,谁可继清尘。"① 对求道者来说,宁愿"谪官频",也不会向权势屈服。以道自任的求道者,"直气""刚肠"是典型的表现,求道的理想固然美好,但"直气""刚肠"很难在官场立足,"谪官频"是自然而然且经常的事。事实上,智圆稍后的石介、尹洙、穆修以及稍后的苏轼等人,以道为念却又都仕途曲折,"谪官频"确实是对道学家们的写照。《潜夫咏》诗中一边自言其学,一边深知"直气""刚肠"往往不为执政者所容,云:"有叟匿姓名,自号为潜夫。潜身在云泉,潜心入虚无。身心俱已潜,质直反若谕。智者谓之智,愚者谓之愚。愚智自彼异,潜夫未曾殊。陶陶乐天和,任性何曾拘。宗儒述孟轲,好道注《阴符》。虚堂踞高台,往往谈浮图。漫衍虽无家,大方贵无隅。俗人每侧目,订之为狂徒。素隐而行怪,执政宜先诛。天公既保全,幸得存微躯。冲雪登高山,乘月泛平湖。性灵敌云闲,形骸类松枯。何以免饥寒,认得衣中珠。"② 潜夫是智圆自喻,"执政宜先诛"是指性格难容于当权者,与"直气""刚肠"的描述相符合;从思想观念及主张来看,"直气""刚肠"的智圆或许并非完全难容于执政者,应该说是自己不愿意追求荣名富贵而已。"宗儒述孟轲""好道注《阴符》""往往谈浮图"揭其为学泛滥于儒、释、道三教,将"宗儒"置于三教之首,一定程度上表明了智圆对于儒学的态度,由此可以明晓智圆何以尽阐儒家之"道"的缘由。

仕途穷困或不遇,士人往往"寻幽且养神",这也正是智圆对于归隐的叙写。《寄所知》诗中的"但怜""谪官频""伴闲"无不透露出忧道不行的感伤,智圆对此却并没有丧失对于求道的信心,仍然以"佞舌终期断,民冤必为伸"流露出对行道的美好期望。

似乎是对道学在现实中的境遇有深入的认识,智圆对现实中的道学持

---

① 智圆:《闲居编》卷四十五,《续藏经》第56册,第933页。
② 智圆:《闲居编》卷四十八,《续藏经》第56册,第940页。

悲观态度,"谪官频"已经反映出他对此的看法,《陋巷歌赠友生》诗更写出道学士人的现实命运,云:"噫!颜子兮居陋巷,身虽羸兮道弥壮。商受兮有皇都,位虽尊兮名独夫。朝恣瑶台之乐兮,暮遭黄钺之诛。是知不义之富贵如浮云兮,惟道德为性命之要枢。海滨有士兮慕颜子,心重朝闻兮轻夕死。纷纷粃妆兮视雄豪,凛凛冰霜兮洁行止。荜门寂寞何琐琐,执卷忍饥终日坐。扬雄免遭甄丰戮,朱建终罹辟阳祸。射群高墉会有时,于君无可无不可。"① 尽管士人们"惟道德为性命之要枢"而以"不义之富贵如浮云",对君主来说却是"无可无不可",这可以说是相当失望、失落且自哀的情绪了。透达无生之旨的智圆,能够保持有清净无挂碍的心境,但当面对着"荜门寂寞何琐琐,执卷忍饥终日坐"时,内心中不免有对于"仲尼道不行"的感伤。智圆能够做的,或许就是以透脱的观念来开解忧道的感伤,《诫后学》诗云:"对食须思稼穑劳,为僧安用事雄豪。剃头本意求成佛,不为斋筵坐位高。"② 诗题为《诫后学》,意为告诫包括佛教僧徒与儒家士人在内的后学者,要坚持(成佛、求道)的本心,不要去追逐高位,高位与富贵如朝开暮落的花朵。《栽花》诗云:"移花来种草堂前,红紫纷纭间淡烟。莫叹朝开还暮落,人生荣辱事皆然。"③ 追逐富贵往往伴随着荣辱,坚持本心才能荣辱不惊。如《玛瑙院居戏题》之三云:"白传湖西玛瑙坡,轩窗萧洒漾烟波。讲余终日焚香坐,毁誉荣枯奈我何。"④ 荣辱不惊方能保持清净的心境,达到出处相得。《山中闻知己及第》诗云:"交知心莫逆,出处任相违。月里方攀桂,山中自采薇。致君期有术,遁世贵无机。华发他年事,云泉亦可归。"⑤ 出仕的前提或者期望是有术能"致君",至华发时,云泉是清净的归宿,如此出处相得是道学家的最高境界。

智圆从道学的角度对世俗进行了批判,如《湖西杂感诗》序云该诗为"居西湖之西孤山之墟伤风俗之浮薄而作也"⑥。批驳世俗,实际上也

---

① 智圆:《闲居编》卷三十八,《续藏经》第 56 册,第 921 页。
② 智圆:《闲居编》卷四十六,《续藏经》第 56 册,第 935 页。
③ 智圆:《闲居编》卷五十,《续藏经》第 56 册,第 943 页。
④ 智圆:《闲居编》卷四十五,《续藏经》第 56 册,第 933 页。
⑤ 智圆:《闲居编》卷四十七,《续藏经》第 56 册,第 937 页。
⑥ 智圆:《闲居编》卷四十二,《续藏经》第 56 册,第 927 页。

是智圆忧道的体现。《寄题梵天圣果二寺兼简昭梧二上人》云"不学浮世人，奔名竞雕饰"①，《闲田》诗云："虞芮怀惭观礼让，闲田从此草长生。而今虽是文王化，难遣贪夫两不争。"②《贪泉》诗云："隐之曾饮肯为非，今古泓澄照翠微。自是贪夫性贪贿，便将泉水作因依。"③ 诗中对于世俗作了描写，世俗最显著的方面就是追逐名利权势，内心充满着贪贿；智圆一针见血地指出，世俗者的贪欲来自于本性，而非由贪泉所致，这个见解相当深刻且触及本质。智圆以《次韵酬闻聪上人春日书怀见寄》诗有"吟苦渐惊华发乱，身闲终忌俗流亲"④ 之语，自觉与世俗保持了距离。

智圆将自己的清净透脱与世俗做了比较，《赠诵经僧》诗云："寂淡无余念，泠泠诵佛言。清香飘静夜，明月冷闲轩。幽壑来精怪，霜林息断猿。堪嗟浮世里，尘事竞暄暄。"⑤ 清净冷冷的心境与浮世尘事的"竞暄暄"有着明显的差别。《题湖上僧房》诗亦云："深隐远城郭，平湖景色闲。苦吟终夜月，清梦彻寒山。径冷秋苔合，庭幽岳鸟还。红尘趋竞者，谁得扣松关。"⑥ 此诗同样是叙写清净心境与"红尘趋竞"的比较，从而对世俗进行批判。清净的心境，是从世俗中跳脱出来才能获有的，如《送惟凤师归四明》诗云："论怀道且同……论诗贵无邪，体道极无形……风波视世态，水月悟浮荣。仍知皋鹤性，不为尘网萦。"⑦ 不为尘网所拘束，跳出尘网之中，才能真正认识尘俗、批判尘俗，也才能真正透悟世界真实的本质，获得到真正透脱的心境。正由于对世俗中"仲尼道不行"的慨叹，才使智圆在彻悟无生之旨而获得清净心境之中，又有着丝丝的感伤。

五

从上面对于儒者志意的叙述来看，智圆露于外的是"直气""刚肠"

---

① 智圆：《闲居编》卷四十二，《续藏经》第 56 册，第 927 页。
② 智圆：《闲居编》卷四十六，《续藏经》第 56 册，第 934 页。
③ 智圆：《闲居编》卷四十六，《续藏经》第 56 册，第 933 页。
④ 智圆：《闲居编》卷四十一，《续藏经》第 56 册，第 925 页。
⑤ 智圆：《闲居编》卷四十七，《续藏经》第 56 册，第 937 页。
⑥ 智圆：《闲居编》卷五十一，《续藏经》第 56 册，第 946 页。
⑦ 智圆：《闲居编》卷三十八，《续藏经》第 56 册，第 920 页。

的道学家性格，似乎完全是儒者的面貌。事实上智圆通儒、释、道三家之学说，智圆在《代元上人上钱唐王给事书》中叙述自己的性格与读佛经儒典云："某钱唐人也，幼解苦空理，遂为释迦徒，而于《法华》《华严》之经，《百法》《因明》之论，学习诵授仅四十年。"在读佛经之余，体会到"治世立身无踰于儒典"，因此"兼读五经，以裨佛学"。正是对儒家典籍的阅读，塑造了智圆道学家的性格，"介特自任，未尝与庸庸者合。虽贵有位，苟不以道见许，以礼见接，亦未始阿意苟容，附会形势"①。攻读佛教四十余年，又以儒典裨益佛学，学术上形成了儒佛互补的方式。

智圆的"直气""刚肠"可能是深受祖师的影响，《祭祖师文》记晤恩法师"识见贞亮，道行淳正，不阿有位，不交时俗，不设奇以延誉，不用利以进物，摒弃浮伪，介然自得"②，智圆的思想、行事、性格与对晤恩的描述几乎完全一致，智圆或许是受到晤恩的直接影响，或许是按照自己的性格来描述晤恩。智圆真正的道学意识应该是从大量阅读儒家典籍开始的，逐渐养成的强烈的道学意识又使"直气""刚肠"的性格更为突出。《贫居赋》中写阅读六经云："荒径草深兮衡门长扃，坏壁虫响兮幽砌苔青，饘粥糊口兮吟咏适情，行披百氏兮坐拥六经，困穷而通兮盘桓居贞。"赋中描写出一副拥读六经、困顿潦倒的儒生形象，虽然穷困，但以令名垂世而自许，赋云："如忠士守仁义，箪食瓢饮，不改其乐兮，垂万世之令名。"③垂万世的令名，不是权势，而是"道"，即上文"以道见许"。《辨宋人》中买矛与盾之例，批评奔走于名利者，云："吾谓代人之学者，美己誉善，皆宋人也。以其未得少见，曰'我之道深于识矣'，未著一言，［曰］'我之道勇于才矣'。或语以'子之识掩子之才，可乎？'曰'不我知也'。于是怨天尤人，妄动求达，奔走于天下以聘于知己。"④智圆对此相当不屑，相比于奔走天下追逐名利者，宁愿"以道见许"困守穷苦以获垂世之令名。性格上"介特自任"与"以道见许"相互发明，正是因为"介特自任"所以注重"以道见许"，反之由于注重"以道见许"，故而造成性格上的"介特自任"。"介特自任"与"以道见

---

① 智圆：《闲居编》卷三十二，《续藏经》第 56 册，第 912 页。
② 智圆：《闲居编》卷十七，《续藏经》第 56 册，第 890 页。
③ 智圆：《闲居编》卷三十二，《续藏经》第 56 册，第 913 页。
④ 智圆：《闲居编》卷三十三，《续藏经》第 56 册，第 914 页。

许""直气""刚肠",造就了佛教僧徒身上的儒者志意。

对儒释道三家之说,如《潜夫咏》诗将儒置于首位一样,智圆对儒家的阐述甚至过于对佛教的强调,如《病起》诗之二中云"看云默诵空王偈,拂榻闲开孔圣书"①,《暮秋书斋述怀寄守能师》诗:"杜门无俗交,尘事任浩浩。空斋学佛外,六经恣论讨。仁义志不移,贫病谁相恼。天命唯我乐,百神非吾祷。为文宗孔孟,开谈黜庄老。谀韬音声恶,寂寥滋味好。褰帷愁绪绝,凭栏寒气早。雁影沈远空,虫鸣咽衰草。伊余何为者,力拟行正道。愿扬君子风,浇浮一除扫。"② 诗中由于宗孔孟而"黜庄老"说明智圆将道家道教置于最末,同时由于"仁义志不移"等语,表明此诗讨论的中心为儒家,而非佛教,尽管智圆一再强调自己在诵读佛教典籍之外,才是阅读周孔之书;诗歌阐发了要如伊余一样"行正道",要以君子之风扫除世俗的"浇浮"。《闲居编》智圆自序云:"于讲佛经外好读周孔杨孟书,往往学为古文以宗其道,又爱吟五七言诗以乐其性情。"③ 所谓吟咏以乐性情,其实基本上就是吟咏儒家之道。《法济院结界记》再次表达了同样的说法,云:"吾学佛外,读仲尼书,知礼乐者,其安上治民、移风易俗之本与?而礼主其减,乐主其盈,礼检而人所倦,乐和而人所欢,故曰'礼减而进,以进为文,乐盈而反,以反为文'。亦犹佛氏之训人也,有禅慧,有戒律焉。由是禅慧修则物我亡,戒律行则好恶辨。然则禅慧虚通,人亦欢于所进;戒律检制,人亦倦于所行。其有于人所欢而能反于人所倦而能进者,是贤乎!"④ 文中说明儒家礼乐,佛教以禅慧、戒律训人只是成为说明儒家礼乐的比喻,论证了"礼减而进""乐和人欢"。

智圆对儒家亦并非全部接纳,其重视的是儒家的道统,如《赠赵璞》诗云:"世态任悠悠,正人无韬求。古柏凌寒霜,皓月当高秋。心将周孔师,日远杨墨游。泾浊与渭清,由来自分流。"⑤ 批判世俗,远杨墨而心周孔,所谓的"心周孔"强调的应该是作为道统的周孔,上文提到智圆

---

① 智圆:《闲居编》卷五十,《续藏经》第 56 册,第 943 页。
② 智圆:《闲居编》卷三十九,《续藏经》第 56 册,第 923 页。
③ 智圆:《闲居编》卷首,《续藏经》第 56 册,第 865 页。
④ 智圆:《闲居编》卷十三,《续藏经》第 56 册,第 885 页。
⑤ 智圆:《闲居编》卷三十九,《续藏经》第 56 册,第 923 页。

不追逐富贵名利,《寄华亭虚己师》诗更言"懒答公卿信,高眠野兴浓"①,《答行简上人书》诗亦云:"屋荒莓苔,幽庭下猿狖。巧伪非吾好,直方自大授。侯门绝请谒,雅诰勤研究。"② 二诗都是表述自己拒绝与道学观念不同的公卿交往交游。

之所以说心周孔是指自周公以来的道统,《对友人问》中说:"古者周公圣人既摄政,于是制礼作乐,号令天下,章章然巍巍然。至于周室衰弱,王纲解纽,礼丧乐崩,号令不行,孔子有圣德而无圣位,乃删诗书、定礼乐、赞易道、约鲁史、修《春秋》以代赏罚,使乱臣贼子惧。仲尼无他也,述周公之道也。孔子没,微言绝,异端起,而孟轲生焉,述周、孔之道,非距杨墨。汉兴杂霸,王莽僭篡,扬雄生焉,撰《太玄》《法言》,述周、孔、孟轲之道以救其弊。汉魏以降,至晋惠不道,中原丧乱,赏罚不行,隋世王通生焉,修六经代赏罚,以晋惠始而续经,《中说》行焉,盖述周、孔、轲、雄之道也。唐得天下,房、魏既没,王、杨、卢、骆作淫侈之文,悖乱正道,后韩、柳生焉,宗古还淳,以述周、孔、轲、雄、王通之道也。以是观之,异代相师矣。代异,人异,辞异,而道同也。不闻周公面授于孔子,孔子面授于孟轲也。"③ 周公制礼作乐成为道统的源头,礼崩乐坏之后,孔子述周公之道而使道统不绝,后由孟子述周孔之道,然后依次传续至韩愈、柳宗元,智圆实际上遵从的是韩愈古文运动中所提出的道统论。不同的是,智圆似乎非常重视汉代扬雄、隋代王通,《叙传神》云:"因悟夫学吾仲尼之道者岂不然?与仲尼得唐虞禹汤文武姬公之道,炳炳然,犹人之有形貌也。仲尼既没,千百年间能嗣仲尼之道者,唯孟轲、荀卿、扬子云、王仲淹、韩退之、柳子厚而已,可谓写其貌传其神者矣。其申、商、庄、列、朱、翟之学者,乃泼墨图山水、纵怪状鬼神率情任意之说,岂规准于周孔乎?於戏!肖其容得其神者,传写之上也;肖其容不得其神者,次也;不肖其容而姑为人状者,又其次也;写人貌而反作兽形者,何足道哉!李斯学周孔道由荀卿门,洎乎相祖龙也,火六经而坑儒士,峻刑法以残黔首,使天下搔然,卒灭秦嗣,何异乎写人状为兽形耶?"竟然由叙惟久上人的作画水平联系到儒家之道

---

① 智圆:《闲居编》卷四十三,《续藏经》第56册,第923页。
② 智圆:《闲居编》卷四十,《续藏经》第56册,第923页。
③ 智圆:《闲居编》卷十六,《续藏经》第56册,第890页。

统上，做如此的联系，是"因美上人之艺精笔妙，故叙之亦足为学道者之诫"①。文中再次强调了扬雄和王通，并称荀子亦是行王道者，《读王通〈中说〉》诗中将王通称作孔子异世再生，云："孟轲荀况与扬雄，代异言殊道一同。夫子文章天未丧，又于隋世产王通。"② 其中将荀子与孟子并称，《辨荀卿子》中也称荀子与孟子同行王道，云："仲尼既没，异端丛起，正道焚如，天下生民不归杨则归墨，惟孟轲、荀卿子著书以明乎圣道，周游以说。其时君志在黜霸而跻王也，驱浇而归淳也，虽道不见用，而空言垂世，俾百代之下知去邪崇正、尊仁义贵礼乐；有履而行者，则王道可复焉。"③ 李斯尽管学于荀子，由于助秦"火六经而坑儒士，峻刑法以残黔首"，不仅是背行王道者，更是秦朝灭亡的重要原因。

如上所言，智圆对王道极其重视，所谓王道，就是《广皮日休法言后序》中说的"二帝三王姬公孔子之道"："《法言》之为书也，广大悉备，二帝三王姬公孔子之道尽在此矣。百王之模范欤？万世之蓍蔡欤？孟轲以来力扶圣道者，未有如子云者也。"④ 指扬雄为孟子以来"力扶圣道者"、所著《法言》载"二帝三王姬公孔子之道"，对扬雄如此之大的肯定，在智圆之前似乎从未有过。对扬雄的肯定，智圆着眼的是其对王道的议论，侧面看出智圆对王道的高度重视，《钱唐闻聪师诗集序》中阐述回复王道云：

> 或问："诗之道曰善善恶恶，请益。"曰："善善颂焉，恶恶刺焉。""如斯而已乎？"曰："刺焉俾远，颂焉俾迁，乐仁而忕义，黜回而崇见，则王道可复矣。"

由于诗教可复王道，智圆因此大力赞扬诗教云：

> 故厚人伦、移风俗者，莫大于诗教与！於乎！风雅道息，雕篆丛起，变其声耦，其字逮于今，亦已极矣。而皆写山容水态，述游仙洞

---

① 智圆：《闲居编》卷二十七，《续藏经》第56册，第905页。
② 智圆：《闲居编》卷四十六，《续藏经》第56册，第934页。
③ 智圆：《闲居编》卷二十五，《续藏经》第56册，第902页。
④ 智圆：《闲居编》卷十一，《续藏经》第56册，第883页。

房,浸以成风,竞相夸饰,及夫一言涉于教化,一句落于谲谏,则伟呼族诛,攘臂眦睢,且曰:"此诟病之辞矣,讥我矣,詈我矣,非诗之谓矣。"及问诗之道,则昂其头,翕其目,靦然而对曰:"人亦有言,可以意冥,难以言状,吾何言哉?"吁,可怪也。诗之道出于何邪?出于浮图邪?伯阳邪?仲尼邪?果出仲尼之道也,吾见仲尼之道也,吾见仲尼之删者悉善善恶恶、颂焉刺焉之辞耳,岂如今之人谓之诗者"盈简累牍皆华而无根,不可以训者"乎?噫,诗之道其丧也如此。

智圆批评了诗道之丧,之所以批评诗道之丧,因为诗教能够回复王道,诗道丧则王道之复亦不可期。对于倡导诗教诗道者,无论佛教僧徒还是儒家士人,智圆给予了肯定和赞扬,如赞扬倡导诗教的僧人闻聪云:

> 释迦氏闻聪师,字符敏,钱唐人也,道甚明,行甚修,偃仰闲居,不与庸者杂,事佛之余力则为歌为诗以适性情,清贤巨儒必藉其名,由是为邦者必欲识其面焉。聪师与吾实有旧矣,虽一往一来,宵盘昼憩,而未尝言及诗道。吾初亦谓其昂头翕目以诗自负者,患道之不同,虽熟其面久,其交且不敢扣之也。去年冬,访吾于林下,袖出诗一轴,吾览之,悉古其辞者,研其旨则向所谓刺焉颂焉之道矣,吾由是方知聪之道不类于悠悠徒。噫,聪师不我示,则吾几失聪师矣。适欲辨而序之,俄而曰:"今之世粗能耦其句、累其章者,非两制名臣之辞,则不肯求也,矧聪之道之诗?岂欲吾林间一病夫之言乎?"遂止。今年夏,聪师复来访吾,缄其古今诗三编,且曰"欲足下序之"。吾以去冬之意告焉,乃曰:"足下知我也,是故求知音而序之,谁能胎肩俛眉附会于有位以苟其虚言乎?我非斯人徒也。"吾既辞不得命,遂直书于卷首,庶后之人知聪之道之辞之为人,于今之代,实拔乎其萃、出乎其类者也。①

尤其要注意的是,智圆对于闻聪上人的肯定和赞扬,并非出于佛教原

---

① 智圆:《闲居编》卷二十九,《续藏经》第56册,第908—909页。

因，而是因为传扬"刺焉颂焉之道"的诗教，完全是从道学的角度肯定一个佛教僧徒。与《钱唐闻聪师诗集序》内容相同，《黄帝阴符经题辞》中对王道有较多阐述，云：

> 《黄帝阴符经题辞》者，所以题号其书之本末，指义文辞之表也。原夫阴符，其三皇之书欤？孔安国曰"伏羲、神农、黄帝之书，谓之三坟，言大道也，则阴符非其类邪？"其为书也，广大悉备，有皇道焉，帝道焉，王道焉，霸道焉。请试陈之。夫皇也者，心既无为，而迹亦无为，以道化于民者也。帝也者，心亦无为，而迹涉有为，以德教于民者也。王也者，守仁与义，而以刑政防之者也。霸也者，专威刑以胁之，以仁义五常而为权者也……或曰：首章云观天之道而主于仁义五常者，乃王道耳，何谓三五之道乎？对曰：皇焉帝焉王焉霸焉，要其所归，实不踰于仁义五常，但履之有大小耳。三皇者行无仁之仁，布无义之义，内则功成而不宰，外则无迹而可寻，斯得仁义之上者，故命之曰道焉。五帝者，内虽忘功，外犹有迹，以德教于民，斯得仁义之次者，故命之曰德焉。三王者，内守不忘外功，稍着以兼爱，而莅物以裁非而正民，斯得仁义之又其次者。故直命之曰仁义焉。洎乎五霸假借仁义以统诸侯，道斯为下矣……孔子删诗书，撮其机要，断自唐虞已下以二帝禅让首之，足以垂世立教，为百世常行之道……吾之注，皆以儒道明之，所以异于昔人也。①

文中提到了皇道、帝道、王道、霸道，言语之间最为重视的是王道。

以王道为准则，智圆对许多"大儒"从道的角度进行了批评。唐代文人丘光庭撰有《兼明书》，智圆撰《录兼明书误》辨其书中四误，其所辨别都是以"道"为出发点，如第三误是关于《论语》"不有祝鮀之佞，而有宋朝之美，难乎免于今之世矣"之语的解释，丘光庭认为"此孔子叹末世浮薄所尚口才与貌耳，如此则不得云而有宋朝之美，盖此而亦当作传写误也"，智圆指出丘光庭的这种看法并不准确，孔子这句话的本意在于"疾时好佞甚于好色"，并说"有色无佞尚未免害，况去两者行仁义

---

① 智圆：《闲居编》卷十一，《续藏经》第56册，第881—882页。

乎？则邦之无道，其可知也"。智圆通过对《论语》这句话的重新解释，由民众的好佞表明邦之无仁义与无道，因此在文末批评丘光庭云"光庭巨儒，是非或谬"①。最出人意外的是对韩愈弟子李翱的批评，李翱承续韩愈的道统论，智圆却因李翱对王通的微辞而加以批判。李翱《答皇甫湜书》中觉得《唐书》"言词鄙浅，不足以发明高祖、太宗列圣明德"，因此欲笔削国史而"成不刊之书"："用仲尼褒贬之心，取天下公是公非为本，群党之所谓为是者仆未必以为是，群党之所谓非者仆未必以为非。使仆书成而传，则富贵而功德不著者，未必声名于后；贫贱而道德全者，未必不烜赫于无穷。"②智圆赞赏李翱的志向，但在读到李翱《答梁载书》中"王氏《中说》俗传太公《家教》是也"之语后，却改变了对李翱的看法。《让李习之》中先辨别《中说》与《家教》的差异，云："吾谓仲淹之书，辞淳理真，不在《法言》下，而俗传《家教》，虽三尺童子亦能哂其言章之鄙野矣，比诸《中说》不翅天壤之相远也。"差别如此之巨的两部著述，李翱"并驱于辞章不工之途"，是"识鉴太昧"。其次则由此"疑习之苟笔削国史贬恶褒善，不无其谬也"，并以此批评李翱虽"翱实大儒"而"品藻之无当至是"③。智圆认为王通承继周孔以来的道统，李翱对王通的微辞，或许被智圆认为李翱是在贬低王通，贬低王通就意味着对"道"的否定，因此对李翱的说法进行了批评。似乎是为了继续阐述自己的看法，智圆又作《读中说》一文，阐扬其所寓之王道，云："文中子始献十策于隋文，弗听乃归隐河汾间，耕然后食，蚕然后衣，晏如也。既而嗟儒风之遗落，慨王道之颓丧，乃续六经、作《中说》，以尧舜禹汤文武周孔之道训哲贤弟子凡千余人。及唐之兴，辅太宗以致太宁，几于王道者，悉仲淹之门人也。是知天将灭隋而昌唐，使文帝不能用其策，縻之以禄，遂使退隐，教诲玄龄、如晦、征、靖辈以为唐之贤也。是知太宗所行之道，文中子之道也。"④文中再次对王通承继道统、王通及门人在道学上与对唐朝的贡献进行了强调，由对李翱的批评来看，智圆对于"道"的重视到了相当较真的地步。

---

① 智圆：《闲居编》卷二十六，《续藏经》第56册，第904页。
② 李翱：《李文公集》卷六，《四库全书》本。
③ 智圆：《闲居编》卷二十六，《续藏经》第56册，第904页。
④ 智圆：《闲居编》卷二十六，《续藏经》第56册，第904页。

被认为刘禹锡所作的《陋室铭》流传广泛，刘禹锡诸集却均未见收录，因此有人疑为伪作。智圆即指本文非刘禹锡所作，原因是："俗传《陋室铭》谓刘禹锡所作，谬矣，盖阛阓辈狂简斐然，窃禹锡之盛名以诳无识者，俾传行耳。夫铭之作，不称扬先祖之美，则指事以戒过也，出此二途，不谓之铭矣。称扬先祖之美者，宋鼎铭是也；指事戒过者，周庙金人铭是也。俗传《陋室铭》，进非称先祖之美，退非指事以戒过，而奢夸矜伐以仙龙自比，复曰'唯吾德馨'，且颜子愿无伐善圣师不敢称仁，禹锡巨儒，心知圣道，岂有如是狂悖之辞乎？"① 智圆对《陋室铭》中的自夸之辞相当不以为然，认为如刘禹锡一般"知圣道"的巨儒应该不会如此自夸，故认定《陋室铭》为伪作。从道学的角度辨证作品的真伪，智圆的方式可谓极其与众不同。

六

智圆不仅以"道"对大儒进行批判、辨别作品的真伪，甚至以"道"来衡量佛教及其他各家学说。如《赠诗僧保暹师》诗云："吟槛漾寒水，平湖烟景闲。无人识高趣，尽日对空山。晚树春禽语，晴窗夜月还。新编皆雅正，不待仲尼删。"② 保暹是北宋初九僧之一，九僧为诗注重描写山林之境，诗篇中皆为风云雨月等，智圆却以其诗皆为雅正而"不待仲尼删"之语评价，将其描写山林风月的篇章上升到诗教的高度。《赠诗僧保暹师》诗将保暹之作赋予"道"之色彩更为明显，诗云："天文悬日月，地文丽山川。人文粲六经，四术诗其先。仲尼既云删，炳然列风雅。厥旨幽且微，受之唯子夏。逸矣千百年，时有知诗者。卓尔保暹师，生于宋天下。内明卜商道，外减骚人价。凿彼淳粹源，清辞竞流泻。放意尚幽远，立言忌妖虫。旨哉天目集，四海争传写。上以裨王化，下以正人伦。殴邪俾归正，驱浇使还淳。天未丧斯文，清风千古振。"③ 通过"不待仲尼删""上以裨王化，下以正人伦"等句，将保暹的诗旨引向儒家之道，显示智圆与单纯归隐或居于山林者之着眼点的不同；智圆或许并不是在真正评价

---

① 智圆:《闲居编》卷二十六,《续藏经》第 56 册, 第 904 页。
② 智圆:《闲居编》卷四十四,《续藏经》第 56 册, 第 930 页。
③ 智圆:《闲居编》卷三十九,《续藏经》第 56 册, 第 922 页。

保遑，而是在抒发自己的见解与议论。

　　纯粹阐述佛教义理的佛教，智圆亦指出其阐扬儒家之道之处，如《四十二章经序》中将本经视为"扬吾佛之真风，翼吾君之仁化"者，云："古者能仁氏之王天竺也，象无象象，言无言言，以复群生之性，由是佛教生焉。教之高下，视根之利钝，是故有顿焉，有渐焉然，后混而为一。是谓开显，而蚩蚩群汇率其化，复其性，蹈乎大方，安乎秘藏者，可胜言哉！逮于后汉，其道东传，时君仰其神元，元陶其训，乃与仲尼、伯阳之为训三焉。原夫仲尼之为训也，扬唐虞三王之道，尊仁而尚义，俾复其王而企于帝者也。伯阳之为训也，扬三皇朴略之道，而绝圣弃智，俾复其皇而企于结绳者也。矧兹两者，谈性命焉，则未极于唯心乎？言报应焉，则未臻于三世乎？虽然，而于治天下安国家不可一日而无之矣。美矣哉！其为域中之教也明矣。若夫释氏之为训也，指虚空世界也，悉我自心焉，非止言其'大极生两仪，玄牝为天地根'而已矣。考善恶报应也，悉我自业焉，非止言其上帝无常天网恢恢而已矣，有以见儒道乎？虽广大悉备，至于济神明、研至理者略指其趣耳，大畅其妙者则存乎释氏之训与其为域外之教也，又已明矣。域内则治乎身矣，谓之外教也；域外则治于心矣，谓之内教也。昔阮孝绪正以内外之名，为不诬矣。是故代人谓三教混同焉，或几乎失矣；或谓三教硕异焉，亦未为得也。何哉？复性有浅深，言事有远迩，则不得不异也。至乎迁善而远罪，胜残而去杀，则不得不同也。《四十二章经》者，盖吾佛灭后，彼土圣贤辈于大小乘中撮其要言急于训世者……扬吾佛之真风，翼吾君之仁化，俾黔黎跻寿域而履觉道也。"① 这已经不是儒释二家相合的问题，而是佛教自创立以来就带有"翼吾君之仁化"的属性，自始以来就"见儒道"。二者自始以来就是"同出而异名"。《出生图纪》序云："儒礼，食必祭其先君子，有事不忘本也。释氏之出生，具云出众生食，盖祭旷野鬼神及鬼子母，沙门用心悯异类也。不忘本，仁也；悯异类，慈也。两者同出而异名。"②《出生图纪》颇值得玩味，即指二者自始以来"同出而异名"，《三笑图赞》因此云："释道儒宗，其旨本融。守株则塞，忘筌乃通。"③

---

① 智圆：《闲居编》卷一，《续藏经》第56册，第870页。
② 智圆：《闲居编》卷十四，《续藏经》第56册，第886页。
③ 智圆：《闲居编》卷十六，《续藏经》第56册，第888页。

智圆作《四十二章经序》，可能与宋真宗注《四十二章经》有关，智圆（976—1022年）与宋真宗（968—1022年）的生平基本相合。宋真宗注《四十二章经》后颁行天下，在朝野引起很大震动，《注四十二章经》后又对唐太宗御制《题焚经台诗》作了说明，其中提到汉明帝西域求法获得《四十二章经》，同时提到道士与佛教斗法事，云：

> 帝喜躬亲迎，奉宣委鸿胪以陈国礼敕令彩画释迦顶相于清凉台，因建立白马寺，请此二尊者住院，于帝说法至冬。值岁旦，五岳道士贺正之次，道士褚善信、费叔才等共六百九十人互相语曰"帝弃我道教，远求胡教"，乃自率众，各将所持道经共上表，愿与胡佛教比试其真伪。帝遂降敕尚书令宋庠引入长乐宫前，宣曰："道士与僧就元宵日骈集，白马寺南门外立两坛，至期试之。"西坛烧道经六百余卷，顷刻烧尽，唯取得老子《道经》一卷是真，其余是杜光庭撰，今云杜撰也。帝观东坛佛像并此《四十二章》烧不能坏，但见五色神光，天雨宝花，天乐自振，叹未曾有。帝共群臣称悦，太傅张衍语诸道士曰："既试无验，可就佛法。"其道士褚费等深有愧恧，皆气盛自死，余有吕惠通等六百二十人皆弃冠帔投佛出家。[①]

这段记载人物错乱混杂，显然是在佛道斗法中，由佛教僧徒编造而出的，明人王世贞在《弇州四部稿》卷一百七十三中对此有所辨别。这个故事编造出来的时间，极有可能就是在宋真宗注《四十二章经》前后。宋真宗注《四十二章经》闹出这么大的动静，智圆应该是对此有所了解的，故因此而作《四十二章经序》。宋真宗作有《注四十二章经序》，云："夫至真不宰，岂隔于含灵？群动无明，自迷于正觉。是以慈悲之上圣，因谈归救之妙门，接物而利生，随机而演教；布法云而润物，揭智炬以烛幽；示忘言之言，为无说之说。《四十二章经》者，盖能仁训戒之辞也。自腾兰之传译，即华夏以通行，朕尝以余闲潜加览阅，冀协宣扬之谊，因形注释之词，晦朔屡更，简编俄就。导群氓之耳目，虽愧精深，资众善之

[①] 宋真宗注：《注四十二章经》，《大正藏》第39册，第522页。

筌蹄，庶符利益。其有相传之疑误、累句之难分，亦用辨明。"① 宋真宗在序中只是阐发《四十二章经》之旨及本经之功用，丝毫没有提及儒释相合等问题，智圆却比附《四十二章经》暗合儒家之说、自身带有"翼吾君之仁化"属性，只能说智圆是过度以儒家之道阐释《四十二章经》了。

从儒家之道阐释《四十二章经》，是智圆对佛经的过度阐释，如此阐释来源于"仲尼之教与能仁之教共为表里"的观念，《湖州德清觉华净土忏院记》中说："夫能仁阐一乘寂灭之理，张三世报应之事，俾乎达其理者则反其妄，信其事者则迁其善，蚩蚩元元，既不能寡其过，于是乎使观其心而知罪无相，不曰自讼之深者邪？对其像而誓不造新，不曰改过之大者邪？然后指净土以高会，顾娑婆犹逆旅，使一人能行是道以训于家，家导乡，乡以达于邦，以至于无穷，吾知天下之人涵道泳德唯日不足，尚可以融神实相，高步无何，而极佛境界，岂止为善人君子而已哉！夫如是则又何患乎忠孝不修，而礼让不著欤？以此观之，非仲尼之教与能仁之教共为表里，以训于民邪？其有忘本执末以相眦睚者，岂不大误乎？"② 此文的中心是要反击儒释之间的"相眦睚"，实际上是反击儒家对佛教的攻击。从佛教的义理与三世报应论说明佛教与儒家的自讼、改过、迁善相合，逐渐由一人而延伸于家、乡、邑、邦以至于无穷，与儒家身修、家治、国齐、天下平起到同样的效果，即《与骆偃节判书》中说佛教"其为体也清静，其为用也仁恕"。这个说法虽然是说佛教本质上具有与儒家"仁恕"相同的功用，实际上智圆将儒释的关系也主要归于佛教可以救儒家之弊上，《与骆偃节判书》继续说"由是十九流而三二教，为利于上下，救弊于儒道，其亦至矣"。智圆对此"扬榷而陈之"，说："夫秦火六经，汉兴杂霸，民浇俗漓，争夺方炽，礼让浸微，则仲尼之仁谊、伯阳之道德，或几乎息矣，赖我浮屠之为训也。既以三世报应制其事，复明一心空寂穷其理。民有闻报应之说者，虽贪贱啬吝之夫，亦庶乎振之周急矣。民有闻空寂之说者，虽矜功用壮之夫，亦庶乎守雌保弱矣。能周振，则博济之道行也；守雌弱，则朴素之风振也。博济行，则礼让着；朴素振，则

---

① 宋真宗注：《注四十二章经》，《大正藏》第39册，第517页。
② 智圆：《闲居编》卷二十三，《续藏经》第56册，第900页。

刑罚措。以斯而利于民，则仲尼、伯阳之道不远复矣。故曰'为利于上下，救弊于儒道焉'。"对佛教的批驳与攻击，智圆明确说此非佛教之过，云："洎乎时君好之失其指，方袍事之非其人，失其指则节制不行，非其人则寂淡不守，乃以雕峻轮奂而奢夸，乃以轻肥温饱而炜烨。徒以多为贵，则坏其道者众矣；言以怪为美，则惑其听者庶矣。递相沿袭，浸以成俗，使夫清静、仁恕之风无乃荡尽矣，于是蚕食蠹耗之谤自兹而生也。斯乃好之者事之者之失尔，非教之罪也。而往世君民者，不察其所由，视其徒之不肖，而迁怒于善人教法者有焉，往往造毁佛之律、行挟释之诛，亦何异乎以丹朱而罪尧、因商均而过舜、服药失度而归咎于神农、纵火致焚而反怨于燧人邪？"其中所列举的事例非常有说服力，后世佛教出现的种种问题，是由于学佛教者造成的，而非佛教本身的问题。针对佛教出现的问题，学佛教有年且"既粗领其指而颇有扶持心"的智圆，"欲公于万世以救其弊"。《与骆偃节判书》接着说："伏睹释氏书中有经号《四十二章》者，即汉世腾、兰二公肇开化源、首译斯文，以训华俗，其辞简，其理明，遂得叙其由而训其义，诒厥后世，俾无偏信过毁之失如其前代者焉。其言果是也，则吾道何患于丧乎？果非也，虽无益于教，然其用心亦已至矣。无何，有好事者以其文将图剞劂欲布行于海内焉。且古之缁其服、释其姓者，凡有立言垂范，靡不藉儒家者流以润色之、启迪之，有若僧肇之撰《四论》，因刘遗民品藻而后传；慧皎之传《高僧》，由王曼颖贻书而后行；宗密作《禅诠》，假裴休以序之；湛然宗智者，托梁肃以铭之。彼四上人者，得非故求证于异宗，欲取信于万世者欤？某才不逮于往贤远矣，而其留意奉道，敢不同邪？由是斐然狂简之作，辄中心再思，而欲得其长于儒林、老于文学者为一后序，以辨明之，期示信于后世。"[1]此书显然是作于《四十二章经序》之后，似乎"有好事者"欲刊刻《四十二章经》，智圆为之寻找"长于儒林、老于文学者"为作后序，以使《四十二章经》更广为流传。从《与骆偃节判书》后部分来看，智圆的重要目的在于救佛教之弊，或者说是以《四十二章经》向批驳佛教者阐释佛教之本旨。

《与骆偃节判书》显然是通过纠名的澄清方式宣扬佛教，智圆说这是

---

[1] 智圆：《闲居编》卷二十一，《续藏经》第56册，第896—897页。

遵从了儒家的礼仪,《智者十德礼赞序》首先援引《礼记》"先祖无美而称之者是诬也,有善而弗知不明也,知而不传不仁也,此三者君子之所耻也"之语,云:"在释子岂不然耶?吾祖智者行位昭明,功德广大,愚忝传其道,为一十六世之法孙也。每至讳日,虽荐以苹藻,曾无颂咏,不亦耻乎?"① 以儒家的礼仪宣扬佛教,用以表明自己宣扬佛教是必需的责任,智圆为宣扬佛教找到了绝佳的理由。

《湖州德清觉华净土忏院记》中以"仲尼之教与能仁之教共为表里"之说反击部分儒者对佛教的批驳,二者能互为表里,其中有二者皆为明道的缘故,《夜讲亭述》云:"心率道而明道,依处而行,则能仁之鹫岭,宣父之洙泗。"② 道同,事自然亦同,《钱唐兜率院界相牓序》云:"忠懿经构于前,梧公结界于后,二者既备,道由是光,虽财法之两殊,及其立事一也。吾以定慧训乎来学,且知圣道以戒律为始。"③《翻经通纪序》因此以佛教之说与"姬公、孔子之说共为表里"证明佛教作为"域外之真诠",但"实有毗于治本",云:"浮图之教流于华夏者,其权舆于东汉乎?其于训民也,大抵与姬公、孔子之说共为表里耳。何耶?导之以慈悲,所以广其好生恶杀也;敦之以喜舍,所以申乎博施济众也;指神明不灭,所以知乎能事鬼神之非妄也;谈三世报应,所以证福善祸淫之无差也。使夫黎元迁善而远罪,拨情而反性,覈其理也,则明踰指掌;从其化也,则速若置邮。"④ 这里说的事实上就是佛教与儒家的相合,佛教在很多方面对儒家有刺激和促进作用,如《漉囊志》以佛教的漉囊刺激民众的孝弟慈之心,云:"释氏之立教,博施而济众,根慈而祇仁,念水之有微虫也,故制其徒有事于饮用者,漉之以致练之囊,复扬于泉以图存活……夫仲尼之为教也,莫不好生而恶杀乎!叔世不能守其道,失其礼,则昆虫未蛰有火而田者,春有围其泽者、掩其群者、取其麛卵者,斯谓暴天物也。抑又兄有不慈于弟者,父有不慈于子者,师有不慈于资者,君有不慈于民者?苟见漉囊之制,乃曰:'释氏于水中至微者,尚慈而恕之,况昆虫乎?况禽兽乎?况麛卵乎?况为弟为子为资为民乎?我安得不禀仲

---

① 智圆:《闲居编》卷八,《续藏经》第 56 册,第 878 页。
② 智圆:《闲居编》卷十六,《续藏经》第 56 册,第 888 页。
③ 智圆:《闲居编》卷三十四,《续藏经》第 56 册,第 915 页。
④ 智圆:《闲居编》卷十,《续藏经》第 56 册,第 880 页。

尼之道以好生仁恕恻隐为心乎？吾苟不能好生仁恕恻隐者，非但为仲尼之罪人，实包羞于释氏也.'"漉囊对民众孝弟慈之心的激发，致使"礼度由是修，仁风由是行"。批驳佛教者往往指佛教无用于世界，智圆因此说"吾之不用，实大用于世也"，以此回击了批驳者的攻击，"或后来有忿吾之不用，勇于漉用者，亦由吾之不用也。故吾之制漉囊，虽诈亦有裨于儒释也"[1]。

以佛教刺激世俗孝弟慈之心的生发，智圆并不是随意一说，而是看到了当时儒学面临的状况，《孤山述》中说："钱唐郡西三数里有孤山者，既卑且狭，但不与众山连接，孤然处湖中，似不阿附于众山，有自得之状。由是群目流眄，众贤乐游，好奇者往往来居之，有终焉之图……山以卑狭不附于众峯，而皆悦之，士有居下位不附媚于权要，不托附于形势者，虽包仁抱义，耸出伦类，众必睚眦之，凌侮之，由是名不能显，道不见用。"卑狭之山不依附高峰而获得称赞，居下位之士秉持儒家之道"不附媚于权要"却遭受到睚眦以待，智圆由此发出"山以孤故见好，士以孤故见恶"的感叹；现实中的状况令人唏嘘，智圆希冀世人能"迁好山之心以好士"[2]。

毫无疑问，智圆希望能改变抱道之士在现实中受到"睚眦""凌侮"的状况，但并没有对儒者进行说教，而是不停地宣扬佛教中的儒家之义。《大宋钱唐律德梧公讲堂题名序》以僧徒德梧为例阐述中庸之道。首先赞扬德梧不以世人之赞与毁而变易己之"道"，云："立性直方，发言正淳，行甚高，名甚扬，虽学经论通书史而专以戒律为己任，且欲示后学以复之之路，知发轸于律学也。故于律学既能言之又能行之，而颓纲颠表自我强而树之，故吴越之僧北面而事者不知纪极。其后学有济济跄跄动不逾闲者，人必知其由公门而出也，故从而赞之者多矣。既而危言忤众，所为不与时合，故从而毁之者，又倍焉。虽赞之毁之喧喧然，而公之道且不易乎世，不为赞毁而进退高下也。"能不以毁誉动摇所行之"道"，德梧不仅是正淳的佛教僧徒，亦与能行道之儒士无二。毁之者指摘其"中心隘窄不容于物，其有失乎于后学"，智圆论辩说不要求全于人，不以"小眚掩

---

[1] 智圆：《闲居编》卷十四，《续藏经》第56册，第886页。
[2] 智圆：《闲居编》卷十六，《续藏经》第56册，第889页。

大德",应该"务其长而遗其短"。智圆不求全备于德梧,而"美公之行道",以此阐发其合中庸之道,云:"使吾言之,必欲闻其规谏箴诫也,惟公能从规谏,则于人无刚讦之过,有尽善之誉也。人受规诫,则于公无求备之辜,有尊贤之义也,中庸之道于是乎在。"① 智圆更是以儒家之道要求自己,秉承儒者志意,为自己取号"中庸子",并作《中庸子传》阐发中庸之意。

智圆首先介绍"中庸子"之号的来历,《中庸子传》上云:"中庸子,智圆名也,无外,字也。既学西圣之教,故姓则随乎师也,尝砥砺言行以庶乎中庸,虑造次颠沛忽忘之,因以中庸自号,故人亦从而称之。"②《中庸子传》中自述其学儒之经历,云:"初,中庸子之生也,始言则知孝悌,父母颇异之,而不群于庸竖戏,尝以草木濡水画石以习文字,采花布以为徒,自为讲训之状,唯言孝父母睦兄弟而已。酷有迈俗志,父母不能违,因舍为佛徒。年八岁,遂登具于钱唐龙兴寺,今大中祥符寺也。十五,微知骚雅,好为唐律诗。二十一,将从师受周孔书,宗其道,学为文,以训世。会寝疾,因自讼曰:'汝浮图子,发既祝矣,形且毁矣,而不习释氏,志慕儒学,忘本背义,又岂称周孔之旨乎?汝姑习释,后学儒,为副汝其图之。'时源清法师传智者三观之法于奉先,予负笈而造焉,在青矜之列者凡三年。会师亡,既而离群索居,衣或殚,粮或罄,因之以疾病而孳孳然。研考经论,探索义观,得之于心,而不尚夸耀人。或谓之愚且讷,予闻之曰:'学道贵达本息心也,若炫其能,矜其解,欲他之买者,吾不如行商坐贾也。'"③ 从自述来看,智圆有着具有儒家之道的天性,无论是学佛还是学儒,根本上都是从"道"以"达本"。

以佛教僧徒的身份极力宣扬中庸之道,自然会受到质疑,如人疑之"中庸之义其出于儒家者流,子浮图子也,安剽窃而称之耶?"智圆阐述儒释互为表里且须共行于世,云:"夫儒释者,言异而理贯也,莫不化民,俾迁善远恶也。儒者饰身之教,故谓之外典也,释者修心之教,故谓之内典也。惟身与心,则内外别矣。蚩蚩生民,岂越于身心哉?非吾二教何以化之乎?嘻,儒乎释乎,其共为表里乎?故夷狄之邦,周孔之道不行

---

① 智圆:《闲居编》卷三十,《续藏经》第56册,第910页。
② 智圆:《闲居编》卷十九,《续藏经》第56册,第894页。
③ 智圆:《闲居编》卷十九,《续藏经》第56册,第894页。

者，亦不闻行释氏之道也。世有限于域内者，见世籍之不书，以人情之不测，故厚诬于吾教，谓弃之可也；世有滞于释氏者，自张大于已学，往往以儒为戏，岂知夫非仲尼之教，则国无以治、家无以宁、身无以安。国不治、家不宁、身不安，释氏之道何由而行哉？故吾修身以儒，治心以释，拳拳服膺，罔敢懈慢，犹恐不至于道也，况弃之乎？"僧徒以儒为戏、儒士厚诬佛教都是错误的，儒释二者之间不仅需要并行，而且是相互促进的；应该"修身以儒，治心以释"，智圆即以此修习二家之说，《撤土偶文》云"吾学佛以修心，学儒以治身"①。彼此以偏见相待，"好儒以恶释，贵释以贱儒"，是无法做到中庸的。

中庸是儒家的中庸，从佛教的角度来说，智圆将中庸解释为"龙树所谓中道义也"，具体解释其义云："亡之弥存，性本具也；存之弥亡，体非有也；非亡非存，中义著也。此三者，派之而不可分，混之而不可同，充十方而非广，亘三世而非深，浑浑尔，灏灏尔，众生者迷斯者也，诸佛者悟斯者也。"不明其义者"或荡于空，或胶于有"，荡空为过，胶有则不及，"唯中道为良"。智圆阐述中道之义之外，更重视的是中道之用，云："适言其有也，泯乎无，得谁云有乎？适言其无也，焕乎有象，谁云无乎？由是有不离无，其得也，怨亲等焉，物我齐焉，近教通焉，远理至焉；无不离有，其得也，因果明焉，善恶分焉，戒律用焉，礼义修焉。"②

智圆潜心于儒家之道，同时劝勉后学者由"道"而学，《勉学》上云："学不可须臾怠，道不可须臾离，道由学而明，学可怠乎？圣贤之域由道而至，道可离乎？……圣人造次颠沛，未尝不念正道而学之也。夫子大圣人也，拔乎其萃，出乎其类，自生民以来未有如夫子者……盖圣人惧夫不念正道而学之，则至于狂也矣。"③ 学不可怠、"道"不可离，《勉学》下则指出学者由正道而学而后成人："夫圣且贤必务于学，圣贤以下安有不学而成人哉？学犹饮食衣服也，人有圣乎？贤乎？众庶乎？虽三者异，而饥索食、渴索饮、寒索衣则不异矣，学也岂得异乎？"④ 人有不同，

---

① 智圆：《闲居编》卷十七，《续藏经》第 56 册，第 891 页。
② 智圆：《闲居编》卷十九，《续藏经》第 56 册，第 894 页。
③ 智圆：《闲居编》卷二十，《续藏经》第 56 册，第 895 页。
④ 智圆：《闲居编》卷二十，《续藏经》第 56 册，第 896 页。

"道"却无异，因此人人所学应该相同，即都以学"道"为归。

仔细分析上述关于儒家之道的论述，智圆对儒家之道的看法与秉承，经历了一个慢慢由儒家色彩浓厚向佛教色彩浓厚转变的过程，最后以龙树的中道解释儒家的中庸，实际上回到儒释调和的老路上去了，《谢吴寺丞撰〈闲居编〉序书》对此有所说明。智圆看到钱唐主簿李君转交的吴遵路为《闲居编》作的序，序从儒家之道、诗教、佛教及对于百氏之说的涉及等各方面，对《闲居编》及智圆的观念做了简略扼要且中肯的评述，智圆大为激动，言其所作"发仲尼华衮之褒"，智圆因在《谢吴寺丞撰〈闲居编〉序书》中全面叙述自己读书的状况及思想发展脉络，云：

> 某幼缘宿习，雅好空门，于龆龀之年即毁其发坏其服，而为浮屠徒也。洎年迨升冠，颇好周孔书，将欲研几极深，从有道者受学，而为落发之师拘束之不获从志，由是杜门阒然，独学无友，往往得五经之书而自览焉，虽文字不及尽识，句读不及尽分，而好求圣师之指归而会通其说焉。譬若九方堙之相马，略玄黄而谈神骏也，而与夫嘈嘈诵声者、寻章摘句者已胡越矣。读《易》也，乃知本乎太极，辟设两仪，而五常之性韫乎其中矣。故曰立天之道曰阴曰阳，立地之道曰柔曰刚，立人之道曰仁与义，是故文王海列四德以演之，圣师岳配五常以翼之，乃以乾坤首之也。由是知五常者，其周孔之化源乎？读《书》也，乃知三皇以降，洪荒朴略，非百世常行之道，其言不可训，故圣师以二帝三王之道作范于后代，尊揖让，鄙干戈，故以二典首之也。虽汤武有救弊之德，而非仲尼之本志也，故语曰"武尽美矣，未尽善也"。读其《诗》也，乃知有天地然后有夫妇，有夫妇然后有父子，有父子然后有君臣，夫妇其本二仪而首三纲乎？故以《关雎》首之也。读《春秋》也，乃知周室衰，狄人猾夏，平王东迁，号令不行，礼乐征伐不出乎天子，而出乎诸侯也。是故仲尼约鲁史而修《春秋》，以赏罚贬诸侯、讨大夫，以正其王道者也，故语曰"礼乐征伐自诸侯出，自诸侯出，盖十世希不失矣"……于是杀青磨铅，不舍昼夜，将欲左揽孟轲之袂，右拍扬雄之肩，盘游儒官，鸣唱文教，金口木舌，大训乎衰世，使天三王二帝之道不远复矣。无何，身婴羸病，顿阻进学，忽忽不乐，壮志寖微，一日自省曰："汝

释迦之徒也，空华乎世界，浮云乎富贵，谷响乎言语，掣电乎形命，又何婴病失志至如是乎。"自是专寻释典，反照心性，弃捐万事，会同一心，故于向者为文之道不能果其志就其业也。是以晚年所作，虽以宗儒为本，而申明释氏加其数倍焉，往往旁涉《老》《庄》以助其说……夫三教者本同而末异，其于训民治世岂不共为表里哉?①

这段自述中，智圆清楚说明读儒家典籍的情况，及所受到儒家典籍影响的情况，接着提到身染病疾后"专寻释典，反照心性"，说明了由儒家志意向佛教的转向与回归。虽然思想观念发生了转向，但最后仍然强调三教"本同而末异"，《与嘉禾玄法师书》中提到二者之异，云："夫阐教之士，负法王之优，寄为如来之所使，必以摧邪显正，激浊扬清，为后学蓍龟作生灵耳目为其己任也……仲尼为政必也正名，涅槃遗诫急在纠过。"②儒家的"正名"与佛教的"纠过"，不能说是"末异"，而是具体表现的不同，对训民治世来说是相互为表里的。

智圆思想观念转向的原因，自然与其佛教徒身份有关，不能一味只宣扬儒家观念。此外，一方面可能如上所述抱道之儒士在现实中之遭遇，另一方面可能是由于对佛教体悟的增深所致，《言志》诗云："畴昔学为文，拟尽周孔道。心劳道未至，壮岁成衰老。畴昔学为诗，模范风雅词。立言多讽喻，反为时人嗤。为诗复为文，嗟嗟不复古。训世无纤益，何为自劳苦。权门既不游，青山宁合负。一来林下居，四载不出户。退省为佛徒，讲经自裨补。憧憧来学辈，往往入深坞。智者乃吾宗，龙猛乃吾祖。寒窗夜摘毫，虚堂昼挥麈。翼此二圣心，欲令万物睹。羸羸长抱疾，行年四十五。草堂三四间，牢落连云洞。经时无客来，衡门绝迎送。榻有无弦琴，向风时一弄。窗列《楞严》典，要言长讽诵。真妄一无得，超然谁与共。凡圣病眼花，死生春夜梦。病差梦已醒，万汇徒营营。"③最初"拟尽周孔道"，却遭受到"时人嗤"，经世之文或抒道之文于世"无纤益"的状况，或许令其沮丧不已。人生的后期，堆列身边的只剩下"《楞严》典"之类的佛教典籍了，与对"万汇徒营营"的深刻感悟。智圆或许以此诗

---

① 智圆：《闲居编》卷二十二，《续藏经》第56册，第898—899页。
② 智圆：《闲居编》卷二十，《续藏经》第56册，第897页。
③ 智圆：《闲居编》卷四十八，《续藏经》第56册，第940页。

暗示了秉持儒家之道的儒者志意的消退，与对"万汇"的超然。尽管如此，智圆的观念仍如《谢吴寺丞撰〈闲居编〉序书》中所言"以宗儒为本"，这是相当值得注意的。

七

由上述可看到，智圆论述儒家之道时，反复提及因果、善恶、戒律、礼义、仁义等，因果、戒律等明显属于佛教的范畴，智圆以之对儒学进行补充，对民众和儒家士人进行警醒。善恶既属于佛教范畴，也属于儒家范畴，智圆关于善恶有着大量的论述，从论述的内容来看，主要是从儒家的角度进行阐发的，佛教起着辅助的作用。礼义、仁义自然主要是儒家的内容，智圆在论述这些内容时，往往以佛教的义理和观念对之进行刺激或者生发。

综合来看，智圆反复阐述的儒家之道，主要的内容是对善恶、仁义两方面的论述，如《自箴》云："心语无外，汝听吾诲。诈伪勿行，仁义勿背。苟为诈伪，终其祸对。苟为仁义，终与福会。汝无沽名，怪诞任情。汝无附势，容媚罔制。己能勿矜，他贤勿蔽。赞汝无喜，毁汝无怒。过勿惮改，惟道是务。亦莫爱死，亦莫贪生。乐善修心，时至则行。身乎身乎，吾与汝盟。"[①] 其中告诫自己"仁义勿背"，若背仁义而为诈伪，终会给自己惹来祸患，其中夹杂了因果的意味；同时不断提醒自己要"惟道是务"，此处"道"的内容自然是指仁义。《自箴》之外又有《七箴》，序中讲明作《七箴》的用意云："中庸子永怀有所感激，遂为《七箴》，俾夫口之谈、身之为、心之思、足之履、手之执、眼之视、耳之听而不失其正也，虽曰自诫，岂无意于训世邪。"[②] 即《自箴》的目的是用以自诫，告诫自己要做到口之谈、身之为、心之思、足之履、手之执、眼之视、耳之听都"不失其正"，所谓"不失其正"应该就是都要符合仁义。

智圆仿作据传为刘禹锡所作的《陋室铭》，刘禹锡《陋室铭》宣扬"惟吾德馨"之德，有儒家之德的意义，更多的应该是指普泛的道德观

---

① 智圆：《闲居编》卷四十二，《续藏经》第56册，第926页。
② 智圆：《闲居编》卷四十二，《续藏经》第56册，第926页。

念，智圆的《陋室铭》宣扬的直接是儒家的仁义，序云："中庸子居室既卑且陋，窃睹夫俗之华靡，使健羡之心聿生，贪暴之心得入，仁义道德日可丧灭矣。"序是从反面强调仁义之须遵守与具足，铭则长篇叙写尧舜之德，云："维圣唐尧，土阶茆茨。维圣大禹，官室云卑。其道明明，其德巍巍。维贤颜渊，陋巷瓢箪。维贤子思，瓮牖桑枢。其乐不改，其守不渝。浇淫勃兴，淳朴乃隳。绨绣土木，上惑下随。彤峻墙宇，淳源益漓。争奢斯起，礼让斯颓。为残为贼，为疮为痍。奢夸祸基，斯盱可悲。吾之所居，容膝有余。云山吾友，经典吾师。困也德辨，圣贤是则。无萌侈心，无附群匿。戒云戒云，出处语默。"①尧舜之德，正是儒家士人所追求之"道"，是宋代道学家与理学家一直强调与追求的。北宋初期的政治、思想与文学创作，以杨亿等为代表的西昆派占据了相当大的优势，为了改变西昆派软靡之风，北宋初石介、穆修、尹洙、欧阳修等道学家、文学家、政治家呼应韩愈，重新振起了古文运动。相比于尹洙（1001—1047年）、穆修（979—1032年）、石介（1005—1045年）、欧阳修（1007—1072年）等，智圆更早发出了道学声音。尽管不能完全说智圆开了宋代道学家与理学家求"道"及道学思想的先声，与石介等道学家在道学上相呼应、并对之产生影响应该是可以肯定的，智圆对北宋初的古文运动至少起到了应当的推动作用。

如《自箴》《七箴》等自诫行仁义之文，智圆亦作《中人箴》等告诫他人之文，序中援引孔子"中人已上可以语上也，中人已下不可以语上也""惟上智与下愚不移"之语，提出"立言垂训，俾迁善而远恶者，惟中人可也"，故而作《中人箴》，其中以"戴仁抱义，无失方正"②之语再次强调仁义。智圆不仅感叹人之仁义，同时赞扬动物身上体现出来的仁义事例。智圆讲述了一个义犬故事，主人醉酒卧草间，野火将烧至，犬"亟至河岸以身濡水湿其草"，主人免于火，犬则"力殚毙"。智圆作《感义犬》偈感叹道："浩浩动物，唯人为贵。立人之道，曰仁与义。二者不行，与畜同类。畜能行是，与人曷异。"③犬之救主，如人有仁义；反之，人无仁义则与牲畜无异。

---

① 智圆：《闲居编》卷三十二，《续藏经》第56册，第913页。
② 智圆：《闲居编》卷三十三，《续藏经》第56册，第914页。
③ 智圆：《闲居编》卷二十七，《续藏经》第56册，第905页。

对仁义的行为极力赞扬，对不行仁义自然是加以批判，如《偶作》诗在抒发人生感悟的同时，对得志而不行仁义之道者进行批判，云："急急西落日，浩浩东去波。日落波不停，浮生能几何。青云身未上，白发头已多。金印未佩腰，道路成蹉跎。一朝忽得志，顿忘贫贱事。八珍食方丈，华毂驾天驷。民瘼无术医，贪狼有心恣。无何触天网，祸淫谅不爽。余殃及子孙，岂只身长往。寄语求名士，得志莫如此。不善宜先知，行道慎莫止。仁恕及苍生，忠贞辅天子。好爵终自縻，盛烈垂千祀。西日与东流，任彼灌寒暑。须知君子人，身死名不死。"① 此诗第一层是对人生易逝的感叹，第二层是对得志而贪狼的批判，第三层是得志而忘形者受到惩戒的揭示，第四层是对士人"得志莫如此"的告诫。按照智圆及道学家的观念，士人得志之后应该力行儒家之道，得志之后若一意"贪狼"，不仅非君子之道，而且将"触天网""祸淫谅不爽""余殃及子孙"等。智圆期望士人得志之后，能以"仁恕及苍生，忠贞辅天子"为务，与得志而贪狼将"触天网""祸淫谅不爽""余殃及子孙"相比，"行道"者最终将"身死名不死"。

上文提到以儒家之道衡量或阐释佛教典籍，智圆更以儒家之道来辨别历史人物的功绩，最突出的应该是为周公做的辩解。《礼记》载周公"欲令成王之知父子君臣长幼之道"而挞伯禽，智圆经过仔细考辨，指出"周公无挞伯禽之事"。《周公挞伯禽论》说："夫周公大圣也，治其家有治国之道，故能刑于四海训乎万世也。罚者必以罪，赏者必以功，不畏强御，不侮鳏寡，是圣人之用心也。于民乃尔，况于己子哉！是故圣人意诚而后心正，心正而后身修，身修而后家齐，家齐而后国治，国治而后天下平。"作为圣人的周公，确实不太可能因为成王有过而挞伯禽，伯禽若自身无过而只因成王有过被挞，"是周公自挞于己身也"，非圣人之用心，智圆说："伯禽无辜受挞，其狂滥无告者何甚乎？周公知无罪而挞之，其欺心亦何甚乎？夫瞽瞍之虐舜，未如是之甚也。何哉？夫瞽瞍实不识舜之贤且圣也，以情之所恶，故虐之耳。周公知伯禽之无罪，又非情之恶，但以成王有过故挞以威之者，则虐于瞽瞍远矣，岂圣人之用心哉。"② 智圆

---

① 智圆：《闲居编》卷四十八，《续藏经》第 56 册，第 939 页。
② 智圆：《闲居编》卷十八，《续藏经》第 56 册，第 892 页。

对周公的辩解，是从道学的角度发出的。同样从道学的角度，辨别一直被视为惠泽吴人的程侯反被吴人所杀，根本的原因是程侯失人臣之道。卢叔微撰《程侯碑》，叙"仁义且博施于人"的程侯（大川）惠泽吴人反被吴人所杀事，文意为"痛程侯报施之无应，罪吴人进佞以害贤"。智圆读后却说"叔微乃彰程侯之过，非纪其善"，并陈述理由："聚士以沽虚名，骤施以夺君权，虚名足以动民俗，骤施足以收人心，盖苞藏险恶，将图篡逆者也。《易》曰'臣弑君，子弑父，其所由来渐矣'，向使吴人辨之不早也，则社稷为程氏所有矣。孟子曰：'人必自侮，然后人侮之。家必自毁，而后人毁之。国必自伐，而后人伐之。'程侯失人臣之道，自取灭亡，吴人从而杀之，宜矣。"程大川看上去惠泽吴人，但其沽虚名之行为削弱了君权，实际上已失人臣之道。智圆又举卫青、霍去病之例说明人臣要避嫌，因此指出为人臣之道云："厥或程侯守臣子之道，士之果贤者则荐之于君，果不贤者则以君命而斥之，使归美于君者，岂有会稽之祸耶？"智圆辨程大川被吴人所杀之不冤，其实在于辨正卢叔微的认识，云："叔微，大儒也，而不讥程侯之过以儆将来，反以为贤者，未知其可乎？予窃疑之，故书之以俟知圣道者为我辨惑焉。"[①]《疑程侯碑》实际是在批评不明、不守人臣之道者。周公不是没有可能挞伯禽，程侯确实惠泽了吴人，智圆却为周公辨诬、揭程侯失人臣之道，完全是站在道学家的立场而言的。

对行仁义，智圆强调要内思"仁"而履由道，《好山水辨》以君子与小人之变论之云："山也水也，君子好之甚矣，小人好之亦甚矣。好之则同也，所以好之则异乎！夫君子之好也，俾复其性，小人之好也，务悦其情。君子知人之性也本善，由七情而汩之，由五常而复之，五常所以制其情也。由是观山之静似仁，察水之动似知，故好之则心不忘于仁与知也；心不忘仁与知，则动必由于道矣。"[②] 智圆实际上提出了心体之仁的问题，人之心体若为仁，则由心体之所发与动皆为仁、皆合道，这一点在明代后期的王门后学中得到了强调。《远山》诗云"仁者由来好，闲观意不轻"[③]，似乎即是对心体之仁的抒发。

---

① 智圆：《闲居编》卷二十五，《续藏经》第56册，第902页。
② 智圆：《闲居编》卷二十五，《续藏经》第56册，第903页。
③ 智圆：《闲居编》卷五十一，《续藏经》第56册，第947页。

对劝善诫恶的详尽论述，是智圆阐述儒家之道的另一个重要方面。《讲堂击蒙集序》云："夫仲尼之旨布在六经，世雄之法备乎三藏，背叛六经者乃杨墨之党，蔑弃三藏者即魔外之徒，其人存则其道行，其人亡则其道废。今既宗师接武，讲席相望，谅世雄之道未坠地也。重以王化所被，人皆好学，削染之子咸耻于不听习焉，犹病童蒙未善仪式，遂于暇日聊述五篇，始于建志择师，终于诫恶劝善。"① 诫恶劝善是儒家与佛教共同的主张，二者对此都极为重视，因此在阐述过程中使用二家之说予以阐发，其中的"王化所被"之意似乎在强调诫恶劝善的目的。在这一点上，不仅儒家的论述有益于治政，佛教同样有益于治政，如《驳嗣禹说》云"西圣清静无为之学可以毗于大政"②。

中国民间有极强烈的善恶观念，善恶有报的观念出现亦极早，《易》中便有"积善之家必有余庆，积不善之家必有余殃"之说，成为在民众中被普遍接受的观念之一。智圆《善恶有余论》对此作了解释，云"旧说谓善恶延于子孙，故曰余殃余庆也"。现实生活中，祸福由子孙承担，往往不能很好地对人有所限制，更主要的是出现许许多多与此不相符的情状，如"瞽鲧积恶而有舜禹之余庆，勋华积善而有朱均之余殃"等，就颇会使人怀疑"积善之家必有余庆，积不善之家必有余殃"的合理性及圣人言论的权威性（"圣言之无征"）。唐代牛僧儒作《善恶无余论》，谓"积善庆于身，积不善殃于身，俱无余也"。这种说法确实是对"积善之家必有余庆，积不善之家必有余殃"之说作了圆解，但似乎又有"反圣人之经"的嫌疑，"圣人言有余，僧儒言无余，非反而何？"智圆则在不"反圣人之经"的前提下，对善恶祸福论进行了阐发，云："吾观圣人之言圣人之旨，若仰青天而睹白日，非不明也。由先儒瞽说雾而翳之，使僧儒之才往往未见其旨，而惑其言也。请扬榷而陈之。夫余殃余庆之说，盖系于己不系于子孙也，何哉？且士有履仁义尽忠孝者之谓积善也，岂但享福于一朝，其实垂令名于百世也；垂令名于百世，非余庆邪？其悖逆残贼者之谓积恶也，岂但速祸于一朝，其亦垂丑名于百世；垂丑名于百世，非余殃邪？抑又积善之大者，唯尧舜乎？人到于今以天下之善归之，而尧

---

① 智圆：《闲居编》卷十一，《续藏经》第 56 册，第 883 页。
② 智圆：《闲居编》卷二十八，《续藏经》第 56 册，第 907 页。

舜之善未必若是之极也，故曰'博施济众，尧舜其犹病诸'，今以天下之善悉归之余庆之验也。积恶之大者，非桀纣邪？人到于今以天下之恶归之，而桀纣之恶未必若是之极也，故曰纣之为恶不如是之甚也，今以天下之恶悉归之，余殃之验也。"① 智圆首先肯定圣人之言圣人之旨如"仰青天而睹白日"般明确，完全是站在儒家的立场上。接下来对于"余殃余庆之说，盖系于己不系于子孙"的阐发，并没有如一般僧徒根据三世报应进行说明，而是从垂世之名的角度进行分析，又完全是站在儒家的视角与立场。

无论是"瞽鲧积恶而有舜禹之余庆，勋华积善而有朱均之余殃"，还是自身"为善而召祸，为恶而致福"，都是相当令人沮丧且无奈，并会令人失去信念。"瞽鲧积恶而有舜禹之余庆，勋华积善而有朱均之余殃"使人质疑圣人之言，"为善而召祸，为恶而致福"亦使人质疑"鬼神之无灵耶？格言之近诬耶？"智圆对此作了辨析，说："夫世所谓祸福者，以富贵崇高、安康寿考之谓福也，贫贱侧陋、刑戮短折之谓祸也。苟恶人之享富贵，善人之处贫贱，则反覆而怀疑，必谓鬼神之无灵，格言之近诬矣。"这样的认识，或者说这样的祸福论，只是"庸人之情"，非君子之论。君子关于祸福的看法与"庸人之情"有着巨大的差异，君子的祸福论云：

> 为仁者有大顺之显，名垂于亿载之下，虽童子妇人犹知贵而好之，非福如何？岂以一世贫贱侧陋、刑戮短折之为祸也？夷齐实贫贱矣，而曰伯夷叔齐贤人也；比干实刑戮矣，而曰商有三仁焉；颜回实短折矣，而曰回也三月不违仁，由是后世闻其名爱之如父母，斯谓福善也。为不仁者有至恶之显，名垂于亿载之下，虽童子妇人犹知贱而恶之，非祸如何？岂一世富贵崇高、安康寿考之谓福也。商受齐景实富贵崇高矣，而谓之独夫，受又曰无德而称焉，其安康寿考者不可胜说，咸以不仁不道使后世闻其名者，贱之如禽兽，斯谓祸淫也。呜呼。以亿载之美名使人从而尊之，不愈乎一世之富贵耶？亿载之恶名使人从而卑之，不愈乎一世之贫贱耶？故世所谓祸福者，得其小者近

---

① 智圆：《闲居编》卷十八，《续藏经》第56册，第892页。

者，君子所谓祸福者，得其大者远者也。诗云"恺悌君子，求福不回"者，吾谓求大者远者也。或曰箕子陈五福则子无取耶？曰：以仁义而直富寿者，其谁曰不然乎？以不仁而幸富贵者，吾无取焉，仲尼所谓"不义而富且贵于我如浮云"，孟子曰"以不仁而处大位，是播丑于众人之上也"，矧箕子五福？其五者曰攸好德，且所好在德而获富寿康宁考终命者，岂不伟与？孟子云"修天爵，而人爵从之"是也。以无德而幸富贵康宁考终命者，吾无取也，故向谓福有大小远近者，蕴乎五中也。①

这段议论，同样是从垂名的角度进行阐发的。智圆认为要从后世令名的角度来看待祸福，而非从获得富贵与否的角度看待祸福。"后世闻其名爱之如父母"者为善，"以不仁不道使后世闻其名者"为祸，智圆将祸福不再是个人获利与否，而是变成了能否在后世垂令名，这又是纯粹的道学家之论了。

需要注意的是，上述对祸福善恶的论述，尽管是完全站在儒家之道的立场上进行阐发，智圆实际上仍然在其中寓含佛教三世报应的观念。智圆将三世改造后世，将三世报应改造成根据后世的垂名而非仅仅依据当世的评判及所获得的利益判断福祸，原理实际上是一致的。智圆根据后世垂名判定福祸的做法，成为道学家们判定善恶祸福、评定历史人物的普遍准则之一。

根据后世的垂名判定祸福，对士人而言是可以的，而民众往往更多的是讲求获得现实的利益。中国是多神的国家，民众对祸福的诉求往往是向神灵乞求，所有神灵几乎都成为民众祈福避祸的对象。智圆对民众乞求神灵而获福避祸的做法并不反对，并亲自祈请孤山的神灵为民众带来福德，《祭孤山神文》云："维大中祥符九年岁旅丙辰月建戊戌朔临壬寅日在己巳……致祭于孤山神之灵。惟神受天之命，职兹山林，福善祸淫，害盈福谦，神之德也。享于克诚，馨于明德，神之应也。代有善人，修身以谦，神其福之乎。或务克诚，而庶明德，神其享之乎。苟不福不享，则胡以昭

---

① 智圆：《闲居编》卷十八，《续藏经》第 56 册，第 893 页。

神之德,彰神之应耶。"① 佛教是严格反对偶像崇拜的,智圆大张旗鼓祭祀山神,其意不在于违背佛教之旨,而在于为民众祈福善而避祸害。天禧元年(1017年),智圆再次祭祀孤山之神,《又祭孤山神文》云:"贫道读周孔书,闻齐大夫成子高者,谓庆遗曰'吾闻之也,生有益于人,死不害于人',吾纵无益于人,吾可以死害于人哉?我死则择不食之地而葬焉,此恐妨人之垦耕也,矧吾佛以真寂为风,以清俭为训,三界如幻,万缘一空,率此教者岂宜厚葬?贫道学道寡效,而心好正淳,窃虑没后有不知我者,混乎流俗,务其华靡,崇其莹垄,而伤财害人,于是得此山之冈间,僻无用之地,预凿窟以埋陶器,用为将来掩藏形恶之所。"② 这篇祭祀山神的目的不是为民众祈福避祸,是担心殁后被厚葬而"伤财害人",期望死后不"妨人之垦耕"。此文是将儒家与佛教二者结合在一起,虽然不是在宣扬着善惩恶、祈福避祸,出发点仍是在强调有益于后人后世。

智圆祈福于山神,并不意味着他愿意祭祀中国民间所奉一切神灵。中国民间崇奉的神灵很多,各区域都有本区域所崇奉的神灵,以中国遍地神灵以形容毫不为过,智圆《撤土偶文》中描述说:"民好淫祀者久矣,故仲尼曰'淫祀无福',又云'非其鬼祭之,谄也'。古之民果无斯弊,则圣师孔子岂有是诫哉?今之风俗甚于古万万焉,闾巷室家悉立其土偶,曰土地者,曰五通者,佛寺亦如之。"这段描述确实符合中国民间信仰的实际,从佛教反对偶像崇拜的角度,智圆反对民间的土偶的崇拜与信仰,在其所购买的玛瑙院中有三个土偶,撤去两个,仅将土地神留下。尽管将土地神留下,却改其名为护伽蓝神,为此作文以告之,云:"吾闻圣王之制,祭祀也,法施于民则祀之,以死勤事则祀之,以劳定国则祀之,能御大菑则祀之,能捍大患则祀之。及夫日月星辰,民所瞻仰也;山林川谷丘陵,民所取财用也。"智圆是从对民众的功用以及儒家的传统祭祀之制进行取舍,撤销了土偶的原因,智圆也做了说明:"土偶法不闻施于人,死不闻勤于事,劳不闻定于国,御灾捍患又非所闻,既不在于瞻仰之列,复无财用以资于人,岂得乱其礼而窃愚民之祀乎?"从对于民众功用角度

---

① 智圆:《闲居编》卷十七,《续藏经》第56册,第891页。
② 智圆:《闲居编》卷十七,《续藏经》第56册,第891页。

说，智圆认为土偶对民众没有实际的功用，又不在儒家祭祀的行列或者不符合祭祀礼制，所以不仅不应该崇奉，更需要撤销，《撤土偶文》说"吾之去彼二者，黜非礼冒名也"，留下土地神是"遵佛制度以报德也"。土地神在中国流传广泛，受到普遍的信仰，寄托着民众普遍的信仰诉求，智圆由此认为土地对于民众有相当益处而无害，所以"固留之"，若土地神"能为祸害"则"亦当去之"[①]。由撤与不撤土偶、祭祀民间神灵与否，看得出智圆主要依据的是儒家之道，并与佛教观念结合在一起，做了相当圆融的处理。

《撤土偶文》中提到"民好淫祀"，又以孔子"淫祀无福"对"民好淫祀"进行了判定，即智圆对民间民众的"淫祀"持批评态度，指出人之福祸非由"淫祀"而得，而是由个人的仁义、克诚、明德等所致。对于"民好淫祀"之风，智圆"伤风俗之浮薄"而作《湖西杂感诗》诗二十章，"虽山讴野咏而善善恶恶颂焉刺焉，亦风人之旨也"。由于此诗出于"伤风俗之浮薄"而作，因此对"淫祀"之风进行了批判，第二章中云"窗下寂寥何所有，竺乾经卷仲尼书"，第六章中云"屈原溺水伍员死，孤洁由来独立难"，第七章中云"尼父立言敦礼乐，能仁垂训励慈悲"，第八章中云"一朝死至名随没，满屋黄金属别人"，第十章中云"留心俭让唐虞道，恣意贪求桀跖徒"，第十一章中云"由来君子须谋道，不为时人有重轻"，第十三章中云"伯阳道德释迦心，夫子文章尽可寻"，第十六章中云"礼让不修难致福，唯知烧纸祭淫神"，第十七章中云："阴阳家说惑常民，孝道从兹尽失伦。庐墓三年谁肯也，竞谈冈势益生人。"第十八章中云："福善祸淫言可信，吉凶由己语堪陈。乖仁背义都无耻，只记临行拣日辰。"[②] 所摘录的诗句，在儒释相合之中，以儒家之道批评了浮薄的风俗，指出以吉凶言福善祸淫的"乖仁背义"。第六章中以屈原之死慨叹"孤洁"之难，"孤洁"可以用来形容智圆秉持儒家之道的性格，尽管"孤洁"之难，对比第十八章"乖仁背义都无耻"之语，智圆应该是表达不会改变自己的"孤洁"之志。

第十八章"乖仁背义都无耻，只记临行拣日辰"显然是对中国古代

---

① 智圆：《闲居编》卷十七，《续藏经》第 56 册，第 891 页。
② 智圆：《闲居编》卷四十四，《续藏经》第 56 册，第 927—928 页。

阴阳家择日之吉凶的批驳，阴阳家谓"日之吉凶由善恶之神主焉"，"犯凶日必罹之祸，择吉日必贻之福"，择日被认为是"佐天而为治者"，民众对此极为认可与相信。智圆所《择日说》，指出"吉凶祸福系乎人不系乎日"，这是相当理性的认识。在这一点上，智圆没有一点作为宗教信徒的感性，而是充满着对客观现实的理性认识。围绕着"吉凶祸福系乎人不系乎日"，智圆对择吉凶之日"冀去祸而就福"进行了辨析与批评，云："《书》曰'惟上帝无常，为善降之百祥，为不善降之百殃'，果有神佐天为治者也，必能罚罪而赏功也。苟凶日为善，岂速其祸邪？吉日为恶，岂蒙其福邪？为善而速祸，是罚不当罪也；为恶而蒙福，是赏不当功也。既而赏无功罚无辜，则神乃弄天之权妄作威福者，以上帝之聪明必削地夺爵久矣，岂至如是而犹司赏罚之柄乎？蚩蚩薄俗，弃忠孝而不履，背礼义而不修，而竞择吉日，欲苟免其祸而诏求其福者，何异恶醉而强酒乎？……吾闻积善之家必有余庆，不闻用吉日而致福也；积不善之家必有余殃，不闻用凶日而致祸也。故曰吉凶祸福系于人不系于日也，故吾用事必择道而行之，择礼而从之，择友而交之，择里而处之，择师而事之，孳孳然砥名砺节，俾无失于天爵也，而择日不与焉。"对于民众"凡改作用事咸择其吉日，冀去祸而就福"，智圆一句"吾不信也"①概括之，不仅体现出相当的理性，更体现出打破民众择日之习的勇气。

《湖西杂感诗》"善善恶恶颂焉刺焉"的风人之旨，即上文援引《钱唐闻聪师诗集序》中阐发的诗教，彰显出的是智圆的儒者志意。对仁义的阐扬与诗教的贯彻，体现的都是智圆对于儒家之道的秉持，《有客》诗云："搘肘凭栏俯仰乾坤，百年瞬息得丧谁论。远山青青巨浸浑浑，忽然归去目击道存。"②在乾坤俯仰、瞬息百年中"目击道存"，是智圆对自己儒者志意、秉持儒家之道最好的写照。

八

如《湖西杂感诗》《钱唐闻聪师诗集序》等诗文中对诗教的阐发，表

---

① 智圆：《闲居编》卷二十七，《续藏经》第56册，第906页。
② 智圆：《闲居编》卷四十，《续藏经》第56册，第924页。

明智圆文学创作的旨归是文为明道而作。吴遵路《闲居编序》开篇提到智圆之文云："五彩相宣，故火龙黼黻照其象；八音迭唱，故英茎濩武导其和。足言以文，亦犹是矣。何则？志有所之，而辞生焉，辞不可陋，而文形焉。然而风流下衰，靡弊忘返，于是文过其实，理不胜辞，或贻謦欬之讥，或兴郑卫之谕，比物连类，犹或失之，索隐钓深，将何所取。质而不野，文而不华，敷演真宗辟圣人之户牖，导扬名教示来者之楷模，则于圆公上人之文而见之矣。"① 序中指出智圆之文传达着"敷演真宗辟圣人之户牖，导扬名教示来者之楷模"的道学观念。

智圆多次提到自己的写作，如《山中自叙》中提到"闭门业文翰"②，《答行简上人书》中云"苦吟彻消夜，闲眠消白昼"③，《孤山闲居次韵酬会稽仁侄见寄》诗云"月澄秋水牵吟思，花满春岩照困眠"④，《寄同志》云"终期一相访，对坐议新文"⑤，《赠进士叶授》诗云"旅迹飘然与俗分，动时高价逐新文"⑥，《寄楚南师》诗云"琢诗穷有象，体道极无心"⑦ 等。智圆似乎时刻在构思着创作，甚至到了诗魔的地步，《诗魔》诗云："禅心喧挠被诗魔，月冷风清奈尔何。一夜欲降降不得，纷纷徒属更来多。"⑧《谢仁上人惠茶》诗云："寄我山茶号雨前，斋余闲试仆夫泉。睡魔遣得虽相感，翻引诗魔来眼前。"⑨ 写作到了诗魔的程度，或者引来了诗魔，知其对写作沉浸之深。对写作的喜爱，使智圆不知疲倦地创作着，《送天台长吉序》中云："吾有幽忧之疾，方且治之，由是放浪于江湖间，博览景物以求自适，而每爱夏云之奇，秋涛之壮，左眄右睇，而不知厌倦。"⑩ 不知厌倦地将放浪江湖之所见所感，抒写于诗歌创作之中，智圆对创作的热爱丝毫不输于当时的文人。智圆的创作才能受到

---

① 智圆：《闲居编》卷首，《续藏经》第 56 册，第 865 页。
② 智圆：《闲居编》卷四十，《续藏经》第 56 册，第 923 页。
③ 智圆：《闲居编》卷四十，《续藏经》第 56 册，第 923 页。
④ 智圆：《闲居编》卷四十，《续藏经》第 56 册，第 924 页。
⑤ 智圆：《闲居编》卷四十，《续藏经》第 56 册，第 924 页。
⑥ 智圆：《闲居编》卷四十一，《续藏经》第 56 册，第 924 页。
⑦ 智圆：《闲居编》卷四十三，《续藏经》第 56 册，第 928 页。
⑧ 智圆：《闲居编》卷四十六，《续藏经》第 56 册，第 934 页。
⑨ 智圆：《闲居编》卷四十六，《续藏经》第 56 册，第 934 页。
⑩ 智圆：《闲居编》卷三十二，《续藏经》第 56 册，第 912 页。

了肯定，如韩淲称其"神宇清明，道颜凝粹，妙年能属文"①。

如开篇所言，智圆诗歌有表达感伤情绪之意，但更主要的是要表达自己的文学观念，《病夫传》言其创作云："时或登山临水，搜吟写望，夭夭如也，申申如也，不以体中羸耗为苦，寂寥自得，以矫时态。"② 最后的"以矫时态"道出了智圆创作的主要意图。吴遵路《闲居编序》继续阐发智圆的创作与文学观念云："上人神宇清明，道韵凝粹，德贯幽显，学该内外，开卷游目，必沿波而讨源；属笔缀辞，率劝善而惩恶。蔑闻可择之行，不观非圣之书。克己为仁，无亡于终食；服膺讲道，靡舍于寸阴。仰止高山，温其如玉，至性乐善。盖禀于天姿妙岁，能文匪由于师授……至于论谍，多所宪章，唫咏情灵，悠扬风雅，小文短札，初不经心，遗言放辞，咸有奇致……辞条错综，文律铿锵，率尔混成……折理者意远则理优，宣理者理高则文胜，盖先本而后末，摭实遗华，然后大羹不致而遗味存，大圭不琢而天质露，岂与夫咬哇之末响、雕刻之繁文较其能否哉？"③ 吴遵路对智圆创作的评价，正是围绕阐述其文"率劝善而惩恶"的道学观念进行的，因其文之"文律铿锵"，故远非"咬哇之末响、彫刻之繁文"所能比拟的。

"咬哇之末响、雕刻之繁文"正是智圆所大力批驳的，《佛氏汇征别集序》中说："唐祚既灭，五代之间乱亡相继，钱氏霸吴越，奉王室者凡百年，罗昭谏、陆鲁望、孙希韩辈既没，文道大坏，作雕篆四六者鲸吞古风，为下俚讴歌者扫灭雅颂，大夫士皆世及故子弟耻服儒服，耻道儒言，而必以儒为戏……进贤义也，好施仁也，治行贞也，心不忘佛理达也，四者备矣。"④ 唐末五代"作雕篆四六者鲸吞古风"的文风是文道大坏的表现，"进贤义也，好施仁也，治行贞也，心不忘佛理达也"应该是智圆认为文章该表达的内容，即文章之道。

四者之中，儒家内容有三，可见智圆的文道观念主要是阐发儒家之道，《松江重祐和李白姑熟十咏诗序》强调为文要有道，云："夫诗之道本于三百篇也，所以正君臣、明父子、辨得丧、示邪正而已。洎乎王者之

---

① 韩淲：《涧泉日记》卷上，《四库全书》本。
② 智圆：《闲居编》卷三十四，《续藏经》第56册，第915页。
③ 智圆：《闲居编》卷首，《续藏经》第56册，第865页。
④ 智圆：《闲居编》卷十，《续藏经》第56册，第881页。

迹熄而《诗》亡,《诗》亡然后《春秋》作,后世屈、宋、李、苏,建安诸子、南朝群公,降及李唐,作者不一,而辞彩屡变,骋殊轨辙,得之者虽变其辞而且无背于三百篇之道也,失之者但务嘲咏风月、写状山水、拘忌声律、绮靡字句,于三百篇之道无乃荡尽哉。故李百药论诗,而文中子不答。唐朝李谪仙得之者也,其为诗气高而语淡,志苦而情远,其辞与古弥异,其道与古弥同,则《姑熟十咏》复尤于众篇矣。而二百年来莫有继和者,今祐师之作,情志语气惟肖于谪仙,则祐师之善诗其可知也。"[1] 诗之道在于"正君臣、明父子、辨得丧、示邪正",后世著作者为智圆所肯定者皆是"变其辞而且无背于三百篇之道",创作只"务嘲咏风月、写状山水、拘忌声律、绮靡字句"者乃背诗之道。李白之作能够被肯定而流传,就在于其诗作"道与古弥同",重祐之所以被智圆视为"善诗",就是其作之"情志语气"与李白相合。智圆的文道观是典型、纯粹的北宋道学家文道观念,并且以纯粹的文道观念审视各种创作与作品,由此可以理解智圆将九僧之一保暹禅师的诗歌都上升到儒家之道的范畴中去的原因了。

《松江重祐和李白姑熟十咏诗序》是为重祐禅师所作,论其诗作阐明"正君臣、明父子、辨得丧、示邪正"的儒家之道,与对待保暹诗歌的方式是一样的,《远上人湖居诗序》同样是指出崇远上人诗作中的儒家诗教,云:"古者卜商受诗于仲尼,明其道,申其教,而其序甚详。后世为诗者,虽辞尚平淡、意尚幽远,而子夏所序之道不可咈也。由是赞其辞,知中心之哀乐焉,国政之美恶焉。故曰'诗者志之所之也',又曰'主文而谲谏言之者,无罪闻之者,足以自戒'。噫,诗之教大矣哉,岂但拘四声、辟八病、叙别离、状物色而已乎!钱唐西湖崇远上人好古博雅,乐天知命,栖迟山水间盖有年矣。于香火事佛外,颇留意于吟咏,虽颜齿已衰,而情思弥壮。一日见访,袖出《湖居诗》十章示于予,且以序为请。予三复之,而皆叙闲逸美太宁也。於戏!布于四方,流于百世,俾诵其辞者,乃知贤者之心乐、王者之化洽,则上人之为诗庶乎子夏所叙之道也,岂但驰骋于偶对、拘忌于声病耶?若乃所得之尤者,其句则有'积水涵虚碧,遥峰带月秋''香飘寒水远,烛映夜堂深''幽鸟入深霭,残霞照

---

[1] 智圆:《闲居编》卷三十三,《续藏经》第56册,第914页。

晚流''猿声秋岳迥,月影夜潭空',凡此数联,即所谓辞尚平淡、意尚幽远者。"① 序中援引的诗句,基本上是典型的山林之作,与保暹等九僧诗风格一致,智圆如提升保暹诗歌至诗教一样,将崇远的诗歌也上升到"子夏所叙之道",指其诗歌有"中心之哀乐焉,国政之美恶"之意。确切来说,并非僧徒的作品中真的反映儒家之道或儒家诗教,而是智圆以儒家之道或诗教的眼光来看待僧徒的作品。针对佛教僧徒的诗作阐明其所承载的儒教之道或诗教,更能表明智圆对以文体道的重视与强调。

尽管强调文明道,智圆在文学创作上的期望是理辞兼美。大中祥符三年(1010年),湘川德圆、虞江咸润、雪溪清用、山阴智仁四位"禅讲达观之士"汇聚于云门精舍,论道之余以诗歌叙写清景,云:"灵越照湖,天下嘉致,方外胜游,既清景在目而无题咏,诗人耻之,吾亦耻之。"首先是说明创作的欲望,四位禅僧相当重视诗歌创作,胜景在前而无题咏,有"耻之"之感。智圆评述四人之诗作云:"格调清卓,辞意平淡,兼美之难其实有焉。感叹之深,则有'菱花在何处,千古碧沉沉';写状之极,则有'润汎春游棹,晴分晚过禽';言其广,则有'冷光通禹穴,寒色绕山阴';语其用,则有'有象难逃影,无人不洗心'。其布义感物有如此者。"同样是面对四位佛教僧徒,智圆援引诗句述明诗作应理辞兼美,但同时认识到二者兼美之难,说:"古之为诗,辞句无所羁,束意既尽矣,辞亦终焉,故无邪之理明,丽则之文著。洎齐梁而下,限以偶对声律,逮于李唐,拘忌弥甚,故有辞有余,而理不足,理可观而辞无取,兼美之难,不其然乎。有以见古之诗也,易今之诗也难。"② 理辞难以兼美的原因在于偶对声律限制太多,如古之词句无所羁束,理辞可以做到兼美。

在偶对声律等限制之下,如果不能做到理辞兼美,智圆强调与重视的是"理",而非"辞"。理即仁义王道,智圆以"道"的重视,淋漓展现他的文道观。智圆强调的"道",有佛教之理,《杭州法慧院结大界记》云:"律范者何?所以防过非而齐身口也。大界苟不结,则律范无以行,律范不行则身口无以齐,身口不齐则定慧无由著,定慧不著则圣道无以

---

① 智圆:《闲居编》卷三十三,《续藏经》第 56 册,第 914 页。
② 智圆:《闲居编》卷二十九,《续藏经》第 56 册,第 909 页。

成。"① 文中并提到"天台之道",见其对天台的情感颇为亲近,对天台之学颇为认同。智仁归越时而作《送智仁归越序》,其中又提到"天台之道"云:"天下山水之奇绝者,东南首焉,越又首于东南矣。峩峩云门,下瞰沧海,汤汤照湖,色混太虚,山既秀矣,水既清矣,禀斯气而生于其间者,必德行纯粹、才业隽茂之人也。缁衣中绰有名士,智永灵澈辈寔产其地。智仁上人有前修之风焉,攻永之笔札,体势不忒,学澈之吟咏,清苦惟肖。尝闻天台之道高矣,三观之义大矣,不克负荷,吾曹耻之。于是涉大江而抵于钱唐,就师传而学焉,颇穷厥旨,师尝许之。且夫道无方性无体,出处语默,奚乖于道乎。由是默则齐爱,恶以克己,语则辨善恶以示人;处则讨论经诰以资乎慧解,出则邀游山水以乐乎性情。"智圆再次抒发面对清景当作诗咏歌之志意,写清景之句"道远乎哉"②,意在强调描写山水清景之作是体道而非悖道,这是智圆将保暹等诗作上升到儒家之道、儒教诗教层度的原因。序中之"道"含有"天台之道""三观之义"之佛教之道,而"讨论经诰以资乎慧解""邀游山水以乐乎性情"又明显具有儒家之道。

以上已经论述到智圆对儒家之道的重视与阐发,《遗嘱》中又告诫后人之行为要有益于道,云:"玛瑙院……或别请宗师,或昆弟共住,或承袭讲演,或易作禅居,或更为律院,苟无害于人,有益于道,则无不可。"有益于道则无不可,智圆嘱咐后人更要遵道扬道,云:"其所嘱后事,遵吾行之,则吾法门眷属世世与师俱生,共扬妙道,厥或不遵,则魔之党,非吾徒也。"③ 能遵道扬道则法门将承续下去。《遗嘱》中"若乃立身行道之事,息心达本之旨,吾述之翰墨不鲜矣"④ 之语,强调对儒家之道申说之多、之频,实质上都是在强调对儒家之道的重视。智圆的创作,就是要在作品中"共扬妙道",即阐发儒家之道、儒家诗教,《病夫传》中强调文道云:"病少间则讨论群籍以自娱,或议一事着一文必宗于道,本于仁,惩乎恶,劝乎善。"⑤ 一事一文必"宗于道,本于仁",即事

---

① 智圆:《闲居编》卷三十一,《续藏经》第 56 册,第 911 页。
② 智圆:《闲居编》卷二十九,《续藏经》第 56 册,第 909 页。
③ 智圆:《闲居编》卷三十四,《续藏经》第 56 册,第 915 页。
④ 智圆:《闲居编》卷三十四,《续藏经》第 56 册,第 915 页。
⑤ 智圆:《闲居编》卷三十四,《续藏经》第 56 册,第 915 页。

与文必本于儒家之道。智圆"尝作《病赋》以言其道",《病赋》序云:"吾尝患脾病语久,食饱辄气喘,汗流耳鸣,目眩不堪其苦也。且夫圣如仲尼,达若伯阳,累乎有形,亦未能逃斯患也。然虽凡圣贤愚之所共有,达与不达,中心高下,如途汉焉。是知怅然不乐为病所困者,下愚也;泰然无闷以道自持者,上智也。矧吾禀金方之训,学至真之法,岂可以小疾煎熬而忘于道乎?"不因小疾而忘"道",并且更要以"道"自持,是智圆对病之"时义"的阐发。赋中再述解云:"四大相攻,五藏不利。隐几揩杖,乖情恼意。性情以道,制心以义。庶乎斯旨,从何取类。伊昔仲尼,亦有其疾。其道皎如,请祷惟失。伊昔伯阳,洒嗟大患。其道在焉,有身靡闲。"① 即使身患疾病,"道"在则"身靡间",文学作品就要书写这样的"道"。

"宗于道,本于仁"的话,表明智圆的文道观念就是要在诗文作品中宣扬仁义及儒家纲常(《病夫传》"行五常,正三纲,得人伦之大体,儒有焉"②),《答李秀才书》中,被李秀才赞为"知古人道,有古人文",智圆虽谦称"此亦秀才谬听之过",却直言自己于林下养疾讲佛经外,"颇有志于斯文"。"颇有志于斯文"所指,一方面是创作文学作品,另一方面是宣讲文道观念。各种文论中,智圆认为"驳其妖蛊,尚其淳粹,俾根抵仁义、指归道德"的文道才是根本,过于关注于文辞的文论,"似未尽文之道也"。智圆阐发对文道的看法,说:"文之道者三,太上立德,其次立功,其次立言。德,文之本也;功,文之用也;言,文之辞也。德者何?所以畜仁而守义,敦礼而播乐,使物化之也。功者何?仁义礼乐之有失则假威刑以防之,所以除其蕾而捍其患也。言者何?述其二者以训世,使履其言,则德与功其可至矣。"随后援引孔子"祖述尧舜,宪章文武"之语,得出以仁义为本的文道观,这与正统道学家的文道观完全一致,智圆表现出来的不像是佛教僧徒,更像是纯粹的道学家。

在以仁义为本的文道观念之下,所谓"颇有志于斯文",其实就是颇有志于文道或仁义,正是具有纯粹儒家士人之志意的体现。有人提出古之"经天纬地曰文"是圣人所说之文,现在以仁义为文是非圣之说,智圆以

---

① 智圆:《闲居编》卷三十四,《续藏经》第56册,第915页。
② 智圆:《闲居编》卷三十四,《续藏经》第56册,第915页。

仁义解释经天纬地说："夫仁义者，在天曰阴阳，在地曰柔刚，非夫仁义则胡以经乎天？非夫仁义则胡以纬乎地？是故率天地之性而生者，心必则乎德义之经，口必道乎训格之言。"文与言的功用在于"期乎救弊"，单纯"代人竞以淫辞媚语、声律拘忌、夸饰器用、取悦常情"之文辞无益于教化，智圆连说两次"何益于教化哉"以加强文的教化功用。又有说文乃"情动于中而形于言"，智圆解释说："立言者莫不由喜怒哀乐内动乎？夫喜而不节则其言佞，怒而不节则其言讦，哀而不节则其言懦，乐而不节则其言淫。乐不至于淫，哀不至于懦，怒不至于讦，喜不至于佞，恶则贬而惩之，善则褒而劝之，本之以道德，守之以淳粹，则播于百世流乎四方，踵孟肩杨，谅无惭德矣。故曰喜怒哀乐之未发谓之中，发而皆中节谓之和。中也者天下之大本也，和也者天下之达道也，故愚以庶乎中和为立言之大要也。"①"情动于中而形于言"是一般文人的观念，强调的是文由情感之所发，智圆在回答中却又拉回到文道观上，喜怒哀乐本之道德则发而中节，实际上是将"中"赋有道德的含义；喜怒哀乐未发之前是处于道德的状态，喜怒哀乐之所发是由道德的本体而发，故中节而为"和"。《送庶几序》中，智圆更为详细地讲述其"有志于斯文"。在孤山养病时，尽管疾病缠身、困踬癃瘵，智圆却"以道自胜晏如"。佛教僧徒律僧庶几见之，欲从其"受古圣人书，学古圣人之为文"，智圆"甚壮其志，以其能倍俗之好尚，慕淳古之道"，因而为之讲述古文之道，云：

夫所谓古文者，宗古道而立言，言必明乎古道也。古道者何？圣师仲尼所行之道也。昔者仲尼祖述尧舜、宪章文武，六经大备，要其所归，无越仁义五常也，仁义五常谓之古道也。若将有志于斯文也，必也研几乎五常之道，不失于中而达乎变，变而通，通则久，久而合，道既得之于心矣。然后吐之为文章，敷之为教化，俾为君者如勋华，为臣者如元恺，天下之民如尧舜之民，救时之弊，明政之失，不顺非，不多爱。苟与世龃龉，言不见用，亦冀垂空言于百世之下，阐明四代之训，览之者有以知帝王之道可贵，霸战之道可贱。仁义敦，礼乐作，俾淳风之不坠，而名扬于青史。盖为文之志也，古文之作诚

---

① 智圆：《闲居编》卷二十四，《续藏经》第56册，第900—901页。

尽此矣。非止涩其文字，难其句读，然后为古文也。果以涩其文字、难其句读为古文者，则老庄杨墨异端之书，亦何尝声律耦对邪？以杨墨老庄之书为古文，可乎？不可也。老庄杨墨弃仁义、废礼乐，非吾仲尼祖述尧舜、宪章文武之古道也。故为文入于老庄者谓之杂，宗于周孔者谓之纯，马、迁、班固之书先黄老后六经，抑忠臣饰主阙，先儒文之杂也；孟轲、扬雄之书，排杨墨罪霸战黜浮伪尚仁义，先儒文之纯也。吾尝试论之，以其古其辞而倍于儒，岂若今其辞而宗于儒也；今其辞而宗于儒，谓之古文可也，古其辞而倍于儒，谓之古文不可也。虽然辞意俱古，吾有取焉尔。且代人所为声耦之文，未见有根仁柢义、模贤范圣之作者，连简累牍，不出月露风云之状，谄时附势之谈，适足以伤败风俗，何益于教化哉。夫为文者，固其志，守其道，无随俗之好恶而变其学也。李唐韩文公《与冯宿书》曰："仆为文久，每自则意中以为好，则人为恶矣；小称意人亦小怪，大称意即人必大怪之也。时时应事作俗下者，下笔令人惭，及示人，人以为好矣。小惭者亦蒙谓之小好，大惭者必以为大好矣。"观文公之言，则古文非时所尚久矣，非禀粹和之气乐淳正之道，胡能好之哉。若年齿且壮，苟于斯道加鞭不止，无使俗谓大好，无令心有大惭，然后砥砺名节，不混庸类，则吾将期若于圣贤之域也。苟有其文而行违之，则凤鸣而隼翼也，欲道之行，吾不信也……或曰子佛氏之徒也，何言儒之甚乎？对曰："几从吾学儒也，故吾以儒告之，不能杂以释也；几将从吾学释也，吾则以释告之，亦不能杂以儒也，不渎其告古之道也。"①

这段话是智圆对自己文道观念的综合陈述，简而言之，文必明儒家之道；作文者须先明道，然后"吐之为文章"。智圆的文道观是纯粹的道学家论调，话中援引韩愈之语，表明智圆受到韩愈文道观及古文运动的影响。

智圆受到韩愈文道观及古文运动的影响，在上引《对友人问》《叙传神》等文中已可见到，《述韩柳诗》等文中亦可较为清晰地反映出来。

---

① 智圆：《闲居编》卷二十九，《续藏经》第 56 册，第 908 页。

《述韩柳诗》云："退之排释氏，子厚多能仁。韩柳既道同，好恶安得伦。一斥一以赞，俱令儒道伸。柳州碑曹溪，言释还儒淳。吏部读墨子，谓墨与儒邻。吾知墨兼爱，此释何疏亲。许墨则许释，明若仰穹旻。去就亦已异，其旨由来均。后生学韩文，于释长狺狺。未知韩子道，先学韩子嗔。忘本以竞末，今古空劳神。"① 对韩柳"道同"的肯定或许消解了韩愈对佛教批驳的负面形象，因此说后来学韩愈斥佛者，是其"未知韩子道"；"柳州碑曹溪，言释还儒淳"更是对柳宗元入佛而又不妨碍为淳儒的肯定。或许可以认为智圆所以秉持儒家之道，既是熟读儒家典籍之后自然流露出来的儒者的志意，又有韩柳古文运动的影子。北宋初师韩愈的僧徒似乎不少，《师韩议》云："吾门中有为文者，而反斥本教以尊儒术，乃曰：'师韩愈之为人也，师韩愈之为文也，则于佛不得不斥，于儒不得不尊，理固然也。'"佛教僧徒提出师韩愈之为人、为文，并指出韩愈的斥佛是应该的，僧徒们的观念相当令人惊讶。智圆对此相当不满，认为持这样看法的僧徒表面上师韩，实际上"非韩之徒，乃韩之罪人"，说明原因道："夫韩愈冠儒冠，服儒服，口诵六籍之文，心味五常之道，乃仲尼之徒也，由是摒黜释老百家之说以尊其教，固其宜矣。释子果能师韩也，则盖演经律以为文，饰戒慧以为行，广慈悲以为政，使能仁之道巍巍乎有功，则可谓之师韩矣。噫，仲尼之于吏部犹君父也，能仁之于沙门亦君父也，既知彼忠孝以事上之为美矣，亦宜率忠孝以事于己君己父也。"② 智圆反对师韩僧徒的观念，并不是反对韩愈，而是指出僧徒若真正师韩，就应该如韩愈侍孔子为君父一般侍佛陀为君父，实际上是在变相肯定韩愈，且从中确实能看到智圆受到韩愈道学观念的影响；但也表明智圆并没有忘记自己佛教僧徒的身份。

智圆肯定的唐代文人不仅有韩柳，还有白居易。《辨钱唐名》考辨"钱塘"之名的来源脉络，批评"今之人不师古"③。智圆对钱塘似乎颇为钟情，其因或许与白居易有关。《评钱唐郡碑文》论白居易《石函记》云："夫文者明道之具、救时而作也，使乐天位居宰辅者，则能以正道相天子，惠及于苍生矣。见四海九州之利害皆如西湖也，察邦伯牧长之情伪

---

① 智圆：《闲居编》卷三十九，《续藏经》第 56 册，第 922 页。
② 智圆：《闲居编》卷之二十八，《续藏经》第 56 册，第 907 页。
③ 智圆：《闲居编》卷二十五，《续藏经》第 56 册，第 901 页。

皆如县官也。礼刑得中，民无失所，如湖水畜泄以时也，仁心仁政，尽在斯文矣。"关于书写钱塘之文，一般的评价是"卢元辅《胥山碑铭》首之""元稹《石经记》次之""白居易《冷泉亭记》又其次"，智圆却更重白居易《石函记》，原因应该在于文中体现出了仁心仁政。疑者质疑其对白居易两文"褒贬之异"，智圆言其评判标准是"道德""仁义""君子之道"[1]。白居易的诗歌，智圆亦以诗教视之，《读白乐天集》诗云："李杜之为诗，句亦模山水。钱郎之为诗，旨类图神鬼。讽刺义不明，风雅犹不委。于铄白乐天，崛起冠唐贤。下视十九章，上踵三百篇。句句归劝诫，首首成规箴。謇谔贺雨诗，激切秦中吟。乐府五十章，谲谏何幽深。美哉诗人作，展矣君子心。岂顾铄金口，志遏乱雅音。龊龊无识徒，鄙之元白体。良玉为砆砄，人参呼茅苴。须知百世下，自有知音者。所以长庆集，于今满朝野。"[2] 白居易的讽喻诗确实有三百篇之旨，智圆"上踵三百篇""句句归劝诫"的评价也不是过度夸张。

智圆关于文以明道的论述，几乎全部是在与僧徒的交流中提出的，由此更能看出其对于儒家之道的重视。与上述所言佛教能激发孝悌慈等儒家观念一样，尽管不遗余力地阐发儒家之道，智圆在《代元上人上钱唐王给事书》中提出佛教与儒学同为教化之具，云："大君子之用心也，乐其善焉不止于一教，取其人焉不止于一方。而务在激劝于将来，垂儆于当世，张其化本，俾民由正道，则岂独主于儒乎？定系于此方乎？美哉，西方圣人之教，其为善之大者禀教之徒，其贤才贞谅亦众矣。"重视佛教及僧徒，即能进益教化，云："盖执事将求草茆岩穴奇节逸群之士，以辅翼明天子之化于尧舜之上，所以顾小善而使致乎美名耳。"[3] 王给事"乐其善焉不止于一教，取其人焉不止于一方"之举，网罗包含佛教僧徒在内的"草茆岩穴奇节逸群之士"以辅佐君主于尧舜之上，即佛教僧徒亦有助于且能实行儒家之道，是智圆一贯的认识。

在文言道的观念下，智圆在对胜景的观写中，都能将其引申到"道"上，《送天台长吉序》云："爱云之奇也，如断崖叠嶂焉，非以华彩而为奇也；涛之壮也，如振鹭飞雪焉，非以其险溺而为壮也。遂夫天之生人，

---

[1] 智圆：《闲居编》卷二十五，《续藏经》第 56 册，第 901 页。
[2] 智圆：《闲居编》卷四十八，《续藏经》第 56 册，第 940 页。
[3] 智圆：《闲居编》卷三十二，《续藏经》第 56 册，第 912 页。

故有如夏云秋涛者。人之立言，亦有如夏云秋涛者，且君子以端身履道为奇，非素隐行怪也；以勇仁敦义为壮，非瞋目治难也。及其言也，以温柔敦厚为奇，非炳炳琅琅也；以讽上伏下微有旨而为壮，非狂怀讪时也。"① 此文由景色延及君子的行为与品格，完全是为了抒发儒家之道。

同时也要说明的是，智圆认为佛教能够激发孝悌慈等儒家观念、儒家之道，儒家之道同样能够重振佛教之风。《诫恶劝善》中开篇感叹道"大法下衰，去圣逾远，披缁虽众，谋道尤稀"，智圆对世人"谋道尤稀"忧虑感，体现出来的完全是儒家知识分子的志意，而非佛教僧徒言空谈玄之意。文中劝解听讲之众云："须修身践言，慎终如始，勤尔学问，慎尔行藏，避恶友如避虎狼，事良朋如事父母，奉师尽礼，为法亡躯，有善无自矜，起过务速改，守仁义而确乎不拔，处贫病而乐以忘忧，自然与祸斯远，与福斯会。"所言句句皆为儒家之言，下文"智足以照惑，慈足以摄人，穷则独善其身，达则兼济天下，使真风息而再振，慧炬灭而复明"之语，则是以儒家之言之行重振佛教之风，达到"同归和合之海，共坐解脱之床"②的目标。

九

北宋自开始社会矛盾就比较尖锐，由于科举制的实行，宋代的众多文人士大夫出身于社会中下层，为解决社会矛盾和社会问题提出了种种意见和主张；朝廷内部的党争也一直存在，对宋代的政治与政局有着极大的影响。这些方面，加上北宋初道学的兴起，北宋的文学创作特别是诗文尤其偏重于议论、说理。以白居易的白居易《琴》与苏东坡的《琴诗》相比较就可以看出差异，白居易《琴》云："置琴曲机上，慵坐但含情。何须故挥弄，风弦自有声。"苏轼《琴诗》与白诗体现出完全不同的诗意，云："若言琴上有琴声，放在匣中何不鸣。若言声在指头上，何不于君指上听？"苏轼诗中讲述二物和合才能发出美妙的琴音，与白居易的"含情""自有声"，抒发点完全不同。黄庭坚《幽芳亭记》似乎亦是说明此

---

① 智圆：《闲居编》卷三十二，《续藏经》第56册，第912页。
② 智圆：《闲居编》卷二十九，《续藏经》第56册，第909—910页。

理:"兰生深林,不以无人而不芳;道人住山,不以无人而不禅。兰虽有香,不遇清风不发,捧虽有眼,不是本色人不打。且道兰香从甚处来?若道香从兰出,无风时又却与萱草不殊;若道香从风生,何故风吹萱草无香可发;若道鼻根妄想,无兰无风,又妄想不成。"① 宋人借诗文表达政治观点,讽喻意图或者理论主张,使诗文表现出明显的议论性与说理性。

作为僧徒的智圆,甚至在石介、欧阳修、苏轼等之前,就在诗文中大量抒发议论。智圆诗文中的议论与阐理,或许是秉持佛教对于理论的贯彻及儒家的诗教之旨,抒发儒家之道与儒者志意,成为宋人议论的先声。

智圆诗文的议论可以分为四类,第一类是直接阐述儒家诗教之旨及阐发儒家之道。《读毛诗》云:"夫子删来三百章,箴规明白佐时王。近来吟咏唯风月,谤木诗官事久亡。"② 智圆批评近来吟咏之作只是纯粹的吟风咏月,致使"谤木诗官事久亡",吟咏应如三百章一样"箴规明白佐时王",体现诗教之旨。《寓兴》诗似乎就是按照诗教之旨而创作,云:"遵声淫复荡,鲁受齐人归。古乐和且正,翻使文侯睡。佞言耳乐闻,直道心翻忌。唯知任所好,何曾顾颠坠。古乐与郑声,邪正宜留意。"③ 此诗为讽喻之作,"和且正"的古乐"翻使文侯睡",充满着对道学衰没的忧虑。智圆要警醒世人留意"古乐与郑声"的邪正,体现的是三百篇的诗教之旨。智圆比较了古人贵行道与今人贵有位,《古人与今人》诗云:"古人与今人,禄仕一何异。古人贵行道,今人贵有位。古人贵及亲,今人贵悦意。古人同白日,光明溢天地。今人如履险,动足易颠坠。古道如可行,斯言不遐弃。"④《读扬子〈法言〉》诗悲叹扬雄道学的被轻视,云:"秦焚汉杂道何孤,荡荡皇风岂易图。空有《法言》为世范,不知来者肯行无。"⑤ 今之道之衰没,实在令人唏嘘,智圆毫无疑问是期望古道能够在当今复现。对智圆来说,期望古道复现而作的努力,就是倡导道学传统,以上所论述智圆的文道观念,实际上就是智圆为复现古道而作的努力。

---

① 黄庭坚著、郑永晓整理:《黄庭坚全集辑校编年》第八辑,江西人民出版社2008年版,第962页。
② 智圆:《闲居编》卷四十六,《续藏经》第56册,第934页。
③ 智圆:《闲居编》卷四十,《续藏经》第56册,第923页。
④ 智圆:《闲居编》卷四十八,《续藏经》第56册,第941页。
⑤ 智圆:《闲居编》卷四十六,《续藏经》第56册,第935页。

第二类是通过议论历史及历史人物，继续批驳道学的衰没及辨析、宣扬儒家之道。《读史》诗云："我爱包胥哭，一哭救楚国。事君尽其忠，垂名千世则。我爱鲁连笑，一笑却秦军。折冲樽俎间，流芳至今闻。我爱伯夷仁，揖让持其身。饿死首阳下，耻事干戈君。后世窥窃辈，故非姬发伦。内藏篡弑谋，外蹑武王尘。伯夷若不去，名教胡以伸。后人非三贤，细碎何足云。哭叹禄位卑，笑喜膏粱珍。山林亦寒饿，行怪非求仁。留心寡兼济，所谋惟一身。抚书想三贤，清风千古振。"① 赞扬历史上的忠、仁、义人物，批伐"篡弑谋"等"后世窥窃辈"，看得出智圆对俗世之人"哭叹禄位卑，笑喜膏粱珍"、山林之士"行怪非求仁"之俗态颇感无奈，智圆颇能洞悉这些世俗之态中的人性本质，如前引《贪泉》诗云"自是贪夫性贪贿，便将泉水作因依"，贪贿是由于人的本性，而非仅仅归因于泉水。

面对这样的状况，智圆特别肯定伍子胥、严光等忠义之士及超脱守道之士，如《吴山庙诗》再次写道："君子尚权变，权变贵合道。子胥荐专诸，子光专非好。父雠共戴天，乞师恨不早。子光既得志，入郢事征讨。报父既鞭尸，谏王仍杀身。孝子节方全，忠臣道且新。驰名天地间，岂是悠悠人。青史书盛烈，血食旌遗尘。庙堂耀晨曦，庙木荟阳春。往来无知俗，焚香勤祷祝。忠孝不敢行，神兮宁降福。"② 诗中还是阐述忠孝，强调以忠孝等儒家之道在青史上留名。《严光台》诗写严光云："拨乱方争汗马功，贤才谁肯守穷空。严光亦是夷齐类，垂钓碧溪敦让风。"③ 将严光归于品格高洁的夷齐一类，《夷齐庙》诗写夷齐云："曾闻叩马犯君颜，万古清风满世间。若使干戈为揖让，夷齐终不死空山。"④ 诗中赞扬的是夷齐，其实更多的是智圆在抒发自己的道学理想。与《夷齐庙》诗意相同的，《禹庙》诗云："洪水不为害，黎元受赐多。道尊由揖让，功大匪干戈。任上诸侯贡，贻谋五子歌。稽山千古在，宫阙倚崟峨。"⑤ 伍子胥、严光、夷齐、大禹等，共同的特点就是品格高亮、守道且做出巨大历史功

---

① 智圆：《闲居编》卷三十八，《续藏经》第 56 册，第 920 页。
② 智圆：《闲居编》卷三十九，《续藏经》第 56 册，第 921 页。
③ 智圆：《闲居编》卷四十六，《续藏经》第 56 册，第 934 页。
④ 智圆：《闲居编》卷四十六，《续藏经》第 56 册，第 934 页。
⑤ 智圆：《闲居编》卷四十九，《续藏经》第 56 册，第 942 页。

绩，留名于青史。

第三类是通过为古人翻案的方式，阐述儒家之道。为古人翻案，阐明自己想说明的道理或要抒发的议论，是宋代人常用的方式。如王昭君与汉元帝故事，一般往往谴责画工毛延寿欺骗君王，王安石《明妃曲》却说："归来却怪丹青手，入眼平生几曾有。意态由来画不成，当时枉杀毛延寿。"欧阳修《再和明妃曲》说："绝色天下无，一失难再得。虽能杀画工，于事竟何益？耳目所及尚如此，万里安能制夷狄。"二人把批驳的矛头对准的是汉元帝而非画工毛延寿，通过为毛延寿翻案，揭示了汉元帝的昏庸。智圆比二人更早为王昭君等历史人物翻案，《昭君辞》诗为王昭君翻案，云："昭君停车泪暂止，为把功名奏天子。静得胡尘唯妾身，汉家文武合羞死。"① 大汉对匈奴的侵犯手足无措，只能派出女性去和亲，智圆认为汉家文武对此应"合羞死"。《雪西施》诗为西施翻案云："范蠡无西施，胡以破吴国，吴王轻社稷，为惑倾城色。夫差强变弱，勾践雌成雄。岂惟陶朱荣，实赖西施容。西施语复贤，褒贬何昏蒙。但说倾吴罪，都忘霸越功。"② 许多议论贬斥西施以美色迷惑夫差而导致吴国的灭亡，智圆强调的侧面却是西施的"霸越功"；诗中亦隐隐鞭挞了吴王的无道、勾践的顺应民心。智圆翻的最大案是对项羽的评价，《读项羽传》诗之一云："频年战胜恃雄强，历数分明在彼苍。堪笑范曾无异识，不能令主事高皇。"之二云："发叹虞姬势已穷，乌江此夕丧英雄。当时若也知天命，佐汉应居第一功。"③ 历来多关注的是项羽的英勇及对其最终失败的惋惜，智圆却提出项羽应该辅佐汉高祖，此说确实出人意料。智圆对历史人物的翻案，应该是以"道"为依据的，即以道翻案，如指出项羽应该辅佐汉高祖，就是认为汉高祖是顺应天道（"历数分明在彼苍"）的。

有一类翻案是一针见血地指出历史的真相，如《读秦始本纪》诗云："纵欲劳民殊未已，阿房望夷相次起。后来风俗昧其由，妄说秦皇能役鬼。"④ 史传中载秦始皇能役鬼，智圆在诗中指出秦始皇并非能役鬼，役鬼背后的实质是秦始皇劳役人民以满足自己的欲望。《议秦王役鬼》通过

---

① 智圆：《闲居编》卷四十六，《续藏经》第 56 册，第 933 页。
② 智圆：《闲居编》卷三十八，《续藏经》第 56 册，第 920 页。
③ 智圆：《闲居编》卷四十六，《续藏经》第 56 册，第 934 页。
④ 智圆：《闲居编》卷四十六，《续藏经》第 56 册，第 935 页。

揭露役鬼的真相，批判秦始皇对人民的不仁。对秦始皇能役鬼徙山的记载，智圆指出此说"既非《史记》所载，抑又不近人情"，其谬不言而喻。此传说之由可能是来自秦始皇的暴政，智圆说："秦既以衡吞从灭二周亡六国，至于始皇威震四海，不能克己以礼，守位以仁，而侈心日炽，暴政日作，黩靓干戈，崇丽宫室，峻刑罚，惑神仙。南取百越，北筑长城，靓干戈也。建阿房，搆望夷，丽宫室也。谤议者族，偶语者斩，峻刑罚也。率童男卯女从徐福泛沧溟，求蓬莱，采神药，惑神仙也。"暴政之下，秦民时刻处于濒死的边缘："当是时也，民不聊生，蚩蚩黔黎，噢咻相顾，且曰：我之兄弟苟免干戈而死者，将恐不免运土木而死也；苟免运土木而死者，将恐不免触刑法而死也。我有兄弟，既必死矣，我有子女又岂免溺洪涛而死乎？"秦始皇的役鬼，实际上是"当时男怨女旷之辞"，后世不明实情，遂滥传秦始皇"实能役鬼"。智圆解释"民有是言"的实质，并非是溢美秦始皇，"是罪秦也，仲尼曰'是故君子恶居下流'"①。智圆的分析相当理性与客观，解释了传说的实质，通过分析传说的实质与历史真相，揭示秦始皇的"不仁"，并从反面说明"仁"道的重要性。

第四类是颂扬非著名历史人物的功绩，如《老将》诗云："画堂升降子孙扶，白发毵毵胆尚粗。不省时清身已老，逢人犹说斩单于。"②《边将》诗之一云："威声飞将岂能过，号令雄师剑始磨。雪搅长空马僵立，偷营今夜度胶河。"之二云："百战依前勇气成，穷边深入耀精兵。穹庐烧尽龙庭破，却上燕然更勒铭。"③诗中提到的老将和边将都不是历史上有名的人物，都只是历史上千万普通将士中的一员，智圆颂扬他们的功绩，褒扬他们曾经焕发的光辉，赋予他们在历史上应有的地位。

单就智圆的议论性诗歌来说，根据文笔与性质又可以分为两类，一类是抒情与议论相结合，这一类的数量比较多；另一类是纯议论性的作品，这一类的作品也不少，上引的很多作品是纯议论性，再如《思君子歌》诗通篇抒发议论，云："小人足谄媚，君子无猜忌。开口揄扬皆圣贤，满腹包藏尽仁义。修辞复古振淳风，折槛触鳞彰直气。善世既不伐，遁世亦无闷。自同流俗混光尘，不与常人斗分寸。展矣斯人欲见之，一夕辗转九

---

① 智圆：《闲居编》卷二十五，《续藏经》第56册，第903页。
② 智圆：《闲居编》卷四十六，《续藏经》第56册，第933页。
③ 智圆：《闲居编》卷四十六，《续藏经》第56册，第933页。

回思。终日踽踽无所遇，飒飒西风木叶衰。"① 如此诗一样，智圆诗文中所发的议论，中心在"道"，智圆的最终目的或者期望，应该就是要让现实变成一个有"道"的理想社会，《闲田》诗云："虞芮怀惭观礼让，闲田从此草长生。而今虽是文王化，难遣贪夫两不争。"② 这或许就是智圆及宋代道学家们最终的社会理想。

十

从忧道的意识与对世俗违道的批判中，能看到智圆因"仲尼道不行"而流露出来的感伤，智圆以道自任的儒者志意是在透悟无生之旨之后而有的吗？如果是这样，智圆似乎亦是将无生之旨作为经世之念，无生之旨与儒者志意同为经世治世治俗的信念，智圆具有了完全文人化的意识。如果透悟无生之旨与儒者志意是两条线，彼此之间没有互相的影响，智圆体现出来的求"道"的儒者志意，不仅是其真心的流露，而且的确成为北宋道学的先声，并与北宋初期道学相呼应。

从上面的分析来看，智圆与北宋初道学的关系相当微妙。如上所言，智圆比北宋初期反佛学的道学家或文人如石介、尹洙、欧阳修等人要早一些，智圆提出的道学主张与文道观念，可能不是对反佛道学家的反驳，更有可能是对韩愈、柳宗元等人倡导古文运动之观念的承继，上面对智圆与韩柳之分析，似乎能够说明这一点。智圆的道学观念，极有可能是北宋古文运动及道学观念的先声，若是如此的话，智圆的儒家志意一方面承继自韩柳，另一方面是来自大量阅读儒家典籍。智圆对韩柳的承继，根据上述的分析来看，应该是从内心中接受了韩柳的古文观念，《读韩文诗》云："女娲炼五石，能补青天缺。共工触不周，能令地维绝。杨孟既云没，儒风几残灭。妖辞惑常听，淫文蠹正说。南朝尚徐庾，唐兴重卢骆。雕篆斗呈巧，仁义咸遗落。王霸道不明，烟花心所托。文不可终否，天生韩吏部。叱伪俾归真，鞭今使复古。异端维既绝，儒宗缺皆补。高文七百篇，炳若日月悬。力扶姬孔道，手持文章权。来者知尊儒，孰不由兹焉。我生

---

① 智圆：《闲居编》卷三十八，《续藏经》第 56 册，第 921 页。
② 智圆：《闲居编》卷四十六，《续藏经》第 56 册，第 934 页。

好古风，服读长洒蒙。何必唐一经，文道方可崇。"① 诗中肯定韩愈的创作与文道观念，智圆的文道观实际上正是韩愈文道观的再现与阐发，正是以此来获得儒者的认同。

智圆对韩愈的辟佛，内心之中肯定也是不高兴的，但智圆并没有去攻击韩愈与古文运动，而是纠偏韩愈斥佛带来的不利影响。虽然北宋初的道学家尚未成熟，以道学批驳佛教，但仍有不少宗韩愈者仿效其斥佛的做法批驳佛教，如《故钱唐白莲社主碑文》序中曾提到说"公每顾门人曰国初以来，荐绅先生宗古为文，大率效退之之为人，以挤排释氏为意"，圆净大师对此则"假远公之迹訹以结社事"，招引士俗加入，士俗"往往从我化而丛碑委颂，称道佛法以为归"。智圆非常赞赏圆净的做法，说："向之盟辞，适足以枳棘异途、墙壅吾教矣，世不我知，或以我为设奇沽誉者，吾非斯人之徒也。君子曰：'昔药山惟俨能回李翱之心，俾知佛而僧传善之，今兹众贤庶几实相钦崇，大觉朝宗于性海，共极于义天，非公之力而谁与？'其护法之功，代为不侔矣。"② 尽管圆净通过结社改变了众多士俗对佛教的认识，其中提到效仿韩愈批斥佛教的情况实际上是不少的，智圆阐扬韩愈之道学观念，或许是要纠偏士俗关于韩愈的认识，正如上引《述韩柳诗》中提到的"未知韩子道，先学韩子嗔"。

智圆承继韩愈道学论及古文运动的文道观，必然会赢得皇帝与儒者的认同。北宋初，皇帝及朝廷尽管持有三教一致的观念，但似乎更倾向于道教，前引宋真宗（968—1022年）《注四十二章经》提到道士与佛教斗法的故事，背后可能是道教对佛教的攻击。智圆宣扬儒家之道、阐扬儒者志意，有可能是通过亲近儒学的方式获得统治者的认同，开辟出一条争取佛教发展的道路。智圆首先从道统延伸到正统，《帝年纪序》云："卢江子者，氏族名字则未知之，尝撰《帝年纪》一卷，始天地辟设，降及我宋，大凡百王禅让之历数，五运相生之正统，建都之所，纪年之号，以至僭伪偏霸者，皆略载名目于其间……帝王之号，正统者书之以朱，僭伪者书之以墨，有以见枉直分，而褒贬作也，将非垂儆于后世，俾夫知列次在天，而杜绝于窥窃之患也……无乃正人伦之大要，非直书年世而已。"③ 将宋

---

① 智圆：《闲居编》卷三十九，《续藏经》第56册，第921页。
② 智圆：《闲居编》卷三十三，《续藏经》第56册，第914页。
③ 智圆：《闲居编》卷十一，《续藏经》第56册，第883页。

代帝王视之为自始以来的正统，是对宋代统治的认可，又从道统、道学的角度，以"道"歌颂皇帝，《岁旦礼佛回向》期望皇帝能如尧舜禹汤，"恭愿今上皇帝山呼兽舞，皆康尧舜之期，云庆风祥，尽属禹汤之化"①；《冬朝礼佛回向》云"伏愿处圣同尧，承乾等汉，四海之兵戈永息，九陔之化道克施"②；《结夏念诵回向》云"恭愿今上皇帝卜年卜世同覆，载之长存，乃圣乃神，迈唐虞之至化"③。《赠进士叶授》诗云："学慕丘轲方共语，道归杨墨任离群。名场好应同人举，垂拱明堂有圣君。"④ 智圆期望宋代士大夫能够致君以道，《谢府主王给事见访书》云："执事必推此仁爱劳谦之心及于千里，则千里之民被阳春之和，而感乐其业矣，然后政成……推向者之仁爱、劳谦之心布于四海，则四海之民又被阳春之和，咸乐其业矣。夫如是则致君尧舜之上，追还牺农之风如转掌耳。"⑤

智圆在法事中为皇帝祈福，如《自恣念诵回向》中云："恭愿今上皇帝化洽无为，威加有截，蛮貊咸修于职贡，黔黎共乐于升平，垄亩有秋，阴阳不忒。次愿梵宇清肃，缁侣安康，经律论之三宗敷扬罔辍，闻思修之慧行肆习克勤，胜事继兴，嘉名更盛，然后增八部神灵之德，执十方檀信之恩，凡百有情皆登觉路。"⑥ 将法事回向皇帝，由于皇帝以"道"治政，出现了"蛮貊咸修于职贡""黔黎共乐于升平"等天下升平的局面。《结大界相回向》以律仪比附治国，云："某谨言洪儒之治国也，置公候则画野分邦，俾同遵于制度；我佛之出世也，立寺宇则随处结界，令咸禀于律仪。是以为邦国者，制度不可亡；为伽蓝者，律仪不可废。"其中颂愿皇帝云："祝延今上皇帝，恭愿天基永固，宝历长新，秉钧衡者则元恺术高，治邦邑者则龚黄政美。某等伏愿禅枝长茂，德岳弥高，然后宰执灵祇法界含识同承妙祉，咸造真源。"⑦ 回向到国家升平、民众安乐，是举办法事中常有的，直接点名回向到皇帝身上，就体现出法事的性质、法事的

---

① 智圆：《闲居编》卷三十六，《续藏经》第 56 册，第 918 页。
② 智圆：《闲居编》卷三十六，《续藏经》第 56 册，第 918 页。
③ 智圆：《闲居编》卷三十六，《续藏经》第 56 册，第 918 页。
④ 智圆：《闲居编》卷四十，《续藏经》第 56 册，第 924 页。
⑤ 《闲居编》卷二十三，第 900 页。
⑥ 《闲居编》卷三十六，第 918 页。
⑦ 《闲居编》卷三十六，第 918 页。

举办者的政治倾向与政治期望了。以此获得朝廷、皇帝及各级官员对佛教的支持，应该是智圆一直的理想与期望。

上述智圆对道学的忧虑，表明现实中仁义之道不行，辟佛者则将这种状况归因于佛教，认为民众受到佛教的蛊惑，弃儒而沉溺于佛教之中，因而对佛教进行了攻击。智圆就是在这种情况之下阐发佛教与儒学的相合、互为表里，及对治世、治政的功用。通过阐发儒家之道、儒者志意，赢得统治者与文人士大夫的支持、信任，减弱对佛教的攻击。智圆对儒家之道、儒者志意的阐发，在一定程度上成为北宋道学的先声，客观上为北宋道学的发展作出了贡献。值得注意的是，智圆的努力取得了明显的成效，在遵式之后使佛教又获得进一步发展的空间，但并没有完全达到发展佛教的目标，直到稍后的契嵩经过种种努力，获得统治阶层及大量文人士大夫的支持、减弱斥佛教道学家、文学家对佛教的排斥与阻力，使北宋佛教获得更进一步的发展。

契嵩与灵隐寺

　　北宋初的文学，基本上是沿袭了五代十国的遗绪，散文多为骈体，风格浮艳，文风浮靡。尽管如前文所述，智圆大力提倡文以明道，但浮靡文风并没有受到明显的冲击。为了纠正这种文风，北宋初的一些文人尤其是一些道学家和古文家，起来提倡古文，倡导学习韩愈，如柳开、穆修、尹洙、孙复、石介和欧阳修等人。因为韩愈曾排斥佛教，所以有些文人在提倡古文的过程中，也发出了很多排斥和攻击佛教的言论、撰写了批评佛教的文章，如孙复的《儒辱》、石介的《怪说》、李觏的《潜书》、欧阳修的《本论》等是其中的代表与典型。南宋叶梦得曾说到石介和欧阳修的排佛："石介守道与欧文忠同年进士，名相连，皆第一甲……守道师之，始唱为辟佛老之说，行之天下。文忠初未有是意，而守道力论其然，遂相与协力，盖同出韩退之。"① 石介是北宋初的道学家，《宋史》列为儒林传，言其排佛说："介为文有气，尝思文章之弊、佛老为蠹，著《怪说》《中国论》，言去此三者，乃可以有为。"② 欧阳修则因在政治和文坛上的地位，排佛言论较其他文人的言论影响尤大。

　　北宋初排佛的言论、文章和行为，引起了佛教界的反驳，当时反驳排佛言论和维护佛教最力的当属契嵩。为了与李觏和欧阳修的排佛言论相辩驳，契嵩专门作《辅教编》等一系列文章，为佛教进行辩护。契嵩所作的这些文章，基本上是他在居于灵隐寺期间完成的。本文就契嵩与灵隐寺及其间所形成的护教思想加以说明。

---

① 叶梦得:《避暑录话》卷上,《四库全书》本。
② 《宋史》卷四百三十二，中华书局1985年版，第12833页。

一

契嵩禅师（1007—1072年），俗姓李，字仲灵，号有多个，如潜子、寂子等。生于藤州镡津。对契嵩的经历，各种佛教史籍和灯传的记载基本相同，《释氏稽古略》云："七岁出家，事东山沙门。十三得度。十九游方，下沉湘涉衡岳，谒神鼎諲禅师，諲与语奇之。然无所契悟，游袁筠间，受记莂于洞山聪公，遍参知识。夜则顶戴观音像诵其号，必满十万乃寝。"①

契嵩从洞山晓聪学习得法之后，"自是世间经书章句不学而能"②。这里的"章句"，从契嵩的著述和言论来看，不仅是指佛经，而且也指儒家的书籍。天圣八年（1030年），洞山禅师去世，契嵩继续读书，"明道间从豫章西山欧阳氏昉借其家藏之书，读于奉圣院"。就是这次读书之后，契嵩形成了"遂以佛五戒十善通儒之五常"③ 的思想，并在后来将这些想法著为《原教》，"作《原教》十余万言，明儒释之道一贯，以抗宗韩排佛之说"，《原教》完成后"读之者畏服"④。关于《原教》的写作时间，各种传记资料都说得相当笼统，大都如《续传灯录》卷第五所言，《释氏稽古略》说："后居杭州灵隐永安兰若，著《禅门定祖图》《传法正宗记》《辅教编》《上仁宗皇帝万言书》，经开封府缴进。"⑤ 也就是说，契嵩撰写《原教》是在到灵隐寺之前。不过根据已有的研究来看，契嵩作《原教》应该是在到灵隐寺之后。

据郭尚武所编纂的《契嵩年谱》⑥，契嵩在景祐二年（1035年）来到杭州，与庐山真法师相会，同年八月，并作《送真法师归庐山叙》。关于契嵩来到灵隐寺的时间，邱小毛在《夹注辅教编校释》的前言中，认为

---

① 觉岸：《释氏稽古略》卷一，《大正藏》第49册，第752页。
② 居顶：《续传灯录》卷五，《大正藏》第51册，第494页。
③ 念常：《佛祖历代通载》卷十九，《大正藏》第49册，第668页。
④ 居顶：《续传灯录》卷五，《大正藏》第51册，第494页。
⑤ 觉岸：《释氏稽古略》卷一，《大正藏》第49册，第753页。
⑥ 参见《契嵩生平与〈辅教编〉研究》，《山西大学学报》1994年第4期；又收录于陈雷《契嵩佛学思想研究》，宗教文化出版社2008年版。

契嵩是在庆历元年（1038年）来到灵隐寺的，居住于永安禅院中。① 此后，在庆历年间，契嵩"始以文鸣道于天下"②。更于皇祐二年（1050年）撰成《原教》，《禅门定祖图》《传法正宗记》《辅教编》等著述也陆续完成。即是说，契嵩不管是1035年来到灵隐寺，还是1038年来到灵隐寺，他的大部分著作，实际上都是居住在灵隐寺期间撰写的。

在灵隐寺居住的时间里，契嵩通过撰写大量的护教著述，努力与当时以韩愈为宗的文人士大夫的排佛声势相抗衡。所谓"宗韩愈以排佛"者，主要是指欧阳修和李觏等人，《佛祖历代通载》卷第十九记载说："是时欧阳文忠公慕韩昌黎排佛，盱江李泰伯亦其流。嵩乃携所业三谒泰伯，以儒释吻合，且抗其说。李爱其文之高理之胜，因致书誉嵩于欧阳。"李泰伯即李觏，《宋史》卷四百三十二有传。李觏的文章很受推崇，"贤而有文章，苏子瞻诸公极推重之"，连苏轼都极为推重，可见其文水平很高。但李觏"素不喜佛，不喜孟子"③，所以与欧阳修一起从儒家的立场，极力排佛，"泰伯初尝著《潜书》，又《广潜书》，力于排佛"④。李觏因为"素不喜佛，不喜孟子"，对佛教和孟子常常力辨之，为此还闹出了不少笑话，有一则轶事记道："李觏……贤而有文章，苏子瞻诸公极推重之。素不喜佛，不喜孟子。好饮酒作文，古文弥佳。一日有达官送酒数斗，泰伯家酿亦熟，然性介僻，不与人往还。一士人知其富有酒，然无计得饮，乃作诗数首，骂孟子，其一云：'完廪捐阶未可知，孟轲深信亦还痴。丈人尚自为天子，女壻如何弟杀之。'李见诗大喜，留连数日，所与谈莫非骂孟子也。无何酒尽，乃辞去。既而，又有寄酒者，士人闻之再往，作仁、义、正论三篇，大率皆诋释氏。李览之笑云：'公文采甚奇，但前次被公吃了酒，后极索寞，今次不敢相留，留此酒以自遣怀。'闻者莫不绝倒。"⑤ 这个士人利用李觏不喜佛教和不喜孟子的心理，通过贬低孟子和佛教的方式，喝到了他家的好酒。

契嵩为佛教进行辩护，首先去找的就是李觏，如上文所引材料所言，

---

① 邱小毛：《夹注辅教编校释》前言，西南交通大学出版社2011年版。
② 释怀悟：《镡津文集序》，载《镡津文集》卷十九，《大正藏》第52册，第746页。
③ 《宋稗类钞》卷二十五，《四库全书》本。
④ 觉岸：《释氏稽古略》卷四，《大正藏》第49册，第869页。
⑤ 王暐：《道山清话》，《四库全书》本。

他"三谒泰伯",力辩"儒释吻合"。经过契嵩的努力,李觏对佛教的态度有了转变,《释氏稽古略》卷四记载李觏的转变:"明教大师嵩公携所著《辅教编》谒之辩明,泰伯方留意读佛经,乃怅然曰:'吾辈议论尚未及一卷《般若心经》,佛道岂易知耶?'其门下士黄汉杰者,以书诘其然,泰伯答之,略曰:'民之欲善,盖其天性。古之儒者用于世,必有以教导之,民之耳目鼻口心知百体皆有所主,其异端何暇及哉?后之儒者用于世,则无以教导之,民之耳目鼻口心知百体皆无所主,舍浮图何适哉?'"① 从这段话来看,李觏此前对佛教的批驳只是想当然地站在儒家立场上进行的,实际对佛教并不了解,契嵩与之相辩后,开始深入阅读佛教典籍,并发出了"吾辈议论尚未及一卷《般若心经》,佛道岂易知耶"的感叹。正是与契嵩的交往与辩论,使李觏对佛教的观念与态度发生了变化,由反对佛教转变成喜爱、支持佛教,并直接将契嵩推荐给欧阳修。②

二

　　契嵩来到灵隐寺后,所撰写的著述可以分为两类,第一类是与当时文人士大夫中的排佛声势相抗衡、为佛教进行辩护的文章,如上文提到的《原教》《禅门定祖图》《传法正宗》《辅教编》等。第二类是撰写了《上仁宗皇帝万言书》,向宋仁宗讲明佛教实质,请求宋仁宗保护佛教与佛教经籍。《上仁宗皇帝万言书》撰写之后,连同《原教》《禅门定祖图》《传法正宗记》《辅教编》等著述,"赍往京师"③,托人传递到当时朝中的宰执、皇帝手中。

　　契嵩之所以撰写大量的著述,出于两方面的目的:一是正教,怀悟为《镡津文集》作序说:"默视其迹,虽或出处不定,然其所履之道高妙幽远,而末路学者器近不能晓悟,而师终亦不肯少低其韵,以抚循其机。因而叹曰:'吾安能圆凿以就方枘哉?闻圣贤所谓得志则行其道,

---

① 觉岸:《释氏稽古略》卷四,《大正藏》第49册,第869页。本段记载可能取自释晓莹《云卧纪谭》卷上,载《续藏经》第86册,第667页。

② 李觏对佛教态度的转变,可参见笔者《北宋文人与佛教》第一章"北宋文人与佛教关系的类型",中国社会科学出版社2020年版。

③ 念常:《佛祖历代通载》卷十九,《大正藏》第49册,第668页。

否则行其言而已,言之行犹足为万世法,使天下后世学者识度修明,远邪见而游正途,则奚必目击而授之,谓从己出耶?'因却关著书,以考正其祖宗所以来之迹为十二卷,《辅教编》三卷,又列《定祖图》一面。"① 从这段话来看,当时很多的士大夫甚至不少佛教徒本身,不能晓悟佛教之意。在写给当时宰相韩琦的信中,契嵩再次提到当时佛教的状况:"窃患其教于今甚衰,其徒不能偕修以振其道,士大夫乃不知其所以然,或议而讥之者纷然,使君子卑之、小人疑之。"② 面对佛教"甚衰"的状况,当时佛教徒不能起而振兴佛教,文人士大夫又议而讥之、排之,契嵩看在眼里,急在心里。契嵩期望通过自己的著述使当时佛教徒、文人士大夫能够正确晓悟佛教之意,从而能"远邪见而游正途"。二是通过这些著述通会儒释来"引诱"士大夫,如怀悟说"以师所著之文,志在通会儒释以诱士夫"③,通过使文人士大夫明晓儒释相合,减少佛教传播所受到的阻力。

虽然身在杭州灵隐寺,但为了为佛教辩护,改变朝廷对佛教的态度,契嵩的心却一直在京师。嘉祐四年(1059年),契嵩托关景仁捎信给韩琦、富弼等,同时将《辅教编》等书捎给了二人。契嵩先后四次上书韩琦,在写给韩琦的信中,契嵩首先确立天下治理的前提"古之圣人立极以统天下,天下谓之至公",在此前提下有"圣人之心":"夫至公者,惟善者与之,惟恶者拒之。与善无彼此,治而已矣;拒恶无亲疏,乱而已矣。"有"圣人之教":"及其亲亲尊尊,国有君臣,家有父子,必亲必疏,必近必远,三纲五常不可夺其序。"对于治而言,须天下达道并(而)见圣人之心,云:"夫教贵乎修也,而心贵乎通也。教也者,圣人之经制也;心也者,圣人之达道也。天下必知达道,始可以论至公,苟不达道见圣人之心,虽修教必束教,而失乎天下之善道也。"契嵩预设了天下治理的前提是天下能达道且见圣人之心,既是对儒家的肯定,又为进一步阐述佛教的功用做了铺垫,即儒家以明圣人之心为达务,佛教同样能明圣人之心。契嵩因此自明云"某虽固陋,其学平生自谓得圣人之心",向皇帝及"王公大人"上书的目的,就是"长欲推此以资乎王公大人之所

---

① 怀悟:《镡津文集序》,载《镡津文集》卷十九,《大正藏》第52册,第747页。
② 契嵩:《镡津文集》卷九《上韩相公书》,《大正藏》第52册,第691页。
③ 怀悟:《镡津文集序》,载《镡津文集》卷十九,《大正藏》第52册,第747页。

为道德者",即向皇帝及"王公大人"阐扬其所悟圣人之心,"今乃老弊于山谷,白首躘踵而卒无所遇,慨然太息,惟恐其虚与草木偕生偕死而不得稍发之也";通过阐扬自悟之圣人之心而使天下达善道,云:"故不远数千里进其说,发明其所谓平生所得圣人之心者,然非龌龊自喜,慕名而荣身耳,诚欲推其教道以导天下之为善也。"佛教能阐明圣人之心且能导天下为善,故契嵩恳请韩琦"无忽某佛氏者也"。士大夫之所以辟佛,是由于佛教的衰敝,"其徒不能偕修以振其道",因此对佛教"或议而讥之者纷然",而使"君子卑之小人疑之"。佛教的功用事实上是不能抹杀的,契嵩阐论云:"其法播于诸夏,垂千载矣,所更君臣之圣贤者不可胜数,皆尊奉之使与儒并化天下。盖用大公之道而取之,以其善世有益于生灵,助政治、广教化者也,犹《书》曰'会其有极归其有极',又曰'为善不同,同归于治',彼非有大合乎!"北宋兴学校向士人宣扬儒家之说"宣传国家之教化",此举可以使"仁义蔚然以敷于天下",但"天下之男女夫妇"并不能"人人尽预乎五常之训",便为天下之治留下了遗漏。佛教能够补齐这样的遗漏,"闻佛所谓为善有福为恶有罪",达到"闾里胥化而慕善者几遍四海"的效果。契嵩认为佛教之所以能够助政治、广教化,在于佛教在民众中有着广泛的信仰,"苟家至户到而按之,恐其十有七八焉"。天下十有七八者有佛教信仰,是佛教助政治、广教化的广泛基础,因此希望执政者不要因人废言,云:"其法又能与人正心穷神而极化,内益乎圣贤之为道德者,又其至矣。而世之学者,奈何不求古之圣贤兴善之心,不以至公之道裁而取之者耶?第见其徒混溷,不轨其道,而遂斥其法,然其徒由在国家,正其源流,择其纲纪,旌其善者而劝之耳。其法何忝乎?孔子曰'不以人而废言'此之谓也。"契嵩在书末再次表明自己阐明圣人为教之意,云:"其法又能与人正心穷神而极化,内益乎圣贤之为道德者,又其至矣。而世之学者,奈何不求古之圣贤兴善之心,不以至公之道裁而取之者耶?第见其徒混溷,不轨其道,而遂斥其法,然其徒由在国家,正其源流,择其纲纪,旌其善者而劝之耳。其法何忝乎?孔子曰'不以人而废言'此之谓也。伏冀阁下俯为政治教化者主而张之,则天下生灵之幸甚也。抑又闻屋危者不扶则颠,水壅者不疏则溃,圣人之道既微且昧,苟不推而明之,亦几其息矣。某方忧其师法之衰,山中尝窃著书曰《辅教编》者,仅三万余言,以推原本教白其圣人为教之意,万一以救其将坠之势。"①

在写给富弼的信中，契嵩表达了同样的意思，云："某佛氏也，其法业能与人正心，洗濯其烦乱，持本而宁中。今故欲以此待阁下论道经邦之逴，洁静以颐养其聪明之源，乃安其极也。夫所谓正心者，非世之所谓正也，盖事外清净至正者也。心至正则神明，神明则气和，气和则体静顺，是四者以治其身，而心益治也……其道又能与生人原始而要终，示其神爽往来，根万物之所因，而决施报之所果，然是又深且远矣。阁下大贤卓识。谓此果可以留神已乎。若今儒者曰'性命之说，吾中庸存焉'，老者曰'吾道德存焉，而奚必曰佛耶'，而謥谆自执矣。然是佛者，皆圣人之谓也，宜有渐之深之迩之远之者也，焉可概论？请为阁下详之。夫中庸者乃圣人与性命之造端也，道德者是圣人与性命之指深也，吾道者其圣人与性命尽其圆极也。造端，圣人欲人知性命也；指深，圣人欲人诣性命也；圆极，圣人欲人究其性命，会于天地万物古今变化，无不妙于性命也。然其使人睹道真尽化本，觉其外物之为妄，休息其精神之劳弊者，而佛氏其道尤验也。其为道乎既博，而其说亦汗漫，故世之学者益随亦谩之而不探其要。嗟乎！学道者不审也。昔杨司徒绾在唐，号为贤相，尝以此著王开先生传，以推广于天下，盖知其道之统要而然也。今阁下辅相之道，德器过于杨公远矣，苟不以佛为无谓，而稍取之，乃天下之幸也。然其道复能使人去恶而为善，今天下翕然而与儒并劝，是不惟内有益于圣贤之道德，亦将外有助于国家之教化，此又宜阁下之垂意也。方今其教甚衰，其徒不择讥而毁之者纷然，某窃忧其道自是，而微且息矣。灯烛不继，其然其明，亦遂灭矣。溪涧江河不疏导，其源其流，亦遂绝矣。圣人之教道亦犹是矣，不扶救则遂亡矣，故窃尝著书曰《辅教编》，以发明扶持其道。"② 契嵩一边申明佛教能"使人去恶而为善"，若佛教与儒能"并劝"天下，"是不惟内有益于圣贤之道德，亦将外有助于国家之教化"；一边申明士人对佛教的非议，是由于佛教衰敝而导致的，并非佛教本身的问题。

两封书信中表达的观念与诉求都是相同的，应该是同时撰写的，尽管

---

① 契嵩：《镡津文集》卷九《上韩相公书》，《大正藏》第52册，第691—692页。
② 契嵩：《镡津文集》卷九《上富相公书》，《大正藏》第52册，第693—694页。

契嵩在书信中说得非常恳切,以佛教来助益国家教化的态度也非常诚挚,但好像并没有得到韩琦和富弼的重视。为了能获得上层统治者对佛教的支持,契嵩于嘉祐六年(1061年)毅然带着他的著述,从杭州来到京师。

到达京师之后,契嵩再次给韩琦上书,言自己这次"出山",是"欲贡其所著之书十余万言"。所谓"十余万言"之书,还是《原教》《传法正宗》等,契嵩再次强调这些著述能"补其教法之阙正",希望朝廷能以他的著述"以息乎学佛者疑净,使百世知其所统也",非"效他辈自为身名之侥幸欲有所求"而为自己争取利益。契嵩这次"自抱其书西趋而来",目的是想将自己的著述直接"进诸天子",但他似乎并不能确定直接"进诸天子"之举是否得当,因此给韩琦上书征询"去就可否之宜"①的意见。这次给韩琦上书后,韩琦接见了契嵩,契嵩后来在《重上韩相公书》中提到此次见面之事,说:"某近者以书西来进之天子,诚以阁下当国至公尽善其心。方西趋之日。汲汲惟恐后时。及幸见之。阁下温然以礼接之,其后奏书垂之政府。而阁下面奖特比之史笔,当此大幸,谓其平生为善之勤,果遭遇而得其发扬矣。又其后窃闻,阁下益以其文与诸公称之于馆阁,而士大夫闻者有曰:'大丞相真公与人为善矣。'若某者乃异教方外之人耳,其道方少有可观,乃特与公卿誉之,如此天下学者切当自患其为道不专也,何虑乎朝廷贤贤之不至邪?然某学佛之余,粗事乎翰墨欲发挥其本教耳,岂有高文远识,当乎公相大贤所称奖耶?此可谓大幸大忝也。"②书中"某者乃异教方外之人耳,其道方少有可观"之语,显示契嵩将自己的姿态放得非常低,以"益以其文与诸公称之于馆阁""乃特与公卿誉之"称扬韩琦的大度。从下文来看,韩琦"誉之"的内容,是契嵩"粗事乎翰墨欲发挥其本教",即契嵩的著述似乎打动了韩琦。此次面谈,韩琦对契嵩非常友善,对他倍加赞誉,将他的著述上奏给皇帝。

韩琦将《原教》《传法正宗记》等著述上奏给皇帝的同时,还将契嵩所写的《万言书上仁宗皇帝》上奏。《万言书》中,契嵩讲明"佛之道与王道合",与儒家之说一样"以庆赏进善,以刑罚惩恶"。由于文人士大

---

① 契嵩:《镡津文集》卷九《再上韩相公书》,《大正藏》第52册,第692页。
② 契嵩:《镡津文集》卷九《重上韩相公书》,《大正藏》第52册,第692页。

夫排佛，使"佛道浸衰"，致使"天下其为善者甚惑"。契嵩之所以一再上书申明，是因为此事"关陛下政化"，"不力救则其道与教化失"①。

然而，契嵩要获得皇帝和朝廷支持佛教的想法，好像并没有得到实现。韩琦将契嵩的著述和《万言书上仁宗皇帝》书递上去六十余日之后，"而未有所闻"。契嵩对韩琦说自己应该"翻然便还山林"，但其"犹徘徊京师未即去"，是因为"其所来之意未尽未果"。为了达到让朝廷支持佛教的目的，契嵩"敢不避其干冒之诛"，进一步进说韩琦"之左右"，并叙述著书之辛："某山林著书讨论，内外经书不啻数千卷，积数十年颇亦焦劳其神形。"不远千里来到京师，"非苟如他辈侥幸欲其私有所求耳，其实患乎本教之宗祖不明"，由于"古今学佛辈不见其大统，妄相胜负，殊失吾先圣人之意"，所以"拳拳恳恳乃务正之"②。

没有得到朝廷和皇帝的回应，契嵩还是没有放弃，嘉祐六年十二月，他再作《上皇帝书》，即《再书上仁宗皇帝》。契嵩在书中说，自己"起岩穴，不远千里，抱其书而趋阙下"而"昧死上书"，就是希望仁宗皇帝能"大赐以成就其志"。契嵩这样做，是坚信佛教的振兴，必须得到皇帝的支持，所以他说："事天者必因于山，事地者必因于泽，然其所因高深，则其所事者易至也。若陛下之崇高深大，则与夫山泽相万矣，适人有从事其道者，舍陛下而不即求之，虽其渠渠终身绝世，乌能得其志也。抑又闻佛经曰'我法悉已付嘱国王大臣者'，此正谓佛教损益弛张，在陛下之明圣矣。如此则佛之徒，以其法欲有所云为，岂宜不赖陛下而自弃于草莽乎？"③此次上书，是通过开封府府尹王素递上去的。王素在上奏的劄子中说："今有杭州灵隐寺僧契嵩，经臣陈状，称禅门传法祖宗未甚分明，教门浅学，各执传记，古今多有争竞。故讨论《大藏经》论，备得禅门祖宗所出本末，因删繁撮要，撰成《传法正宗记》一十二卷，并《画祖图》一面，以正传记谬误。兼《注辅教编》四十篇，印本一部三卷。上陛下书一封，并不干求恩泽，乞臣缴进。臣于释教粗曾留心，观其笔削注述，故非臆论，颇亦精致。陛下万机之暇，深得法乐，愿赐圣览，如有可采，乞降中书看详，特与编入大藏目录。"王素认可契嵩之作并非

---

① 契嵩：《镡津文集》卷八，《大正藏》第 52 册，第 687—688 页。
② 契嵩：《镡津文集》卷九《重上韩相公书》，《大正藏》第 52 册，第 692 页。
③ 契嵩：《镡津文集》卷九《再书上仁宗皇帝》，《大正藏》第 52 册，第 691 页。

"臆论",不仅是认可契嵩的佛教修养,更应该是认可契嵩说的佛教能助政治、广教化的功用。仁宗"览其书,可其奏",经过探究考证"既无讹谬","于是朝廷旌以明教大师号,赐书入藏中。书劄子曰:'权知开封府王素奏,杭州灵隐寺僧契嵩撰成《传法正宗记》并《辅教编》三卷,宜令传法院于藏经内收附。'"①

《释氏稽古略》记载契嵩投状于王素是在嘉祐四年(1059年),记载契嵩来到京师是在嘉祐三年(1058年),这与其他的一些记载有较大的差异。契嵩自己所编的《传法正宗记》中,收录这次的《上皇帝书》和朝廷回复的《中书劄子》,在批准将契嵩著作入藏的劄子中,署为嘉祐七年三月十七日,在不许契嵩辞让"明教大师"封号的劄子中,署为嘉祐七年四月五日,这个时间比较恰切一些。综合起来看,契嵩来京师是在嘉祐六年,朝廷准许其著述入藏并赐明教大师的封号,是在嘉祐七年,《释氏稽古略》卷四中所记载的时间可能并不准确。

终于获得了皇帝的肯定和支持,契嵩可谓是心里的石头落了地。契嵩没有在京师有太长的停留,很快返回了吴越。最初住在镇江,治平二年(1065年)往杭州佛日山净惠禅院,最终又回到灵隐寺,并于熙宁五年(1072年)病逝于灵隐寺,葬于永安禅院之左。

三

《续传灯录》卷第五中记载契嵩受皇帝封号事说:"嘉祐七年三月十七日,赐付传法院编次入藏,下诏褒宠赐号明教大师。宰相韩琦大参、欧阳修延见而尊礼之,欧曰:'不意僧中有此郎!'"② 记载契嵩与韩琦、欧阳修见面事,与韩琦的关涉上文已叙及,下面叙述契嵩与欧阳修之间的关涉。

契嵩是何时与欧阳修见面的,不同的材料记载不同。《续传灯录》卷第五所载,是说契嵩是在受皇帝封号之后,方见到韩琦和欧阳修的。惠洪在提到这件事时,说得要更为详细一些,说:"因内翰王公素献之仁宗皇

---

① 觉岸:《释氏稽古略》卷四,《大正藏》第49册,第869页。
② 居顶:《续传灯录》卷五,《大正藏》第51册,第494页。

帝，又为书先焉。上读至'某固为道不为名，为法不为身'，叹爱其诚，旌以明教大师，赐其书入藏。书既送中书，时魏国韩公琦览之，以示欧阳文忠公。公方以文章自任，以师表天下，又以护宗不喜吾道，见其文，谓魏公曰：'不意僧中有此郎邪！黎明当一识之。'公同往见，文忠与语终日，遂大喜，由是公名振海内。"① 惠洪提到韩琦和欧阳修读到契嵩之文和见到契嵩本人，也是在受封明教大师之号后。与《续传灯录》和惠洪说法相同的记载还有一些，不过这样的记载实在是错误不少。

根据契嵩三封《上韩相公书》来看，契嵩在来到京师后，就见到了韩琦，而且从契嵩"阁下益以其文与诸公称之于馆阁"之语来看，韩琦还向其他一些士大夫推荐过契嵩。韩琦所推荐的这些人中，虽然没有明确提到欧阳修，但欧阳修可能亦在其中。契嵩可能在见到韩琦之后，就与欧阳修见了面。契嵩在写给欧阳修的书信中，提到和欧阳修见面的事情，书中说："阁下文章绝出，探经术辨治乱评人物，是是非非必公必当，而天下之士欲游阁下之门者，非有此德，焉敢俯仰乎阁下之前？不惟不敢事其俯仰，亦恐其望风结舌，而不敢蹈阁下之阃阈者多矣。若某者，山林幽鄙之人，无状，今以其书奏之天子，因而得幸下风，阁下不即斥去，引之与语温然，乃以其读书为文而见问，此特大君子与人为善，诱之欲其至之耳。"② 这段话中提到了他拜访欧阳修的原因，就是因为欧阳修在当时的影响极大。欧阳修对契嵩"引之与语温然，乃以其读书为文而见问"，说明二人的见面比较愉快。不过，这里说二人的见面是在契嵩上书之后，契嵩两次上书，不知道这里所说的上书，是初次上书还是再次上书。如果是初次上书，那么在朝廷赐封号、诏其著述入藏之前，二人就见过面了。如果是再次上书，那么二人则是在契嵩受封之后才见面的。上引《佛祖历代通载》，契嵩三次拜谒李觏，李觏"致书誉嵩于欧阳"，可知欧阳修实际上在契嵩来京师之前就已经知道了他的事迹。此次加上韩琦的推荐，欧阳修与契嵩见面，发现契嵩所得之名确实并不为虚。《禅林宝训音义》谈论到此事时说："作《原教论》十万余言，明儒释之道一贯，以抗韩愈排佛之说。知开封府龙图王公素、欧阳修、程师孟奏进。仁宗览之嘉叹，付

---

① 惠洪：《石门文字禅》卷二十三《嘉祐序》，《嘉兴藏》第 23 册，第 688 页。
② 契嵩：《镡津文集》卷九《上欧阳侍郎书》，《大正藏》第 52 册，第 696 页。

编修入藏，曰《辅教篇》三卷，赐紫衣方袍明教之号也。"① 这里提到的是王素与欧阳修、程师孟一起将契嵩的上书上奏给皇帝的。如果这个记载准确的话，那么欧阳修应该在此前就已经见过契嵩，并对他有较多的了解，然后才会与王素等人一起向皇帝奏进。

契嵩的护教及其努力，与欧阳修有着莫大的关系。前文叙及北宋初宗韩愈排佛文人中，以欧阳修的影响为最大。欧阳修对韩愈非常推崇，一方面是韩愈提倡古文和道统，另一方面是韩愈站在儒学的立场上排佛教。北宋初在欧阳修之前，虽然也有提倡古文的文人打出了尊韩愈的旗帜，不过影响很小，甚至连《昌黎文集》都不流行。欧阳修花大力气校补、刊行《昌黎文集》，以学韩愈为职志，宣扬韩愈的古文和思想观念，于是出现了"天下学者非韩不学"的局面。欧阳修在庆历二年（1042年）作《本论》一文，说："佛法为中国患千余岁，世之卓然不惑而有力者，莫不欲去之，已尝去矣而复大集，攻之暂破而愈坚，扑之未灭而愈炽，遂至于无可奈何。"② 这篇文章影响极大，受到了其他排佛文人的追捧。契嵩之所以作《原教》以与宗韩排佛者相抗，一个很大的因素就是欧阳修的这篇文章，以及欧阳修对韩愈排佛行为的推崇。如道光时佛教信徒无碍圆敬在为明人屠隆《佛法金汤》所作的序中说："由韩、欧之斥佛，然后有明教之非韩、张无尽之护法论。由宋儒之辟佛，然后有空谷之尚直尚理、鸿苞之《佛法金汤》。今予谓明教、空谷二大者为之苦口，孰若无尽、鸿苞二居士对症发药乎，何哉？"③ 正是有了韩愈、欧阳修的斥佛，才有了契嵩的非韩论及护教之行为。

在欧阳修等人的排佛声音中，契嵩隐居于灵隐寺，潜心撰写护教的文章和著述，并锲而不舍地上京师寻求朝廷的支持，以及文人士大夫的认可。在契嵩的努力之下，欧阳修尽管最终仍没有对佛教产生认同感，但态度还是在一定程度上有所改观。欧阳修虽然排佛，不过和韩愈一样，与佛教僧徒接触后，对佛教产生了同感的感触，史传载："欧阳公修自谏院除河北都转运使，左迁滁州，游庐山东林圆通寺，遇祖印禅师居讷，谈论大

---

① 大建：《禅林宝训音义》卷上，《续藏经》第64册，第436页。
② 欧阳修：《欧阳文萃》卷一，《四库全书》本。
③ 屠隆：《重刻佛法金汤序》，载《屠隆集》第12册，浙江古籍出版社2012年版，第496页。

教，折中儒佛，与韩文公见大颠相类。"① 正如《本论》中提到的，欧阳修对佛教"攻之暂破而愈坚，扑之未灭而愈炽"的状况十分不解，在为韩愈文集所作的序中，再次发出了同样的感叹："予尝患浮屠之盛，而嘉退之力能诋之，疑柳子厚之徒又诋退之之学。及观退之所言，果如子厚不为过矣。噫！浮屠之说，流于今而愈盛者，岂其道诚不可改而天卒相之耶？吾所不能测也。"②

欧阳修对佛教的指责，最主要的还是在人伦方面，说："彼为佛者，弃其父子，绝其夫妇，于人性甚戾。"社会人伦，是儒家最为重视，佛教僧徒出家而弃人伦，为儒家之士尤其是道学家所不能接受的。甚至许多接受佛教的文人士大夫尽管认可佛教所说的一些义理，但对出家而废弃人伦这方面，仍然是持批评态度的。欧阳修对佛教弃人伦的批评，与一般道学家对佛教的批评是一致的。《本论》除了指责佛教为中国患，欧阳修指出了战胜佛教之策："夫千岁之患，遍于天下，岂一人一日之可为？民之沉酣入于骨髓，非口舌之可胜，然则将奈何？曰莫若修其本以胜之。昔战国之时，杨墨交乱，孟子患之，而专言仁义之说，仁义之说胜，则杨墨之学废。汉之时，百家并兴，董生患之，而退修孔氏之道，孔氏之道明，而百家自息。此所谓修其本以胜之之效也。今八尺之夫，被甲荷戟，勇盖三军，然而见佛则拜，闻佛之说则有畏慕之诚者，何也？彼诚壮佼其中，心茫然无所守而然也。一介之士，眇然柔懦，进趋畏怯，然而闻有道佛者，则义形于色，非徒不为之屈，又欲驱而绝之者，何也？彼无他，为学问明而礼义熟，中心有所守以胜之也。然则，礼义者胜佛之本也，今一介之士知礼义尚能不为之屈，使天下皆知礼义，则胜之矣自然之势也。"③ 欧阳修注意到佛教已经"沉酣入于"民众之骨髓了，要想战胜佛教，欧阳修认为宣扬儒家之仁义礼义、修儒家之本是唯一可行的方式。欧阳修文章主在宣讲儒家仁义礼，契嵩也注意到了，因此评价欧阳修的文章说："欧阳氏之文，言文耳，天下治在乎人文之兴，人文资言文发挥，而言文藉人文为其根本。仁义礼智信，人文也；章句文字，言文也。文章得本，则其所出自正，犹孟子曰'取之左右逢其原'，欧阳氏之文大率在仁信礼义之本

---

① 觉岸：《释氏稽古略》卷四，《大正藏》第49册，第867页。
② 熙仲编集：《历朝释氏资鉴》卷七，《续藏经》第76册，第205页。
③ 欧阳修：《欧阳文萃》卷一《本论》上。

也，诸子当慕永叔之根本可也，胡屑屑徒摸拟词章体势而已矣！"① 契嵩能洞悉欧阳修文章观念的根本，学欧阳修者当学文中"仁信礼义之本"，而非"徒摸拟词章体势而已"，可谓是知欧阳修者。

契嵩最主要的著述《原教》就是针对欧阳修的《本论》而作，李纯甫在《明教大师〈辅教编〉序》中说："西方之书，名字音声与东夏不同，诸儒多以为异端，尽力而攻之，欲其破灭。当宋仁庙时，欧阳修作《本论》唱之于上，石守道作《怪说》和之于下，非嵩禅师出《辅教》一编，吾恐德士著冠，不待于天水之世也。"② 对欧阳修对佛教提出的批驳，契嵩一一加以回应，如欧阳修说佛教为患中国千余年，契嵩指出："其教之作于中国也，必有以世数相宜而来，应人心相感而至。不然，何人以其法修之，天地应之，鬼神效之？苟其宜之数之未尽，相感之理未穷，又安可以爱之而苟存，恶之而苟去？"佛教在中国的广泛传播，说明中国有佛教适合传播的条件和土壤，契嵩暗含之意是欧阳修应该顺应民众需要和信仰的潮流，不应用强力来强制阻断这股信仰的潮流。

契嵩指出，儒家之说虽然有助于国家的治理，但是儒家之说也会导致许多的弊病，如说："人之惑于情久矣，情之甚，几至乎敝薄。古圣人忧之，为其法交相为治，谓之帝，谓之王，虽其道多方，而犹不暇救。以仁恩之，以义教之，赏欲进其善，罚欲沮其恶，虽罚日益劳赏日益费，而世俗益薄。"用仁义和赏罚来治理国家社会，却导致"世俗益薄"，这是现实中确实存在的问题，契嵩将之一针见血地指了出来。佛教在治理"世俗益薄"方面能发挥很大的作用，弥补儒家的不足，契嵩说："苟闻有不以赏罚，而得民迁善而远恶，虽圣如尧舜，必欢然喜而致之，岂曰斯人不因吾道而为善，吾不取其善，必吾道而为善，乃可善之？若是，是圣人私其道也，安有圣人之道而私哉？"民众若信仰了佛教，就不用赏罚而自会"迁善而远恶"，这是儒家所不能做到的。

佛教确实给社会和国家带来许多的弊病，契嵩毫不避讳地将之指了出来，但如上所引材料中一再申说的，这些弊病都是佛教衰敝、信仰者和统治者用佛过度等而导致的，《原教》中说："佛之经固亦多方矣，后世之

---

① 契嵩：《镡津文集》卷七《文说》，《大正藏》第52册，第681页。
② 邱小毛：《夹注辅教编校译》，西南交通大学出版社2011年版，第1页。

徒不能以宜而授人，致其信者过信，令君有佞善，辄欲捐国为奴隶之下；俗有浅悟，遽欲弃业，专胜僧之高。"佛教带来的这些弊病，契嵩说"此非谓用佛心而为道也"。《原教》的中心主题是明儒佛一贯，方式是将佛教的五戒等同于儒家的五常。佛教有五戒：不杀生、不偷盗、不邪淫、不妄语、不饮酒，又有十善：不杀生、不偷盗、不邪淫、不妄语、不绮语、不两舌、不恶口、不嫉妒、不恚、不痴。这五戒十善，"以儒校之，则与其所谓五常仁义者，异号而一体耳"①。具体的比附是："不杀仁也，不盗义也，不邪礼也，不饮智也，不妄信也。"② 契嵩的比附，有以儒释相互救弊之意。

契嵩的《原教》及其他护教著述，可能达到了很好的效果，这从欧阳修"不意僧中有此郎"之语和他受到许多文人士大夫的赞誉中就可以推断出来。

四

契嵩对佛教的辩护和文章的写作，用他自己的话说，是"既治吾道，复探儒术，两有所得，则窃用文词发之"③。契嵩为佛教辩护的文章，在当时产生了很大的影响。

其一是文章方面的影响。关于契嵩的文章，四库馆臣论其为佛教僧徒中"健于文者"："契嵩博通内典，而不自参悟其义谛，乃特气求胜，哓哓然与儒者争。尝作《原教》、《孝论》十余篇，明儒释之一贯，以与当时辟佛者抗。又作《非韩》三十篇，以力诋韩愈。又作《论原》四十篇，反复强辨，务欲援儒以入墨，以儒理论之固为偏驳，即以彼法论之，亦嗔痴之念太重，非所谓解脱缠缚空种种人我相者。第就文论文，则笔力雄伟，论端锋起，实能自畅其说，亦缁徒之健于文者也。"④ 可能正是他文章"笔力雄伟""特气求胜""论端锋起"等因由，受到了许多文人夸赞。《镡津文集》所载契嵩的书信中，可知如韩琦、李觏等人都很赞赏其

---

① 契嵩：《镡津文集》卷七《原教》，《大正藏》第52册，第648页。
② 熙仲编集：《历朝释氏资鉴》卷第九，《续藏经》第76册，第222页。
③ 契嵩：《镡津文集》卷十《答茹秘校书》，《大正藏》第52册，第697页。
④ 《四库全书总目》卷一百五十二《镡津集》提要，《四库全书》本。

文，包括王安石、苏轼等人可能也与契嵩有关联，李纯甫说："尝读此书（《辅教编》），略举佛语之一二合于孔老之言者，微加训释，文而不夸，辨而不争，诸儒尚莫能涯际，其邃处固叵测也。始惊而中喜，后从而阴化者，如王介甫父子、苏子瞻兄弟、黄鲁直、陈无己、张天觉之徒，愿为外护，甘以翰墨为佛事，未必不自此书发之。"① 李纯甫说王安石父子、苏轼兄弟、黄庭坚、陈师道等人是因契嵩"从而阴化"，成为佛教的"外护"，是有些夸大了。不过，从文风上来分析，王安石、苏轼等人纵横议论的风格，也确实与契嵩之文有些相像。这些人中，如苏轼，也确实和契嵩有过交往。苏东坡曾自记与契嵩的一段轶事，说："契嵩禅师常瞋人，未尝见其笑。海月慧禅师常喜人，未尝见其怒。予在钱塘亲见二人，皆趺坐而化。嵩既荼毗，火不能坏，益薪炽火，有终能不坏者五。海月比葬，面如生，且微笑。乃知二人以瞋喜作佛事也。世人视身如金玉，不旋踵为粪土，至人反是，予以是知一切法以爱故坏，以舍故常在，岂不然哉？"② 由此来看，苏东坡到杭州时，与契嵩可能有较多的交往，或许还亲见了契嵩的坐化。在大量僧传中所提到的契嵩去世时有"阇维不坏者五，曰顶、曰耳、曰舌、曰童真、曰数珠"等事，有可能都是从苏轼所记的这段轶事中演化而来的。

其二是增进了儒佛的互信。李纯甫说："此书在世，不惟儒者信佛者之语，佛者亦信儒者之语，撤藩篱于大方之家，卷波澜于圣学之海，又岂止有力于佛者？抑儒者受其赐矣。"③ 契嵩的著述不仅增加了儒者对佛教的理解和信任，同样增加了佛教僧徒对儒家学说的理解和信任，所以儒者和佛教都同时受益。如李纯甫对契嵩著述的这种评价，是知契嵩者，但也有很多的人，并不能理解契嵩之深意，契嵩自言道："其书既出，虽四方稍传，而文者徒玩吾文，不文者不辨吾道，亦复不见潜子所趋之至。"④ 契嵩有时候对此也露出无奈之感。

契嵩自入灵隐寺开始显露文名，并潜心著述以护教，为了获得朝廷的支持，他只身奔赴京师，数次上书，拜访朝中士大夫。愿望实现以后，他

---

① 李纯甫：《明教大师〈辅教编〉序》，邱小毛《夹注辅教编校译》，第1页。
② 苏轼：《东坡志林》卷十一，《四库全书》本。
③ 李纯甫：《明教大师〈辅教编〉序》，邱小毛《夹注辅教编校译》，第1页。
④ 契嵩：《镡津文集》卷十一《送浔阳姚驾部叙》，《大正藏》第52册，第707页。

又即刻返回吴越，最终又回到灵隐寺，并在灵隐寺坐化。契嵩的一生最重要的时刻都和灵隐寺有关，最终回到灵隐寺而逝，说明他对灵隐寺有着很深厚的感情。契嵩在重要的著述中，几乎都署上了"灵隐寺"，在《万言书上仁宗皇帝》和《再书上仁宗皇帝》开首，也署"杭州灵隐寺永安兰若沙门"；在作的一些碑记中，如《漳州崇福禅院千佛阁记》，也是署"灵隐之永安山舍记"。在所撰的《武林山志》中，介绍武林山，在行文中，时时突出灵隐寺，似乎此文的写作是围绕灵隐寺而展开的。这些都说明契嵩认同自己灵隐寺的身份。

契嵩留下的诗歌并不是很多，其中杨济与冲晦晤上人一起留宿灵隐寺时，契嵩与二人诗歌唱和，留下了三十六诗。其中如《次韵和酬》诗："暮云将雨苦纷纷，看雨携君倚寺门。飞鸟惊雷归后坞，落梅流水出前村。名山当尔何须去，胜事而今更好论。况有禅翁通妙理，俳徊重款扣真源。"《同公济冲晦宿灵隐夜晴》诗："不睡还烹北苑茶，寒灯落尽适来花。夜深雨过山形出，天净云空月色佳。且喜僧窗晴似昼，莫论人世事如麻。况陪支许皆能赋，岂厌留诗在碧纱。"① 诗中表达了对灵隐寺的喜爱和志同道合朋友相聚谈禅论道的兴奋之情。

契嵩在灵隐寺度过了他一生中最为重要的时期，最主要的著述基本上是居住在灵隐寺时完成的。契嵩对灵隐寺充满了深厚的感情。经过契嵩的努力，使北宋初文人士大夫如李觏、欧阳修等人对佛教的排斥有所减轻，并获得了朝廷和皇帝的肯定和支持，这是契嵩对北宋初期佛教发展的贡献，也是灵隐寺对北宋初期佛教发展的贡献。日本学者忽滑骨快天曾说："契嵩所著有《传法正宗记》，为论禅门传统之史实者。今日观之，价值颇乏，虽然，嵩护法之精神则万古不没。"② 忽滑骨快天指《传法正宗记》没有什么价值是可以商量的，契嵩写作本书的目的和宗旨，在其著述中有较为详细的说明，也有很多客观的评论；但忽滑骨快天说契嵩"护法之精神则万古不没"则是非常中肯和恰当的。

---

① 契嵩：《镡津文集》卷十八，《大正藏》第52册，第743页。
② 《中国禅学思想史》第四编第十二章"明教契嵩之修史"，上海古籍出版社2002年版，第437页。

《佛说化珠保命真经》与王阳明《药王菩萨化珠保命真经序》

《续藏经》收录的第 25 部经是《佛说化珠保命真经》，这部经很有可能是一部伪经。此经前有王阳明所作的《药王菩萨化珠保命真经序》，不见收录于各版本的王阳明文集。王阳明与佛教的关涉，如柳存仁《王阳明与佛道二教》（载《和风堂文集》）、陈荣捷《王阳明与禅》等文中已有论述，此序对进一步了解王阳明与佛教的关系具有重要帮助。

一

《佛说化珠保命真经》全文不长，为：

如是我闻：尔时佛在兜率罗天，顶摩尼珠，焜耀如日，照见娑婆世界，众生因缘，天龙八部，恭敬瞻仰。药王药上二法王子，即从坐起顶礼，白佛言："世尊，众生疾厄不等，即如瘟痘，盛行世间。或生胎中，或在怀抱。或五六岁，以至长壮。邪气流染，存没哀苦。以何因缘？得此恶证。"佛言："善哉！善哉！吾当为汝细说如是因缘。唯摩尼珠，是历劫来诸佛之所凝结，虚空直阳，主持世界中有情无情皆被普照。在人身中，性水精明，珠现其中，如万川月，非一非多，灵光道气，爱令阴阳。缘诸众生，无始劫来，薰染真性，加以欲气粗浊，精血交媾。以故受生之后，真妄搏击，清浊衡衡。此性体中直摩尼珠，既有清浊明暗诸相，彼形骸里幻摩尼珠，遂有瘟痘厚薄诸证（征）。"一法子再白佛言："佛性慈悲，摩尼普照，合得生理，缘何没故？"佛告王子："真性不坏，生生不减（灭）。缘众生心，妄起善恶，善气轻清，恶气重浊，轻清为阳，重浊为阴。阳清珠明，性以制命，仍居阳界。阴浊珠暗，命与性离，仍还阴界。非摩珠有明有暗，而彼众生自别明暗。阴阳异路，善恶异报。瘟痘存没，以是不齐。"药王菩萨再起白佛："颇有众生，现居阳界，于瘟痘时，见诸恶鬼，或男或女，种种恶形，提抱小儿，或至水边，或以船载。为何以故？现诸形像。"佛言："一气氤氲，如水鸿潆，人处其中，如鱼游水。阴气既多，阴神随之，神离其舍，而游鸿潆。如人舍宅，而涉泛滥。至修善人，阳气阳神，见诸善形，亦复如是。彼命终人，过奈河桥，或有牛头夜刃凶神，或有莲华幢幡吉相，亦皆如是。一切惟心，更复何疑！"时药王菩萨再白佛言："婴儿始孩，有何恶业，而得恶报？又若善男信女，将以何法，而得消灾？愿佛慈悲更为演说，俾诸众生坚固善念。"佛言："善哉！善哉！汝能诸众生，求大饶益，我今当说。婴孩何罪？缘世界众生，生死轮回。前世恶业，其性阴浊，神气不清净，摩尼不照，以致瘟亡。又或父母先人恶业相感，阴阳相缠，欠债杀生，淫秽不净，致儿命不保，死沉受河，哀苦痛哭，受其罪报。曾不知怨，服药求医，怨天尤人，有何益哉！若有善男子善女人，常存善心，慈悲喜舍，时持杀盗淫邪之戒，便生端生有福之儿，神灵气清，聪明智慧，与摩尼珠，浑合无二，有何灾疹能侵？若有人于儿子瘟痘时，顿发善心，自悔恶业，父母斋戒，不杀不淫，香华耀烛，晨夕顶礼，持诵尊佛宝号，及秘密神咒，满一千遍，或五千四千余遍，即有佛圣降灵，摩尼照耀，天龙守护，恶鬼逃亡，孩儿保命，父母延年，是大饶益，不可思议。"时二法王子，欢喜踊跃，稽首白佛："若有人持诵佛号，及神咒者，我当分身，遍至其处，普垂救护，俾得安宁。"于是佛对药王药上二大菩萨。①

经名下有副标题"药王菩萨化理流布"，可知此经主要是宣扬药王菩萨信仰的。

此经所宣扬的药王菩萨信仰，应本自《法华经》卷六《药王菩萨本事品》，讲述药王菩萨本生故事。药王菩萨在过去为了"一切众生"，自念"以神力供养于佛，不如以身供养"，遂燃身以供佛。佛说若听闻《药

---

① 《佛说化珠保命真经》，《续藏经》第1册，第415—416页。

王菩萨本事品》，"能令众生离一切苦，一切病痛，能解一切生死之缚"。又说此品"为阎浮人病之良药"，若人有病，"得闻是经，病即消灭，不老不死"。《法华经》在中国被翻译出来之后，迅速受到中国人的欢迎，六朝时不仅出家僧徒抄写此经，连贵族们也争相抄写，如南朝齐竟陵文宣王萧子良曾抄写《妙法莲华经》一部十四卷等。伴随着《法华经》的流传，效仿药王菩萨燃身供佛的药王信仰，在民众中产生了重要的影响。

药王菩萨信仰在民众中的流行，最主要的原因是其治病、解脱苦难的功能。在受到民众欢迎的同时，也受到文人们的极大注意。但无论是普通的民众还是具有高知识水平的文人们，都往往将药王菩萨信仰和药师佛信仰混淆，如明末李贽《礼诵药师经毕告文》云："和尚为幸免病喘，结经谢佛事。念今日是正月十五之望日，九朔望至今日是为已足，九部经于今日是为已完。诵经方至两部，我喘病即减九分；再诵未及四部，我忍口便能斋素。斋素既久，喘病愈痊；喘病既痊，斋素益喜。此非佛力，我安能然？虽讽经众僧虔恪无比，实药王菩萨怜悯重深，和尚不胜礼谢祷告之至。和尚再告：有小僧常通见药师如来即愈我疾，亦便发心，随坛接讽，祈疮口之速合。"① 李贽说诵读佛经使自己的喘病得到治愈，这都是药王菩萨怜悯众生之故。文中提到的药师如来是药师佛，与药王菩萨并不完全一样，药王菩萨信仰和药师佛信仰是有差别的，文中却混而为一。

从内容上看，《佛说化珠保命真经》是世尊为药王、药上二菩萨讲说瘟痘这种疾病发生的原因，因为众生自"无始劫来""熏染真性，加以欲气粗浊，精血交媾"，致使"受生之后，真妄搏击，清浊衡衡"，而产生了"瘟痘厚薄诸证（征）"。要治疗好瘟痘，需众生"顿发善心，自悔恶业"，并"香华耀烛，晨夕顶礼，持诵尊佛宝号，及秘密神咒，满一千遍，或五千四千余遍"，便会有"佛圣降灵"，救病免灾。专为消除瘟痘之疾而造一部经，这在佛教中是很罕见的。经中提到的药王、药上二菩萨，极有可能本自《佛说观药王药上二菩萨经》，此经《大正藏》收录为第1161部，其中但言二菩萨"两手雨一切药，摩洗众生除一切病"②，并无专门言及瘟痘事。与《佛说化珠保命真经》内容相对的是，在经末有

---

① 李贽：《焚书》卷四，中华书局1975年版，第151页。
② 畺良耶舍译：《佛说药王药上二菩萨经》，《大正藏》第20册，第665页。

万历己酉（1609年）陈宗濠、蔡炳所说的仪式云："凡持此经，切须斋戒，不杀不淫，香灯华水，或设佛像礼念，或当空拜俑（诵）。仍虔具果品，斋供致祭行，珠神甚验。或敦请佛道，代诵亦可。"句末有小注云："此贵阳相传真诀。"这段话与经文的内容完全吻合，而"此贵阳相传真诀"之语，似乎是说此经只是在贵阳周围流传。《佛说化珠保命真经》不署译者姓名，所以日本连山僧交易评论道："竺乾之书，不经译而传于兹土者，吾于此经始见焉。新建所谓药王菩萨现世度厄，良有以也。新建于儒可谓杰然者也，尊信此经而刻之序也，则世儒岂可异端而侮之哉？况于奉佛者耶！"① 新建即王阳明，"不经译而传于兹土者，吾于此经始见焉"之意，应该是指原本在本土流行，《佛说化珠保命真经》显然并非原本；更可能的是，《佛说化珠保命真经》为本土所造伪经。

《佛说化珠保命真经》后，还录有万历己酉福建人王亨仲在重刻《佛说化珠保命真经》时所加的"观世音菩萨稀痘感应塔号"，记录其诵念"大慈悲救苦难稀痘灵感观世音菩萨、唵阿卢勒继娑婆诃"名号，并"五千四千八拜"，向其"请福迎祥消灾锡庆"。王亨仲为何在《佛说化珠保命真经》加了这样一个"观世音菩萨稀痘感应塔号"，使人感到非常奇怪。可能的是，观音菩萨也是东方净土中除日光、月光菩萨二菩萨之外的八大菩萨之一，致使信仰者认为诵念观音菩萨的名号也等同于诵念药王菩萨的名号了。由此可知，《佛说化珠保命真经》中的药王、药上二菩萨，可能被贵阳当地人将其与民间传说中的药王信仰相混淆。《释氏稽古录》中有关于民间药王信仰的记载，云："药王，姓韦氏，名古，字老师。疏勒国人。开元二十五年至京，纱巾毳袍，杖藜而行，腰悬数百葫芦，普施药饵。以一黑犬自随，凡有患者，古视之即愈。帝敬礼为药王菩萨，皇后图其形而供养之。"② 对于一个迫切想治好疾病的人来说，很容易将各种相关的神祇混在一起，连李贽这样的文人都将药王菩萨和药师佛混为一谈，更何况一般的民众了。王亨仲所加的这个"观世音菩萨稀痘感应塔号"，说明《佛说化珠保命真经》很可能是在贵阳周围流传的一部伪经。

《佛说化珠保命真经》篇幅不长，其中却有着不少的中国文化中的内

---

① 交易：《〈佛说化珠保命真经〉跋》，《续藏经》第1册，第417页。
② 释觉岸：《释氏稽古录》卷三，《大正藏》第49册，第827页。

容。首先,"缘众生心,妄起善恶,善气轻清,恶气重浊,轻清为阳,重浊为阴"中的清气、浊气,是中国传统的说法,如徐整《三五历纪》载盘古开天地事云:"天地浑沌如鸡子,盘古生其中,万八千岁。天地开辟,阳清为天,阴浊为地,盘古在其中,一日九变,神于天,圣于地。"①《广雅》载清浊二气说:"太初,气之始也,生于酉仲,清浊未分。太始,形之始也,生于戌仲,清者为精,浊者为形。太素,质之始也,生于亥仲,已有素朴而未散也。三气相接,至于子仲,剖判分离,轻清者上为天,重浊者下为地,中和为万物。"②《淮南子·精神篇》提到烦气、精气云:"古未有天地之时,惟像无形,窈窈冥冥,芒芰漠闵,鸿蒙鸿洞,莫知其门。有二神混生,经天营地,孔乎莫知其所终极,滔乎莫知其所止息。于是乃别为阴阳,离为八极,刚柔相成,万物乃形,烦气为虫,精气为人。"③"烦气"就是浊气,"精气"就是清气,清浊之气决定人的"性",北宋理学家陈淳阐述"命"时说:"命,一字有二义,有以理言者,有以气言者……所谓以理言者,非有离乎气,只是就气上指出个理……如就气说,却亦有两般:一般说贫富贵贱夭寿祸福,如所谓'死生有命'与'莫非命也'之命,是乃就受气之短长、厚薄不齐上论,是命分之命。又一般如孟子所谓'仁之于父子,义之于君臣,命也'之命,是又就禀赋之清浊不齐上论,是说人之智愚贤否。"④《佛说化珠保命真经》说的清浊之气之意,与这几段记载对清浊之气的论述基本上相同,可见《佛说化珠保命真经》的编撰者对中国传统的"气"论有着相当的了解。

其次,《佛说化珠保命真经》中"彼命终人,过奈河(何)桥,或有牛头夜刃凶神,或有莲华幢幡吉相,亦皆如是"的奈河(何)桥,是中国民间传说。《佛说盂兰盆经》在东汉传入中国之后,随着道教发展的越来越完善,中国的地狱故事与传说日渐丰满,奈河(何)桥与佛教便联系了起来,编撰于明代罗懋登的《搜神记》描述"南无观世音菩萨二月

---

① 徐整:《三五历纪》,载《艺文类聚》卷一,《四库全书》本。
② 张揖:《广雅》卷九"释天",《四库全书》本。
③ 刘文典整理:《淮南鸿烈集解》卷七,载《刘文典全集》第一册,安徽大学出版社2012年版,第247页。
④ 陈淳:《北溪字义》卷上。

十九日生"云："昔有一国王号曰妙庄王，三女，长妙音，次妙绿，又次妙善，善即菩萨也。王令其赘，不从，逐之后花园，居之白雀寺，尼僧苦以搬茶运水，鬼使代之。王怒，命焚寺，寺僧俱毁于焰，而菩萨无恙如初。命斩之，刀三折。命缢以白练带，忽黑雾遮天，一白虎背之而去尸多林。青衣童子侍立，遂历地府过奈河（何）桥，救诸苦难，还魂再至尸多林。太白星君化一老人，指与香山修行。后庄王病恶，剜目断臂救王，王往礼之。尔时道成，空中现千手千眼灵感观世音菩萨奇妙之相，永为香山显迹云。"①《佛说盂兰盆经》中目连救母的故事在民间不断被进行加工，逐渐出现了过鬼门关、破钱山、金桥、奈河（何）桥、望乡台等重重险关的情节。宋代之后，中国佛教信徒经常使用奈河（何）桥的故实，如宋颜丙撰《劝修净业文》中云："生底只得悲啼痛切，死者不免神识奔驰，前途不见光明，举眼全无伴侣。过奈河桥，见之无不悲伤；入鬼门关，到者尽皆凄惨。"② 禅师们亦以奈河（何）桥为话头，如有僧问吉州崇恩禅师"祖意教意是同是别"，答云"奈何桥畔嘶声切，剑树林中去复来"③。清代编辑的《六道集》中载录肇庆府高要县黄冈村梁子球还魂故事云：

梁子球字朝栋，向戒淫杀，劝善隐恶，居馆教读。康熙九年，球时四十一岁，于六月初八夜梦两鬼使、一从僮，持牌捉球，球以家贫子幼辞，鬼使遂去。越五日，球梦两使复来促球，球乞免，鬼弗允。遂醒，无病而死，不及遗嘱。初就道，两使语球曰："大路江山峻阻，登涉不易，此有捷径，但有冤对难度，以君善人，故相商耳。"球曰："我素放生戒杀，无他虑也。"使曰："审此可度矣。"乃经一市，两使诣肆就食，举酒肴劝球，球念此非人世饮食，辞不茹。两使语曰："此人有异，或得还魂，但恐遽殁。"令从僮急诣球家，附尸曰："我必还魂，幸勿殡殓。"言毕即返，同至报冤径，果见六畜禽兽遍满径中，经此者多被噬啄，唯球安行而过。越此，望见官殿巍峨，值暮，两使偕球宿庙中，金區额题曰"敕封龙母庙"。晨起，同到朝门，百像肃侍，两使带球伏墀下，判官展簿启王："球名下止罪

①《搜神记》卷之三，《中华道藏》第45册，第536页。
② 王龙舒：《净土全书》卷上，《续藏经》第62册，第159页。
③ 普济编集：《五灯会元》卷六，中华书局1984年版，第311页。

过一条，球泣诉妻儿孤幼，乞放还阳。"王曰："大数已尽，难顾妻儿，喜汝能安贫劝善，无大过恶。今阳间世俗，多犯大罪，皆缘不信阴司法律，尔可熟读此间刑律门联回阳，传与人知，为善去恶可也。"球承命同两使遍读对联及各罪欸，复宿前庙中。次早诣殿俯伏，将门联律欸皆诵明白。

梁子球诵读的刑律门联中有"奈河（何）桥联"，云"苦海无边须识回头是岸，奈河（何）有渡若能转念不迷"。《佛说化珠保命真经》中"彼命终人，过奈河桥，或有牛头夜刃凶神，或有莲华幢幡吉相，亦皆如是"之语，显然更多的是中国传统的文化成分。

再次，《佛说化珠保命真经》中"又或父母先人恶业相感，阴阳相缠，欠债杀生，淫秽不净，致儿命不保，死沉受河，哀苦痛哭，受其罪报"，明显更多的是中国传统的报应说及道教的承负说，而非佛教的三世果报。《左传》宣公十五年载魏颗事云："初，魏武子有嬖妾，无子。武子疾，命颗曰：'必嫁是。'疾病，则曰：'必以为殉。'及卒，颗嫁之，曰：'疾病则乱，吾从其治也。'及辅氏之役，颗见老人结草以亢杜回，杜回踬而颠，故获之。夜梦之曰：'余，而所嫁妇人之父也。尔用先人之治命，余是以报。'"[1] 此即结草衔环的故事，表明中国此时已有为善行得善报的观念。昭公八年，史赵说晋因圣德"必百世祀"而不会被楚灵王攻灭，云："晋侯问于史赵，曰'陈其遂亡乎？'对曰'未也。'公曰'何故？'对曰：'陈，颛顼之族也。岁在鹑火，是以卒灭，陈将如之。今在析木之津，犹将复由。且陈氏得政于齐，而后陈卒亡。自幕至于瞽瞍，无违命。舜重之以明德，置德于遂，遂世守之。及胡公不淫，胡周赐之姓，使祀虞帝。臣闻盛德必百世祀，虞之世数未也。'"[2] 史赵的说法应该就是出于善行有善报的观念，因此《易》云"积善之家有余庆，积不善之家必有余殃"，应该就是对当时善行善报、恶行恶报的总结。如前文智圆对"积善之家有余庆，积不善之家必有余殃"的评述，此观念在现实中存在着很大的问题，即行善者未必得善报，为恶者未必得恶报。针对

---

[1] 晋杜氏注、唐陆德明音义、孔颖达疏：《春秋左传注疏》卷二十四，《四库全书》本。
[2] 晋杜氏注、唐陆德明音义、孔颖达疏：《春秋左传注疏》卷四十四。

现实中存在的行善者反得恶报、行恶者反得善终的现状，道教发展起来之后，提出了"承负说"。《太平经》指出说："凡人之行，或有力行善，反常得恶，或有力行恶，反得善，因自言为贤者非也。"之所以会如此，是由于承负先人善、过，云："力行善反得恶者，是承负先人之过，流灾前后积来害此人也。其行恶反得善者，是先人深有积畜大功，来流及此人也。"道教的出发点在于劝解士人为善去恶，但力行善而因先人之过而"反常得恶"确实非常令人难以接受，《太平经》都因此为"囹圄其先人流恶承负之灾"而云"诚冤哉"①。承负说明显是对《易》"积善之家有余庆，积不善之家必有余殃"说法的改造，汤用彤说："《太平经》与佛教不同之点，以鬼魂之说为最可注意，经中信人死为鬼，又有动物之精，又有邪怪可以中人，其说与《论衡》（中）、《论死》、《纪妖》、《订鬼》诸篇所纪汉代之迷信相同。而人如养气顺天，则天定其录籍，使在不死之中，或且可补为天上神吏，否则下入黄泉。如无子孙奉祠，则饥饿困苦，绝无印度轮回之说。既无轮回之说，自无佛家之所谓因果。但《经》中盛倡'承负'之说，为其根本义理之一。盖谓祖宗所作之善恶，皆影响于其子孙。先人流恶，子孙受承负之灾……承负之最大，则至绝嗣。《经》中援用此义，以解释颜夭跖寿等项不平等之事……《易》曰'积善之家，必有余庆，积不善之家，必有余殃'，承负之说了，自本乎此。"②蒙文通赞同汤用彤的看法，曾援引汤用彤上述话语说："汤锡予先生谓：佛教说'自身作业，来生受报（轮回）'，《太平经》则说'子孙受报'，与《周易》同说。"③但承负说的弊病同样是显而易见的，佛教在此基础上提出三世报应说，将因果之报归因于自身的三世，善恶报应说因此更为完善。《佛说化珠保命真经》中"又或父母先人恶业相感，阴阳相缠，欠债杀生，淫秽不净，致儿命不保，死沉受河，哀苦痛哭，受其罪报"体现出来的，明显更倾向于承负说，而非佛教的三世因果之报。

由以上三点来看，《佛说化珠保命真经》的造作者，显然受中国传统观念的浸润更深，据此推测造作者有可能为贵阳当地有相当文化且崇奉佛教的士人。

---

① 王明：《太平经合校》，中华书局1960年版，第22页。
② 汤用彤：《汉魏两晋南北朝佛教史》，北京大学出版社1997年版，第73—74页。
③ 蒙文通：《古学甄微》，巴蜀书社1987年版，第315页。

《佛说化珠保命真经》可能是伪经的另一个证明，是经中"如万川月，非一非多"这句话。"万川月"一语，应出自唐代禅僧玄觉大师的《永嘉证道歌》，歌中说："一性圆通一切性，一法遍含一切法，一月普现一切水，一切水月一月摄。"① 其中"一月普现一切水，一切水月一月摄"是用来说明"一性圆通一切性，一法遍含一切法"的譬喻。此语后来被禅宗高僧多次引用，如择明禅师引用永嘉"一月普现一切水，一切水月一月摄"后解释说："看看千江竞注，万派争流。若也素善行舟，便谙水脉，可以优游性海，笑傲烟波。其或未然，且归林下坐，更待月明时。"② 择明禅师法嗣汉州无为守缘禅师听宝峰禅师诵"一月普现一切水，一切水月一月摄"而"释然开悟"，并进一步阐发云："以一统万，一月普现一切水。会万归一，一切水月一月摄。展则弥纶法界，收来毫发不存。虽然收展殊途，此事本无异致。但能于根本上著得一只眼，去方见三世诸佛、历代祖师，尽从此中示现。三藏十二部、一切修多罗，尽从此中流出。天地日月，万象森罗，尽从此中建立。三界九地，七趣四生，尽从此中出没。百千法门，无量妙义，乃至世间工巧诸技艺，尽现行此事。"③ 玄觉禅师的这两句证道歌，不仅为后来的禅师所引用，此句之意亦经常被宋代文人援引，如黄庭坚云："无心万事禅，一月千江水。"④ 宋代名臣李纲作《普现庵铭》云："一月普现一切水，水月无尽月惟一。如来普现群生前，化身亿万亦如是。"⑤ 更为宋代理学家所屡屡应用并加以变化，如朱熹多次提到这句证道歌，用来说明他"理一分殊"的观念。如有门人问"万物各具一理，而万理同出一源，此所以可推而无不通"时，朱熹说："近而一身之中，远而八荒之外，微而一草一木之众，莫不各具此理。如此四人在坐，各有这个道理，某不用假借于公，公不用求于某，仲思与廷秀亦不用自相假借。然虽各自有一个理，又却同出于一个理尔。如排数器水相似：这盂也是这样水，那盂也是这样水，各各满足，不

---

① 玄觉：《永嘉证道歌》，《大正藏》第45册，第396页。
② 释普济：《五灯会元》卷十九，中华书局1984年版，第1307页。
③ 释普济：《五灯会元》卷二十，第1373页。
④ 郑永晓整理：《黄庭坚全集辑校编年》第六辑《五祖演禅师真赞》，江西人民出版社2008年版，第730页。
⑤ 李纲：《梁溪集》卷一百四十二，《四库全书》本。

待求假于外。然打破放里，却也只是个水。此所以可推而无不通也。所以谓格得多后自能贯通者，只为是一理。释氏云'一月普现一切水，一切水月一月摄'，这是那释氏也窥见得这些道理。"① 真德秀后来曾复述过朱熹的这句话，云："所以谓格得多后自能贯通者，只谓是一理，释氏曰：'一月普现一切水，一切水月一月摄。释氏也。'"② 朱熹在引用这句话时，进行了多种不同的变化。如变化成"月映万川"："郑问'理性命章何以下分字？'曰：'不是割成片去，只如月映万川相似。'"又变化成"如月在天只一而已"，云："本只是一太极，而万物各有禀受，又自各全具一太极尔。如月在天，只一而已，及散在江湖，则随处而见，不可谓月已分也。"③ 而"月映万川"之说，为后来儒者所广泛接受，如明儒薛瑄说："先儒月映万川之喻，最好喻太极。盖万川总是一月光，万物统体一太极也，川川各具一月光，物物各具一太极也。其统体之太极，即各具之一本；其各具之太极，即全体之万殊。"④ 在禅宗之外的佛经中，罕见到有"万川月"这样的表述方式，可以推测，《佛说化珠保命真经》中的"万川月"这样的表述方式，有可能来自禅宗的说法，甚至是来自朱熹"月映万川"的语言表述。这一点也是《佛说化珠保命真经》可能是伪经的证据之一。

二

王阳明在所作的序文中，主要是宣讲药王菩萨信仰及药王菩萨的医病功用。序文云：

> 予谪居贵阳，多病寡欢，日坐小轩，检方书及释典，始得是经阅之。其妙义奥旨，大与虚无之谈异，实余平生所未经见。按方书，诸病之生，可以审证而治。惟瘑痘之种，不见经传，上古未有。间有附会之说，终非的证，治无明验。此经所言，甚详悉可信。且痘之发

---

① 黎靖德编：《朱子语类》卷十八，中华书局1984年版，第398—399页。
② 真德秀：《西山读书记》卷二十二，《四库全书》本。
③ 黎靖德编：《朱子语类》卷九十四，第2409页。
④ 薛瑄：《读书录》卷九，《四库全书》本。

也，必焚香洁净，戒酒，忌诸恶秽，其机盖与神通云。细察游僧所言，即药王菩萨现世度厄，其曰"吾自乐此"者，药也；曰"急扶我骸"者，急救婴孩也。乃谋之父老，因其废庙而寺之，名其悬筐之石，曰佛筐峰。寺成二年而大兴，疾病祷者立应。予既名还携归，重刻此本，而家藏之，并为之序。正德庚午阳明王守仁识。

此篇序文，各版本的《王文成全书》与吴光、钱明、董平、姚延福编校的《王阳明全集》（上海古籍出版社1992年版）中皆失收。

那么，这篇序文是不是王阳明所写？还是有人托王阳明之名而作的呢？首先，这种情况在晚明心学家的文献编纂中比较普遍，如王阳明的门人之一王龙溪，曾作《释教总论》，该文亦没有收录到《王龙溪全集》中，而是收录在焦竑所撰《楞严经精解评林》之前，作为其撰著的序言。[①] 因此，这篇序文没有被收录到《王阳明全集》中，也是很正常的。

其次，序文后所署的"正德庚午阳明王守仁识"，符合王阳明的经历。正德庚午年，即1510年。王阳明于明武宗正德元年（1506年），因反对宦官刘瑾，被杖四十，贬谪至贵阳。在去贵阳的路上，刘瑾"遣人随侦"，王阳明"度不免，乃讬言投江以脱之"。王阳明于正德三年春到达贵阳龙场驿。一方面要躲避刘瑾的迫害，另一方面对贵阳的环境不太适应，王阳明的身体一直不太好，《年谱》中说："龙场在贵州西北万山丛棘中，蛇虺魍魉，蛊毒瘴疠，与居夷人鴃舌难语，可通语者，皆中土亡命。旧无居，始教之范土架木以居。时瑾憾未已，自计得失荣辱皆能超脱，惟生死一念尚觉未化，乃为石椁自誓曰：'吾惟俟命而已！'日夜端居澄默，以求静一；久之，胸中洒洒。而从者皆病，自析薪取水作糜饲之；又恐其怀抑郁，则与歌诗；又不悦，复调越曲，杂以诙笑，始能忘其为疾病夷狄患难也。"[②] 据此可知，序文中所记的情况，与王阳明在贵阳的情况是相符的。而"从者皆病，自析薪取水作糜饲之"之语，似乎也与《序》中的"检方书"之语相合。

根据这些情况来看，此篇序文应该是王阳明在贵阳"检方书及释典"

---

① 参见《续藏经》第15册，第218页。
② 《年谱一》，载《王阳明全集》卷三十三，上海古籍出版社1992年版，第1227—1228页。

时读到《佛说化珠保命真经》之后所撰写的，并非他人托名而作。至于写作时间，应在正德五年（1510年）初至赴三月庐陵县任之前。

同时，这篇序文体现了王阳明与佛教之间的关系。按照黄宗羲的说法，王阳明曾以朱熹之法格竹，却"无所得入"，"于是出入佛、老者久之"①。王阳明自谓自年幼读书时便对佛、道二教之论有所得，说："吾亦自幼笃志二氏，自谓既有所得，谓儒者为不足学。其后居夷三载，见得圣人之学若是其简易广大，始自叹悔错用了三十年气力。大抵二氏之学，其妙与圣人只有毫厘之间。"② 王阳明"叹悔错用了三十年气力"，自然也有对之前钻研佛教的叹悔，从后来对佛教的批评来看，似乎真的十分"叹悔"。如《传习录》卷下论儒佛云："佛氏不著相，其实著了相，吾儒著相，其实不著相。"弟子问为什么有此说，王阳明说："佛怕父子累，却逃了父子；怕君臣累，却逃了君臣；怕夫妇累，却逃了夫妇。都是为个君臣、父子、夫妇著了相，便须逃避。如吾儒有个父子，还他以仁；有个君臣，还他以义；有个夫妇，还他以别；何曾著父子、君臣、夫妇的相？"③ 认为佛教虽然讲不著相，实际却是著了相；将出家与在家作了分别，有分别便执相，从这方面来说，王阳明之说符合禅学观念。又说佛教外人伦："彼释氏之外人伦，遗物理，而堕于空寂者，固不得谓之明其心矣。"④ 佛教外弃人伦，王阳明认为反映出的是佛教"一个利己的心"⑤。综合来看，这些批评都是从社会人伦方面着眼的。

值得注意的是，序文中说的"居夷三载"，指的就是谪居贵阳的三年，即1508—1510年，1510年应该是王阳明写作《药王菩萨化珠保命真经序》的时间。据序文中"惟瘟痘之种，不见经传，上古未有"之语来看，贵阳当时再次爆发大规模的瘟痘之患。从《佛说化珠保命真经》的内容来看，贵阳周围经常发生痘患，经前邢敬作的序文中也表明了这一点：

---

① 黄宗羲：《明儒学案》卷十《姚江学案》，中华书局1985年版，第181页。
② 王阳明：《传习录》上，《王阳明全集》卷一，第36页。
③ 王阳明：《传习录》下，《王阳明全集》卷三，第99页。
④ 王阳明：《与夏敦夫》，《王阳明全集》卷五，第179页。
⑤ 王阳明：《传习录》上，《王阳明全集》卷一，第26页。

贵阳龙冈，庄地近夷，痘患为甚。俗，儿将痘，则出之旷野，不死，然后持归。予年过六旬，儿女各一，俱将痘。从俗，远置儿于废庙中。有游僧，体貌甚奇，持一小箧，时出箧中类居草根，啮曰："吾自乐此，不饮酒。"行若大醉将跌状。呼曰："急扶我骸。"时庙中置儿约十数。僧遍视之，伸两指，按诸儿面，痘即应指所按处而发，余体皆无。予异之，欲延归视女。僧曰："家向何方？"指示之。僧俯首吸泉水，登高望所向噀之，一方小儿痘皆稀，如水珠象，曾无一失。后莫知所往，惟留一像于庙壁中。及痘疹复行，争抱儿置其所，痘复多吉。时有牧童，从山中来，熟视其像，指谓众曰："此僧吾方遇之。山中醉卧。吾不敢近。"众即随牧童追寻，无迹，惟悬所持箧于石灯上。因发箧，而得是经。遂祀其像，持诵此经。自是龙冈始知奉佛，而灾疹渐消，得免痘患。予欲广施此经，以惠十方，故备述所自云。

按照邢敬所说，在贵阳爆发痘患时，有游僧以法力治好了痘患。而且在后来痘患重新爆发时，把患儿带到那个游僧曾经住过的庙中，即能将痘患治愈，可谓非常神奇，此后便以《佛说化珠保命真经》来治疗痘患，显然是佛教僧徒杜撰之言。

王阳明当时因身体不太好，想通过"检方书及释典"寻找合适的方法来消除或减轻自己的病痛和压抑的心理得到缓解。发现这部《药王菩萨化珠保命真经》后，感叹本经"妙义奥旨，大与虚无之谈异"，是他"平生所未经见"。王阳明感叹本经为"平生所未经见"的原因，一定是看到了邢敬所作的序，并按照《药王菩萨化珠保命真经》中所说方法医治好了儿童身上的痘患。贵阳当时的痘患，各种方书都没有记载有效的治疗方法。王阳明一定是翻阅各种方书，寻找着治疗痘患的方法，在对痘患的治疗中，看到了《药王菩萨化珠保命真经》中所说方法，并根据自己的摸索，配合着药物，治疗儿童的痘患，最终取得了非常好的治疗效果，所以他说《药王菩萨化珠保命真经序》"大与虚无之谈异"，即不空谈义理，注重实效。序文中说的"必焚香洁净，戒酒，忌诸恶秽"，也与《药王菩萨化珠保命真经序》中"父母斋戒，不杀不淫，香华耀烛，晨夕顶礼"的说法一致。

痘患的治愈，应该还是药物的作用，王阳明却认为是《药王菩萨化珠保命真经》发挥了作用，是"药王菩萨现世度厄"。因为本经所展现出来的良好效果，王阳明不仅重新刊刻此经，而且"谋之父老"，寻一废弃的庙宇而供奉药王菩萨，庙寺建成后，"疾病祷者立应"。在贵阳西南有"药王庙"，为清康熙六年"都司张光焕建，旧为尊经阁地址"①，不清楚此药王庙是否就是王阳明所建供奉药王菩萨的庙宇。若不是的话，则说明贵阳的药王菩萨信仰是很流行的，这种信仰的流行应与贵州的多疾疫有关。

以法力或奉持、诵读经典便能治愈瘟痘等疾病，宣扬的是宗教的神异化色彩，现在看来是不符合实际的，但从序文来看，王阳明是相信的，如前引连山交易"新建于儒可谓杰然者也，尊信此经而刻之序也"的评论便是说明。因此，从这篇序文的内容来看，王阳明与佛教之关系，并非如《传习录》中所说的"叹悔错用了三十年气力"，而是直接证实了王阳明与佛教之间的密切关系②，并可以推测它在王阳明心学思想的发展和成型中可能发挥了比较重要的作用。

---

① 《贵州通志》卷十，《四库全书》本。
② 关于王阳明与佛教的关系，可参见陈荣捷《王阳明与禅》，台湾学生书局1984年版；[澳] 柳存仁《王阳明与佛道二教》，《清华学报》1981年第12期。

王龙溪与佛教

关于王龙溪与佛教的研究，彭国祥《良知学的展开——王龙溪与中晚明的阳明学》（三联书店 2005 年版）有提到。该著中第五章"王龙溪与佛道二教"第一节"龙溪与佛道二教的因缘"中，梳理了其与佛教人物的交游，第二节讨论了王龙溪的三教观，并在此基础上分析了王龙溪对佛教思想的判摄与融通。该著中指出，王龙溪对儒学自觉认同，对佛教与道教的态度，是要将其合理地容纳到儒学当中去。王龙溪与佛教的交涉，仍然有不少问题需要进一步梳理清楚，本文论述王龙溪与佛教、禅学的交涉、关联及其以良知范围三教的思想。

一

王畿（1498—1583 年），字汝中，别号龙溪，世称为龙溪先生。浙江山阴人。王龙溪身上有一股豪侠之气，这在他的著作中屡屡以豪侠之气自任、自信的言论中便可以看得出来。王阳明为把他纳入门下，颇费了一番脑筋。据后来公安三袁之长的袁宗道记载，王阳明接人，"每遇根性软弱者"，就令其到另一理学家湛若水那里学习。湛若水不知原因，以为"阳明推己"而"欢然相得"，其实王阳明这不过是"汰去砂砾""直寻真金"而已。王阳明发现了王龙溪后，"极欲一会"，王龙溪却并不领情，不与王阳明相会。王阳明想出来一个收服王龙溪的办法，"日令弟子六博投壶，歌呼饮酒"，随后，"密遣一弟子瞰龙溪所至酒家，与共赌"。王龙溪笑问阳明门人："腐儒亦能博乎？"阳明门人回答说"吾师门下日日如此"，王龙溪"乃惊，求见阳明"，"一睹眉宇，便称弟子矣"[①]。袁宗道

[①] 袁宗道：《白苏斋类集》卷二十二《杂说》，上海古籍出版社 1989 年版，第 307 页。

的这段记载颇具传奇色彩，这件事也不见有其他的记载，只是孤证，很难证实。不过，从王龙溪著作中所表现出来的豪侠之气来看，这段轶事当不是空穴来风，所以才会导致"其后，士之浮诞不逞者，率自名龙溪弟子"情况的出现。清人李光地曾批评王阳明和王龙溪说："所恶于姚江者，为其以四书六经皆是闲账，直指人心，立地成佛耳。其流毒无穷，王龙溪已不像样，万历以后鬼怪百出，姚江作俑也。"① 李光地的话有些像声嘶力竭的咒骂了，不过从侧面说明王阳明确实能够做出以赌博接引王龙溪这样的事情。

王龙溪亦不负王阳明之望，终成为阳明之宗的两大重要门人之一，《明史》本传云"阳明学派，以龙溪、心斋为得其宗"②。对王阳明之后阳明学的发展做出了巨大的功绩，黄宗羲评价说："先生亲承阳明末命，其微言往往而在。象山之后不能无慈湖，文成之后不能无龙溪。以为学术之盛衰因之，慈湖决象山之澜，而先生疏河导源，于文成之学，固多所发明也。"③ 这个评价是非常中肯的。

王龙溪对宗教（包括佛教与道教）的态度，基本上是对王阳明宗教观念的延续。王阳明对佛教的态度可以简要归纳为三个方面：一是对佛教（包括道教）进行了深入的探讨；二是认为佛教有相当值得肯定的地方和内容；三是以良知之说判断和融摄佛教。王龙溪对佛教的看法，基本上沿袭了王阳明的思路。

《滁阳会语》中，王龙溪在滁阳讲会上为学者讲王阳明之学"凡三变"，少时"英毅凌迈，超侠不羁""于学无所不窥"，所学之内容没有界限，"尝泛滥于词章，驰骋于孙吴，其志在经世，亦才有所纵也"。后来，"为晦翁格物穷理之学"不仅无所得，反而"几至于殒"。王阳明苦朱熹格物穷理之学烦且难，"自叹以为若于圣学无缘"，于是"始究心于老佛之学""筑洞天精庐，日夕勤修炼习伏藏"，经过勤修炼习，最终"洞悉机要"④。

对第二和第三方面，王龙溪曾举王阳明的屋舍三间的比喻。有人问他

---

① 李光地：《榕村语录》卷二十，《四库全书》本。
② 《明史》卷二百八十三，中华书局1974年版，第7274页。
③ 黄宗羲：《明儒学案》卷十二《郎中王龙溪先生畿》，中华书局1985年版，第240页。
④ 王畿：《王龙溪全集》卷二《滁阳会语》，台湾华文书局据道光二年刻本影印本。

说:"佛氏虽不免有偏,然论心性甚精妙,乃是形而上一截理。吾人叙正人伦,未免连形而下发挥,然心性之学沉埋既久,一时难为超脱,借路悟入,未必非此学之助。"问者看到佛教注重形而上的义理,儒学更注重解决社会问题如"叙正人伦"等形而下的实践;佛禅的心性之说,正可以弥补儒学形而上的缺失与不足,儒学正可以借助佛教的心性之说,超越形而下而悟入形而上。这样的看法在此前早就出现过,如袁宗道叙云:"'甚矣吾衰也,久矣吾不复梦见周公。'张子韶诗曰:'向也于公隔一重,寻思常在梦魂中。如今已是心相识,你自西行我自东。'此妙语契圣人神髓矣。子韶与杲公游,透悟禅宗,其发明吾孔子奥言甚多,不能悉记耳。张商英曰'吾学佛,然后知儒',余于子韶亦云。"[1] 学佛"然后知儒"等语,即是以佛教的义理启悟儒学,所谓"学佛然后知儒",是以佛教的义理有助于启悟儒学的形而上,从而在更高层面(超越实践)上加深对儒学的理解;在这个意义上说,佛教确实能对儒学的修习提供助力和辅助。

王龙溪对这一发问却并不赞同,认为"此说似是而实非",不管是佛教还是儒学都"本无上下两截之分";"本无上下两截之分"之语,显示王龙溪"理"不分形而上与形而上的观念,"理"是形而上与形而下的一体。对佛教为形而上、儒学为形而下这样通常的看法,王龙溪说儒学"未尝不说虚,不说寂,不说微,不说密",即儒学同样包含有形而上的内容;之所以通常认为儒学偏重形而下,是因为这是儒家自古以来"千圣相传之秘藏"。"千圣相传之秘藏",可以从两个方面理解:第一,因为儒学的形而上为"秘藏",故不为人所理解;第二,形而上为"千圣相传之秘藏",儒学自古以来就有形而上的内容。王龙溪实际上指的应该是第二方面,因此说若能"从此悟入",便是"范围三教之宗",即若能明了"千圣相传之秘藏"的形而上,就能统率三教(实际上是指世间所有的学说)。一般人之所以会认为虚、寂、微这些概念和议论是属于佛教的范畴,王龙溪解释是因为"圣学不明",导致后儒"反将千圣精义让与佛氏,才涉空寂,便以为异学,不肯承当",后世儒者也"不知佛氏所说,本是吾儒大路",反而要借佛教之论来谈虚说寂,借佛教之路而"而入",

---

[1] 袁宗道:《白苏斋类集》卷十七,第245页。

也真是"可哀"的;"千圣相传之秘藏"实际上是王龙溪提出的理论预设,作为以良知统率三教的概念基础。

沿着这个思路,王龙溪将目光上溯到尧舜,圆证自己的观念,云:"夫仙、佛二氏皆是出世之学,佛氏虽后世始入中国,唐虞之时所谓巢许之流即其宗派。唐虞之时圣学明,巢许在山中如木石一般,任其自生自化,乃是尧舜一体中所养之物。盖世间自有一种清虚恬淡不耐事之人,虽尧舜亦不以相强。只因圣学不明,汉之儒者强说道理,泥于刑名格式、执为典要,失其变动周流之性体,反被二氏点检訾议,敢于主张做大。吾儒不悟本来自有家当,反甘心让之,尤可哀也已。"将尧舜时之巢许之流看作佛教前身,尽管明代部分典籍中有这样的说法,但相信王龙溪并不会如此判断,延续这样说法的目的,应该是王龙溪要圆证自己的理论预设,及以此理论预设容纳佛教。王龙溪随即举了王阳明所讲过的"屋舍三间之喻":"唐虞之时,此三间屋舍原是本有家当,巢许辈皆其守舍之人。及至后世,圣学做主不起,仅守其中一间,将左右两间甘心让与二氏。及吾儒之学日衰,二氏之学日炽,甘心自谓不如,反欲假借存活。洎其后来,连其中一间岌岌乎有不能自存之势,反将从而归依之,渐至失其家业而不自觉。"三间屋子(儒释道)本来都是儒家所本有,随着儒学的衰落和发展的变化,使儒学甘愿将另外两间让于佛、道;儒学越来越衰落,佛道二教越来越炽盛,儒学甚至连一间屋子也守不住了,家业渐失而不自觉。

由于谈虚说寂为佛教之范畴已经成为一般人的共识,所以"间有豪杰之士不忍甘心于自失,欲行主张正学以排二氏为己任",不惟不能得到认同,即是自身亦不能"不能探本入微,务于内修",不能深入抉发形而上的理论反击佛教,只是"欲号召名义"而"以气魄胜之";欲以气魄压制佛教的做法,不仅不能使佛教徒信服,反而"只足以增二氏检议"。王龙溪认为真正做到反驳佛教的就是王阳明的良知之学,"良知之学乃三教之灵枢,于此悟入,不以一毫知识参乎其间,彼将帖然归化,所谓经正而邪慝自无,非可以口舌争也"[1]。

由上可知,王龙溪主张深入研究佛教、发幽儒学本来的"千圣相传之秘藏",从形而上反驳佛教,不作浅层泛泛的"气魄"与口舌之争,从

---

[1] 王畿:《王龙溪全集》卷一《三山丽泽录》。

而远离佛教、回归到对儒学的真正认识。这是王阳明对待佛教的态度,并希望做到的,也是王龙溪对待佛教的根本态度并希望做到的;"良知",成为王阳明及王龙溪以形而上反驳佛教、树立儒学的理论范畴。

二

同王阳明一样,王龙溪究心于佛、道二教之学,如在《松原晤语寿念庵罗丈》文中,记述嘉靖壬戌(1562年)冬与罗洪先(1504—1564年)研佛道之学云:"往赴松原新庐,共订所学,至则见其身任均役之事。日与闾里之人,执册布算,交涉纷纭,其门如市,而耐烦忘倦,略无一毫厌动之意;夜则与予联床趺坐,往复证悟,研二氏,究百家,意超如也。"① 罗洪先《登报恩寺浮屠怀龙溪》诗中提到二人共研佛道:"金陵南郭化城居,景物依依六代余。华榜犹悬中使敕,宝函常护上乘书。烛龙夜夜留金塔,灵鹫朝朝映绮疏。却忆山阴王子辈,昔年曾此话玄虚。"② 或许正是因为此,罗洪先说与王龙溪是"同音":"古人在念那能别?一见山阴坐暮林。屡向目成知偶合,不将言应一观深。十年已去为何计?千里临分独此心。莫抱鸣琴惜来意,楚江流水待同音。"③ 罗洪先曾在松原辟石莲洞默坐三年,有人疑其为禅④,或疑其说近二氏⑤,与王龙溪的"同音",一方面是同为王门后学,另一方面可能是指同入佛道二教。

《同盛古泉、戴混庵、管南屏宿玉湖寺》诗中,王龙溪述及与同游寺院的文人们共结"世外因":"千里神交梦未真,白头倾盖是何人。即看此夜山中月,共结青天世外因。出处两般都活泼,羲皇万古此经纶。僧家自是无尘土,一枕溪云伴客身。"⑥ 虽然诗中表达了对良知天机"活泼"的体认,对以儒家传道者身份的王龙溪来说,出于对"僧家自是无尘土"

---

① 王畿:《王龙溪全集》卷十四。
② 罗洪先:《罗洪先集》卷三十,凤凰出版社2007年版,第1244页。
③ 罗洪先:《罗洪先集》卷三十,第1247页。
④ 黄宗羲:《明儒学案·师说》,第12页。
⑤ 黄宗羲:《明儒学案》卷十八《文恭罗念庵先生洪先》,第389页。
⑥ 王畿:《王龙溪全集》卷十八。

的认可，与同心者共结"世外因"，可谓对佛教的极大认同。

对"僧家自是无尘土"的认可展现了王龙溪对佛教、禅宗的肯定。唐宋派文人王慎中（字道思，别号遵岩居士，晚年又号南江，福建晋江人，1509—1559年）与王龙溪关系非常紧密，沿着王龙溪的思路，王慎中肯定了"学术不出于孔氏之宗"，赞同道家、道教属于儒家范畴，"固吾儒之宗派"，发展流变过程之中"或失于矫"，却非异端；儒学在孔氏之后流弊加深，学者"宗失其统"，致使出现"俗与禅"两方面的弊端。王慎中提出了"俗与禅"是否异端的疑问，王龙溪指出不仅道家道教非异端，佛教亦非异端："异端之说，见于孔氏之书，当时佛氏未入中国，其于老氏，尚往问礼，而有犹龙之叹。庄子宗老而任狂，非可以异端名也。"这段话明确指出了孔子之时佛教尚未传入中国，验证上文提到其将尧舜时之巢许之流看作佛教前身的说法，只是为了圆证自己的理论预设。异端之名，最早应该出现于《论语·为政篇》，云："攻乎异端，斯害也已。"杨伯峻认为孔子之时还没有诸子百家，因此"异端"应该不是指不同的学说，而是指与孔子相异的"不正确的学说"[1]。后来儒家所说的"异端"，基本上是指与儒家不同的学说，所以王龙溪说当时佛教未传入中国，不是异端。王龙溪指出所谓的"异端"，是"吾儒之学"自有之异端。王龙溪认为佛教非异端的说法，或许来自陆九渊。在《三教堂记》中，王龙溪引用了陆九渊的话，文中云："三教之说，其来尚矣。老氏曰'虚'，圣人之学亦曰'虚'；佛氏曰'寂'，圣人之学亦曰'寂'。孰从而辨之？世之儒者，不揣其本，类以二氏为异端，亦未为通论也。春秋之时，佛氏未入中国，老氏见周末文胜，思反其本，以礼为忠信之薄，亦孔子从先进之意。孔子且适周而问之，曰'吾闻诸老聃'云，未尝以为异也。象山云：'吾儒自有异端，凡不循本绪，欲求诸于外者，皆异端也。'"[2] 王龙溪所引陆九渊之语，似乎并非原话，只是综述其说。陆九渊有很多论述异端的话，基本大意都相同，在《与陶赞仲》书中说："古人所谓异端者，不专指佛老。'异端'二字出《论语》，是孔子之言。孔子之时，中国不闻有佛，虽有老氏。其说未炽。孔子亦不曾辟老氏，异端

---

[1] 杨伯峻译注：《论语译注》，中华书局1980年版，第18页。
[2] 王畿：《王龙溪全集》卷十七。

岂专指老氏哉？天下正理不容有二。若明此理，天地不能异此，鬼神不能异此，千古圣贤不能异此。若不明此理，私有端绪，即是异端，何止佛老哉？"① 对照王龙溪、陆九渊的这两段话来看，无论从语句还是大意来说，基本上是一致的。正因为认识上的一致，所以当众多的人批评陆九渊之学为禅学时，王龙溪为之辩护云："象山之学自信本心，平生功夫严密如此，世人概以禅学目之，非惟不知象山，亦不知禅矣！""象山之学从人情物理磨炼出来，实非禅也。"② 这一方面是为陆九渊辩护，另一方面也是为自己辩护。

对王慎中所说的"俗与禅"两弊端，王龙溪认为佛教虽然"遗弃物理""究心虚寂，始失于诞"，但"今日所病"却不在佛教而"惟在俗耳"，也就是说王龙溪并不是像一般人那样把佛教、禅宗看作儒学的大敌与对立面；对儒学造成更大危害的是"俗"。虽然佛道与儒学异，但能与儒学并传不废，就表明佛道二教是有"道"的，王龙溪说："二氏之学与吾儒异，然与吾儒并传而不废，盖亦有道在焉。"③ 因此不能以视为异端而废二教之学："二氏与儒者之学，所争毫发，而迭为盛衰，老子、沙门之纪，盖基之矣，不可以异端废也。"④ 不过王龙溪同时指出，如果佛禅"不本于良知"而求自得，"徇于物感之迹"而"揣摸假借"，就会"不免于俗学之支离"⑤，这当然是从以良知范围三教的角度出发而说的。

王龙溪的这些话，从一定程度上可以看出他对佛禅的肯定与赞扬。王龙溪与佛教的关系，日本学者荒木见悟在《明代思想研究》《阳明学の开展と佛教》《佛教と阳明学》《中国心学の鼓动と佛教》《禅僧玉芝法聚と阳明学派》《王龙溪の中鉴录について》《阳明学と明代の佛教》等论著中有所论及，彭国祥《良知学的展开——王龙溪与中晚明的阳明学》中梳理了王龙溪与佛教人物玉芝大师、月泉、云栖袾宏、苇航、小达摩、

---

① 陆九渊：《陆九渊集》卷十五，中华书局 1980 年版，第 194 页。陆九渊对异端的论述，可参见拙著《心海禅舟：宋明心学与禅学研究》第一章"天下皆说先生是禅学：陆九渊与禅学"，人民出版社 2008 年版。

② 王畿：《王龙溪全集》卷一《抚州拟砚台会语》。

③ 王畿：《王龙溪全集》卷七《南游会纪》。

④ 王畿：《王龙溪全集》卷十三《历代史纂左编序》。

⑤ 王畿：《王龙溪全集》卷一《三山丽泽录》。

风自然等的交往。

王龙溪与佛教僧人的交往很深入，与禅僧们互引为知音。嘉靖戊午（1558年）春，玉芝法师在天池举行法会，与会禅僧各位偈言，王龙溪与蔡汝楠参加了这次法会，二人亦作偈，蔡汝楠记载此事说："偈成，龙溪诵余偈曰：'但问黄梅五百众，不知若个是知音。'是知音希也，因自诵曰：'何幸钟期共禅席，高山流水有知音。'余不觉爽然。盖知音者希，何异乎可者与之之指？乃若高山流水幸有知音，岂非容众尊贤之盛心哉？于是乎可以考见余与龙溪之用心矣。乌乎！禅客当机截流掣电，岂不亦犹余辈各自表见者哉？宜并存之，庶令自考。玉芝颇以余以为然，请题于卷首，次第录之。"① 与禅僧大德们互为知音，并得到称赏，说明王龙溪之佛学认识确实比较深入。

除了彭国祥书中提到的佛僧之外，与王龙溪交往的僧人还有很多，如王龙溪《赠天池山中法侣》诗中提到湛峰和钵泉："一僧名湛峰，一僧名钵泉。虚舟泛寂海，玉树团苍烟。卓锡天池上，共证真空禅。青莲出淤泥，石鼓鸣寂天。赤影落空翠，湖光浮素玄。我来值秋晚，云榻时留连。烹茶煮石笋，谈道披霞笙。真空原不空，万法同自然。流光倏云迈，玄发悲华颠。青鸾渺何许，且结区中缘。"② 湛峰与钵泉是真正的禅僧，证得"真空禅"，王龙溪留连与二人交往，结成"区中缘"，煮茶谈道。他们所谈之道自然是佛禅之道，"真空原不空，万法同自然"是王龙溪阐述自己对佛禅之理的认识。《题王凤洲小祇园》诗中则云希望与佛僧共参佛理，云："给孤去已远，此地复开园。礼佛莲花涌，传经贝叶翻。水深澄客性，山古隔尘喧。安得留精舍，同参不二门。"③ "礼佛莲花涌"援引了《法华经》的典故，一方面显示了王龙溪对佛经的熟悉，另一方面显示对佛教的赞叹和赞颂；"安得留精舍，同参不二门"，显示了对留下来与禅僧共同讨论佛教道理的期望。

在与佛僧交往时，王龙溪有时如在《八山居士闭关云门之麓，玉芝上人往扣，以偈相酬答。时龙溪道人偕浮峰子叔学生访上人于龙南山居，语次，出以相示，即席口占数语，呈八山与玉芝共参之》诗中所言一般，

---

① 蔡汝楠：《自知唐集》卷十五《天池法会偈引》，《四库全书存目丛书》本。
② 王畿：《王龙溪全集》卷十八。
③ 王畿：《王龙溪全集》卷十八。

自称为"龙溪道人",视自己为禅家之人。本诗共八首,其一:"魔佛相争不在多,起心作佛即成魔。若于见处能忘见,三界纵横奈尔何。"其二:"禅家但愿空诸有,孔氏单传只屡空。儒佛同归较些子,翠屏山色自穹窿。"其三:"谩把玄关着意寻,五情苦乐古犹今。百年一日非延促,须信真金不博金。"其四:"因成社会结莲台,不著虚空不惹埃。水竹岩花都见在,恁渠溪上放舟来。"其五:"此非不足彼非多,水即成波佛即魔。却笑山僧亦饶舌,强从丈室问如何。"其六:"从来万法由心造,人若空时法亦空。解取高山作平地,却于何处认穹窿。"其七:"自己家珍不用寻,法门非古亦非今。不与了处知分别,馆取全收大地金。"其八:"杖头点到降仙台,台上风光绝点埃。一自仙翁赋归去,至今猿鹤笑空来。"[1] 王龙溪在八首诗中以禅家"道人"的身份对禅理的阐释,确实不是一般的浮空之论,而是对禅学有着极为深刻的认识与探究。

三

佛寺是王龙溪与文人们喜欢游览、留连的地方,与僧人谈论佛理、抒发对佛禅之理的体悟,是王龙溪游览寺院时所做的事情。《永庆寺次荆川韵》诗:"行歌郊外寺,亦复舞雩风。墟里浮烟合,闲房夕照中。生涯随地足,吾道与人同。试问维摩氏,应知法本空。"[2] 诗中"墟里浮烟合,闲房夕照中"之句,发露出浓浓的禅意,颇有唐代诗人王维的禅诗境界。"吾道与人同"中的"道"与"人"应该有不同的理解,"道"可以指佛教之理,也可以指王龙溪体悟的心学;"人"可以指佛教僧徒,也可以从心学观念出发而指"人人"。由最后问维摩"应知法本空",援引了《维摩诘经》的典故,实际是阐明"法本空"是"吾道"的本质,其中既包含有对佛教之理的体认,同样也包含有对心学的体认。同样发露出浓浓禅意的,还有如《晚登天目宿狮子岩》诗:"曲蹬盘空上,岩头日欲斜。客袍行浥露,僧簟卧摊霞。暝色侵松影,鸣泉杂雨花。山灵邀梦去,恍惚到仙家。"[3] 这里的仙家并不是指神仙,只是指明当时狮子岩的清空之境。

---

[1] 王畿:《王龙溪全集》卷十八。
[2] 王畿:《王龙溪全集》卷十八。
[3] 王畿:《王龙溪全集》卷十八。

《登五祖道场》诗中言"逢僧谈往事":"石蹬盘空翠,虹桥夹素沟。山花迎客舞,松影带溪流。云护传衣石,江深度法舟。逢僧谈往事,迷悟两悠悠。"① 五祖是指禅宗的五祖弘忍,王龙溪在五祖道场与僧人所谈之往事,当是弘忍传法衣给慧能之事;"迷悟两悠悠",应该是王龙溪对弘忍和慧能禅法的体认。

王龙溪对《维摩诘经》非常熟悉,除《题王凤洲小祇园》《永庆寺次荆川韵》诗中分别提到"不二"和维摩之外,提到维摩的还有《庐山次阳明先师韵》二首,其一:"多病维摩卧法台,凌虚丈室为谁开。解言佛子能传法,只许文殊一度来。"其二:"佛氏流传明镜台,竹林无路若为开。道人曾踏黄梅顶,不为衣来为法来。"② 维摩诘是一位信仰诚挚的居士,过着和世俗人一样的生活,却信心坚定,体现了大乘居士的理想人格。维摩诘为了说法而示疾(示现为病状),国王、大臣、长者、居士、婆罗门及诸王子并眷属等数千人前往探病。佛陀也命令他的十大弟子、三位菩萨和一名信仰者前往,但他们各自述说以前和维摩诘交往时受到讥弹而推托。佛陀命文殊师利前往探病,文殊师利和维摩诘进行了反复的论辩,维摩诘借此机会深刻地论述了诸法"毕竟空""无所缘""无决定性"的道理。在"以空遣法"的"空平等观"的基础上,打通世间和出世间的界限,提出"不舍道法而现凡夫事""不断烦恼而得涅槃"的主张,从而发扬了佛法的现实精神,突出了大乘佛教的人世性格。这就是王龙溪所谓的"多病维摩卧法台","凌虚丈室"指的是文殊师利前往探病,维摩诘"以神力空其室内,除其所有及诸侍者,唯置一床"。文殊师利向维摩诘问病,出自《维摩诘经·文殊师利问疾品》,"只许文殊一度来"意为即使是文殊师利也只能来一次问法。

《题王凤洲小祇园》诗中提到的"参不二",是在《维摩诘经·入不二法门品》中出现的。维摩诘让众菩萨"各随所乐"说不二法门,诸菩萨各自谈了对不二法门的认识,最后文殊师利说:"如我意者,于一切法无言无说,无示无识,离诸问答,是为入不二法门。"然后文殊师利问维摩诘"何等是菩萨入不二法门",维摩诘默然无言,文殊师利感叹道:

---

① 王畿:《王龙溪全集》卷十八。
② 王畿:《王龙溪全集》卷十八。

"善哉！善哉！乃至无有文字语言，是真入不二法门。"王龙溪在《不二斋说》文中阐释了对不二法门的看法。他的朋友张元忭（字阳和，1538—1588年），以"不二"名斋，"时时习静其中，以求证悟"。有人疑其为禅，对王龙溪说："不二，禅宗也，昔者文殊与维摩二大士说法，共谈不二。众谓一者善，二者不善，佛法非善非不善，故名不二；一者常，二者无常，佛法非常非无常，故名不二；一者悟，二者迷，佛法非悟非迷，故名不二。文殊以无说证之，维摩以默标之，是为深入不二法门。"疑者因此认为对于儒者的张元忭来说，以"不二"名斋，有逃禅之意。王龙溪指出，不要只看其名，更要"究其实"，在不二法门方面儒、禅有相同的地方："《中庸》尽性之书，孔氏家学也。天地之道可一言而尽，为物不二，故生物不测，性一而已，是为未发之中，发之则为喜怒哀乐之情。有未发之中，斯有发而中节之和，以位以育，天地万物，所不能违焉，其致一也。"所以，儒者求不二，不必"有所托而逃"，也不必"有所泥而避"。张元忭随着王龙溪的说法阐发儒家的不二说，首先指出儒家是从人情世故上磨炼："古人谓此学，如龙养珠，非专在蒲团上讨活计，须从人情事变上深磨极炼，收摄翕聚，以求超脱。确乎不为所动，是为潜龙之学，只此便是养之之法。"这是"吾儒与禅家毫厘不同"之处，接着说明儒家的"不二密旨"是："良知，性之灵也，虚明洞彻，原是无物不照，以其变化不可捉摸，故亦易于随物，古人谓之凝道，谓之凝命，亦是苦心不得已之言。良知即道，良知即命，若不知凝聚，则道终不为我有，命终不为我立。吾人但知良知之灵明变化，倏忽存亡，不知所以养，或借禅家活计，而不知从人情事变锻炼超脱，即为养之之法，所以成二见，不能会通于一……有意有欲，皆为有物，皆属二见，皆为良知之障。于此消融得尽，不作方便，愈收敛，愈精明，愈超脱，愈神化，变动周流，不为典要，日应万变，而心常寂然。无善无不善是为至善，无常无无常是为真常，无迷无悟是为彻悟，此吾儒不二之密旨，千圣绝学也。"儒释关于不二之说，实际上在义理上没有太大差异，在儒家看来主要是悟脱出来的源头不同，佛教禅学是从蒲团静坐中悟脱，儒家是从人情事变中磨炼而出。佛禅在理论上的优势与深入，要想明了儒家的不二密旨，"借禅家活计"非常必要；佛禅"不知从人情事变锻炼超脱"，对义理的阐发便具有局限，从蒲团静坐中得出来的义理毕竟不能用于指导社会实践，因此在儒家看来，佛禅的义理在人情事变上"不能会通于一"而造成二见。张元忭的看法，实际上是大部分儒家士人的普遍认识，王龙溪对此没有否认、否定，告诉他"《维摩所说经》亦须理会"，这是"印证法"；所谓的印证法，应该是用从人情事变上悟透出来的义理，与佛禅从蒲团静坐中悟脱出来的义理进行印证。王龙溪进一步解释不二说："权以统万行，慈以济群蒙，觉以显宗极，不二之法象也。身为白衣，严持律行，示有眷属而常离于欲，混迹尘劳而不失静业。博弈游戏，利行同事，常善救人，助法宏教也。乞食借座，行于非道，通达佛道，同众病而不舍，入众魔而不堕，忘毁誉无八风可吹，齐得丧无三界可出，不二之摄化也。"王龙溪对"不二"的解释，是从《维摩诘经》本义而言的，符合《维摩诘经》的意旨。张元忭对"不二"的解释是从良知着手的，王龙溪之所以没有从良知上加以阐述"不二"，应该是认同张元忭的说法；进一步深入阐发《维摩诘经》的"不二"本义，目的应该是让张元忭以体认的良知与《维摩诘经》的本义进行印证，从而加深对良知的体认。张元忭听了王龙溪的阐说之后，领悟"最上乘不二法门"，云："日用应感，念念不离，不抗不随，思与人同归于善；即遭疑谤，处之坦然，无非维摩宗旨。"① 即领悟到从人情世故中磨炼而来的良知，在义理上与维摩宗旨相通。

《庐山次阳明先师韵》诗第二首援引禅宗惠能、神秀关于明镜台的典故，"道人"应该是王龙溪自指，言其登黄梅山亦是为得法而非得衣而来。王龙溪引用禅宗典故自言探求禅学之"法"，表明对禅学的主动探寻，而非排斥。最后两句同时又是比喻，将王阳明的良知说比喻为黄梅山的禅法，自己对王阳明的追随，如同禅学之士一般是求法，而非求衣。王龙溪体现禅理的诗作颇为不少，如《复久庵纪梦韵》诗十首，其一："如来原现宰官身，还我堂堂号缙绅。悟后谈玄犹是妄，梦中说法未为真。"其二："历劫生来一幻身，无分带索与垂绅。香涂刀割俱成妄，梦里参禅如是真。"其三："七十年来金粟身，翠屏为障锦为绅。无端梦里虚交拘，名利烟霞总成真。"其四："已分虚空属我身，一丝不挂岂论绅。更须打破虚空相，信手拈来法法真。"其五："大患由来贵有身，辱加徽缰宠加绅。纷纷得失何时了，若解无身到处真。"其七："色身法身无两身，浪

---

① 王畿：《王龙溪全集》卷十七。

将刍狗等朝绅。南华有个无生颂,离假由来即是真。"其八:"一念轮回一度身,或投鬼物或儒绅。世人欲断轮回劫,当念无生即返真。"其九:"血肉团中清净身,云裳玉舄毳霞绅。学人欲识真头面,不落庄严当体真。"其十:"颜氏坐忘宁有身,纷纷末学强书绅。可怜千古源流意,只有箪瓢一个真。"① 诗中表达了对禅理的深入体认,需要注意的是,王龙溪在诗中不仅阐发禅理,更提到南华、颜回,实际上阐发的是儒、释、道三家在义理的本质上是一致的;最后两句"可怜千古源流意,只有箪瓢一个真"隐含着对颜回之后儒学之士弊病的批评,为王阳明阐发"千圣相传之秘"之良知提供理论依据;诗中处处表明要学者离妄体真,妄即为纷繁的表象及"纷纷得失",真指的对真实的体认,或者指的就是"良知"。

　　王龙溪多次提到禅宗传法衣这件事。传法衣,是禅宗五祖弘忍传袈裟给慧能。据《曹溪大师别传》记载,"少失父母,三岁而孤"的慧能到黄梅山弘忍禅师(601—674年)门下修习,弘忍禅师问他"汝是岭南新州人,宁堪作佛?"慧能回答说:"岭南新州人佛性,与和上佛性有何差别?"弘忍一听深奇之,知其为大器。过了一段时间,弘忍夜里让慧能到他房里,问他刚来时所回答的"吾岭南人佛性与和上佛性有何差别"的话是谁教的,慧能说:"佛性非偏,和上与能无别,乃至一切众生皆同,更无差别,但随根隐显耳。"弘忍又问:"佛性无形,如何隐显?"慧能答:"佛性无形,悟即显,迷即隐。"弘忍于是告诉慧能:"如来临般涅槃,以甚深般若波罗蜜法付嘱摩诃迦叶,迦叶付阿难,阿难付商那和修,和修付优波掬多,在后展转相传,西国经二十八祖,至于达磨多罗大师,汉地为初祖,付嘱惠可,可付璨,璨付双峰信,信付于吾矣;吾今欲逝,法嘱于汝,汝可守护无令断绝。"慧能说这里大有龙象,不必传给我,弘忍说:"此虽多龙象,吾深浅皆知,犹兔与马,唯付嘱象王耳。"于是将所传袈裟付给慧能,慧能"遂顶戴受之"②。王维在《六祖能禅师碑铭》中提到弘忍传法衣给慧能,"临行,遂密授祖师以袈裟",并载弘忍对慧

---

① 王畿:《王龙溪全集》卷十八。
② 《漕溪大师别传》,《续藏经》第86册,第49页。又载郭朋《坛经校释》附录,中华书局1983年版。

能说：" 物忌独贤，人恶出己，予且死矣，汝其行乎。"① 禅宗史上到底有没有传法衣这件事，已经辨别不清了，胡适在《〈坛经〉考之一（跋〈曹溪大师别传〉）》文中，认为传法衣之事不可信，禅宗史上并无传法衣之事，因为 "《曹溪大师别传》实在是一个无识陋僧妄作的一部伪书，其书本身毫无历史价值，而有许多荒谬的错误"。胡适在文中举出了许多的事例和证据，最后说：" 总之，《别传》的作者是一个无学问的陋僧，他闭门虚造曹溪大师的故事，装上许多年月，俨然像一部有根据的传记了。可惜他没有最浅近的算学知识，下笔便错，处处露出作伪的痕迹。"②

传法衣之事或许不可信，不过慧能作为禅宗的六祖，将禅宗发扬光大，成为禅宗史上极为重要的祖师之一，胡适对慧能的评价并非完全客观；慧能的事迹颇为人所津津乐道，这些本来非真实的事情，后人亦信其为真而不断传诵。王龙溪《登五祖道场》诗中 "云护传衣石，江深度法舟" 之句，以及《庐山次阳明先师韵》中第二首 "佛氏流传明镜台，竹林无路若为开""道人曾踏黄梅顶，不为衣来为法来"，提及的都是此事。所谓的明镜台，指的是神秀与慧能所作的禅偈。《坛经》中对此有非常详细的记载，《五灯会元》卷一《五祖弘忍大满禅师》中有简略的概括，言五祖弘忍 "知付授时至"，告诉门人说："正法难解，不可徒记吾言，持为己任。汝等各自随意述一偈，若语意冥符，则衣法皆付。" 神秀作偈，言："身是菩提树，心如明镜台。时时勤拂拭，莫使惹尘埃。" 慧能作的偈是："菩提本无树，明镜亦非台。本来无一物，何处惹尘埃？" 弘忍遂将法衣传于慧能。除《庐山次阳明先师韵》诗外，王龙溪在《礼五祖次韵》诗中提到传法衣事："为法传衣亦法尘，因衣付法幻中身。山堂此日瞻遗像，可是当初白发人？"③ 王龙溪还提到四祖道信大医禅师，同赵大洲等人在四祖祠夜坐，为诗四首，其一："一派潺湲雨后新，乾坤何意属兹辰，与君坐破溪头月，不谓前身与后身。" 其二："华岳枕边千古梦，濂溪亭畔一般青。单传已较些儿子，看取先天无字经。" 其三："双峰项上紫烟浮，四月溪边碧树秋。道人不作溪山梦，濯足潇湘看水流。" 其

---

① 《全唐文》卷三二七。
② 欧阳哲生编：《胡适文集》第五册卷二，北京大学出版社1998年版，第241、244页。
③ 王畿：《王龙溪全集》卷十八。

四:"四面青山栽欲遍,中流隙地未经栽。只缘行者传衣急,待得山人带雨开。"① 可见王龙溪对禅宗史传的熟稔。

《坛经》《曹溪大师别传》《六祖能禅师碑铭》《五灯会元》等作品长期在文人之中盛传,王龙溪很显然亦对这些作品非常熟悉,所以使用禅宗典故时才能得心应手,信手拈来。又如在《答南明汪子问》中,引用慧能的话,文中云:"自师门提出良知宗旨而义益明。良知之思自然明白简易,睿之谓也;良知之思自然明通公溥,无邪之谓也。惠能曰'不思善,不思恶',却又不断百思想,此上乘之学也,不二法门也。"② 这段话引用了慧能的"不思善、不思恶"的话,并又再次提到不二法门。虽然这些对禅宗典故、语句、义理和思想的引用,更多的是为了说明、验证良知之学,但足以表明王龙溪对佛教、禅学的熟悉与了解,确实能看得出他对佛教、禅宗是进行过认真的研究、探讨的。

王龙溪对禅学本质的认识,还可从《答五台陆子问》中表现出来。五台陆子是陆光祖,喜读禅学典籍,尤其喜大慧禅。陆光祖举大慧禅语:"若要径截理会,必须看个赵州狗子无佛性话头,得这一念子,啐地折,暴地破,方了得生死,方名悟入。将妄想颠倒底心、思量分别底心、好生恶死底心、知见解会底心一时按下,只以话头为拄杖,不得将心等悟,不得作道理会,不得向举处承当,不得向击石火闪电光处会,不得向意根下卜度,不得向扬眉瞬目处躲根,不得向语路上作活计,不得向文字中引证,不得扬在无事甲里,直得无所用心、心无所用之无聊赖时,莫怕落空。能知得怕者是谁?心头热慌慌转觉迷闷,到这里却是好消息,不得放歇,提撕来提撕去,忽然嗒地一声,便见倒断也。"然后对王龙溪说:"此是大慧老婆心切,拖泥带水,破生死之利刀,舍此更无可用力处。"陆光祖意思是说,只有大慧禅才是破生死的利刃,舍此之外没有可用力处。陆光祖所引大慧禅的话中,有很多禅宗悟道的典故,王龙溪接着陆光祖的话评价禅宗的这些开悟话头说:"予旧曾以持话头公案质于先师,谓此是古人不得已权法,释迦主持世教无此法门,只教人在般若上留心。般若,所谓智慧也。嗣后传教者将此事作道理知解理会,渐成义学,及达摩

---

① 王畿:《王龙溪全集》卷十八《四祖祠同赵大洲、宫谕夜坐,次吕巾石韵》。
② 王畿:《王龙溪全集》卷三。

入中国，不立文字，直指人心，见性成佛，从前义学，尽与刊下。传至六祖，以后失其源流，复成义学。宗师复立持话头公案，顿在八识田中，如嚼铁酸馅，无义路可寻讨，无知解可凑泊，使之认取本来面目、圆满本觉真心，因病施药，未尝有实法与人，善学者可以自悟矣！"① 这段对禅学话头公案的评价，虽然王龙溪说是先师王阳明所论，不过他拿这些话头公案去质于王阳明，说明他是详细地阅读过相关的禅学典籍，对这些公案也进行仔细地思考过。王阳明说公案"是古人不得已权法"，而"本来面目、圆满本觉真心"才是真实相，确实是对公案与禅法的本质评价，王龙溪对此相当赞同，所以援引王阳明的话来回答陆光祖的问题。

对佛禅的熟稔，王龙溪的学术与观念带有的强烈禅学印痕，从其著述中能深深地感受到。王龙溪受到《坛经》的另外影响是为学的志向，王龙溪一直强调为学要先立志，如云"夫学一而已矣，而莫先于立志"②"古之欲明明德于天下，最初立志便分路径，入此路径便是大学之人，外此便是小成曲学"③"士之处世，所重全在立志，遇与不遇非所论也"④ 等语，这或许与陆九渊"自信本心、以先立其大为宗"之说有关，不过或许更多的是与佛教有关。

王龙溪引述过佛教的四宏愿，如在《书见罗卷兼赠思默》书中说："予谓良知原是彻天彻地、贯通万物之灵机，明明德于天下，只是完复他本来体段，非可以气魄承当得来。学佛者须先发宏誓愿，佛法无边誓愿学，众生无边誓愿度，不落声闻权乘小法，欲明明德于天下，便是吾人最初发心誓愿。至合德处，只了当得这个愿心。孔子十五而志于学，到从心所欲不逾矩，只是志到熟处。"⑤ 四宏愿或称四誓愿，全句为"众生无边誓愿度，烦恼无数誓愿断，法门无量誓愿学，佛道无上誓愿成"，当然还有其他一些大同小异的说法，如王龙溪就将"法门无量誓愿学"说成"佛法无边誓愿学"等。四宏愿应该出自菩萨信仰，菩萨乃候补佛，普度众生，只要世间有一有情不成佛，自己便不成佛。四宏愿反映出佛、菩萨

---

① 王畿：《王龙溪全集》卷六。
② 王畿：《王龙溪全集》卷二《斗山会语》。
③ 王畿：《王龙溪全集》卷五《书同心册卷》。
④ 王畿：《王龙溪全集》卷七《华阳明伦堂会语》。
⑤ 王畿：《王龙溪全集》卷十六。

和佛教的慈悲心怀,《千手眼大悲心咒行法》中说一切菩萨欲拔众生之苦、欲与众生之乐,立此四誓:"依苦谛立云众生无边誓愿度,依集谛立云烦恼无数誓愿断,依道谛立云法门无尽誓愿知,依灭谛立云佛道无上誓愿成。"① 王龙溪一生讲学不倦,目的或许如菩萨一样,希望能使所有人能悟得良知之学。

提到四宏愿的还有慧能,《坛经》中记载慧能"与善知识发四弘大愿":"众生无边誓愿度,烦恼无边誓愿断;法门无边誓愿学,无上佛道誓愿成。"慧能解释四宏愿说:"善知识,'众生无边誓愿度',不是惠能度。善知识心中,众生各于自身,自性自度。何名自性自度?自色身中,邪见烦恼,愚痴迷妄,自有本觉性。只本觉性,将正见度。既悟正见般若之智,除却愚痴,迷妄众生,各各自度。邪来正度,迷来悟度,愚来智度,恶来善度,烦恼来菩萨度。如是度者,是名真度。'烦恼无边誓愿断',自心除虚妄。'法门无边誓愿学',学无上正法。'无上佛道誓愿成',常下心行恭敬,一切远离迷执,觉智生般若,除却迷妄,即自悟佛道成,行誓愿力。"② 上述已经指出,王龙溪引用明镜台、传法衣等与慧能有关的典故,说明他对禅宗、对《坛经》、对慧能都有相当的了解。王龙溪所提到的四宏愿,可能更多的是来自《坛经》等禅宗的典籍。

王龙溪引用佛教、禅宗的这些典故、话语,不是要让儒者都去习佛禅,而是要用学佛禅者那样的大宏愿去学习儒学,尤其是良知之学。上引《书见罗卷兼赠思默》中的话就可以说明,这段话表面王龙溪强调的学者要有佛教徒那样"佛法无边誓愿学"的气魄,讲学者要有佛教徒"众生无边誓愿度"那样的气魄,这样才能"承当得来"良知之学;"欲明明德于天下",便是学者应发之誓愿。

据萧良幹《王龙溪先生全集序》中说,王阳明初倡良知之学时,"天下疑以为禅",只有王龙溪"独悟微旨",当时"学者推以为颜曾",王龙溪"亦自幸其彻也"。王龙溪不愿独享所悟良知之秘,"不辞周流以求同志于四方,其意盖欲尽阐阳明未尽之微于不堕,间关禽聚,无暇别择,不惮单游远涉,若求售然";但却受到当时许多人的怀疑和毁谤,王龙溪

---

① 《千手眼大悲心咒行法》,《大正藏》第46册,第975页。
② 郭朋:《坛经校释》,中华书局1983年版,第44页。

"不以为易"，并以"昔智者大师有四宏誓"为鼓励："吾儒极辟禅，然禅家亦有不可及者，故昔智者大师有四宏誓曰：未悟者令悟，未解者令解，未安者令安，未涅槃者令涅槃。今吾既得先师印证矣，而忍独善不以求同志哉！且使吾峻其藩垣，高自标置，非惟可免于疑谤，且可有所闻也。而坐使先师苦心之绪不传，非吾志也，亦吾儒不及禅者也。"① 智者大师应该是以五时八教判教的天台宗智顗大师，天台宗的教义主要包含在智顗的三部经籍中，即《法华经文句》《法华经玄义》《摩诃止观》。《法华经》卷三"药草喻品第五"中，佛陀对迦叶说法，云："当知如来……出现于世，如大云起，以大音声、普遍世界天、人、阿修罗，如彼大云遍覆三千大千国土。于大众中而唱是言：'我是如来、应供、正遍知、明行足、善逝、世间解、无上士、调御丈夫、天人师、佛、世尊，未度者令度，未解者令解，未安者令安，未涅槃者令得涅槃，今世后世，如实知之。我是一切知者、一切见者、知道者、开道者、说道者，汝等天、人、阿修罗众，皆应到此，为听法故。'"智顗解释"初发菩提心"，就是发"慈悲四弘誓愿"，而慈悲四弘誓愿，"皆缘生灭四谛而起"。慈悲心有二，一是大慈心，"欲与爱见二种众生道灭之乐"；二是大悲心，"欲拔爱见二种众生苦集之苦"。四弘誓愿是："一'未度者令度'者，即天魔外道爱见二种，六道众生未度三界火宅之苦谛，令得度也。二'未解者令解'者，即是爱见二种众生，未解爱见二十五有业，集令得解也。三'未安者令安'者，即是爱见二种众生，未安三十七品一切诸道，令安道谛也。四'未涅槃者令得涅槃'者。"② 智顗的解释与上引《千手眼大悲心咒行法》基本一致，王龙溪对四宏愿的援引，与智顗有着直接的关联。

王龙溪诗歌中多次引用《法华经》中的典故，《法华经》被认为是天台宗的本经③，智顗亦有《法华经文句》等著述。王龙溪对《法华经》是相当熟悉的，撰有《〈法华大意〉题词》一文。《法华大意》是明前期僧人太虚所著，太虚与陈献章关系密切，二人为"方外交"，二人的交往

---

① 王畿：《王龙溪全集》卷首。
② 智顗：《四教义》卷七，《大正藏》第46册，第743页。
③ 杨文会撰、万钧注《佛教宗派详注》中"天台宗"下注云："此宗以《法华经》为本经，以《智度论》为指南，以《涅槃经》为扶疏，以《大品经》为观法。"上海佛学书局2001年印行，第71页。

可参看《陈献章与禅学》章。王龙溪游江浦时曾拜访太虚故居，在一个石洞中得到了《法华大意》这本书，并在阅后评价说："其词近而旨远，意在扫去葛藤，欲人于言前直取向上一机，以悟为则，可谓全身领荷矣。"因此持归示月泉，月泉"读而珍之"，付梓刻印，请王龙溪题词以"道其所因"。王龙溪题词说："余惟经中大意，须从言外悟入，譬之因指见月，非执指以为月也。白沙尝赠太虚有云'年来虽阐莲花教，只与无言是一般'，亦善名状，若复向疏中觅取大意，非惟失却经旨，亦增为葛藤矣。"① 王龙溪的题词深得佛教本旨。

《法华经》是早期宣扬菩萨思想的佛经之一，对《法华经》的接受，也使王龙溪对菩萨思想有着深深的影响。《寿近溪罗侯五袠序》文中，王龙溪描述罗汝芳说："其（罗汝芳）施化于六邑也，彦而秀者，既授之馆而强教之，在野而凡者，复为之约而训饬之。虽穷乡僻壤，使君之精神无不流注，若三尺之童、垂白之叟，无不被使君之膏泽，而思有以自淑也。盖使君之心，以六邑之心为心，六邑之人有一不化于善，使君之心歉然若有所未尽也。"② 王龙溪说罗汝芳教化六邑心之切，以六邑之心为心，六邑之人有一人不化于善，其心"歉然若有所未尽"，这样的话语很容易使人联想到菩萨的慈悲胸怀，或许王龙溪就是在以菩萨来比喻罗汝芳。

由上面的描述，可看到王龙溪对佛禅的深入了解，以及佛禅对他的深刻影响。尽管下文将会看到王龙溪努力辨别儒禅的毫厘之差，仍然掩盖不住著述中、心理中的禅意、禅式思维及如佛教般广阔的誓愿和胸怀。清人陆世仪评价王龙溪说："王龙溪《南游会纪》句句是禅，字字是禅，昌言三教，绝无避忌，以至老子、庄子都打合作一家，四书六经不知撇向何处。呜呼，龙溪不足责矣！"③ 对王龙溪"句句是禅，字字是禅"的评价，实际上并不过分，也是对王龙溪的真正了解。魏裔介则言王龙溪与王艮等人流入异端而不自知："此事非大聪明人不能领悟，非极沉潜人亦不能造诣。不然，如王龙溪、王心斋、周海门之流，皆流入于异端而不自知矣。"④ 这里的"异端"，自然指的是佛禅。平心而论，王龙溪之学确实充

---

① 王畿：《王龙溪全集》卷十五。
② 王畿：《王龙溪全集》卷十四。
③ 陆陇其：《思辨录辑要》卷三十三，《四库全书》本。
④ 魏裔介：《兼济堂文集》卷十《与郝雪海》，《四库全书》本。

满着佛教色彩、禅学意味。

四

除上面所说的对佛教进行研讨、使用外,王龙溪还有很多的诗歌涉及佛教,作品的内容和佛教有比较密切的关系。如《山房早起用阳明先生韵》诗:"睡起乘朝气,倏然步远沙。白云千嶂里,流水一溪斜。幽意随林鸟,浮名付槿花。山厨作清供,一味赵州茶。"① 诗有很深的禅意和禅境。前四句写山房所在的环境,早晨起来乘着朝气出去散步,一路上看到白云、溪水,使人心旷神怡,又怡然自适而无物累之牵绊,听着林中的鸟鸣而感受到沁入心底的幽意,诗歌营造出这样清净的意境,很容易使人放下对"浮名"的挂碍后两句引用了赵州和尚"吃茶"的典故。赵州禅师(法号从谂,青州临淄人,778—897年),《祖堂集》等禅宗史传典籍中都有传记和事迹。赵州禅师有一则很著名的关于"吃茶"的公案:

师问僧:"曾到此间么?"云:"曾到。"师云:"吃茶去。"师云:"还曾到这里么?"对云:"不曾到这里。"师云:"吃茶去。"又问僧:"还曾到这里么?"对云:"和尚问作什么?"师云:"吃茶去。"②

这个公案的前两问中,那个僧人都没有领会到赵州禅师的寓意,思路和念头跟随着禅师的问题转;第三问时,僧人有些开悟,禅师问他"还曾到这里么"时,他能够截断禅师的话头,不为禅师的问话而转,而是返归于自己的体验,所以他不回答"到"还是"不到"这里,而是反问"和尚问作什么",显示了僧人在禅师的启发下有所启悟,禅师对此比较满意,再次让他"吃茶去",含有赞许之意,并包含有让僧人继续自己去体悟之意。所以第三个"吃茶去"的含义与前两个是不同的。王龙溪在这样一个充满禅意的环境中,引用了赵州禅师的这个典故,说明了他此时

---

① 王畿:《王龙溪全集》卷十八。
② 《祖堂集》卷十八,中州古籍出版社2001年版,第591页。

此刻也充满着正体悟内心所带来的快意。与这首诗意境相同的，还有《赠天池立禅次韵》诗："天池一勺水，饮此即成仙。瑶草春长茂，蓬扉夜不关。迹随玄鹤杳，心共白云闲。倚仗青霄立，依然在世间。"① 在"瑶草春长茂，蓬扉夜不关"的状况下，自己的内心与白云一般闲适，整首诗的禅意跃然而出。

王龙溪对佛教因缘和合观念颇有体会。佛教认为万物都是由因缘和合而成，因是事物产生的主要条件，佛教称为"亲或强力者"；缘是事物产生的次要的或辅助性的条件，佛教称为"疏或弱力者"。只有当各种条件都具备时，事物才能产生，当事物赖以存在的各种条件消解后，事物则会消灭。有人闻王龙溪"有念无念"的问题，王龙溪说念是心之用，"所谓见在心"，不能以"有无言"。为什么不能以"有无言"呢？因为"念"本身是一种缘起、缘息而出现的，"缘起境集，此念常寂，未尝有也，有则滞矣。缘息境空，此念常惺，未尝无也，无则槁矣"②。所以念不能以有无来评说，缘起则念有，缘息则念无，王龙溪是相当透彻佛教的因缘观念；从这段话里，可以看到王龙溪强调不执着于念的有与无，执着于有则念滞，执着于无则念槁。

王龙溪有《用黄久庵韵》诗六首，第三首云："漫道并州未是归，亲交骨肉转相依。随缘自合有成坏，动念未能忘是非。一片客衣沾露湿，几宵香梦入云微。海门落叶惊秋早，老眼翻怜百卉非。"第四首云："千古谁人与大归，超然无对亦无依。万缘寂寂断来际，一念时时知昨非。海外玄珠迷罔象，人间故纸失精微。碧霞池畔秋光淡，何幸先生共览非。"③ 这两首诗的第三句都是用了佛教因缘的观念，"随缘自合有成坏"是说事物的成坏是有因缘决定的，"动念未能忘是非"是指只要有动念就有是非；"万缘寂寂断来际"是说如果斩断万缘的话就会归于寂静的境界，"一念时时知昨非"应该是指"万缘寂寂断来际"之后便能明晓未悟之前之非；"一念"是指透悟真实之后的清净本心，与第三首中的"动念"之意并不相同；实际上，"一念"应该是指"良知"，即顿悟"良知"之意后，就会明晓此前之非。这两首显然是连贯一体的，第四首是

---

① 王畿：《王龙溪全集》卷十八。
② 王畿：《王龙溪全集》卷十六。
③ 王畿：《王龙溪全集》卷十八。

第三首的深化。从诗的整体意义来说，王龙溪对因缘观念的使用是很准确的。

如同前面一直所说的，王龙溪引用佛教观念并不是在阐发对佛教的认识，而是用以说明其信仰坚定的良知之学。此诗的第一首云"自从唤醒千年梦，始信劳生万事非"，即透悟"良知"之后，就揭示出了千年以来被掩藏的真实。在《留别霓川漫语》文中，王龙溪说"圆明一窍"是斩断世缘的利刃："凡身外之物，生时不曾带得来，死时不能带得去，皆须全体勘破，惟有圆明一窍，是生身受命之元，纵欲就盖世功名，建格天事业，未有不本于圆明一窍而能有成者，此便是随身受用资粮。前所谓悟，皆取证于此，此是断世缘嗜欲之利刃，超生死苦海之法航。"① "圆明一窍"在佛教、禅宗指每个人本来的真性，王龙溪用来指每个人所本具的良知；斩断万缘就能展露出本来具有的"圆明一窍"，而顿悟到本自具有的"圆明一窍"，亦便能斩断万缘。"良知"或"圆明一窍"成为斩断障碍悟道因缘的利刃，也是超脱生死苦海的大法船。

嘉靖乙丑（1565年）春天，王龙溪应司马李克斋邀请，在新泉与参学者答问，"默观显证"。在会上，王龙溪对蔡白石说："此番见兄气魄尽收敛，精神尽沉寂，与从前衍溢浮散大不同，亦因近年在京师闹场中经历锻炼一番，念中有得有失，境上有逆有顺，人情有向有背，觉得世缘陪奉，苦无意味，欲寻个归根路头，所以有此一番操持，此正吾兄入悟之机。"蔡白石在京城经过一番历练，觉得世缘苦无意味，想找个"归根路头"，王龙溪说"从前世法好事，皆是障道因缘"，因此希望蔡白石能"将从前种种谈说，种种文辞，尽情抛向无事甲里，只当从前不曾会的一般"，而"只将自己一点灵明，默默参究，无昼无夜，无闲无忙，行立坐卧，不论大众应酬与栖心独处，时时理会照察"。这里所说的"一点灵明"与上面的"圆明一窍"都是同意，人的一切知识都是由这"一点灵明"所出："予夺纵横，种种无碍，才为达才，不为才使。识为真识，不为识转。谈说理道，不滞于诠，撰述文词，不溺于艺。向来抛在无事甲中，到此种种见在，化臭腐为神奇。"对"一点灵明"的照察，就是使其不随念、境、情的流转而流转："念中有得有失，此一点灵明，不为念

---

① 王畿：《王龙溪全集》卷十六。

转；境上有逆有顺，此一点灵明，不为境夺；人情有向有背，此一点灵明，不为情迁。"因为有了这"一点灵明"，就能"穷天穷地，穷四海，穷万古"。这"一点灵明"从实质上看，"本无加损，本无得丧"，它是"自己性命之根"，"尽此谓之尽性，立此谓之立命"，所以"生本无生，死本无死，生死往来，犹如昼夜"。所谓的生死，只是应缘，"应缘而生，无生之乐；缘尽而死，无死之悲"，生死是外在形体上的，若能明生死只是因缘的起与息，就不会有生之乐与无死之悲。明了因缘与生死的关系，"方为任生死，超生死，方能不被生死魔所忙乱"。生死都是如此，"身外种种世法好事"自然也都是如此。因此，王龙溪告诫蔡白石从这里"得个悟入之路"，让自己的"一点灵明"做主，才是他要寻找的"归根真消息"。自身的"一点灵明"从体上说是"常寂"，从用上来说是"随缘"，就像太虚无相，却"不拒诸相发挥"；若在用上能"随缘变见"，则："精神气魄，自然百倍于前。一日亦可，百年亦可，独来独往，动与天游。"① 王龙溪用因缘的观念阐释良知，良知从体上说是"常寂"，但在用上却是"随缘"，即亦是随因缘的起、息而产生、发挥不同的作用。

值得注意的是，王龙溪在这里谈论良知（"一点灵明"）的话中，引用了禅宗的典故，即"向来抛在无事甲中，到此种种见在，化臭腐为神奇"中的"无事甲"。"无事甲"也是禅宗禅师们使用很多的一个话头，上文所引大慧禅师语中即提到。又如景斋禅师曾说："横拈倒用，诸方虎步龙行。打狗撑门，双峰掉在无事甲里。因风吹火，别是一家。"② 景齐说的"无事甲"，也是去除执着，任运随缘，就像风吹火一样。五家禅强调不执着于成佛成道，求悟自己的本性，主张平常心是道，后来禅僧在使用"无事甲"这个话头时，将执着于平常心是道等也视为"无事甲"。王龙溪所说的"无事甲"，应该与景齐禅师所说的是同意，可见他在谈良知时，有时候无意识地将良知混同于禅宗所说的人的自性。

正是因为事物是由因缘和合而成，所以事物本身没有质的规定性，也就只是一种暂存的假象而已，究其实质只是一种空、幻。王龙溪针对世间"卓然思以自立者"的豪杰认为"身履亨途，容辞修雅，终岁熙然"可以

---

① 王畿：《王龙溪全集》卷四。

② 普济编集：《五灯会元》卷十七《潭州南岳双峰景齐禅师》，中华书局1984年版，第1137页。

恃为长久的看法,说:"若非究明生死来去根因,纵使文章盖世,才望超群,勋业格天,缘数到来,转眼便成空华。"① 王龙溪这里说的"究明生死来去根因"亦是从良知之学说的,而非从佛教角度说的,他一直强调要明生死之因才能悟透良知之学;王龙溪继续使用因缘观念进行阐发,所谓的文章、功业只要缘数到来,一切都将变成空华。《同蔡可泉下北高峰,赴孟两峰夜燕》一诗也表达了同样的看法,诗云:"五马堂中无俗客,当场翻觉幻缘空。"② 同坐的即使全是非俗的雅客,不过也是"幻缘空",俗与雅是从假象来说的,对实质或实相来说,俗与雅都是因缘空,都是幻。王龙溪的这首诗是写给一同参加宴会的友人的,他所参加的宴会场合必定没有多少俗客,大多应是饱读诗书或勤奋好学的雅客,王龙溪本人又如维摩诘一样辩才无碍,宴会当场肯定亦气氛融洽、高涨,在这样的情况下体会到"幻缘空",说明王龙溪的内心深处对佛教的因缘观念是多么的认同,反映出他在热闹之中认取事物本质的清净心境。

与《同蔡可泉下北高峰,赴孟两峰夜燕》诗表达同意的还有《再赓徐存斋韵》诗,本诗第二首直接感叹"世事都成幻":"文传耆英会,千秋只一时。天机随草长,岁月送波驰。世事都成幻,吾心自有期。旋元入不二,耄耋未云迟。"③ 耆英会是宋代文彦博的典故,文彦博守洛阳时,集合年老士大夫十一人(一说十三人)聚会作乐,被称为"洛阳耆英会",后来"耆英会"被看作年高有德者的集会。耆英会当年曾轰动一时,而且成为后来文人们津津乐道的故事而传诵,王龙溪却说这样的盛会也"只一时",随着岁月的流逝、景况的变迁,即使当时再盛行的事,也都成为幻影而已。最后两句"旋元入不二,耄耋未云迟",又提到佛教的不二法门,是说如果能真正领会到看待事物的道理,即使已经到达耄耋之年,仍然"未云迟"。从这首诗,可以再次看到王龙溪能够从热闹的盛景中探取对事物本质的认识。

王龙溪对于因缘的认识,如同上面说到"无事甲"话头时提到的,具有禅宗任运随缘的观念。禅宗中的任运随缘就是不要刻意去追求和执着某种东西或事物,顺其自然而发展。所谓的"道体本无修,不修自合道。

---

① 王畿:《王龙溪全集》卷十五《自讼问答》。
② 王畿:《王龙溪全集》卷十八。
③ 王畿:《王龙溪全集》卷十八。

若起修道心,此人不会道。弃却一真性,却入闹浩浩。忽逢修道人,第一莫向道",就是让人不要执着于"道",因为"道"亦属于因缘和合而成,也是假名,所以"道本无修"而"大德强修","道本无作"而"大德强作","道本无事"而"强生多事","道本无知"而"于中强知",实际上是"与道相违"①。南宗禅为了排遣修行之人执着于"道"而忘记了自己本具的真性,主张在行住坐卧等一切日常生活中洞见自己的本心。王龙溪《用黄久庵韵》诗中"随缘自合有成坏,动念未能忘是非"两句,也是说事物只要随缘,自有成坏,念头若执着于外在的东西就不能忘却是非。在《三山丽泽录》中,王龙溪说:"吾人处世,岂能事事平满,无不足之叹?所贵于随缘顺应,处之有道耳。"因为每个人处世,不可能都事事符合自己的心意,所以重要的是要随缘顺应,这就是对禅宗任运随缘的运用。王龙溪接着引用了禅宗的看法,说:"禅家谓之缺陷世界,违顺好丑皆作意安,只见在不平满处,便是了心之法,方是当地洒然超脱受用。"应该如禅宗那样,认识到世界本来就是不满和有缺陷的,无论"违顺好丑"都应该去平心接受;而且应该见到世界的不满作为"了心之法",因为这是认识了世界的本质。若非要"等待平满时方称心",那么"吾之所自失者多矣"②。

还值得注意的是,王龙溪以佛教空、幻的观念认识事物和世事,并不是如一般僧人那样,归于佛门就算是解脱。在《桐庐安乐书院与诸生论学次晦庵翁韵》诗第四首中说:"名教之中乐有余,肯从异学泥空虚。舍身尘刹还归幻,入口刀圭未是腴。法界固应无内外,宗邻终是有亲疏。亡羊歧路皆妨道,岂独雕虫愧壮夫。"③这里表达他的认识,即使舍身入佛教之寺院仍然是"幻"。这是从自信本心来说的,如果心还为物欲牵绊、不能自信本心的话,即使是舍身入寺,心仍然不能寂静,仍然不能领悟最实质的真理。第一句"名教之中乐有余"指的仍然是良知,认为儒学、良知之学中自有乐,不一定非要到禅净中去寻找法乐;"肯从异学泥空虚"句,是批评部分学者从儒学之外去寻找洞悟、超脱("乐")的方法。佛教所宣扬的"虚""寂""悟"等观念儒学都具有,不必非要到佛

---

① 普济编集:《五灯会元》卷二《司空本净禅师》,第96页。
② 王畿:《王龙溪全集》卷一。
③ 王畿:《王龙溪全集》卷十八。

教、禅学中去找，若拘泥于佛教中的"虚""寂""悟"的话，就会为"异学"所泥而不能看到自己本具的良知本心。《留别王汝敬用韵》诗中，王龙溪说："昨宵明月坐船头，此日西风更坐楼。紫陌尘中看去马，白沙江上对眠鸥。浮生已醒邯郸梦，与子还期汗漫游。莫向鸣蝉认真性，声尘起灭若为求。"① 就可看作对《桐庐安乐书院与诸生论学次晦庵翁韵》诗义的进一步表达和阐述。真性不要从鸣蝉之声中认取，因为鸣蝉之声有起有灭，起灭之声不是真性，亦是一种因缘和合的假、空而已。浮生亦是因缘和合的人生，是如同梦境一般虚幻的非真的假象，若能认取（良知）真性，就能从浮生之梦中醒来。

　　王龙溪对佛教的这些观念感悟之深，通过上述的说明是可以看到的。王龙溪把这些观念称为"密义"，《双峰塔院同赵大洲夜坐》诗云："与君共坐双峰月，黯黯心期此夜真。古涧泉声传密义，满庭松影露全身。雄心未化终非道，幽意相看若有神。谩说谈兵为急务，九畴三极是何人。"② 赵大洲亦是王阳明后学，被黄宗羲列入泰州学派，王龙溪与之交往密切，二人在一起所谈的"密义"，有可能是共同商讨心学。赵大洲自幼习禅，入禅极深，经常自称为禅，自言："仆之为禅，自弱冠以来，敢欺人哉！"又言"禅不足害人"，而且将五家禅中的沩山、仰山之禅学与周敦颐的《太极图》"扭合为一"；又杜门著述，"拟作《二通》，以括古今之书。内篇曰《经世通》，外篇曰《出世通》。内篇又分二门：曰史，曰业。史之为部四：曰统，曰传，曰制，曰志。业之为部四：曰典，曰行，曰艺，曰衔。外篇亦分二门：曰说，曰宗。说之为部三：曰经，曰律，曰论。宗之为部一，曰单传直指。"黄宗羲评价说："书虽未成，而其绪可寻也。"③ 确实如黄宗羲所说，赵大洲为学之绪可知也。王龙溪与赵大洲在佛教寺院里夜坐所谈之"密义"，比起商讨良知之学，可能更多是商讨佛教或者以佛教阐发良知之说。

　　在对佛教、禅学掌握如此之深的情况下，王龙溪所言所讲，就必然会带有佛教色彩，或用佛教术语、观念，或用佛教义理等。还有一些作品，即使不用佛教一词一语，读起来却仍然感受到浓浓的佛教色彩。在上面的

---

① 王畿：《王龙溪全集》卷十八。
② 王畿：《王龙溪全集》卷十八。
③ 黄宗羲：《明儒学案》卷三十三《文肃赵大洲先生贞吉》，第745—747页。

论述中，也看到王龙溪用佛教的观念、义理和术语来阐发良知之学，正如《明史》对他的评价："每讲，杂以禅机，亦不自讳也。"① 从讲学来看，王龙溪将很多的地点选在佛教寺院，如"附近同志，每月两会，旧有定约……会所以南昌双林寺、丰城至德观二处为定址，欲其道里相间，劳逸均也"②。讲学时如僧人一般焚香对坐："每月会期，主人夙具，约以辰刻赴会。别置静室，焚香冥坐，外息尘缘，内澄神虑。"③ 焚香、"外息尘缘""内澄神虑"这些做法，和佛教僧人的修行在形式上没有多少差别。所以说他讲学杂以禅机而不讳，确实是对王龙溪与禅学一个恰当而中肯的评价。莫晋在《重刻王龙溪先生全集序》中说："卓吾评选语录，多附会释老之谈，殊失先生本色。"④ 莫晋是从心学家来看待王龙溪的，认为李贽在评选其语录时，用佛道之说来解释之，此非王龙溪之学的本色。这只是为王龙溪辩护而已，李贽用佛道之说解释王龙溪之说，非但不失王龙溪本色，而且应该是恰当的。

五

上面一直在说王龙溪对佛教的使用，一方面是出于对佛教的体认和体验，另一方面是为了将佛教纳入良知之学中。用良知之学融摄佛教，以良知为枢要范围三教，确实为王龙溪一生所致力的。

对佛道二教，王龙溪说："二氏之学，虽与吾儒有毫厘之辨，精诣密证，植根甚深，岂容轻议？凡有质问，予多不答。"⑤ 佛教与道教是不可轻议的，当有人质问关于佛道二教之事，王龙溪多不予回应。之所以不回应，应该主要是与问者对佛教二教的态度相关，由上文可知，王龙溪非常愿意与友人探讨佛道之教的义理，"轻议""质问"应该主要是对佛道二教的批评或驳斥，王龙溪或许是认为问者对待佛道二教的态度不合适，因此才不予以回答。由于儒学与二教有"毫厘"之别，为了揭明儒学"千

---

① 《明史》卷二百八十三《王畿本传》，第 7274 页。
② 王畿：《王龙溪全集》卷二《洪都同心会约》。
③ 王畿：《王龙溪全集》卷十五《云间乐聚册后语》。
④ 王畿：《王龙溪全集》卷首。
⑤ 王畿：《王龙溪全集》卷十六。

圣所传之秘"，王龙溪关于佛道二教的议论实际上是相当多的。有人问有无"生死轮回"，王龙溪回答："此是神怪之事，夫子所不语。力与乱分明是有，怪与神岂得谓无？但君子道其常，此等事恐惑人，故不以语耳，大众中尤非所宜问，亦非所当答。"王龙溪认为"生死轮回"等佛教所宣扬的内容确实是有的，孔子不语的援引是担心说多了会使人生惑；后世儒者将"生死轮回"视为异端之学"讳而不言"，王龙溪认为这正显示了这些说法已经使人"见其惑也"。王龙溪指出俗众不应该提出这样的问题，他也不应该回答，不问与不答的目的都是避免俗众生惑。问者"请叩不已"，王龙溪便不再坚持不答了，为之解释说："人之有生死轮回，念与识为之祟也。念有往来，念者二心之用，或之善，或之恶，往来不常，便是轮回种子。识有分别，识者发智之神，倏而起，倏而灭，起灭不停，便是生死根因。""生死轮回"的存在是因为念的"往来不常"与识的"起灭不停"，即是说生死轮回实际上存在于人的念与识中，没有脱离念与识的生死轮回，是"千古之通理，亦便是见在之实事"。要想无生死轮回，就要无念与识："夫念根于心，至人无心则念息，自无轮回。识变为知，至人无知则识空，自无生死。为凡夫言，谓之有可也；为至人言，谓之无可也。道有便有，道无便无，有无相生以应于无穷，非知道者何足以语此？"① 这段对生死轮回的解释，完全符合佛教观念，最后说"非知道者何足以语此"，即强调只能对"知道者"才能说这些，如果对不"知道者"谈论这些，或许会因不能洞彻而生发不必要的辩论、引起不必要的误解，或者徒使人生惑而已。这应该是王龙溪不愿意"轻议"与回应

---

① 王畿：《王龙溪全集》卷七《新安斗山书院会语》。《南游会纪》中，陆光祖举佛经"地水火风，四大假合而生，四大分离而死"相问，王龙溪说："不待生死界头始知，即见在一念便可证取。世人妄认四大为身，故有生死相，一念偪塞便是地来碍，一念流浪便是水来浸，一念躁妄便是火来焚，一念掉举便是风来飘。若一念明定，不震不惊，当下超脱，不为四大所拘管，本无离合，宁有生死之期？"（《王龙溪全集》卷七）世人以四大为身所以才有生死，若能一念命定，不为四大所拘束，就会出离生死。《与张阳和书》中，王龙溪提到对生死轮回有了"明切"的看法："区区近来勘得生死轮回一关颇较明切，皆从一念妄想所生。道有轮回，便是觅空中之华；道无轮回，便是捞水底之月。有无之间不可以致诘，默契之可也。"轮回之有无，取决于人的念的有无，有念则必要轮回。对学道者来说，有不可执着于有无，若执着于有无则不能体道；有无之间很难把握，也很难用语言表述出来，所以王龙溪说"默契之可也"。（《龙溪王先生全集》卷十一）这个"明切"的想法，也是完全符合佛教观念的。

"质问"佛教的原因。

综观王龙溪对佛教的议论、判定，除了上面叙述的对佛教的肯定和使用外，王龙溪对佛教的看法还表现在：第一，与一般文人士大夫一样批评佛教弃人伦；第二，辨别儒学与佛教、禅宗的毫厘之别；第三，以良知归纳佛教、禅宗。

就第一方面来说，尽管并不是王龙溪看待佛教的主要态度，不过他也与一般文人士大夫有同样的看法，显示他重视儒家人伦的立场。吴悟斋用朱子格物说来说明"吾儒所以异于禅家者"，在于"格物者，致知之实地"，王龙溪认为这个说法"似是而非"，虽然朱子"儒佛之异，在于格物"之说并不错，"但未知作用之同与否？果何如耳？"王龙溪接着说"佛氏遗弃伦物感应而虚无寂灭以为常，无有乎经纶之施"，所以"其要不可以治天下国家"①。冯纬川问为什么有人将杨简之学视为禅学，王龙溪说杨简之学得于陆九渊，"超然自悟本心，乃易简直截根源"，世人因与朱熹之说有异，故"哄然目之为禅"。但陆九渊之学"务立其大，周于伦物感应，荆门之政，几于三代，所谓儒者有用之学也"，实非禅学，将其视为禅学是"未之察耳"，禅学"外人伦，遗物理，名为神变无方，要之不可以治天下国家"②，陆九渊之说显然不是"外人伦，遗物理"，故陆九渊之说并非禅学。王龙溪认为佛禅遗弃人伦的看法，与一般儒学并无不同。不过，王龙溪指出，佛教初传入中国时："主持世教，思易五浊而还之淳。圆修三德六度，万行摄归一念，空性常显。一切圣凡差别，特其权乘耳。"佛教在传播过程中流弊渐多，出现"尽欲弃去礼法，荡然沦于虚无寂灭，谓之沉空"等弊端，是"不善学者之过，非其始教使然也"③，而非佛教本身的问题。"不善学者"还容易陷于泥于迹和沦于空之边见："佛氏之学，以空为宗，仁义为幻，礼乐为赘，并其典章法度而弃之，一切归于寂灭，无可致诘，若以为无极矣。不知无极而太极，胡可以无言也。一则泥于迹，知顺而不知逆，一则沦于空，知逆而不知顺，拘挛缪悠，未免堕于边见，无以窥心极之全也。"④边见是佛教中的五见之一，

---

① 王畿：《王龙溪全集》卷十《答吴悟斋》。
② 王畿：《王龙溪全集》卷五《慈湖精舍会语》。
③ 王畿：《王龙溪全集》卷十七《三教堂记》。
④ 王畿：《王龙溪全集》卷十七《太极亭记》。

或断见或常见偏于一边之恶见，称为边见；产生边见的原因是学者不能从本质上去观察和正确认识事物，要么执着于空与有，要么执着于真与假等。说佛教之弊是不善学者之过，王龙溪是有些为佛教作辩护了，之所以要为佛教作辩护，是下文将要提及的，王龙溪认为人的本性相同而并无差别是以良知范围三教的出发点而言的。

从上面的论述来看，王龙溪既有为佛教、禅学辩护的方面，又认为佛教、禅宗与儒学确实有区别。在程朱理学学者看来，王阳明的良知之学与禅学过于相近相似，因此指王阳明之学为禅学，王龙溪认为之所以会将王阳明良知之学看作禅学，是"学者不循其本，不探其原，而惟意见言说之腾"，这样的学者"只益其纷纷耳"，不知"良知本来易简"，"徒泥其所诲之迹而未究其所悟之真"而"哄然指以为禅"。虽然良知之学与心学都主张易简，但二者之间却有毫厘之间的差别，这毫厘之别却是良知之学的"真血脉路"，对于"真血脉路"非"可以口舌争"，"明者当自得之"[1]。《书陈中阁卷》文中，王龙溪指出儒学与禅学"特毫发间"的不同，"须从源头上理会，骨髓上寻究，方得相应，非见解言说可得而辨也"。若不从源头上和骨髓上探究，仅仅纠缠于佛教遗弃人伦或泛泛言其"主空明"是不足以服佛禅之心的，因为"断灭种姓，二乘禅与下品养生之术"等"诚有之"的问题，即使真正通晓佛教的"释老尚"都"指为邪魔外道"[2]。佛教"释老尚"都批驳的问题，不应成为儒学批驳佛教的中心点，《天柱山房会语》述云："苟从躯壳起念，执吝生死，务求长生，固佛氏之所呵也。"[3] 与一般人认为佛教流于虚、寂的看法不同，王龙溪虽然有时也有佛教"流而为虚"之弊的说法，不过他说这不是佛教的全部，只是佛教之"失"。王龙溪指出"释老主静之旨，空明未尝不普照，敛聚未尝不充周。无住而生其心，原未尝恶六尘；并作而观其复，原未尝离万物"，佛教、禅学不是完全脱离六尘、万物的，仅仅从流于空虚、遗

---

[1] 王畿：《王龙溪全集》卷二《滁阳会语》。
[2] 王畿：《王龙溪全集》卷十六《书陈中阁卷》。《明儒经翼题辞》文云："汉之儒者，泥于训诂，徒诵其言而不得其意，甚至屑屑为名物度数之求，其失也流而为支。及佛氏入中国，以有言为谤，不立文字，惟直指人心以见性，至视言为葛藤，欲从而扫之，其失也流而为虚。"（《王龙溪全集》卷十五）
[3] 王畿：《王龙溪全集》卷五。

弃人伦物理、出离万物方面来批评佛教是不够的。要想真正明了佛教及其与儒学的差别，必须"究明吾儒本教一宗，果自能穷源"，才能"理会彼家之源头"；能"自能彻髓"，才能"研究彼家之骨髓"，然后对二者的"毫发不同处""始可得而辨"。如果"自己不能究明此事"，而"欲从知解凑泊，言说比拟"上"辨别同异"，恐怕只能得出"同者未必同，异者未必异"的结论，如此比较来比较去，不仅不能查看出二者的差异，反而由于"堕葛藤"而"只益纷纷耳"①。《水西别言》中，王龙溪不仅则让学儒者只需"各安分限，从见在脚跟下，默默理会，循序而进，弗崇虚见，荡涤凡心，消融习态"，至于"二氏同异"则"弗与辨别"；学习过程中，如果"议论未合"，则"更需逊志虚心，互相取益，毋得动气求胜"②。表明王龙溪确实是要从本源上和骨髓上去体悟良知，而非徒然地纠缠于儒与佛禅之异。

耿定向（字在伦，别号楚侗，1524—1596年）问"老佛虚无之旨与吾儒之学"的同异，王龙溪在回答中，先是引用王阳明之语对佛道的虚无之旨加以肯定："老氏说到虚，圣人岂能于虚上加得一毫实？佛氏说到无，圣人岂能于无上加得一毫有？"道家、道教讲虚，即使圣人也不能再添一毫实，佛教讲无，即使圣人也不能再加一毫有。二教在这些方面已经讲到了极致，但由于二教"却在本体上加了些子意思"，就不是"虚无的本色"了。要明儒学与二教的差别，不要"屑屑在二氏身份上辨别同异"，而是"先须理会吾儒本宗明白"，这样"二氏毫厘始可得而辨耳"。接着，王龙溪阐发王阳明以良知范围三教之说："先师提出良知两字，范围三教之宗，即性即命，即寂即感，至虚而实，至无而有。千圣至此骋不得一些精采，活佛活老子至此弄不得一些伎俩。同此即是同德，异此即是异端，如开拳见掌，是一是二，晓然自无所遁也。"③ 以良知范围三教，这是王龙溪一生中不停地强调的，《三山丽泽录》云："吾儒未尝不说虚，不说寂，不说微，不说密，此是千圣相传之秘藏，从此悟入，乃是范围三教之宗。"④《南游会纪》中云："良知两字，范围三教之宗。良知之凝聚

---

① 王畿：《王龙溪全集》卷十六。
② 王畿：《王龙溪全集》卷十六《水西别言》。
③ 王畿：《王龙溪全集》卷四《东游会语》。
④ 王畿：《王龙溪全集》卷一。

为精，流行为气，妙用为神，无三可住，良知即虚，无一可还。此所以为圣人之学。"①《与魏水洲》文云："大抵我师良知两字，万劫不坏之元神，范围三教之大总持。良知是性之灵体，一切命宗作用只是收摄此件，令其坚固，弗使漏泄消散了，便是长生久视之道。"②《与李中溪》文云："向见吾兄与荆川兄书，足领惜时忧道至情，益惩世儒俗学之弊，欲有所托而逃，固将以范围三教为己分上事，非以至不至作分别见也。"③ 以良知范围三教，成为王龙溪学说的中心。

以良知范围佛、道二教可以理解，为什么连儒学也要以良知来范围呢？这就是王龙溪一直强调要上溯到"千圣相传之秘"的原因。王阳明及其后来多数的心学学者都认为儒学流于支离之弊，如王龙溪说世之学者不得儒学之"机"，"涉思为、泥典要，甚至求假于形名器数助而发之，充其知识"，以为"儒者之学在是"；又或以为"儒者之学在于叙正人伦，未尽妙义"，不如禅学之妙悟。儒者被这样的看法与认识所笼罩，王龙溪由此感叹"圣学何由而明乎"④。有时通过佛、道二教人士的勤苦，更可见儒学之衰败："偶会方外一二人，其用心甚专，用力甚苦，以求脱离欲海，祛除欲根，益有慨于吾道之衰。盖禅宗期于作佛，不坐化超脱则无功。道人期于成仙，不留形住世则无功。此二人者，皆不可以伪为。"与这样的勤力修行的佛、道二教人士相比，学儒之士"以其世间功利之习心而高谈性命，傲然自以为知学"，王龙溪说这样的学儒之士"不亦远乎"⑤！后世儒者早以失"千圣相传之秘"之旨，因此要使圣（儒）学明于天下，也要以"良知"而溯源到"千圣相传之秘"。

"良知"能范围三教的前提，是"人受天地之中以生，均有恒性"，"恒性"是人人所具有的，"初未尝以某为儒、某为老、某为佛而分授之也"，所谓的儒、释、道等之名，不过是后来人因为学术、学说的不同而自名的，真正的儒、释、道都是反映人的本来具有之"恒性"。良知是"性之灵"，在儒、释、道三教都流于弊端之后，良知能"以天地万物为

---

① 王畿：《王龙溪全集》卷七。
② 王畿：《王龙溪全集》卷八。
③ 王畿：《王龙溪全集》卷十。
④ 王畿：《王龙溪全集》卷九《陆平泉》。
⑤ 王畿：《王龙溪全集》卷二《松原晤语》。

一体,范围三教之枢,不徇典要,不涉思为,虚实相生,而非无也;寂感相乘,而非灭也"。与佛、道二教流于空寂而遗弃人伦相比,良知又能"与百姓同其好恶,不离伦物感应"。因此以良知范围三教是完全可能又可以的。

因为人都本具有"恒性",所以为学当以复性、明性为旨,佛、道二教若能如此,也便可以视为儒学:"学老佛者,苟能以复性为宗,不沦于幻妄,是即道释之儒也。"同样,如果儒者不能以复性为学,则为异端:"为吾儒者,自私用智,不能普物而明宗,则亦儒之异端而已。"所谓的"毫厘之辨,其机甚微"就在于能否以复性、明性为学,所以儒者若不能明良知而驳佛教,就会为佛教所下视之:"吾儒之学明,二氏始有所证,须得其髓,非言思可得而测也。吾党不能反本,自明其所学,徒欲以虚声吓之,只为二氏之所哂,亦见其不知量也已。"① 王龙溪所说的儒学明则二教方有所证的儒学,指的都是良知之学。陆光祖曾以佛教的四禅来比拟周敦颐、二程等,说:"宋之儒者莫过于濂溪、明道,只在人天之间,亦未出得三界:欲界为初禅,色界为二禅,无色界为三禅。虽至非非想天,尚住无色界内。四禅始为无欲阿罗汉,始出三界,天人不足言也。"王龙溪则言"三界亦是假名,总归一念;心忘念虑,即超欲界;心忘境缘,即超色界;心不著空,即超无色界。出此则为佛乘,本觉妙明,无俟于持而后得也。"再次对陆光祖阐发王阳明"吾儒与佛学不同只毫发间"之说,强调"儒学明,佛学益有所证"之论:"子亦谓儒佛之学不同,不可相混,其言虽似,其旨则别。盖师门归重在儒,子意归重在佛。儒佛如太虚,太虚中岂容说轻说重、自生分别?子既为儒,还须祖述虞周,效法孔颜,共究良知宗旨,以笃父子,以严君臣,以亲万民,普济天下,绍隆千圣之正传。儒学明,佛学益有所证,将此身心报佛恩,道固并行,不相悖也。"陆光祖信仰佛教,王龙溪最终也没能说服他转为良知之学,所以说他"归重在佛"②。万历癸酉年(1573年),李渐庵"叩儒与佛同异之旨",王龙溪再次说二者之同异不容易加以言说,如果"未涉斯境妄加卜

---

① 王畿:《王龙溪全集》卷十七《三教堂记》。
② 王畿:《王龙溪全集》卷六《答五台陆子问》。在与王龙溪的问答中,陆光祖对王龙溪说:"若要了生死,必须看话头,若只守定致良知,再得八九十年也了不得。"由此可见陆光祖对佛禅的信仰之深,"归重在佛"是对陆光祖佛教信仰的写照。

度"，这是"绮语"。然后"举吾儒所同者与诸公商之"，说："儒学明，佛学始有所证，毫厘同异，始可得而辩也。人受天地之中以生，所谓性也。良知者，性之灵，即尧典所谓峻德，明峻德即致良知，不离伦物感应，原是万物一体之实学。亲九族是明明德于一家，平章百姓是明明德于一国，协和万邦是明明德于天下，亲民正所以明其德也。是为大人之学。佛氏明心见性，自以为明明德，自证自悟，离却伦物感应，与民不相亲，以身世为幻妄，终归寂灭，要之不可以治天下国家。此其大凡也。"① 对佛、道二教尤其禅宗来说，明心性是大力张扬的，但其与良知之学仍有毫厘之异，就是不能将学应用于百姓伦物上，"虽度尽众生，同归寂灭，与世界冷无交涉"②。如又在《与李中溪》书中说："先师提良知二字，乃三教中大总持。吾儒所谓良知，即佛所谓觉、老所谓玄，但立意各有所重而作用不同。大抵吾儒主于经世，二氏主于出世。象山尝以两言判之。惟其主于经世，虽退藏宥密，皆经世分上事。惟其主于出世，虽至普度未来众生，皆出世分上事。顺逆公私，具法眼者当有以辨之矣！"③ 出世是佛、道二教的出发点，本无可厚非，王龙溪以此来批评二教心性之说的不足，反映了儒者积极经世的救济情怀。

在一般儒者看来，心性是禅学所宣扬的。王龙溪也承认禅学是"直指见性之宗"，在《苇航卷题辞》文中，说："达摩泛重冥，入中国投梁不契，折苇渡江，处于魏之少林，九年面壁，始证圣果。"达摩是中土禅宗的初祖，在少林寺说不立文字、以心传心的了义法。神光慧可为向达摩"觅安心法"，"服勤九年"，"至于立雪断臂"，其志"可谓勤矣"，但"尚以为小根器，轻心慢心"，那么"所谓大根器信心者，又将何待耶"？神光的事例，王龙溪认为对儒者来说"可以自省"。在虎跑寺听苇航讲师演《华严钞》"发明空、假、中三义"时，王龙溪指出禅宗即直指见性："其视西来不立文字，是同是别；夫法有权有实，教有三种，道惟一乘。三种者，禅、律、讲也，心悟为禅，身证为律，口演为讲。或依实施权，或乘权显实。普应群品，皆属建化门，皈道则一而已。于此参得透悟得彻，即空即假，即中即一，即三即一，一空一切空，一假一切假，一中一

---

① 王畿：《王龙溪全集》卷七《南游会纪》。
② 王畿：《王龙溪全集》卷七《南游会纪》。
③ 王畿：《王龙溪全集》卷十。

切中，终日说法，未曾说着一字，犹如太虚不存鸟迹，无非直指见性之宗。"王龙溪是用禅宗的观念来理解《华严经》空、假、中了，心悟为禅，言语文字皆为权乘与化门，否则"其说愈繁，去道愈远"①。佛教能在中国广为传播，王龙溪认为这是佛教乘儒学之衰而入，并"即吾儒之精髓用之以主持世教"。那么所谓的"吾儒之精髓"是什么呢？王龙溪接着说："吾儒者，仅仅自守，徒欲以虚声拒之，不足以服其心，言及虚寂，反从而避忌之，不知此原是吾儒家常饭，沦落失传以至此耳。譬之东晋、南宋之君，不能为主，偏守一隅，甘将中原让归夷狄，不敢与之抗，言及恢复之计者，群然目以为迂，亦可哀已。"②从"言及虚寂，反从而避忌之，不知此原是吾儒家常饭"一句来看，"吾儒之精髓"所指的就是心性之说。王龙溪认为心性之论是儒学所本有的，只是儒学的衰敝，不能自守而让于佛教、禅宗，这个说法与王阳明如出一辙。

王龙溪与王阳明一样，强调人人在心性上都是一般的，圣凡一致，贤愚一致，所谓的圣人不过是"先得我心之同然，印证而已"；"人心本虚寂"，这是"入圣真路头"。人人本具的心性，"儒得之以为儒，禅得之以为禅"③。若学都是以复性为宗旨的话，那么所谓的三教也就只是名称之异而实质无异了："大人之学性相平等、无有高下，天自信天，地自信地，人自信人，不相假借，不相凌夺，无同无异，无凡无圣，无三教可分，无三界可出，邃古无为之化也。"④既然三教不过名称之异，所以为学最终就是求心性，自信、自悟本心，最终左派王学发展出以心性统三教之论。

最后，以《报恩卧佛寺德性主持序》一文说明王龙溪对佛教的融摄。在登苏州寺里的塔时，蔡侯对王龙溪说："先生年逾七十，半饷间两度登塔而神不劳、体不倦，亦有道乎？"王龙溪回答说：

昔尝从阳明先师游登香炉峰，至降仙台绝顶，发浩歌，声震林

---

① 王畿：《王龙溪全集》卷十五《苇航卷题辞》。
② 王畿：《王龙溪全集》卷十八《刑部陕西司员外郎特诏进阶朝列大夫致仕绪山钱君行状》。
③ 王畿：《王龙溪全集》卷七《南游会纪》。
④ 王畿：《王龙溪全集》卷四《答楚侗耿子问》。

麓，众方气喘不能从，请问登山之法。师曰："登山即是学，人之一身，魂与魄而已。神，魂也，体，魄也。学道之人能以魂载魄，虽登十仞之山，面前止见一步，不作高山欲速之想，徐步轻举，耳不闻履革之声，是谓以魂载魄。不知学之人，欲速躁进，疾趋重跨，履声铿然，如石委地，是谓以魄载魂。魂载魄则神逸而体舒，魄载魂则体坠而神滞。"予以登山之法登塔，故庶几似之若是。夫既即此是学，一切应感之迹，亦若是而已。

随后，寺僧请曰："本山旧有主持，择行僧通教者主之，焚修接众，总理诸务，一寺之纲纪也。寺废，主持亦随以废，今寺将兴复，不可无人以主其事。"王龙溪择德性为主持，并为寺僧讲解主持之义：

主持之名，亦岂易称？循名稽实，义不虚生，终日圆觉而未尝圆觉者，凡夫也；欲证圆觉而未极圆觉者，菩萨也；具足圆觉而主持圆觉者，佛也。教典，言之卮也；焚修众务，节之末也。得予所谓魂载魄之说，始可以为主持也已。

德性与寺僧"未达"，王龙溪又以王阳明的魂魄说进一步解释：

夫所谓圆觉者，神之魂也，教典众务，魄之应迹，谓之尘劳，而主之者神也。能以神用，则魂常胜魄，终日顺应，而恒廓然，是谓背尘合觉。一为应迹所缠，尘劳所胜，则魂滞于魄，终日扰扰，而恒瞑然，是谓背觉合尘。背觉合尘者，凡夫也；背尘合觉者，罗汉也；无背无合，超然平等，无知而无不知者，佛也。更有最上一乘是谓妙觉，非言思之所及也。德性既任主持，不可不通其义。辟之登塔，当以修行为第一步，日亲教典，日事焚修，日勤众务，不可以为卮言末节而忽之。第一步行得稳实，便是入圆觉之路头，由凡夫可进入罗汉，由罗汉可入于佛乘。①

---

① 王畿：《王龙溪全集》卷十四。

用王阳明的魂魄说解释佛教观念,虽是讲佛教,实为言良知,典型地显示了王龙溪以良知融摄佛教、禅学的做法。

六

上面的叙述清楚地说明,王龙溪与佛教、禅学之间有着深深的牵连,不否定并在一定程度上肯定佛教,用佛禅观念、义理来说明良知之学、表达自己的思想等,又用良知来判摄容纳佛禅。

基于这样的阐释方法与思想出发点,如同上面所说,王龙溪的思想言论中充满了浓厚的禅学色彩。虽然王龙溪自己说良知不落禅定:"致良知是从生机入手,乃是见性之学,不落禅定。生机无间可息,时时是克念,狂不足以当之。"[①] 但言论中的禅学意蕴、思维方式、表达方式等是显而易见的。如以二乘之学比喻学儒者"良知之前别求未发"[②],以慧能的"本来无物宗旨"照察致知功夫的"自无尘垢可惹"[③],以禅宗中"百尺竿头"的公案说明对良知的证悟:"若欲度脱生死、会通世出世法,更须百尺竿头进步,从何处著脚,忘意忘见,庶几得之。"[④] 在《答王敬所》文中讲"父母未生以前":"古人立教皆为未悟者设,不得已而有言。若论父母未生以前,本无污染,何须修证?天自信天,地自信地,有言皆是谤,六经亦为葛藤。齿是一把骨,耳是两片皮。更从何处著言与听也哉?夫教有显有密:凡有言可筌,有思可得,列为六经,散为百行,种种色色,可倪可像,所谓显也;父母未生以前,玄玄净净,言思路绝,不可执寻,不可污染,所谓密也。不明显密之机,不堕于相则沦于空,非善教,亦非善学也。"[⑤] 在《答五台陆子问》文中为陆光祖讲致良知功夫:"子信得良知未深,不曾在一念入微切己理会,故以为有二法。且子自信看话头果得专精绵密、无渗漏否?今年已六十,亦该着紧时候,可得时刻坚持,打成一片,精神融结无间断否?一切凡心习气后萌,能以无事?话头

---

① 王畿:《王龙溪全集》卷三《水西精舍会语》。
② 王畿:《王龙溪全集》卷六《致知议略》。
③ 《王龙溪全集》卷六《与存斋徐子问答》。
④ 《龙溪王先生全集》卷十二《答程方峰》。
⑤ 《王龙溪全集》卷十一。

顿放在何处？若以为功夫还须从根上究竟光明种子，以求全体超脱，未可专以熟不熟为解也。金刚楞严有四相、有四病：妄认四大为我相，离我视他为人相，所憎为众生相，所爱为寿者相；有作有止，有任有灭为四病。四相不出人我爱憎，四病不出有为能所。凡动气时皆是我相未忘，未离四病，学道人未了公案。古云'打破虚空为了当'，不可以不深省也。先师'良知'两字，是从万死一生中提掇出来，诚千圣秘密藏，善学者自得之可也。"① 等等。

与上面这样使用佛禅词语和概念的话相比，更多的是并没有使用佛禅的词语，但仍能看出禅学的意味，如《斗山会语》中论述立志："夫学一而已矣，而莫先于立志。惟其立志不真，故用功未免间断。用功不密，故所受之病未免于牵缠。是未可以他求也。诸君果欲此志之真，亦未可以虚见袭之及以胜心求之。须从本原上彻底理会，将无始以来种种嗜好、种种贪着、种种奇特技能、种种凡心习态全体斩断，令干干净净从混沌中立根基，自此生天生地生大业，方为本来生生真命脉耳。"②《赵麟阳赠言》文中讲顿悟："本无生，孰杀之；本无誉，孰毁之；本无洁，孰污之；本无荣，孰辱之。直心以动，全体超脱，不以一毫意识参次其间。"③《过丰城答问》与李见罗讲修证功夫："若觉相未忘，到底不忘照管，永无超脱之期。悬崖撒手，直下承当。若撒不得手，舍不得性命，终是承当未得在。"④

王龙溪著述中的禅学意蕴与禅学思维方式无处不在。当时就有人质疑其学近禅："今之人有疑于夫子之学者，大约有二：一者疑夫子教人本乎心性，不专以读书为务，近乎禅学。"⑤ 对王龙溪与禅学关系评论最为到位的，应该是《明儒学案·师说》中的评述，黄宗羲说："先生独悟其所谓无者，以为教外之别传，而实亦并无是无。有无不立，善恶双泯，任一点虚灵知觉之气，从（纵）横自在，头头明显，不离著于一处，几何而不蹈佛氏之坑堑也哉！夫佛氏遗世累，专理会生死一事，无恶可去，并无

---

① 《王龙溪全集》卷六。
② 《王龙溪全集》卷二。
③ 《王龙溪全集》卷十六。
④ 《王龙溪全集》卷四。
⑤ 《王龙溪全集》卷十四《赠邑博诸元岗迁荆王府教授序》。

善可为，止余真空性地，以显真觉，从此悟入，是为宗门。若吾儒日在世法中求性命，吾欲熏染，头出头没，于是而言无善恶，适为济恶之津梁耳。先生孜孜学道八十年，犹未讨归宿，不免沿门持钵，习心习境，密制其命，此时是善是恶？只口中劳劳，行脚仍不脱在家窠臼，孤负一生无处根基，惜哉！王门有心斋、龙溪，学皆尊悟，世称二王。心斋言悟虽超旷，不离师门宗旨。至龙溪直把良知作佛性看，悬空期个悟，终成玩弄光景，虽谓之操戈入室可也。"指出王龙溪之说"蹈佛氏之坑堑""把良知作佛性看"，黄宗羲可谓一针见血地指出了王龙溪与佛教、禅学的密切而交错的关系，王龙溪于禅学来说，确实已经是"操戈入室"了。

救济应验与融入心学：药师信仰中国化的两种途径

药师信仰传入中国之后，受到中国人极大的欢迎，关于药师佛的经籍的译本已有多种，如东晋帛尸梨密多罗译《佛说灌顶拔除过罪生死得度经》、刘宋时期的慧简译《药师琉璃光经》（已佚）、隋达摩笈多译《佛说药师如来本愿经》、唐玄奘译《药师琉璃光如来本愿功德经》、唐义净译《药师琉璃光七佛本愿功德经》等多种，伴随着《药师经》的翻译，有关药师信仰的一些仪轨的经典也被翻译过来。药师佛在中国的受欢迎，一方面是他承继了"佛为大医王"的精神，救济世间疾苦，关注"现实人间的消灾延寿"，如印顺法师提到佛法的"救世之仁"说："一、重在人（与人）间所有的忧苦；二、重在自身所有的忧苦。"[1] 另一方面，药师信仰在中土传播的过程中不断调适自身，与中国文化相适应，中土化的过程从来就没有中断过。本文从两个方面论述药师信仰的中土化过程。

一

传入中国的佛教，在思想理论上对中国传统意识（无论是官方的意识形态还是民众通俗的信仰）取调和态度，并借助中国已有的思想和意识宣传佛教的义理和观念。如中国早期神仙方术信仰流行，使早期来华的佛教僧侣多注重神异与方术，这就是适应中国神仙方术信仰而发展自己的一种体现。

中国早期民众强烈信仰神仙方术的一个原因，就是希望通过信仰神仙或神明得到救济。如汉代民众对城阳景王的崇奉，应劭记"城阳景王祠"

---

[1] 印顺：《佛法是救世之仁》，载《佛在人间》，中华书局2010年版，第112页。

说：" 自琅琊、青州六郡及渤海都邑乡亭聚落，皆为立祠，造饰五二千石车，商人次第为之，立服带绶，备置官属，烹杀讴歌，纷藉连日，转相诳曜，言有神明，其谴问祸福立应。历载弥久，莫之匡纠。"①《后汉书》刘盆子传中言"军中常有齐巫，鼓舞祠城阳景王，以求福助"，同书琅邪孝王京传言"京国中有城阳景王祠，吏人奉祠，神数下言"，表明对城阳景王的祭祀在当时非常普遍。民众或"吏人"祭祀城阳景王的原因，就在于他能"谴问祸福立应"，即神明能够感到民众的需求而加以救济。在神仙方术信仰的氛围中，城阳景王成为民众"谴问祸福立应"的神明。西汉时，与城阳景王相类似的还有曾任过不其令的童恢。"琅邪姑幕人"童恢在任不其令时，"若吏称其职，人行善事者，皆赐以酒肴之礼，以劝励之。耕织种收，皆有调章"，使得不其"一境清静，牢狱连年无囚，比县流人归化，徙居二万余户"，还能以咒降虎："民尝为虎所害，乃设槛捕之，生获二虎。恢闻而出，咒虎曰：'天生万物，唯人为贵。虎狼当食六畜，而残暴于人。王法杀人者死，伤人则论法。汝若是杀人者，当垂头服罪；自知非者，当号呼称冤。'一虎低头闭目，状如震惧，即时杀之。其一视恢鸣吼，踊跃自奋，遂令放释。"童恢降虎之举，"吏人为之歌颂"②。童恢的功绩使其覆盖上的神奇色彩，成为民众心中的偶像，遇到各种灾害时，民众便会向其祈祷："童公祠，一名通真宫，在王乔崮之阴，祀汉不其令童恢。元皇庆间创修，延祐中重建，达鲁花赤普颜不花为之记。清康熙间又重修之。昔时山民每值水旱螟虺之灾，多祷之。"③为赞扬或纪念其曾经做出的功绩，民众为之建立宫观，纪念之，祭祀之，后人记住其功绩的同时，使其带上了神秘的宗教色彩。周毓真在《重修童真宫碑》记童恢事云："世多传其驯虎事，谓有神术焉。不知古之吏，有虎渡河者，有蝗不入境者，有驯鳄鱼之暴者，积诚所格，蠢无不孚。是区区者，固物感之常，不足为府君也。或曰：'昔有封使君者，化虎食人。识者呼其名，则惭而去。虎之暴，盖酷吏所化也。闻府君之风，其惭而去也。'固宜是说也，余未敢信为然。然《记》有之，'苛政猛于虎'，今天下之为

---

① 应劭：《风俗通义》卷九，《四库全书》本。
② 《后汉书》卷七十六《童恢传》，第2482页。又见《同治即墨县志》卷八《名宦》，第129页；周至元《崂山志》卷四，第156—157页。
③ 周至元：《崂山志》卷三，第118页。

封使君者不少矣。安得如府君者数十辈，参错天下，而使眈眈者，无为吾民毒也。"①周毓真认为百姓们纪念童恢，是纪念他的良政。所谓的"老虎"，是当时如虎般残暴的酷吏，酷吏见到童恢这样清正的官员而望风走。周毓真所说的"民之思之也最深""父老为余言府君事，甚诞妄，然无不歆歔泣下，若目见其事，恨不以身遇之者"，"古之民，久而不忘其上"等语，说明了民众对童恢的怀念，并长期流传其事迹，在英林整理的《崂山传说精品集》中，收有《童大人训虎》一篇，便是记载即墨城南儿埠村流传的"童大人训虎"的古老传说②。民众对童恢的感思，随着时间的推移，越来越神术化，最终覆盖上了神秘的方术色彩。

城阳景王与童恢的事例，都说明了民众对救济的需要，期望有"谴问祸福立应"的神明存在，并能救济自己的苦难。与此相适应，早期来华的佛教僧侣多注重显示他们神异的能力，如赵翼评论说："盖一教之兴，能耸动天下后世者，其始亦必有异人异术，神奇灵验，如佛图澄、鸠摩罗什之类，能使人主信之，士大夫亦趋之，是以震耀遍天下，而流布于无穷，不然则何以起人皈依也。然则史所记诵经获报诸事，或当时实有之，非尽诬也。今录《鸠摩罗什》及《佛图澄》二传于后。"③这些早期来华的僧侣通过神异能力，展示佛教能够为民众提供求福避难的佑护。

至六朝时期，随着观音信仰的输入与传播，出现了许多观音应验故事，如刘宋傅亮的《光世音应验记》、刘宋张演的《续光世音应验记》、齐陆杲的《系观世音应验记》三种，收集了许多观音应验的故事，这些都是观音"救苦救难"内容的故事，体现出六朝民众对救济的渴望。在这些观音应验故事中，有两则比较特殊，即陆杲《系观世音应验记》中的"韩睦之"与"彭城妪"条。"韩睦之"条云："韩睦之，彭城人。宋泰始初，彭城没房，睦之流亡。儿于乱为人所略，不知在何处。睦之本事佛精进力，乃至心转《观世音经》。欲转经万遍，以得儿反。每千遍转，请众僧斋，已得六（七）千遍，都无感动。睦之叹曰：'圣人宁当不应众生？直我心未至尔。'因此日夜不得数此遍，其唯自誓，以感激为期。其

---

① 周至元：《崂山志》卷六，第226—227页。
② 参见《崂山传说精品集》第141—144页，该书似为内部印刷本。
③ 赵翼著、王树民校证：《廿二史劄记校证》卷十五《诵经获报》，中华书局1984年版，第325页。

儿定传卖为益州人奴，见使作。因一日独□草中，忽见一道人来相问'汝是韩睦之儿非？'即惊答曰'是'。又问：'须见父不？'答曰：'即此亦何由可得？'道人又言：'汝父切我殊重，今将汝归去。'儿不知是神人，辞不敢许。道人曰：'无苦，但捉我袈裟角。'儿试之，便觉恍然如人掣去。须臾而往，倚一家门外，乃是韩流移新居。儿不识是父舍。道人不进，遣儿入道，入见主人，正坐读经，即是其父也。相见，不暇申悲喜，唯得口道门外有圣人。父便徒跣走出。比出，亡不复见矣。村邻道俗，莫不惊怪叹息。"① "彭城姁"条云："彭城姁者，家世事佛。姁唯精进，亲属并亡，唯有一子，素能教训。儿甚有孝敬，母子慈爱，大至无伦。元嘉七年，儿随到彦之伐虏。姁衔涕追送，唯属戒归依观世音。家本极贫，无以设福。母但常在观世音像前燃灯乞愿。即儿于军中出取获，为虏所得。虑其叛亡，遂远送北埧。及到军复还，而姁子不反。唯归心灯像，犹欲一望感激。儿在北亦恒长在念，日夜积心。后夜，忽见一灯，显其百光。试往观之，至径失去。因即更见在前，已复如向，疑是神异，为自走逐。比至天晓，已百余里。惧有见追，藏在草中。至暝日没，还复见灯。遂昼停村乞食，夜乘灯去。经历山险，恒若行平。辗转数千里，遂还乡。初至，正见母在像前，伏灯火下。因悟前所见灯即是像前灯也。"② 这两条的共同之处，即都是父母念观音而使儿子得救，这些观音应验故事，如宗炳所说"有危迫者，一心称观世音，略无不蒙济"③。

赵翼总结六朝时期诵佛经获报的事例说："佛教在六朝时，最为人所信向。各史所载虽似近于怪妄，然其教一入中国，即能使天下靡然从风，是必实有耸人观听者，非徒恃谈空说寂也，今略撮于左。徐义为慕容永所获，埋其足于土中，将杀之。义诵《观世音经》，至夜，土开械脱，若有人异之者，遂奔于杨佺期。（《晋书·载记》）宋王玄谟弃滑台，将为萧斌所杀，梦人告曰'诵《观音经》千遍则免'，既觉诵之。明日，将就戮，忽传旨停刑。（《宋书·王玄谟传》）后魏崔浩非毁佛法，其妻郭氏敬好释典，浩怒，焚而投灰于厕中。后浩以史事族诛，人以为谤佛之报。

---

① 孙昌武点校：《观世音应验记三种》，中华书局1994年版，第59页。又见《法华传记》卷七，《大藏经》本。
② 孙昌武点校：《观世音应验记三种》，第61页。
③ 僧祐：《弘明集》卷二《明佛论》，《大正藏》第52册，第15页。

（《魏书·崔浩传》）汉明帝时，西域以白马驮佛经送洛，因立白马寺，其经函形制古朴，世以为古物，历代宝之。韩贤故斫破之，未几，因战为败兵斫胫而死，论者谓因破经函致祸。（《北齐书·韩贤传》）魏孝文囚道人法秀，加以笼头铁锁，无故自脱。（《南齐书·魏虏传》）卢景裕系狱，至心诵经，枷锁自脱。时又有文人负罪当死，梦沙门教诵经，觉时如所梦诵千遍，临刑刀折，主者以闻，赦之，此经遂行，号曰《高王观世音经》。（《北齐书·卢景裕传》）张元以祖丧明，诵《药师经》，见盲者得视之言，乃请七僧，燃七灯，转《药师经》，誓以灯光普施法界。如此七日夜，梦老翁以金鎞疗其祖目，三日后左目果明。（《北史·孝行传》）"最后总结这些应验之事"此皆载于正史，未必尽诬"[①]，表明不仅六朝人相信佛教所提供的这些佑护是真实的，赵翼也是相信的。

其中提到的张元的事例，出自《周书》及《北史》，《周书》原文云："及元年十六，其祖丧明三年，元恒忧泣，昼夜读佛经，礼拜以祈福佑。后读《药师经》，见'盲者得视'之言，遂请七僧燃七灯七日七夜，转《药师经行》，道：'每言天人师乎？元为孙不孝，使祖丧明，今以灯光普施法界，愿祖目见明，元求代闇。'如此经七日，其夜梦见一老公以金鎞治其祖目，谓元曰：'勿忧悲也，三日之后汝祖目必差。'元于梦中喜跃，遂即惊觉，乃遍告家人。居三日，祖果目明。"[②] 宋代袁采《袁氏世范》"孙之于祖父当鉴张元"条中叙述药师佛的应验之后，有诗赞之云："纵有金篦入梦来，盲精惟藉孝诚开。《药师经》在人能读，昼夜精神哭几回。"[③] 张元诵《药师经》而使祖之目得明，与《观世音应验记》中的"韩睦之"与"彭城妪"应验相同，祈愿佑护的不是自己而是他人。稍有不同的是，韩睦之、彭城妪佑护和应验的是孩子，张元佑护和应验的是祖辈。

与众多的观音应验故事一样，也有众多的药师应验故事。如《续高僧传》载"释真观"事，他的父母"尝悱愤无胤"而诵《药师经》终得子，云："祖延蒸给事黄门侍郎，父兑通直散骑常侍，母桓氏温良有德。尝悱愤无胤，洁斋立誓，诵《药师》《观世音》《金刚波若》，愿求智子

[①] 赵翼著、王树民校证：《廿二史劄记校证》卷十五《诵经获报》，第324—325页。
[②] 《周书》卷四十六，中华书局1971年版，第833页。
[③] 袁采：《袁氏世范》附录，上海人民出版社2017年版，第764页。

绍嗣名家。时献统所图迦毗罗王者，在上定林寺，巨有灵异，躬往祈祷，刻写容影，事像若真，依《药师经》七日行法。至于三夕，觉游光照身，自尔志性非恒，言辄诣达，岂非垂天托人寄范弘释者也。及其诞育，奇相不伦，左掌仙文，右掌人字。"① 诵《药师经》而得子，体现了药师佛救苦救难的救济性。

除了这些散见于典籍中的药师应验故事，《三宝感应要略录》中收集了不少感应、应验故事。兹录于下，以见药师感应之多与流行：

其一，"造药师形像得五十年寿感应"："昔天竺有婆罗门，富贵而无子息，祈请自在天，其妇有身。九月满足生男子，色貌端正，生众人爱敬。时有一尼善占，相见不悦，云：'此儿有众相，未足继家业，余寿二年。'父母闻之生忧恼，如中毒箭。时有昔亲友作沙门，洞达奥秘，问其因缘，具答上事。沙门云：'汝依七佛法，造药师如来形像，如法供养。'即以白初斋日，如法式供养，父婆罗门夜梦异服赤冠冥道，乘青马捧札来造，言'汝依七佛法造像供养，更得子五十年寿'，果后如梦矣。"②

其二，"昔有一贵姓祈请药师灵像得富贵感应"："昔闻天竺有一贵姓，甚贫乏，乞食自活，所至城邑皆闭门户，人皆名为闭门。常自忧悲，往诣药师灵像寺中，右绕佛像，至心悔过，断食五日。如梦从像出妙色身，似少像，告言：'汝宿业颇灭，必得富饶，可还父母旧宅。'觉后，语已到旧宅，城廓颓坏，唯有朽柱梁木。信告敕两日而住，以杖掘地，自然伏藏显现，此即父母所畜收也。一年内得富贵，此即依佛力矣。"③

其三，"贫人以一文铜钱供养药师像得富贵感应"："唐边州有贫人，孤独自活，家内唯有一文铜钱。女人思惟，此钱不可为一生资粮，当供佛像。即往伽蓝，供养药师灵像。经七日，邻县有富家，其妇顿死，更求他女，良久不得随情。更祈请同寺像，梦所感以彼孤女为妇，共得福寿，生三男二女，皆谓佛力矣。"④

其四，"破戒者称药师名戒还得净感应"："昔有一比丘，往游西域，欲请问得戒原由。发足到天竺，适见一人阿罗汉，即请问僧尼得戒不得

---

① 道宣：《续高僧传》卷三十，载《历代高僧传》，上海书店1989年版，第701页。
② 非浊：《三宝感应要略录》卷之上，《大正藏》第51册，第832页。
③ 非浊：《三宝感应要略录》卷之上，《大正藏》第51册，第832页。
④ 非浊：《三宝感应要略录》卷之上，《大正藏》第51册，第832页。

戒，阿罗汉言：'我是小乘圣者，不知菩萨僧尼等戒得不？汝在暂住，我上升兜率，奉问弥勒。'即入定向天，具问僧尼并得戒请灵验，弥勒即取金花，云：'若边地僧尼取金花，入罗汉手掌，不得莫入。'发心既讫，得花安手，其花入掌中，高一尺显现，以此为验。复问'若受戒已更有犯者，如何远得所失'，弥勒答：'若声闻法，犯性戒，现身难得。若大乘法，此事不难，东方有土名净琉璃，佛名药师，以本愿故，破戒称名，必得净戒。'比丘闻已，后说此事，闻者信受矣。"①

其五，"夏侯均造药师形像免罪感应"："夏侯均者，勇州人也。显庆二年，受重病，经四十余日，昏乱闷绝而死，自被配作牛身。祈云：'尝三度于阴师处受戒，兼受持《药师经》，自造形像，自省无过，何遣作牛身受苦如此。'均已被配磨坊，经二十四日苦使，后为勘受戒等，是实不虚，始得免罪，还苏说此事矣。"②

其六，"药师如来救产苦感应"："淄州有女人，有身十二月，不得产。身体疲苦，骨髓疼痛，举声啼哭。受沙门迈公教称药师名，梦佛自来救，弥信随唱，苦渐息产男子。人皆谓希（稀）奇矣。"③

其七，"温州司马家室亲属一日之中造药师像七躯感应"："温州司马得长病，欲衰死，亲属奴婢来集家室涕泣。既死，经一日，亲属知识至心归依药师，请除病应。一日造形像七躯，如法供养，至第二日，闷绝还活。云：我出家时，从三冥官，被缚过幽暗路，无人相从。至一城中，见有高座，玉冠神并坐，前有数千人，皆被枷锁。问使者谁，答琰魔王也，时可活汝罪。时王召问'汝有作善不'，答'我未了志早死'。王言'汝恶无量，定不可免脱地狱'。尔时有异光，照司马之身，王知而告汝亲属奴婢造七佛像，得延寿命，早可还人间。以是因缘，再得醒矣。"④

其八，"梓州姚待为亡亲自写大乘经感应"："梓州郪县人姚待，以长安四年丁忧，发愿为亡亲自写四大部经，《法华》《维摩》各一部，《药师经》十卷，《金刚般若经》一百卷。日午时，有一鹿突门而入，立经案前，举头舐案，家狗见不敢辄吠。姚待下床抱得，亦不惊惧，为受三归，

---

① 非浊：《三宝感应要略录》卷之上，《大正藏》第51册，第833页。
② 非浊：《三宝感应要略录》卷之上，《大正藏》第51册，第833页。
③ 非浊：《三宝感应要略录》卷之上，《大正藏》第51册，第833页。
④ 非浊：《三宝感应要略录》卷之上，《大正藏》第51册，第833页。

跳踯屈脚，放而不去。又有屠儿李回奴者来立案前，取《般若经》而驰去，一去之后，不复再见，莫知所之（是时，邻家梦鹿是待母，屠儿待父，各依业故受异身，待自为写，故来受其化而已）。"①

其九，"唐张谢敷诵药师经除病感应"："唐谢敷姓张氏，顿得重病，其妻妾请众僧，七日七夜读诵《药师经》满。夜，敷梦有众僧以经卷覆身上，觉后平复如故。自谓经功力矣。"②

其十，"唐张李通书写药师经延寿感应"："张李通，其年二十七时，相师见云'君甚寿短，不可过三十一'。李通忧愁，依投迈公，公曰：'有长寿方，君以敬心书写受持。'即授唐三藏译《药师经》，通云：'俗尘世务，甚恐君王责，受持实难，今先须写。'即请经卷，精诚自写，世务相逼，才得一卷。时先相师见通，云'甚为希（稀）有，甚实希（稀）有，君有何功德，顿得三十年寿'。通语上事，闻者归心盖多矣。"③

其十一，"代州总因寺释妙运画药王药上像感应"："释妙运住总因寺，诵《法华经》为业，常愿生兜率天上。奉事弥勒菩萨，更画药王药上二菩萨像，祈愿感应。生年七十有余，微疾顿发，语师友言：'化佛来迎，说此言：汝画药王药上二菩萨像，若有人识二菩萨名字者，一切人天亦应礼拜，不久必生兜率内院。'奉事慈氏菩萨云，不久而卒矣。"④

其中的"药师如来救产苦感应"条，《三宝感应要略录》言出自《药师验记》，看来曾有专门的《药师验记》收集药师应验的故事。如《三宝感应要略录》所收集的药师感应故事，散见于各种典籍中的事例不计其数。这些应感故事反映了民众对诵《药师经》能"谴问祸福立应"的期望，这样的故事越流行，说明民众对药师应验的深深期待。明代吹万禅师在《诵药师经引》中说："《药师》经卷，诚救世良方，即饮上池见革囊中物者来亦莫如是效，何以故？彼能治四蛇而不能销双鼠，彼能理三焦而不能绝二竖，若我瞿昙老子为大医王，能令有情辈可中别有清凉，个里更无热恼，其销双鼠、绝二竖运诸掌也。"在信徒眼里，《药师琉璃光如来

---

① 非浊：《三宝感应要略录》卷之中，《大正藏》第51册，第841页。
② 非浊：《三宝感应要略录》卷之中，《大正藏》第51册，第841页。
③ 非浊：《三宝感应要略录》卷之中，《大正藏》第51册，第841页。
④ 非浊：《三宝感应要略录》卷之下，《大正藏》第51册，第855页。

本愿功德经》确实是救世良方,"斯经一出,在善信男女不可不敬礼,而亦不可不讽诵也",可"鼓缶而歌"①。

明末杨廷筠著有《天释明辨》,从天主教的角度对佛教提出了批评,其中第二十七节"祈祷辟妄"中云:"夫释教盛行,充塞儒路。虽缘梵音新妙,能警俗士之襟;义学玄微,复动高贤之听。然察其隐衷,原无他故。"又提到《药师经》云:"只有祈祷一法,最易惑人。如《药师琉璃经》,求官位,得官位;求男女,得男女;求长寿,得长寿。"②杨廷筠说诵《药师经》辟妄是"惑人之言",实际上却更反映出民众对此的巨大需求。再如清代小说《醒世姻缘传》,薛素姐虐待丈夫、骂咒婆婆,结果梦到"鹞鹰飞进房来",薛如卞说鹞鹰进房"俱是家亲引领外鬼,要来捉人魂灵",活不到一个月。薛如卞并引唐代事例说:"只有一个唐肃宗的皇后,叫张良娣,曾有鹞鹰飞进他宫去。叫钦天监占验是何吉凶,那钦天监奏道:'这是先皇合皇太后因娘娘欺凌皇上,不孝祖宗,所以带领急脚鹰神,来取娘娘的魂魄。'张娘娘着实悔过,追思从前的过恶,在宫中佛阁前观音大士脚下忏悔罪愆,再也不敢欺凌夫主,许诵一万卷《药师佛经》,当晚得了一梦,说这欺凌丈夫合这不孝的大罪终不可赦,姑念改悔自新,彻回急脚鹰神,姑迟十年,再差内臣李显忠行刑显戮。"③薛素姐听了害怕,按照白姑子说的,赶紧请来十位尼姑,"就在莲华庵殿上启建道场,一连七个昼夜,齐诵一万一千遍《药师王佛真经》"④。诵念《药师经》的仪轨,或许如元曲《月明和尚度柳翠杂剧》所表现的,曲中云:"〔长老念真言云〕解结解结解冤结,解了杭州施主老柳前生今世冤和业,洗心涤虑发虔心,今对佛前求解结。南无药师佛,药师佛,消灾延寿药师佛,南无消灾延寿药师佛。〔行者念云〕愿以此功德普及于一切,唱愿保平安,消灾增福寿,增福寿菩萨摩诃萨。〔连念三声动法器科〕"⑤ 如《月明和尚度柳翠杂剧》《醒世因缘传》等文学作品中所记的药师佛感应

---

① 光真:《吹万禅师语录》卷之十四,《嘉兴大藏经》第29册,第527页。
② 杨廷筠:《天释明辨》,载北京大学宗教研究所编《明末清初耶稣会思想文献汇编》。
③ 西周生:《醒世姻缘传》第六十三回,齐鲁书社1993年版,第485页。
④ 西周生:《醒世姻缘传》第六十四回,第491页。
⑤ 李寿卿:《月明和尚度柳翠杂剧》,载臧晋叔《元曲选》,中华书局1958年版,第1339页。

与"谴问祸福立应"等故事，反映出药师佛救苦救难救济功能在民众中的强大市场。

二

上述所引应验故事，可以用陈文帝《药师斋忏文》中的话作为总结，云："药师如来，有大誓愿，接引万物，救护众生，导诸有之百川，归法海之一味，亦能施与花林，随从世俗，使得安乐，令无怖畏。至如八难九横，五浊三灾，水火盗贼，疾疫饥馑，怨家债主，王法县官，凭陵之势万端，虔刘之法千变，悉能转祸为福，改危成安。复有求富贵，须禄位，延寿命，多子息，生民之大欲，世间之切要，莫不随心应念，自然满足，故知诸佛方便，事绝思量。"① 药师如来的大誓愿，是指《药师琉璃光如来本愿功德经》中的药师佛的十二大愿。药师佛的救济受到中国民众的欢迎，一方面是因为药师佛十二大愿的广大，另一方面是药师佛救济的简易，只要听闻药师琉璃光如来的名号（"闻我名已"），或"若能至心忆念彼佛恭敬供养""若能专念彼佛名号恭敬供养"，则"一切怖畏皆得解脱"。如沙啰巴译《药师琉璃光王七佛本愿功德经念诵仪轨》中说："今对诸佛诸大菩萨圣众面前，若闻药师琉璃光王佛名号，正念思惟称扬圣号，恭敬供养礼拜七遍威神之力。"② 隋行矩和尚的《药师如来本愿功德经序》中说："彼佛名号处处遍闻十二夜叉念佛恩而护国，七千眷属承经力以利民，帝祚遐永，群生安乐。"③ 或者"塑画本尊像"，也能除灾难，如唐代僧人一行译《药师琉璃光如来消灾除难念诵仪轨》中云："我今略开演，秘密消灾法。此法世尊说，最胜最第一。速出离生死，疾证大菩提。为顺众生界，及说除灾难，增敬降伏法。女人怀难月，产危难生子。及遭疾患者，神鬼作祸殃。建立曼拏攞，塑画本尊像。"④

《药师如来本愿功德经》序云："《药师如来本愿经》者，致福消灾之

---

① 道宣：《广弘明集》卷二十八下，《大正藏》第 52 册，第 334 页。
② 沙啰巴译：《药师琉璃光王七佛本愿功德经念诵仪轨》卷下，《大正藏》第 19 册，第 38 页。
③ 行矩：《药师如来本愿功德经序》，《大正藏》第 14 册，第 401 页。
④ 一行译：《药师琉璃光如来消灾除难念诵仪轨》，《大正藏》第 19 册，第 20 页。

要法也。曼殊以慈悲之力，请说尊号；如来以利物之心，盛陈功业。十二大愿，彰因行之宏远；七宝庄严，显果德之纯净。忆念称名，则众苦咸脱；祈请供养，则诸愿皆满。至于病土求救，应死更生，王者攘灾，转祸为福，信是消百怪之神符，除九横之妙术矣。"① 序中对《药师如来本愿经》的十二大愿及药师佛"致福消灾"的救济功能做了总结，药师佛的这些救济功能受到古代俗众的信赖。

药师佛的救济功能在古代文人甚至禅宗僧徒中亦很受重视。梁肃（753—793年），《旧唐书》卷一百六十云："大历、贞元之间，文字多尚古学，效扬雄、董仲舒之述作，而独孤及、梁肃最称渊奥，儒林推重。"② 为儒林推重的梁肃，为唐代宗孝武皇帝外甥所画之药师佛像撰《药师琉璃光如来画像赞（并序）》，云："圣之道无形无名，形以感著，名以功立。盖物有病于妄，我则喻其医，物有滞于闇，我则照其光。其行无方，有感必应。神哉仁哉，惟唐代宗孝武皇帝之甥，某邑长公主之子曰兰陵萧位，禀灵天潢，承训家范，其性孝，其气醇。大历中丁先人银青光禄大夫光禄卿赠汝州刺史府君之忧，自反哭，至于大祥哀敬之礼动无违者。长公主戒之，曰：'欲报之德，岂止于斯乎，归诚上仁，可以徼福尔其志之位。'于是泣遵德命，爰用作绘八十之初十二之愿，赫然如见其全身，肃然如闻其音声。自外入者，或疑乱怪，投体膜拜，而不知其粉绘也。嘻，昔人有一至之性，或通于神祇以致福庆，矧夫孝子之哀思，大圣之元运，幽赞之力，可思量哉。安定梁肃悦闻其风，乃为赞曰：'披圣籍兮览元功，赫神光兮被无穷，勿药用兮医之王，感斯应兮万福彰，弃于梁兮出于唐，畜纯孝兮思不忘，绰大象兮景焜煌，洞防防兮福穰穰。'"③ 又为齐孝妇绣药师佛像作《药师琉璃光如来绣像赞（并序）》，序中提到药师佛的感应救济："得妙道者圣之大，感冈极者孝之至。孝有欲报之志，圣有善应之功。神其愿，运其力，故悲智行焉。"药师佛有"善应之功"，故齐孝妇"发乎心，彰乎事"而作药师佛像。文末则赞药师佛大医王之广大胸怀："光彼千界，赫琉璃兮，勿药之师，号大医兮，不形之形，妙相具兮。窈冥希夷，元功著兮。孝妇之烈，心不渝兮。章施

---

① 行矩：《佛说药师如来本愿经》，《大正藏》第14册，第401页。
② 《旧唐书》卷一百六十，中华书局1975年版，第4195页。
③ 《全唐文》卷519，中华书局1983年版，第5279页。

五彩，福皇姑兮。"① 又在为唐安公主所绘药师佛像作《药师琉璃光如来画像赞（并序）》中言药师佛"洗荡八苦，振烛六幽"，云："至人不可得而见之矣，所可见者像设而已。药师者，大医之号，琉璃者，大明之道，所以洗荡八苦，振烛六幽，巍乎其有功，复归于无物。"②

僧皎然（730—799年），唐代著名诗人，于頔《杼山集序》云："释皎然……得诗人之奥旨，传乃祖之菁华，江南词人莫不楷范。极于缘情绮靡，故辞多芳泽，师古兴制，故律尚清壮。其或发明玄理，则深契真如，又不可得而思议也。"皎然是禅僧，"中秘空寂，外开方便，妙言说于文字，了心境于定惠"，被视为唐代"释门之慈航智炬"③。湖州刺史谏议大夫樊公夫人范阳县君卢氏无子，诵念药师佛之名而"怀妊"，遂"默念于心"而作药师佛画像，皎然为之所《画药师琉璃光佛赞》，言道："佛以大慈疗生死巨瘵，示药师名，以大智证圆明妙身，受琉璃称无私之鉴，湛乎不动，诚恳之至，感而遂通。"并赞药师佛"感而遂通"之仁云："药师之仁，随心至兮。十二上愿，慈不遗兮。琉璃之身，为我示兮。八十种好，相毕备兮。绘像报德，公夫人兮。初祝胤子，果克禋兮。"④

穆员（约750—810年），为其妹绣药师佛像作《绣药师佛观世音菩萨赞》，云："至有若东方药师琉璃光佛，洎大悲观世音菩萨，其威神德力，最著于群生，倬然于人间者也。我季妹是用图厥晬容永以成功，其发念也，泪逐声尽，福随响至。其成功也，灵以指集，庆将缕延。"诵念《药师如来本愿经》，则"火不焚，水不溺，鬼不灾，祅不厉"，"无妄之疾"与"有生之害"都将"无从而来"⑤。为季妹裴氏绣药师佛像作《绣药师琉璃光佛赞（并序）》，云药师佛"其至也如归，其答也如响，其久大无极而不可思量也"。穆员在赞中称药师佛十二大愿亦是"我之事"："上天报应，为福为极。有赫大圣，与天同力。而我景行，与圣同德。存存如山，念念如川。大圣拯防，同符自然。十二愿我之事，亿万缕我

---

① 《全唐文》卷519，第5280页。
② 《全唐文》卷519，第5281—5282页。
③ 释皎然：《杼山集》卷首，《四库全书》本。
④ 释皎然：《杼山集》卷八。又见《全唐文》卷917，第9556页。
⑤ 《全唐文》卷783，第8188页。

之年。"①

吕温（771—811年），贞元十四年（798年）进士，官至刑部郎中兼侍御史，后谪道州刺史，徙衡州，并卒于衡州。贞元二十年（804年），唐德宗让吕温出使吐蕃，吕温"辞高堂而出万死，介单车而驰不测"，由于路途险恶，其妻兰陵萧氏为之绣药师如来像，以药师佛"出诸幽厄，一念必应，万感皆通"之力助其度过险途。吕温作《药师如来绣像赞》叙之云："国故遽至，戎情猜闭，坎险一遇，星霜再周。夫人盥馈之余，膏铅不御，日乱蓬首，坐销蕣华。异域无期，良时自晚，始怨冬釭之久，而红芳已阑，方苦夏景之长，而碧树将落。书委尘箧，迹沦苔阶。渐昧音容，孰知存没。黩龟不告，因梦难征。触虑成端，沿情多绪。黄昏望绝，见偶语而生疑；清旭意新，闻疾行而误喜。循环何极，刻舟靡寻，浩隔理求，窅非计得。如闻西方有金界极乐药师大雄，散琉璃之宝光，照河沙之国土，能度群品，出诸幽厄，一念必应，万感皆通。是用浚发慧根，妙求真相，断鸣机躬织之素，染懿筐手绩之丝，尽瘁庄严，彰施彩绣，缠苦心于香缕，注精意于针锋，指下而露洗青莲，思尽而云开白日。然后练时洁室，华设珍供，夕炬传照，晨炉续烟，齐献至诚，泣敷恳愿。遂得慈舟密济，觉路潜引，当道场发念之日，是荒裔来归之辰，幽赞冥符，一何昭焯。乃知织回文之锦，无补离忧；登望归之台，空为废日。与夫心谐妙理，手结胜因，进则有济度之功，退不离清净为本，从长择善，岂同日而言哉。予感其志效，爰用赞叙，虽在妻子，亦无愧词，藏诸闺门，永以传信。"吕温从吐蕃"死别离兮生归来"后，对药师佛的"解脱愿兮慈悲力"赞叹不已，"身念念兮无穷"②。"明王道似荀卿"却"卒以谪似贾生"的吕温，在被贬谪期间，一定会更加期盼药师佛的救济之力。

武周圣历元年（698年）时，令狐胜"为亡兄□敬造石药师琉璃光像一躯"，期盼以造药师佛像之功德"滋益亡兄"，并顺祝"含识有灵，同登觉路"③。郭崧，咸通（860—874年）中乡贡明经，与令狐胜一样造药师佛石像祈福。石像造成后，郭崧作《药师像赞》，对药师佛信仰的救济

---

① 《全唐文》卷783，第8189页。
② 吕温：《吕衡州集》卷九，《四库全书》本。又见《全唐文》卷629，第6349页。
③ 陆增祥：《八琼室金石补正》卷四十四《令狐胜造像记》，吴兴刘氏希古楼刊本，第23册第20页。

功能的理解更为深刻,文云:"粤有东方,去此佛刹十恒河沙,彼国大师厥号药师琉璃光。《如来经》云:'以白银琉璃为地,宫殿楼阁,悉□七宝,亦如西方无量寿国,无有□也。'此药师琉璃光本所修行菩□道时发心处,誓行十二微妙上□,令一切众生所求,皆得慈如是。崧思火宅之难,想无依倚,遂说谕乡人,恃凭内典,顿悟迷津,递相诱化,至诚结愿,方会无上之因,各以舍财不吝,与道齐通,回心坚贞,奔驰于此。立召良工,雕磨斯像,使信士等日加精勤,时无懈怠,用功计日备矣,庄严具相,真如恩布之容,礼者福利无疆,念者祸灾永灭。自兹恳愿,愿国祚永延,朝贤无缺,元戎布德,泽润生灵,牧宰常安,人民鼓腹,龙神后稷,潜佐人天,风调雨顺,国泰连绵。施主邑人等生生值佛世,往往唯闻解脱,音德垂后裔,令望古今,乃祖乃父,世笃忠贞,子子孙孙,引无极也。复愿幽冥先亡,早离三涂,内外烟亲,咸登法会。时属咸通贰载岁临辛巳壬申十五日丙戌,用表成功,以明着矣,洞彻空宗,志谓斯文。"[1] 郭崧想脱离火宅之难而造药师佛像,礼拜药师佛像则"祸灾永灭""福利无疆",并进而期盼药师佛能福佑整个国家"国泰连绵",体现了药师佛十二大愿之精神。

宋代文人苏轼有《药师琉璃光佛赞》,云:"佛弟子苏禽,与其妹德孙,病久不愈。其父过、母范氏,供养祈祷药师琉璃光佛,遂获痊损。其大父轼,特为造画尊像,敬拜稽首。"苏禽与苏德孙病久不愈,父母供养祈祷药师佛而使痊愈,苏轼因造药师佛像,并赞叹"寿命仗佛保"[2]。向药师佛祈福避灾,并非只有中土的民众和文人,少数民族亦信仰药师佛的救济之力,《全辽文》中收有马尧俊的《东作使造象记》一文,文云:"大康六年八月十六日,东作使杨张剌生得小男爽师,留此。上铸药师佛,愿亡过父母、见在眷属、法界有情,生生见佛,世世闻法,道心坚固,乃至菩提不堕恶趣。"[3] 礼拜药师佛像,祈祷药师佛能使已亡及现在眷属心坚固、不堕恶趣。

上述诸文人对药师佛的记载和叙述,实际上都是属于药师信仰的应

---

[1] 陆增祥:《八琼室金石补正》卷六十三,第 31 册第 12 页。

[2] 张之烈、马德富、周裕锴主编:《苏轼全集校注》文集卷二十一,河北人民出版社 2010 年版,第 13 册第 2413—2414 页。

[3] 陈述辑校:《全辽文》卷九,台湾鼎文书局 1973 年版,第 222 页。

验，通过祈祷药师佛之名号或礼拜药师佛像而得到救济。这些文章或出自著名文人之手，或出自名僧人之手，对民众的吸引力和说服力更大更强。

郭棽《药师像赞》中表达了药师佛福佑"国泰连绵"的期盼，以药师佛佑护国家，是清代朝廷的法事之一。三山来禅师（1614—1685年）经常向朝廷上药师疏，如上《药师表》云："伏以人心随剥复，创旧即以图新；佛力妙提携，消灾因之延寿，感慈悲之无量，期悃曲之能伸，建作道场，扬为佛事。"① 疏前称语为"药师如来药师如来皇帝万岁药师如来"，将皇帝与药师如来并称。如其上元旦的药师疏云："元和初启，岁历维新，云堂传爆竹之声，雪岭破梅花之面。佳辰堪羡，圣德宜扬。伏愿乾纲独握，泰运弘开，仁风广播于寰中，化日长舒于宇内。当阳出治，法行健以同天；继位临民，资乾元而首物。人人称万年天子，岁岁纪正月春王，更冀德被祇园，道尊佛化。不征不扰，使野人乐泉石之安；为友为师，偕道者讲无为之学。禅风大畅，治化弥隆。"② 尽管疏语中充斥着对皇帝的颂扬，疏中"治化弥隆"等语却也代表着民众、朝廷的祈愿。

三

明代中期王阳明心学兴起之后，药师佛以及《药师经》成为心学的重要资源，这是药师信仰进一步中国化的体现。

王阳明心学的形成与禅学有着密切的关系，这是为研究者所认可的。王阳明在贵阳悟道的关键时期，曾受到药师信仰的影响，详见前文关于《佛说化珠保命真经》的论述；如前所述，王阳明作的《药王菩萨化珠保命真经序》揭示了王阳明与佛教之关系，虽不能将王阳明在贵阳悟道的功劳归到药师信仰上，但在这样一个关键的时期，药师信仰对王阳明发挥的帮助，必定会使王阳明更加注意佛教的内容，从佛教中汲取更多的营养。王阳明心学中明显的佛教色彩，对心性的重视和阐释，就是有力的说明。

王阳明后学中，药师信仰最为坚定的是被视为异端的李贽（1527—

---

① 性统编：《高峰三山来禅师疏语》卷上，《嘉兴大藏经》第39册，第259页。
② 性统编：《高峰三山来禅师疏语》卷下，《嘉兴大藏经》第39册，第265页。

1602年）。作为名教之士的李贽，"礼拜梁皇经忏以祈赦过宥愆事"是他的常例，通过礼拜佛教的仪式，使自己"日乾而夕惕"，最终"履福而有功"①。李贽进一步阐述他们的礼忏和诵经活动，云："切以诵经者，所以明心见性；礼忏者，所以革旧鼎新。此僧家遵行久矣。皆以岁之冬十月十五日始，以次年春正月十五日终。自有芝佛院以来，龙潭僧到今，不知凡几诵而凡几忏矣，而心地竟不明，罪过竟不免，何哉？今卓吾和尚为塔屋于兹院之山，以为他年归成之所，又欲安期动众，礼忏诵经。以为非痛加忏悔，则诵念为虚文；非专精念诵，则礼忏为徒说。故此两事，僧所兼修，则此会期僧家常事也。若以两者目为希奇，则是常仪翻成旷典，如何可责以寡过省愆之道，望以明心见性之理乎？谓宜于每岁十月，通以为常。"②

李贽他们诵的最多的佛经就是《药师经》，《礼诵药师告文》中，李贽言其因病苦甚多而诵《药师经》，期盼药师佛能"救拔病苦众生"，文云："余两年来，病苦甚多，通计人生大数，如我之年，已是死期。既是死期，便与以死，乃为正理，如何不赐我死，反赐我病乎？夫所以赐之病苦者，谓其数未至死，尚欲留之在世，故假病以苦之，使之不得过于自在快活也。若我则该死之人：寿至古稀，一可死也；无益于世，二可死也；凡人在世，或有未了业缘，如我则绝无可了，三可死也。有此三可死，乃不即我死，而更苦我病，何也？闻东方有药师琉璃光王佛发大弘愿，救拔病苦众生，使之疾病涅槃。卓吾和尚于是普告大众，趁此一百二十日期会，讽经拜忏道场，就此十月十五日起，先讽《药师经》一部四十九卷，为我祈求免病。想佛愿弘深，决不虚妄也。夫以佛愿力而我不求，是我罪也。求佛而佛不理，是不慈也；求佛而佛或未必知，是不聪也：非佛也。吾知其决无是事也。愿大众为我诚心念诵，每月以朔望日念此经，共九朔望，念经九部。"李贽相信药师佛之宏愿"决不虚妄"而如此大规模地诵《药师经》，文末再向药师佛祈请道："诵经至九部，不可谓不多矣；大众之殷勤，不可谓不虔矣。如是而不应焉，未之有也。公可死，不可病。苦口丁宁，至三再三，愿佛听之。"③ 这次大规模诵《药师经》活动结束后，

---

① 李贽：《焚书》卷四《代深有告文时深有游方在外》，岳麓书社1990年版，第147页。
② 李贽：《焚书》卷四《又代深有告文时深有游方在外》，第147页。
③ 李贽：《焚书》卷四，第148页。

李贽作《礼诵药师经毕告文》，言通过诵《药师经》使自己的病痛得到很好的治疗："和尚为幸免病喘，结经谢佛事。念今日是正月十五之望日，九朔望至今日是为已足，九部经于今日是为已完。诵经方至两部，我喘病即减九分；再诵未及四部，我忍口便能斋素。""喘病即减九分""忍口便能斋素"的效果，使李贽对药师佛之力有着确定不移的信任："斋素既久，喘病愈痊；喘病既痊，斋素益喜。此非佛力，我安能然？虽讽经众僧虔恪无比，实药王菩萨怜悯重深，和尚不胜礼谢祷告之至"，文末云"钟盘齐臻，鼓钵动响。经声昭彻，佛力随施。两年未愈之疮，药王一旦加被，何幸如之"①。对李贽为了治疗多年的病痛而诵《药师经》、拜药师忏之举，方以智（1611—1671年）《东西均》"名教"条中说："卓吾一身无所不骂，而独不敢骂佛，晚年佞佛，拜药师忏，是何为乎？怕死修福，委靡昧痴极矣，可云开眼人乎？然较后之开眼者又数倍矣。"②李贽诵《药师经》、拜药师忏减轻了"两年未愈之疮"的疼痛，亦是药师信仰应验之范畴。

王学后传另一门人杨起元（1547—1599年）编有《诸经品节》二十卷，《四库全书总目》评论云："起元传良知之学，遂浸淫入于二氏，已不可训。"③《诸经品节》第十八卷为《药师经》，杨起元解释"药师如来本愿功德经"之名说："药者以治诸病而言，众生身病，惟药可除，而无明心病，惟佛智可除也。师者，以能教化而言，一切教授师成就一切弟子。佛则以心地法门为人天师，能使三界弟子出三界也。药师者，以善施法药而垂范立教也。世界名净琉璃，佛号琉璃光者，理即事，事即理，性即相，相即性，心即境，境即心也。琉璃宝名，其光内外明澈，净无瑕秽，佛之一切种智法宝光明似之。用是觉诸己，即用是觉诸人，以能开诸知见，烁诸痴暗，斯之谓自他兼利之道。蒙此光者，无病不痊，无人不化。是名药师琉璃光如来者，无所从来，亦无所从去，盖法性不生不灭，因根尘而有生灭，此独以智光成就无生法忍，而众生之迷失本性，执着生灭者，又能度脱之，是真能了生死者，号曰如来也。本愿者，谓诸佛行菩萨道时，皆先立誓愿，总之则为四弘誓愿，析之则佛佛各有本愿功德者，

---

① 李贽：《焚书》卷四，第150页。
② 方以智：《东西均》，中华书局上海编辑所1962年版，第129页。
③ 《四库全书总目》卷一百三十二，《四库全书》本。

满其自他兼利之愿,而成就功德巍巍也。经,常也,以不生不灭真常之理,而为真常之教。竖说则大千世界,横说则去来,此皆不能易,夫此理此教,故曰经也。虽然,本来无我则无有病,无病则无药,亦无有暗;无暗则无光无药,无药则无佛,亦无佛之本愿功德,亦无本愿功德之经,须知曰佛曰经,皆以幻灭,幻之作用,释尊不得已而言之尔。"杨起元的解释,明显是从禅学和心学的角度出发的。杨起元解释《药师如来本愿功德经》是释尊不得已所说之"幻",则又说此幻亦体现的是菩提心:"此经以东方净土为名,以佛本愿功德为体,以福慧双修为宗,以拔除业障为用,以方等大乘为教,相乎一菩提心而已。"在评论中,杨起元则用纯粹的大乘观念解释"药师"之名,云:"药师名阿閦,阿閦华言无动,即动而静,维摩所谓不动如来也。夫如如不动,诸佛所同,而独称阿閦者,盖静而无静,斯为真静,动而不动,斯为顺动也。"① 杨起元为阳明后学,应该是王阳明的五传弟子,《明史》卷二百八十三《王艮传》云:"艮传林春、徐樾,樾传颜钧,钧传罗汝芳、梁汝元,汝芳传杨起元、周汝登、蔡悉。"② 作为阳明后学,杨起元在《诸经品节》中署名为"比丘东粤复所杨起元泐",亦即表明自己为佛教信徒。既为阳明后学又为佛教徒,杨起元如此来解释《药师如来本愿功德经》及药师佛之名号,一点也不显得奇怪。

杨起元从无我推出无病、无药、无佛、无本愿,符合大乘观念和心学的观念,与杨起元这个阐释相同的,王世贞(1526—1590年)亦从这个角度对药师佛作了引申。王世贞撰有《刻注药师琉璃光本愿经叙》,解释药师佛说,"此药师琉璃光如来也,其称药师者何,以药治众生疾,为大医王也。称琉璃光者何,以其表里莹彻无所不映照也"。这个解释与一般的看法并无二致,王世贞接下来说:"今夫耆婆之木,上池之水,持之饮之则能洞肺腑烛膏肓。以至汾阴之鉴,奉以照疾,若水月之沁肌骨,亡不立愈,亦可称琉璃光乎。是物也,物与人相待,则犹有局也,唯药师之琉璃光无待者也,无待则无所不遍彻也。虽然,天竺古先生据莲花座转大法轮,一音声而响三大千,一白毫而镜无央界,诸聋者、瞽者、躄废者、寒

---

① 杨起元:《诸经品节》卷十八,《四库全书存目丛书》本。
② 《明史》卷二百八十三,第7275页。

者、热者、病脏肺者，无不为之立起，而何必药师也。自愿成缘，自缘生用，自用证体，故标而归之药师也。诸佛皆药师也，皆有此十二愿也。诸佛界皆净琉璃也，薄伽梵偶然而举之耳……吾闻之古四大非我，有谁为受病者，受病者心耳。我无一切心，安得一切病，我无一切病，安用一切药，我即药师也。我界即净琉璃界也，此经亦筌蹄而已。"① 耆婆之木、上池之水、汾阴之鉴都能使疾病立愈，这是物具有医治疾病之功用。天竺古先生转大法轮，"一音声"而就众苦。所谓的"天竺古先生"似乎不是指佛陀，可能是指代印度的古圣人，这句话的意思就是说印度的古圣人能解众生之苦。诸佛皆有就众生之苦的宏愿与之力，亦能解众生之苦。王世贞最后说，若众生真正领悟佛教之理，认识到四大非我，我则无一切病，我无一切病，则我自身即药师佛。领悟到自身是药师佛，《药师琉璃光如来本愿功德经》本身只是"筌蹄"而已。从佛教之意来说，能领悟到四大非我而无一切病，《药师琉璃光如来本愿功德经》只是指月之指，这种看法应该更符合佛教之旨。毫无疑问，王世贞的这种看法与杨起元的解释一样，带有大乘、禅宗以及心学的色彩和观念。王世贞非心学之士，他的解释主要着眼于大乘佛教和禅宗的视角来解《药师琉璃光如来本愿功德经》和药师信仰，更带有中土色彩。

深受王学影响的晚明著作文人袁宏道（1568—1610年），亦深受佛教和禅宗影响，曾说自己在禅学方面是李贽的劲敌。袁宏道虽无专门论述药师佛之著述，却曾长期居住于药师寺中，作《记药师殿》一文。文云："净慈僧房，唯莲公房最幽僻。路迂而奥，由寺门至房中可里许。夹路多古木杂卉，正面与藕花庄相直，背法华台。余弟小修，曾与蒋兰居谭禅寓此。余今岁同陶石篑、方子公看花西湖，凡三往返，皆居焉。来未始不乐，居未始不安，及去又未始不徘徊增恋也。何也？他僧房多香客及游人妇女，往来喧杂若公庭，莲公闭门谢事，一可喜也。僧之好净者多强人吃斋，余不能斋，而莲公复不强我。凡锅甑瓶盘之类，为仆子所膻，亦无嗔怪，二可喜也。礼莲池友虞长孺、僧孺，三可喜也。解法无法师气，能诗无诗人气，四可喜也。余弟最粗豪，莲公不厌，余性狂僻，多讪诗，贡高使气，目无诸佛，莲公不以为妄，五可喜也。夫好与好，未必相值，莲公

---

① 王世贞：《弇州四部稿》续稿卷五十，《四库全书》本。

之可,非袁生之喜,几乎不彰,喜则居,居则乐,乐则安,安则徘徊增恋,复何疑哉。所可愧者,余作官不能要一钱,作客不能觅一钱,名虽檀越,寔无半文可布,拟欲向交游中在官者为之分疏一二,而罢官之人,颜面甚薄,卒不能为力,药师琉璃光如来将谓中郎为何等人哉。虽然,余他生倘得成多宝佛,将散恒河沙金作布施,用酬今愿,他佛不愿成也。莲公记之。此地旧名净居庵,今属寺,堂一,置药师像,丁酉五月始落成。堂之后为楼,诸僧念佛场也。厢房二,僧散处其中,楼之下向南右小净室,余借居最久。偶因莲公索记,信笔叨叨如此。语语似戏,字字逼真。"[1] 文中虽然没有对药师信仰做出具体的解释或说明,然一则他长期居住在药师佛像之畔,对药师佛的了解定然很透彻;二则,文末的"语语似戏,字字逼真"似乎是对佛教也包括药师佛的评论,如杨起元所说,无我则无病,一切皆为幻灭之相。

明末四大高僧之一的憨山,与心学中人交往颇多,观念亦受到心学的影响。憨山著有《题刻药师经后》一文,云《药师如来本愿功德经》是以药师佛之名而称,佛能治一切病,《大藏经》是对症之药,"至圣无名,以德彰名,然佛为三界医王,善治一切众生心病,故称医师。是则一大藏教,乃对症之妙药"。然而众生之病"以痴爱为根",病根不除"而欲出生死渡苦海者"似乎是不可能的。药师佛的宏愿与佛教的观念之间似乎存在着矛盾,因此有人说"经云求官位得官位,求男女得男女,求长寿得长寿,求安乐得安乐,皆众生之痴爱也",佛教的本意是要终生舍离这些痴爱,药师佛却"有求而必遂",是在增益众生的痴爱。对这样的疑问,憨山说:"非增益之,实欲离之耳。以众生不信自心是佛,故颠倒迷途,溺于爱河,佛以广大慈悲而拔济之,不能顿出,特设方便以引摄之,即其所爱而诱进之,所谓以楔出楔,以毒攻毒。故云先以欲钩牵,后令入佛智,则世间之爱,可潜消而默化矣。众生始以不信自心之惑,如贪财者而梦金宝,生大欢喜,致大欲乐,且金宝欲乐,岂自外至耶?众生处此梦宅,种种希求,佛以如梦幻法门而调治之,痴爱重则信佛愈极,信至极则自心痴爱化而为佛知见矣。又如置酵于乳而成酥酪,必转醍醐,此经是佛以醍醐甘露之药施众生,能服之者,岂不顿祛百病获长寿哉。"憨山的前

---

[1] 钱伯城:《袁宏道集笺校》卷十,上海古籍出版社1981年版,第465—466页。

半段之说，与杨起元、王世贞相同，是以大乘观念阐释药师信仰。后半段则颇有随机说法之风，通过满足众生的痴爱而使众生笃信佛教。文末，憨山说刻《药师经》施人的居士刘峤如长者一样，"于四达通衢以妙药施人"，得经而能"信受而服之者"则"心病顿瘳而随求必应"，从这个意义上说，《药师经》便不仅仅是"纸墨文字"①。

由以上叙述可知，药师信仰在中国备受欢迎的过程，其实就是中土化的过程。药师信仰的中国化，主要体现在两个方面，一是适应中国民众对救苦救难的迫切期望，产生了众多的应验故事，使得民众对药师佛的信仰更深。民众的普遍信仰，又被文人阶层所接受，药师佛亦成为文人士大夫阶层解除苦难与困厄、佑护国家的期望。二是药师信仰进入中国思想发展的领域，为明代心学所吸收和借鉴，成为心学发展的帮助。通过这两个方面的深入渗透，药师信仰成为中国普遍流行的重要信仰之一。

---

① 《憨山老人梦游集》卷三十一，香港佛经流通处1965年影印江北刻经处刻本，第1630—1632页。

重元寺小志

重元寺始建于梁武帝天监二年（503年），据唐代陆广微撰写的《吴地记》载，寺为陆僧瓒捐出宅院而建，"梁卫尉卿陆僧瓒天监二年旦暮，见住宅有瑞云重重复之，遂奏请舍宅为重云寺，台省误写为重玄，时赐大梁广德重玄寺"①。陆僧赞见宅院为瑞云所覆，本意名之为"重云寺"，台省误写为"重玄寺"，遂赐名为"广德重玄寺"，"重玄寺"之名便一直延续下来。

文献中并没有留下太多的关于重云寺或重玄寺的资料，重玄寺与寒山寺、灵岩寺、保圣寺等寺院属同时代，与这些寺院在文献中留下海量资料记载相比，重玄寺其在文献中的踪迹可谓少之又少。文献资料的缺乏，使得重玄寺在历史上的身影显得模糊又模糊。关于重玄寺历史演变的叙述，脉络最为清晰的应是清代徐崧、张大纯编纂的《百城烟水》中的记述，云："承天能仁禅寺，在皋桥东。梁卫尉卿陆僧瓒舍宅建初名广德重玄寺（《吴地记》云僧瓒见住宅有瑞云重重复之，奏为重云寺，台省误书云为玄）。宋初改承天，宣和中禁称'天''圣''皇''王'等字，遂改能仁，元兼称承天能仁，又名双峨寺（以寺前有二士阜也，或云旧有二异石故名）。寺有无量寿佛铜像，及盘沟大圣祠，灵佑庙，万佛阁经钟二楼（孙觌有《重铸钟铭》），相继毁。至元间，僧悦南楚重建（黄溍、郑元佑各有《记》）。至正末，张士诚据以为宫，明复为寺，立僧纲司。正统八年，寺俱毁，其明年朝廷颁大藏，至都纲永瑞建堂九间以奉之。成化十年，僧道泽、戒昌重建大雄殿（吴宽《记》）。万历初，性仁募建西方殿，内有福昌、圆通、宝幢诸寺（唐韦应物、李嘉佑、皮日休、陆龟蒙

---

① 陆广微：《吴地记》，《四库全书》本。

俱有重玄寺诗）。"① 根据这段记述来看，重玄寺曾多次改名，亦经过多次重建。尽管经历重重磨难，重玄寺之佛火仍燃，以至于今日。

《百城烟水》所记重玄寺沿革只到明代万历时期，入清后，因避康熙帝玄烨之讳，改"玄"为"元"，"重元寺"之名便一直沿用至今。如重元寺一样历史悠久的古寺，一般都有寺志，记载其历史沿革与艺文。重元寺可能是因经历磨难过多，兴兴废废，光芒被同处一城的寒山寺等寺院所掩盖，并无作者为之撰写寺志。重元寺在历史上亦曾有极灿烂兴盛的时期，明代王穉登曾在《虎丘铭上人造金粟楼疏》中说："此云金粟如来，一曰盘沟大圣，在范文正经略之日，移来始自邠州。当重玄寺郁兴之年，崇奉遍于吴下。瞠目拳眉，既类达磨面壁之相，披缁据榻，又似维摩示疾之容，悯世俗无儿祷之者。螽斯蛰蛰，为天人求度，事之而瓜瓞绵绵。虎丘乃江左名山，云岩为金阊首刹，铭上人者，种茶隙地，可中不满袈裟秋竹荒冈，于此欲成楼阁。十金，中人之产，分锱铢小费，便作布施福田；百亩，上农之家，割黍粒余粮，即是檀波罗密。偈曰：海涌峰前一比丘，欲成金粟翠微楼。劝君好把悭囊破，弓善为箕冶善裘。"② 王穉登的这段记载，显示了重元寺"郁兴之年"崇奉者亦曾便于吴下，这是极其兴盛的景况。

笔者搜集到部分文献，基本可以了解重元寺历史沿革的概貌，成《重元寺小志》，挂一漏万，疏漏难免，以粗陋之稿，待后之有心者予以完善。收录文献时，各种志书中的文献有很多是重出，为了保存文献的完整性，也为了能从多种文献中比较醒目地看出重元寺的历史沿革，往往将有些重出的文献同时抄录下来，所以文中有些文献在不同的地方出现。

一　重元寺历史沿革

有关重元寺历史沿革的文献资料，《吴地记》记载重元寺始建的情况，《百城烟水》梳理了自创建至明代万历的沿革情况。还有些零散的记载散落于文献之中，可以弥缝起重元寺历史之大概脉络。

---

① 张大纯编纂：《百城烟水》卷二，康熙二十九年刻本。
② 王穉登：《法因集》卷二，载《王百穀集十九种》，《四库全书禁毁丛书》本。

宋代改重玄寺为承天寺，又改承天寺为能仁寺，宋代关于重云寺的记载大多以能仁禅寺为名。《吴都法乘》中有两处"能仁禅寺"的条目：

《吴都法乘》卷三十"能仁禅寺"云："能仁禅寺，在长洲西北二首，即梁重玄寺。入国朝为承天寺，庭列怪石，俗传钱王立，前有二土山，中有铜无量寿佛像，高丈余。宣和中，禁寺观桥梁名字以'天''圣''皇''王'等八字，改今额。"[①]

《吴都法乘》卷三十"能仁禅寺"云："能仁禅寺，在今县治东北，梁时卫尉卿陆公僧瓒舍宅以建也。初名重玄寺，至宋初改为承天，宣和中又改为能仁寺。俗传有二异石于庭前，因称之为双峨，前有二土山，中有铜无量寿佛，高丈余，后至顺间毁于火。至正间复一新之，详见太史黄潜《记》。寺内有福昌、宝幢、圆通三小寺。"[②]

从《吴都法乘》的记载来看，重元寺的每一次由毁废到重新修复，规模不断扩大，从最初的陆僧瓒的宅院，到唐代刊刻石壁佛教，到寺内又包含福昌、宝幢、圆通三小寺，规模在一步步地扩大。《同治苏州府志》卷第三十九，有更为详细的关于"承天能仁禅寺"的记载，首先述其沿革，云：

承天能仁禅寺，在皋桥东，《姑苏志》在甘节坊。相传梁卫尉卿陆僧瓒故宅，因睹祥云重重所覆，请舍宅为重云寺，台省误书为重玄，遂名之。唐为广德重玄寺，钱氏时又加缮葺，殿阁崇丽，前列怪石。宋初改承天，宣和中禁寺观桥梁名不得用"天""圣""皇""王"等字，又改能仁。元并存旧额，称承天能仁，以寺前有二土阜，亦名双峨寺（卢志云有二异石于庭前，因称之为双成）。寺有无量寿佛铜像，高丈余，盘沟大圣祠（《中吴纪闻》：承天寺有盘沟大圣，身长尺许，人有祷祈，置掌上，吉则拜，凶则否，人皆异之。推所从来，乃盘沟村中有渔者，尝遇一僧云"何不更业"，渔者云"他莫能"，僧云："吾教汝塑泗洲像，可致富。"渔者云："人不欲之，奈何？"僧云"吾授汝一术"。遂以千钱与之，令像中各置一钱，所

---

① 周永年编：《吴都法乘》卷三十，载《中国佛寺史志汇刊》第3辑第28册，第3672页。
② 周永年编：《吴都法乘》卷三十，载《中国佛寺史志汇刊》第3辑第28册，第3691页。

售之值亦以千钱为率，渔者如其教，竞求买之，果获千缗。寺中所藏其一也。又按，陈直《韦居听舆》云，济州盘沟民业塑尤工，甫婴孩，翁死，媪语其子："我不作福，汝父以贫丧，奈何？"因发愿饭僧，诘朝即有来者，自是不辍，以及一纪。或于别次谢其不倦，且叩所业，出一把粟，授其子曰："以是塑佛像，一置一粒于中，有祷者攀祝，吉则拜，凶则否。"一粟取钱一百二十，日售数人。其像，常州无锡徐侍郎梓官济得以归，后入承天供奉阁，岁已百，灵响如昔。光帝尝宣像入内，像高尺许，制甚朴，而神采欣悦他，塑者莫比。两书事迹所述迥异，不知谁为谬误，其实皆荒唐，附会之辞也）。灵姑庙，《姑苏志》《乾隆志》并作佑，《图经续记》[作]圣姑庙，盖梁时陆氏之女（吴人）于此祈子颇有验。万佛阁经楼、钟楼，至顺间悉毁于火，至元间复新之，至正末张士诚据为官（史册《隆平记事》云，元至正十六年，张士诚以承天寺为王府，二十二年复为寺。又云寺有千佛阁，木上皆凿"万岁阁"三字，先是，浙省灾，责有司籍所在木，官酬以价，寺中蓄大木，将以建阁，黠僧于木上凿"万岁阁"三字，有司不敢取。及阁成，其字故在。张氏踞居，以僧元凿字名其阁，皆有先兆）。

这段记述，是目前能见到的对重云寺沿革最为详细的记载，叙述沿革的同时，记载了寺内的建筑、事迹以及典故等。比其他记载更为详细的是，此《志》记叙了重元寺在明清时期的沿革状况，云："明初复为寺，僧纲司在焉。宣德十年，巡抚侍郎周忱建赐经阁，正统八年又毁。其明年颁大藏，至都纲永瑞建堂九间以奉之。成化十年，住持道泽重建大雄殿（吴宽《记》）崇祯戊寅十一月，浚井得郑所南铁函《心史》。国朝康熙二十八年，巡抚都御史洪之杰廉知寺僧恣为奸利，按置于法籍，其徒悉驱遣之。三十一年，知县张鏊请听民僦居，岁收其值以供医局社学，寺遂废。同治中，僧涌莲重建寺，旧有子院曰永安（《图经续纪》：永安禅院，在承天寺垣中，旧号弥勒院。太宗朝，以藏经镂板本有余，杭道原禅师者，诣阙借板印造。景德中，又以太宗御制四袠及新译经一十四袠并赐之，道原归藏于此院。大中祥符八年，又编修《景德传灯录》以进，敕赐今额，每岁度一僧），曰净土禅院也，曰宝幢（《图经续记》云宝幢，旧曰药师院，昔有钱塘僧道赞者，作紫檀香百宝幢覆以殿宇，翰林晁承旨与当时诸公二十三人为之赞），曰龙华，曰圆通教院也。明初犹存福昌（即旧永安）、宝幢、圆通（《姑苏志》：圆通寺，宋元丰二年僧净梵建）三小寺。宝幢又名玉箧山房（《吴县志》：福昌，宋宝元间建，宝幢，宋元祐间建），嘉靖间即其旁址改建杂造局。"①

《道光苏州府志》所载与此基本一致，亦备录于此："承天能仁禅寺，在皋桥东，相传梁卫尉卿陆缯瓒故宅，因睹祥云重重所覆，请舍宅为重云寺，后误书为重玄，遂名之。唐为广德重玄寺，钱氏时又加缮葺，殿阁崇丽，前列怪石。宋初改承天，宣和中禁寺观桥梁名不得用'天''圣''皇''王'等字，又改能仁。元并存旧额，称承天能仁，以寺前有二土阜，亦名双峩寺（或云旧有二异石，故名，即钱氏所置）。寺有无量寿佛高丈余，盘沟大圣祠（《中吴纪闻》：承天寺有盘沟大圣，身长尺许，人有祷祈，置掌上，吉则拜，凶则否，人皆异之。推所从来，乃盘沟邨中有渔者，尝遇一僧，云'何不更业'，渔者云'他莫能'，僧云'吾教汝塑泗州像，可致富'，渔者云'人不欲之，奈何？'僧云'吾授汝一术'。遂以千钱与之，令像中各置一钱所售之，值亦以千钱为率。渔者如其教，竞求买之，果获千缗。寺中所藏其一也）。灵姑庙（《图经续记》：圣姑庙，盖梁时陆氏之女吴人于此祈子颇有验）、万佛阁、经楼、钟楼，至顺间悉毁于火，至元间复新之（黄溍《记》）。至正末张士诚据为宫，明初复为寺，僧纲司在焉。宣德十年，巡抚侍郎周忱建赐经阁。正统八年又毁，成化间重修大殿（吴宽《记》）。崇祯戊寅年十一月，浚井得郑所南铁函《心史》。本朝康熙二十八年，巡抚都御史洪之杰廉知寺僧恣为奸利，按实于法籍，其徒悉驱遣之。三十一年，知县张鏖请听民僦居，岁收其值以供医局社学，寺遂废。寺旧有子院曰永安（《图经续记》：永安禅院在承天寺垣中，旧号弥勒院，太宗朝以藏经镂板本有余，杭道原禅师者诣阙借板印造，景德中又以太宗御制四袠及新译经一十四袠并赐之，道原归藏于此院。大中祥符八年，又编修《景德传灯录》以进，敕赐今额。每岁度一僧），曰净土禅院也；曰宝幢（《图经续记》云，宝幢旧曰药师院，昔有钱塘僧道赞者，作紫檀香百宝幢覆以殿宇，翰林晁承旨与当时诸公二十

---

① 《同治苏州府志》卷三十九。

三人为之赞）、曰龙华、曰圆通教院也。明初犹存福昌（即旧永安）、宝幢、圆通三小寺，后止称房。宝幢又名玉篦山房，嘉靖间即其旁址改建杂造局。"①

据《南朝佛寺志》，能仁寺似乎有不少其他的名称，卷一"报恩寺"条目中注释"奉先寺、报慈院、能仁寺，此非明之大报恩寺也"，意即能仁寺又有报恩寺、奉先寺、报慈院等之名。《志》中特别指明此报恩寺而明初永乐皇帝所修建之大报恩寺。《志》叙"报恩寺"云："报恩寺，在天竺山东南，距秦淮数百步。宋元嘉二年文帝为高祖创建也，唐会昌中废。杨吴太和中改造，曰奉先。南唐升元中，改报慈。至宋，遂名能仁云。考证《景定建康志》，能仁寺南距秦淮数百步，其地古青溪之渍也。初名报恩，宋元嘉二年文帝为高祖创建，唐会昌中废，伪吴太和改造曰奉先，南唐升元改报慈。有别院，宋崇宁赐名承天，政和七年改能仁，《金陵梵刹志》'能仁寺在天竺山东'。"② 《正德姑苏志》记载报恩寺概况，云：

> 报恩讲寺，在城北陲，故呼北寺，即重玄寺旧基，吴越钱氏移支硎山报恩寺改建于此。宋崇宁中，加万岁，寻尊为贤首教寺。旧有子院，曰文殊，曰泗洲，曰水陆，又有曰法华，曰普贤，今皆废。浮图十一级，兵烬后，行者金大圆募建九级；又有不染尘观音殿（宋边《知白记》）；后殿七楹，下塑释迦灭度像（长六十六尺，高十二尺。张士诚据吴以卧佛非祥，更造立像，国初僧复之，宋濂撰《碑》）。宋张即之书"华严性海"四字，皆径丈，刻榜犹存，归并寺二庵二（白居易《法华院石壁经》）之碑：碑在石壁东次，石壁在广德法华院西南隅，院在重玄寺西若干步，寺在苏州城北若干里。以华言唐文译刻释氏经典，自经品众佛号以降，字加金焉。夫开示悟入诸佛知见，以了义度无边，以圆教垂无穷，莫尊于《妙法莲华经》，凡六万九千五百五言。证无生忍，造不二门，住不可思议，解脱莫极于《维摩诘经》，凡二万七千九十二言。摄

---

① 《道光苏州府志》卷四十。
② 《南朝佛寺志》，载《中国佛寺史志汇刊》第1辑第2册，第141—142页。

四生九类，入无余涅槃，实无得度者，莫先于《金刚般若波罗蜜经》，凡五千二百八十七言。坏罪集福，净一切恶道，莫急于《佛顶尊胜陀罗尼经》，凡三千二十言。应念顺愿，愿生极乐土，莫疾于《阿弥陀经》，凡一千八百言。用正见观真相，莫出于《观音普贤菩萨法行经》，凡六千九百九十言。诠自性，认本觉，莫深于《实相法蜜经》，凡三千一百五言。空法尘，依佛智，莫过于《般若波罗蜜多心经》，凡二百五十八言。是八种经，具十二部，合一十一万六千八百五十七言，三乘之要旨，万佛之秘藏尽矣。是石壁积四重，高三寻，长十有五常，厚尺有咫。有石莲敷覆其上下，有石神固护其前后，火水不能烧漂，风日不能摇消，所谓施无上法，尽未来际者也。唐长庆二年冬作，大和三年春成，律德沙门清晃矢厥谋，明海继厥志。门弟子南容成之，道则终之，寺僧契元舍艺而书之，郡守居易施词而赞之。赞曰：佛涅槃后，世界空虚。惟是经典，与众生俱。设有人书贝叶上，藏檀龛中，非坚非久，如蜡印空。假使人刺血为墨，剥肤为纸，即坏即灭，如笔画水。噫！画水不若文石，印蜡不若字金。其功不朽，其义甚深。故吾谓石经功德，契如来付嘱之心。宋徽宗《佛牙舍利赞》：崇宁三年重午日，自苏州报恩寺迎请释迦佛牙入内，致恭祈请，舍利感应，隔水晶匣，出如雨点，神力如斯，嘉叹何已。因以赞曰：大士释迦文，虚空等一尘。有求皆赴感，无刹不分身。玉莹千轮在，金刚百炼新。我今恭敬礼，普愿济群伦。苏轼《舍铜龟子文》：苏州报恩寺，重造古塔，诸公皆舍所藏舍利，余无舍利可舍，独舍盛舍利者，敬为四恩三有舍之。故人王颐为武功宰，长安有修古塔者，发旧葬，得之以遗余，余（以）藏私印。或（成）坏者，有形之所不免，而以藏舍利则可以久，藏私印或速以坏。贵舍利而贱私印，乐久存而悲速坏，物岂有是哉。余其并是舍之。赵孟𫖯《写墨竹》诗：开轩蓺竹抄，坐久闻清韵。重云结春阴，小雨生衣润。亲友有嘉集，笑语发真蕴。游衍暮始还，流光疾如瞬。黄溍《跋至大间赵魏公游姑苏报恩寺》：小憩于丈室，乘兴写墨竹一小枝于壁，题古诗五言四韵于窗间。今垂四十年，竹故在而窗纸久不存，住山宣公法师闻吴江贤上人裁得此纸，物色得之，并竹摹刻于石，将使久而勿坏，庶后来有以想见其清标雅韵也。夫杂花境土，实报庄严，毘卢楼阁，非我坏相，高人上士，游戏作如幻事，岂以石之寿为真足恃哉？姑以备好奇者之一览云尔。陈基：秋风日萧爽，散策入空林。有竹心已清，无言念弥深。杂花不容把，疏磬有余音。逍遥毘卢境，落景驻遥岑。杨基《北寺竹林》：僧居古城阴，迢递通万竹。林光落虚牖，坐爱衣裳绿。斋余孤磬远，茶罢微烟续。道人悟重玄，淡然无众欲。譬彼石根泉，亭亭湛寒绿。①

这段记载中收录白居易《苏州重玄寺法华院石壁经》、苏轼《舍铜龟子文》等文，故较长。白居易《苏州重玄寺法华院石壁经》一文，如《吴都法乘》卷三等多种佛寺志有收录，下录有全文。

这段记载中，知报恩寺之名的由来，为吴越钱氏移支硎山报恩寺于重玄寺旧基，重玄寺即此称之为报恩寺。重云寺几度变迁，甚至寺址亦稍有变动，吴越钱氏曾移支硎山报恩寺于重玄寺旧基，遂有报恩寺之称。此时报恩寺亦是重玄寺，重玄寺亦是报恩寺，钱氏的这一移动，显示了重云寺不仅只在原址上兴废演变而已。实际上，报恩寺之名的出现可能更早。宋代僧人本觉编《历代编年释氏通鉴》载："（文德元年）五月，杭州千顷山楚南禅师，辞众奄然而化。师得旨于黄檗，初抵姑苏报恩寺，精修禅定二十余载，足不踰阃。"② 这里的"姑苏报恩寺"显然就是重玄寺了，楚南禅师在报恩寺修行二十余年，表明重玄寺改为报恩寺已经有一段时间了。

二　唐代的重玄寺

重元寺虽创建于六朝梁武帝时期，留下的文献并不多。如上所述，唐沿前名，称广德重玄寺，留下的文献开始增多，通过这些材料能够了解唐代重元寺的大概脉络。重玄寺在唐玄宗时又称开元寺，《吴都法乘》中收录有《石像铭跋》，云："右铭载在郡志，开元寺额中。按，《梁史》称帝

---

① 《正德姑苏志》卷二十九。
② 本觉编：《历代编年释氏通鉴》卷十一，《续藏经》第76册，第124页。

六岁能文，读书十行俱下，在东宫十八年，而遇侯景之乱，景弑武帝立之，甫二年亦遇弑。然则此铭堂是居东宫时作也，其时所称通玄寺，奠石佛二尊者，在城北陲，今卧龙街北报恩讲寺是已。武则天据唐改名重玄寺，玄宗开元中始改今额，其迁入南城盘门内，后唐钱武肃王镠子元璙为之也。"① 明代宋濂《报恩万岁贤首讲寺释迦文佛卧像铭》中述云："姑苏报恩万岁贤首讲寺，乃吴赤乌初大帝为乳母陈氏所建，名曰通玄，唐玄宗因其年改作开元，吴越钱武肃王为之起废，揭以支硎山报恩寺旧额，宋徽宗崇宁初加以万岁之号。至佛日崧公来为住持，专讲《华严经疏》，尊为贤首讲寺。"② 《道光苏州府志》称本寺初为通元寺，后改为开元寺说："按报恩初由重玄改，开元浮海石像及钵，在晋时不得系之，今开元寺朱长文《图经续记》始末最悉，今从之。"③ 重玄寺、通元寺、开元寺似乎有些相混，像是同一座寺院又有些不像。

所存唐代的文献中，最为重要的应属白居易撰写的《苏州重玄寺法华院石壁经碑文》了，《释氏稽古略》卷三中"石壁经"条云："太和三年，苏州重玄寺刊石壁经成，白侍郎居易为碑。"由此可知，重元寺石壁经完成于太和三年（829年）。白居易撰写《碑文》已见上引，为使文献具有独立性，兹复抄写于此，全文云："碑在石壁东次，石壁在广德法华院西南隅，院在重玄寺西若干步，寺在苏州城北若干里。以华言唐文译刻释氏经典，自经品众佛号以降，字加金焉。夫开士悟入，诸佛知见，以了义度无边，以圆教垂无穷，莫尊于《妙法莲华经》，凡六万九千五百五言。证无生忍，造不二门，住不可思议解脱，莫极于《维摩经》，凡二万七千九十二言。摄四生九类，入无余涅槃，实无得度者，莫先于《金刚般若波罗密经》，凡九千二百八十七言。坏罪集福，净一切恶道，莫急于《佛顶尊胜陀罗尼经》，凡三千二十言。应念顺愿，愿生极乐土，莫疾于《阿弥陀经》，凡一千八百言。用正见观真相，莫出于《观音普贤菩萨法行经》，凡六千九百九十言。诠自性，认本觉，莫深于《实相法密经》，凡三千一百五言。空法尘，依佛智，莫过于《般若波罗密多心经》，凡二百五十八言。是八种经，具十二部，合一十一万六千八百五十七言。三乘

---

① 周永年编：《吴都法乘》卷十，载《中国佛寺史志汇刊》第3辑第22册，第1145页。
② 钱榖编：《吴都文粹续集》卷二十九，《四库全书》本。
③ 《道光苏州府志》卷四十。

之要旨，万佛之秘藏，尽矣。是石壁积四重，高三寻，长十有五常，厚尺有咫，有石莲敷覆其上下，有石神固护其前后，水火不能烧漂，风日不能摇消，所谓施无上法尽未来际者也。唐长庆二年冬作，太和三年春成，律德沙门清晃矢厥谋，清海继厥志，门弟子南容成之，道则终之。寺僧契元舍艺而书之，郡守居易施词而赞之。赞曰：佛涅槃后，世界空虚。惟是经典，与众生俱说。有人书贝叶上，藏檀龛中，非坚非久，如蜡印空。假使人刺血为墨，剥肤为纸，即坏即灭，如笔画水。噫！画水不若文石，印蜡不若字金。其功不朽，其义甚深。故吾谓石经功德，契如来付嘱之心。"① 由白居易的碑文看，重元寺凿刻石壁经始于长庆二年（822年），完成于太和三年（829年），历时十余年。这次凿刻石壁经的规模很大，共凿刻佛经八种十二部，十一万六千八百五十七字。白居易的这篇碑文，使明末两位大师想起隋代静琬凿刻房山石经事。达观真可《读石壁经碑跋》云："万历岁在癸巳春，余挂锡燕山碧云柳树庵，应华亭徐太仆琰之请也。灯下读唐苏州刺史白居易《重玄寺石壁经碑》，逆思隋静琬尊者刊石为经，积盈大藏，窃校优劣，不胜悲琬。夫重玄经惟八种，而白公极广长舌相赞之，犹恨不能尽，而我琬公刊大藏于石，设公一登白带，则其赞叹当复何如。适开侍者赍大藏自三吴来，令其读之，亦不胜悲琬，因嘱其刊于涿鹿崖壁之上，使观者知琬公之功，殆非清冕诸师可并万一矣。"② 憨山德清《复涿州石经山琬公塔院记》云："昔尝阅藏教，睹南岳思大师愿文，愿色身常住，奉持佛法，以待慈氏，斯已甚为希有矣。及观光上国，游目小西天，见石经何其伟哉。盖有隋大业中，幽州智泉寺沙门静琬尊者，忍三灾坏劫，虑大法湮没，欲令佛种不断，乃创刻石藏经板，封于涿州之西白带山。山有七洞，洞洞皆满，由大业至唐贞观十二年，愿未终而化。门人导仪暹法四公，相继五世，而经亦未完。历唐及宋，代不乏人，至有元至正间，高丽沙门慧月大师尚未卒业，其事颠末，具载云居各树碑幢闲。惟我明无闻焉，何哉！噫！苟非其人，道不虚行，佛种从缘起，其是之谓乎。初，达观可大师于万历丙戌秋访清于那罗延堀，北游云居，至琬公塔，一见则泪堕如雨，若亡子见父母庐墓也，抱幢

---

① 朱金城：《白居易集笺校》卷六十九，上海古籍出版社1988年版，第3702—3703页。
② 真可：《紫柏老人集》卷十五，《续藏经》第73册，第280页。

痛哭，徘徊久之而去。"① 白居易的碑文确实产生了很大的影响，这种影响也使重玄寺的影响一直存在着。

《苏州重玄寺法华院石壁经碑文》中论此八种十二部佛经尽"三乘之要旨，万佛之秘藏"，颇为宋人洪迈所赞赏。洪迈在《容斋随笔》之"八种经典"条云："开士悟入，诸佛知见，以了义度无边，以圆教垂无穷，莫尊于《妙法莲华经》，凡六万九千五百五字。证无生忍，造不二门，住不可思议解脱，莫极于《维摩经》，凡二万七千九十二字。摄四生九类，入无余涅槃，实无得度者，莫先于《金刚般若波罗密经》，凡五千二百八十七字。坏罪集福，净一切恶道，莫急于《佛顶尊胜陀罗尼经》，凡三千二十字。应念顺愿，愿生极乐土，莫疾于《阿弥陀经》，凡一千八百字。用正见观真相，莫出于《观音普贤菩萨法行经》，凡六千九百九十字。诠自性，认本觉，莫深于《实相法密经》，凡三千一百五字。空法尘，依佛智，莫过于《般若波罗密多心经》，凡二百五十八字。是八种经典十二部，合一十一万六千八百五十七字，三乘之要旨、万佛之秘藏尽矣。唐长庆三年苏州重玄寺法华院石壁所刻金字经，白乐天为作碑文，其叙如此，予窃爱其简明洁亮，故备录之。"② 以短篇述"三乘之要旨，万佛之秘藏"，确实称得上"简明洁亮"。

白居易《苏州重玄寺法华院石壁经碑文》中提到的寺僧契元，时居重玄寺，故书碑文。契元除居重玄寺之外，似乎另建有华山寺。《吴都法乘》卷三十云："观音院，即华山寺，在龙头山之西。宋元嘉二年，会稽内史张裕池生千叶莲奏建，本在胥湖之北，唐开成三年重玄寺僧契元移置于此，宋僧怀深有《圆通殿记》。"③《崇祯吴县志》云："华山寺，在龙头山之西，即观音院也。宋元嘉二年会稽内史张裕，尝供侍罗汉池，生千叶白莲花，奏置于胥湖之北。隋大业三年废，唐开成四年重玄寺僧契元请省符移置今处，里人徐世业舍山。会昌间废，复兴咸通间，赐额。宋崇宁间，僧维照、维鉴塑观音像，靖康间建《圆通殿》，刺史兼御史中丞李忠题额。"④ 二者对华山寺与观音院的说法完全一致，寺或院本位于胥湖之

---

① 德清：《憨山老人梦游集》卷二十二。
② 洪迈：《容斋随笔》五笔卷九，上海古籍出版社 2015 年版，第 518 页。
③ 周永年编：《吴都法乘》卷三十，载《中国佛寺史志汇刊》第 3 辑第 28 册，第 3752 页。
④ 《崇祯吴县志》卷二十六。

北，由当时重玄寺的僧人契元移于此地。移置的时间的记载稍有不同，一为唐开成三年（838年），一为唐开成四年（839年）。《正德姑苏志》亦载契元于唐开成三年移寺于此，志云："观音院，即华山寺，在龙头山之西，宋元嘉二年会稽内史张裕池生千叶莲奏建，本在胥湖之北，唐开成三年重玄寺僧契元移置于此，宋僧怀深有《圆通殿记》。孙觌诗：'千丈银山屹嵩华，浪涌云屯天一罅。榜舟夜并鼋鼍窟，杖藜晓入鸡豚社。处处人家橘柚垂，竹檐茅屋青黄亚。牛羊出没怪石走，蛟龙起伏苍藤挂。楼殿青红隐半山，两腋清风策高驾。饥鼠窥灯佛帐寒，华鲸吼粥僧跌下。世味久谙真嚼蜡，老境得闲如啖蔗。山灵知我欲归耕，一夜筑垣应绕舍。'胡松年诗并序：'余罢自平江，谋居霅川，过洞庭西山，暂寓观音院德云堂，坐挹湖山胜概，亦足以少洗簿书役矣。数年兵火之祸，何所不至，独此地清凉安稳，岂非林屋洞天、金庭玉柱为神仙窟宅，有物常护持邪？余愿挂冠终老此间也。小舟乘风飞鸟过，万顷云涛纵掀簸。此行要是快平生，无数青山笑迎我。山根隐约见人家，槿花茅屋埋烟霞。宛似秦人种桃处，川原远近纷香葩。杖藜径踏华山去，试问莲开今何许。路迷绝壑荫松筠，身到半山听渔鼓。道人为我开法堂，是中境界浑清凉。幽磬时和野鸟语，飞泉暗泻岩花香。文书照眼本吾事，雁鹜著行败人意。造物似怜厌世嚣，挈置湖山烦一洗。何人夜呼隐去来，向来得丧真山崖。金庭玉柱永不改，人间劫火空飞灰。葛胜仲弱水，无风到海山，慈容亲札紫旃檀。亭亭宝刹凌云近，湛湛清池漱玉寒。橘瘦暗飘红万颗，竹迷曾莳绿千竿。藕花不是南朝梦，真有残香透画栏。'"①这三处记载，两处记为唐开成三年，或许开成三年的可能性更大一些。孙觌与胡松年并为宋代人，为保持文献的完整性，一并抄录于此。

契元为唐代住重玄寺僧人，隋唐时期住重玄寺见于记录的僧人，还有释慧岩等。道宣《续高僧传》有《隋苏州重玄寺释慧岩传》云："释慧岩，住苏州重玄寺，相状如狂，不修戒检，时人不齿。多坐房中，不同物议。忽独欢笑，戏于寺中，以物指挥，曰'此处为殿，此处为堂'，乃至廊庑厨库，无不毕备。经可月余，因告僧曰：'欲知岩者，浮图铃落，则亡没矣。'至期果然，乃返锁其房，摧户开之，端坐已卒。远近闻之，封

---

① 《正德姑苏志》卷二十九。

赴阗阓，各舍金帛，遂成大聚。依言缔构，郁成名寺，远皆符焉。自终至今四十余载，犹如存在，见处佛堂，用通礼谒云。"① 昙噩编撰《新修科分六学僧传》录有释慧岩传，内容稍有不同，云："隋慧岩，住苏之重玄寺，常房坐习禅业，未尝出游。或出则饮啖言笑，不修戒检，人以为狂，而慢悔之。每独欢然，对众指挥曰'此地为殿，此地为堂'，甚至廊庑庖湢，悉有区处。如是一月余，告所知者曰'浮图铃坠，是吾去时也'。即反锁其户，久不开，已而浮图一铃果坠，众破关入，则见岩端坐而逝矣。城市闻之，奔赴填噎，竞委金帛，以施常住，丰厚资之以营缮，而间架位置之素，皆必如其言乃已。郁成名刹，今其遗形尚在不坏。"② 由释慧岩传来看，重玄寺之规模的扩大，与其有着极大的关系，徒众为实现其愿，修建了不少殿宇。

《吴都法乘》抄录张咏《人物志》所僧人元达事，云："元达，居重玄寺年，踰八十，犹好种药，致品甚多，自天台四明包山句曲，丛萃纷糅，各有指名，皮日休常为赋诗。"③ 诗中所说的"皮日休常为赋诗"，指的是皮日休《重玄寺元达年逾八十好种名药凡所植者多至自天台四明包山句曲丛萃纷糅各可指名余奇而访之因题二章》诗，其一："雨涤烟锄伛偻赘，绀芽红甲两三畦。药石却笑桐君少，年纪翻嫌竹祖低。白石静敲蒸术火，清泉闲洗种花泥。怪来昨日休持钵，一尺雕胡似掌齐。"其二："香蔓蒙笼覆若邪，桧烟衫露湿袈裟。石盆换水捞松叶，竹径迁床避笋芽。藜杖移时挑细药，铜瓶尽日灌幽花。支公谩道怜神骏，不及金朝种一麻。"④ 陆龟蒙、皮日休、张贲有《药名联句诗》，故对种药的元达"奇而访之"，便是可以理解的，诗云："为待防风饼，须添薏苡杯（贲）。香燃柏子后，樽泛菊花来（日休）。石耳泉能洗，垣衣雨为裁（龟蒙）。从容犀局静，断续玉琴哀（贲）。白芷寒犹采，青相醉尚开（日休）。马衔衰草卧，鸟啄蠹根回（龟蒙）。雨过兰芳好，霜多桂末摧（贲）。朱儿应作粉，云母讵成灰（日休）。艺可屠龙胆，家曾近燕胎（龟蒙）。墙高牵

---

① 道宣：《续高僧传》卷第二十六，载《高僧传》合集，上海古籍出版社1991年版，第328页。《吴都法乘》卷六亦抄录《释慧岩传》。
② 昙噩编：《新修科分六学僧传》卷二十七，《续藏经》第77册，第314页。
③ 周永年编：《吴都法乘》卷六。
④ 彭定求编：《全唐诗》卷六百十三，中华书局2008年版，第7078页。

薜荔，障软撼玫瑰（赟）。鼯鼠啼书户，蜗牛上砚台（日休）。谁能将稿本，封与玉泉才（龟蒙）。"①

释师寂是唐代曾住重玄寺的僧人，《开元寺志》载小传云："释师寂，姑苏长洲人，姓陆。初学儒，志则洒然，若世氛浼己，乃弃而学释于重玄寺。既纳戒，遂两习《四分》《百法》，通之。诵《莲经》至七百遍，而《龙藏》且一两读。既卒业，授学者律论说，明白如指诸掌，然犹以为非究竟法。去历叩宗匠，造雪峰，峰一见器之。誉闻温陵，招庆超觉待以宾礼。"②

李肇《唐国史补》"苏州游僧"条载一游僧扶正阁柱事，云："苏州重玄寺阁一角忽垫，计其扶荐之功，当用钱数千贯。有游僧曰：'不足劳人，请得一夫斫木为楔，可以正之。'寺主从焉。游僧每食讫，辄取楔数十，执柯登阁，敲椓其间。未旬日，阁柱悉正。"③

唐代写到重玄寺的艺文，上面提到皮日休《重玄寺药圃》诗二首，此外还有韦应物、皮日休等诗人多首写到重玄寺的诗歌。韦应物《登重玄寺阁》颇被称道："时暇陟云构，晨霁澄景光。始见吴都大，千里郁苍苍。山川表明丽，湖海吞大荒。合沓臻水陆，骈阗会四方。俗繁节又喧，雨顺物亦康。禽鱼各翔泳，草木遍芬芳。于兹省甿俗，一用劝农桑。诚知虎符乘，但恨归路长。"④ 李嘉佑《同皇甫冉登重玄寺阁》云："高阁朱阑不厌游，蒹葭白水绕长洲。孤云独鸟川光莫，万井千山海气秋。清梵林中人转静，夕阳城上角偏愁。谁堪远作秦吴别，离恨归心双泪流。"⑤ 皮日休《重玄寺双矮桧》云："扑地枝回是翠钿，碧丝笼细不成烟。应如天竺难陀寺，一对狻猊相枕眠。"陆龟蒙《重玄寺双桧》云："可怜烟刺是青螺，如到双林误礼多。更忆早秋登北固，海门苍翠出晴波。"⑥ 皮日休《宿报恩寺水阁》："寺锁双峰寂不开，幽人中夜独徘徊。池文带月铺金簟，莲朵含风动玉杯。往往竹梢摇翡翠，时时杉子掷莓苔。可怜此际谁曾

---

① 《御定渊鉴类函》卷三百九十六，《四库全书》本。
② 《福建泉州开元寺志》卷一，载《中国佛寺史志汇刊》第2辑第8册，第71页。
③ 李肇：《唐国史补》卷中，《四库全书》本；又载《太平广记》卷二百二十七。
④ 韦应物：《韦苏州集》卷七，《四库全书》本。
⑤ 高棅编：《唐诗品汇》卷八十六，《四库全书》本。
⑥ 陆龟蒙：《松陵集》卷八，《四库全书》本。

见，唯有支公尽看来。"① 陆龟蒙奉和皮日休《宿报恩寺水阁》："峰抱池光曲岸平，月临虚槛夜何清。僧穿小桧才分影，鱼掷高荷渐有声。因忆故山吟易苦，各横秋簟梦难成。周颙不用裁书劝，自得凉天证道情。"②

诗文外，唐代志怪故事中亦有涉及重玄寺者。唐代戴孚所作《广异记》中收录有一篇与重玄寺有关的志怪故事，"郑氏子"条云："郑氏子：近世有郑氏子者，寄居吴之重玄寺，暇日登阁，忽于阁上见妇人，容色甚美，因与结欢。妇人初不辞惮，自后恒至房，郑氏由是恶其本妻，不与居止，常自安处者数月，妇人恒在其所。后本妻求高行尼，令至房念诵，妇人遂不复来。郑大怒曰：'何以呼此妖尼？令我家口不至。'尼或还寺，妇人又至，尼来复去，如是数四后，恒骂其妻，令勿用此尼。妻知有效，遂留尼在房，日夜持诵，妇人忽谓郑曰：'曩来欲与君毕欢，恨以尼故，使某属厌，今辞君去矣。我只是阁头狸二娘耳。'言讫不见，遂绝。"③

三　宋元时期的承天寺、能仁寺

如上所述，宋代时期的重元寺，先是南唐在重玄寺的基础上重建报恩寺，又由报恩寺改名为承天寺，又改承天寺为能仁寺。重元寺在宋代的规模越来越大，记录到承天寺与能仁寺的文献相比唐代要稍多，这些情况表明重元寺的香火和发展要比唐代更进一步。《吴县志》叙宋元时期承天寺、能仁寺沿革云："承天能仁禅寺，在报恩寺西南，甘节坊内。梁卫尉卿陆僧瓒舍宅创，初名广德重玄寺，《吴地记》云，僧瓒见住宅有瑞云重重复之，奏为重云寺，台省误书云为玄。宋初改承天，宣和中禁称'天''圣''皇''王'等字，遂改能仁元，并存故额，称承天能仁，又名双峨寺（以寺前有二土阜也，或云旧有二异石，故名）。寺有无量寿佛铜像，及万佛阁，经、钟二楼，相继遭毁。至元间僧悦南楚重建，至正末张士诚据以为宫。本朝洪武初，复为寺，立僧纲司于寺内。宣德十年，巡抚侍郎周忱建赐经阁。正统八年寺俱毁，成化十年，僧道泽戒昌重建，万历初僧圆觉募建大殿不果，优婆塞性仁募建西方殿。"此段并述及明代能仁

---

① 陆龟蒙：《松陵集》卷七。
② 陆龟蒙：《松陵集》卷七。
③ 《太平广记》卷四百四十二，《四库全书》本；《吴都法乘》卷二十九。

寺之状况，亦备录。宋元时期的能仁寺中，含有几座院落，"文殊院、泗州院、水陆院、普贤院并在寺内，今俱废"①。

重元寺在宋代的扩建，从上引的《正德姑苏志》中可以看出来。苏轼《舍铜龟子文》即是记报恩寺重建古塔的情状，本文以及宋徽宗《佛牙舍利赞》并见于上，作为宋代的文献，再抄录于此。苏轼《舍铜龟子文》云："苏州报恩寺，重造古塔，诸公皆舍所藏舍利，余无舍利可舍，独舍盛舍利者，敬为四恩三有舍之。故人王颐为武功宰，长安有修古塔者，发旧葬，得之以遗余，余（以）藏私印。或（成）坏者，有形之所不免，而以藏舍利则可以久，藏私印或速以坏。贵舍利而贱私印，乐久存而悲速坏，物岂有是哉。余其并是舍之。"② 宋徽宗《佛牙舍利赞（并序）》云："崇宁三年重午日，自苏州报恩寺迎请释迦佛牙入内，致躬祈请，舍利或应，隔水晶匣出，如雨点，神力如斯，嘉叹何已。因以赞曰：大士释迦文，虚空等一尘。有求皆赴感，无刹不分身。玉莹千轮在，金刚百炼新。我今恭敬礼，普愿济群伦。"③ 熙仲编《历朝释氏资鉴》记载此事云："甲申。崇宁三年重午，有旨取佛牙入内，舍利隔水晶匣，落如雨点。上赞曰：'大士释迦文，虚空等一尘。有求皆赴感，无刹不分身。玉莹千轮皎，金刚百炼新。我今恭敬礼，溥愿济群伦。'丞相张公商英云：'徽宗知臣好佛，而尝为余亲言其事。'"④ 弘赞编《礼舍利塔仪式》中提到宋徽宗的这次应轻舍利事，云："徽宗皇帝，崇宁三年重午日，尝迎请释迦佛牙，入内祈求，舍利感应，隔水晶匣，出如雨点，神力如斯，嘉叹何已。因以偈赞曰：'大哉释迦文，虚空等一尘。有求皆赴感，无刹不分身。王莹千轮在，金刚百炼新。我今恭敬礼，普愿济群伦。'"⑤ 弘赞又编有《解惑篇》，其中亦提到此事："崇宁三年，敕迎相国寺释迦如来牙，入内供养，隔水晶匣，舍利出如雨点。因制赞曰：'大士释迦文，虚空等一尘。有求皆赴感，无刹不分身。玉莹千轮皎，金刚百炼新。我今恭

---

① 《崇祯吴县志》卷二十四。
② 苏轼：《苏轼全集》第三卷，上海古籍出版社2000年版，第2049页。
③ 《崇祯吴县志》卷二十四。
④ 熙仲集：《历朝释氏资鉴》卷十，《续藏经》第76册，第232页。
⑤ 弘赞编：《礼舍利塔仪式》，《续藏经》第74册，第631页。

敬礼,溥愿济群伦。'"① 心泰编《佛法金汤编》载此事云:"崇宁三年敕迎相国寺三朝御制释迦佛牙入内供养,隔水晶匣舍利出如雨点,因制赞曰:'大士释迦文,虚空等一尘。有求皆赴感,无刹不分身。玉莹千轮皎,金刚百炼新。我今恭敬礼,溥愿济群伦。'"②《历朝释氏资鉴》没有提及佛牙来自的寺院,《解惑篇》与《佛法金汤编》则皆记为"相国寺",重元寺沿革中并无"相国寺"之称,宋徽宗《佛牙舍利赞》中明确说佛牙来自苏州的报恩寺,因此"相国寺"应为误写。

北宋时信众曾重修佛顶尊胜陀罗尼经幢,《民国吴县志》云:"佛顶尊胜陀罗尼经幢,会昌二年造,大中二年重立,周頵原立(《重修记》:姜儒书幢八面刻,七面刻陀罗尼经咒,一面刻重修石幢记),在唯亭《重修记》:三唐会昌二年,将仕郎试太常寺奉礼郎湖州参军周頵,于当州重玄寺造佛顶尊胜陀罗尼幢,其寺废后,置[下缺]。大中元年岁次丁卯十一月廿八日庚寅,男师贞仰依上祖教义,从筠与宗众商量请收赎祠堂前面地,建立兹陀罗尼经[下缺],永充供养,经有明文,庆影沾身,皆以度普天之福,况发心同,建功德无边。重修树幢,主男师贞仍请宗众列名于后。云云。"③ 陀罗尼经幢建于唐,寺废后被毁,宋真宗时信众予以复建。

南宋时,能仁寺一些毁于战火的建筑得到复建。《崇祯吴县志》提到"万佛阁,经、钟二楼"相继遭毁,曾中宋徽宗大观三年(1109年)进士的孙觌,撰有《能仁寺重铸钟铭(并序)》记其事,云:"太平兴国之初,平江节度使孙承佑铸大铜钟于能仁寺,为楼三成居之。后百五十年,当建炎庚戌寇入平江,能仁大火一夕烬。又四年,绍兴癸丑,寺僧行和者募众力更铸钟成,为铜万三千觔。晋陵孙觌为之铭曰:法音无碍,遍满大千。际天轶海,无量无边。众生执迷,驰走空聚。听蚁为牛,梦春作鼓。矫乱颠倒,妄认前尘。声色交惊,不守其真。粤有大士,修三摩地。出大音声,而作佛事。燧木革金,以燔以镕。铸此东序,千石之钟。蛇以目闻,猪以足听。水鸟风林,更相和应。除聋破聩,一击而通。八方上下,地狱天宫。一切满中,十类四相。凡厥声闻,俱证无上。"④ 钟毁于靖康

---

① 弘赞编:《解惑编》卷上之上,《嘉兴藏》第35册,第456页。
② 释如惺:《佛法金汤编》卷十一,《续藏经》第87册,第418页。
③ 《民国吴县志》卷六十一下。
④ 《崇祯吴县志》卷二十四。

之变中，绍兴三年（1133年）年由僧行和重铸。

此时承天寺中有灵姑庙，林戊《灵姑庙碑记》言其始末云："元符戊寅夏，吴中大旱，遍祷群祠，略无应者。是岁，高田不获，人多暍死，负贩之民，皆舍业以售水，资生涉冬。至二年春夏之交，舟车益不通，百货踊贵，城中沟浍湮淤蒸为疫，朝请即祝公安适判军州事，乃用故事，分祷于所宜祀者。一日，会承天寺客，言此梁卫尉卿陆僧瓒舍宅为之，昔号广德重玄寺，陆卿有女不嫁，经营其事，既死祠于寺东庑。开宝中，吴越忠懿王朝京师，道出吴江，大风几覆舟，见女子拯之，自言重玄寺神也。本国加封号'感应圣姑'，今里中事之甚谨。公闻即谒，且言明日致祷。既归，斋沐蔬食，期得雨而后复膳。黎明，躬至祠下载拜，言曰郡城连年之旱，流亡疾疹相乘，农事失时，岁且大饥，安虽有罪，获戾不逃，然将为国忧神，其哀之能即致雨尚可救也。屏息听命，寺僧献兆曰神告即雨，众甚不然，怃然而退，憩于斋室。左右告曰天油然作云矣，未及命驾，注雨滂沱，老幼欢呼于道，至有不忍以簦笠自庇者。即日阖境告足，自尔有请必应，邦人无复水旱之惧。岁大有年，乃具白于外，台使者以闻，诏封慧感夫人，秩祀公侯，列于祀典。按，陆氏得姓于齐宣王之少子，至汉有烈者，仕为吴令，迁豫章都尉。既卒，吴人思之，迎葬胥屏亭，子孙遂家焉。烈生襄、贲、令、旴，旴生本州从事鸿，鸿生渤海太守建，建生本州从事晔，晔生御史中丞京兆尹璜，璜生弘农都尉文，文生亲，亲生颍川太守尚书令闳，闳生桓，桓生扬州别驾续，续生褒，褒生吴城门校尉纡，纡生九江都尉太学博士骏，骏生选，选生尚书瑁，瑁生颖，颖生海虞令濯，濯生汉公，汉公生洌，洌生本郡从事元之，元之生高平相员外散骑常侍英，英生晋侍中太尉兴平康伯玩，玩生五兵尚书侍中始，始生秘书监侍中万载，万载生宋东阳太守子真，子真生齐南兖州刺史惠晓，惠晓生梁太常卿倕，倕生卫尉君，凡二十八世，冠冕不绝，皆有才德，名在史册，自兴平康伯，至秘书监，父子兄弟五世内侍，嘉祥积庆。挺生夫人，惟夫人其生也，精修正洁，入清净海，其殁也，通于神明，有感斯应，故能致朝廷报称之礼甚厚。戊尝闻，朝请公元祐间以奉议郎知台城，雨暴滂沱，河水盛，漂泛林木，室庐蔽川而下，水及城，雉堞凛然将决，老弱皇恐奔溃，调急夫督水土，雨且不止，人无所施其力，公乃朝服涉泞立于堤上，鞠躬申祷，水溢堤坏，相去数尺，吏民救止，公坚立不动，以笏叩头，愿以身任责,于是雨小止,水波稍回,河流遂复其所溃陷之地。明日,复为平陆,如故使者方欲言诸朝,会公秩满请罢,遂已北方之人至今能道其详,惟公忧国爱民所至,以诚心感格如此,是可书也,故附于左。元符三年庚辰八月十日,布衣林戉记。"①《灵姑庙碑记》记载灵姑庙之由来,陆僧瓒之女不嫁,在重玄寺中修行。据此可推测,陆僧瓒之所以舍宅建重玄寺,可能就是因为其女要出家,从而舍宅建立寺院,让其女在内修行。陆僧瓒之女在寺内修行,结合六朝时期观音应验故事来看,当时重玄寺极可能供奉的是观世音,这从下文抄录明代王穉登的《承天寺观音殿疏》亦可知。当时肯定很多民众到重玄寺中去祈请,作为寺院的主持者,陆僧瓒之女慢慢被神化。《灵姑庙碑记》中提到的"自言重玄寺神",极有可能是在陆僧瓒之女去世后被供奉为神,成为佑护吴江一带的神祇。《吴都文粹》收录题为《灵姑庙碑阴记》,记后有一段话云:"灵姑庙,即慧感显佑善利夫人庙,在能仁寺内。夫人陆氏梁卫尉卿僧瓒之女,僧瓒舍宅为寺,夫人就居之,是为重玄寺。寺僧祀夫人,为伽蓝神,号圣姑。元符元年,郡大旱,通判祝安上摄郡祷而应,以其事闻,锡封'慧感夫人'。郡人奔凑致祷,相与社而稷之,阖境祠庙莫能尚也,其节次加封,及始末灵感之迹,具诸记中。"② 陆僧瓒之女所化的灵姑信仰,在宋代很流行,范成大《灵姑庙记》云:"祝安上除知台州,至钱唐,将济,梦一妇人告以风涛之险,明日果覆舟数十,独安上得免。尝有祝史窃庙中悬幡絷其身,环走殿内,自言某实盗也。夜半逾城还家,神灵潜制于此。建炎中,金人入寇,居民有事者梦神告以兵难,不数日城陷。乾道三年秋,祷雨有应,父老顾安时上其事,加封慧感显佑善利夫人。参政范成大记。"③ 灵姑之神能在这么多方面佑护民众,显然已经成为一位民众或民间神祇了。

受到唐代重玄寺凿刻石壁经的影响,处于北方的辽,亦凿刻了大量的石壁经。京都大学人文科学研究所所藏的《石刻拓本资料》中,保存有辽时期凿刻石壁经的一篇碑文,碑文有"州重玄寺法华院石壁经,请白

---

① 周永年编:《吴都法乘》卷十九,载《中国佛寺史志汇刊》第 3 辑第 24 册,第 2049—2053 页。
② 《吴都文粹》卷三,《四库全书》本。
③ 周永年编:《吴都法乘》卷十九,载《中国佛寺史志汇刊》第 3 辑第 24 册,第 2053—2054 页。

乐天撰，碑有'火水不能烧漂，风日不能摇消'等文，乃国手大才"等语。天庆八年（1118年）是辽天祚帝耶律延禧在位时的年号。从这篇碑文来看，这次凿刻的石壁经的规模相当大，反映了大辽对佛教的虔诚信仰。开篇的"州重玄寺法华院石壁经"，自然是指"苏州重玄寺"，"苏"字剥落了。惟和要为这次凿刻石壁经撰写碑记，看到白居易撰写的《苏州重玄寺法华院石壁经碑文》，赞叹是"国手大才"之所撰，惟和"抱惭阁笔"，却又是善缘不能不写，遂"勉而直书"。这篇碑文，虽与重玄寺或者能仁寺无关，却能看得出重玄寺凿刻石壁经与白居易《苏州重玄寺法华院石壁经碑文》的巨大影响，故亦录于此。

元代重元寺更为详细的沿革、兴废，详见以下三篇文献。第一篇是黄溍《平江承天能仁寺记》，云："平江承天能仁禅寺，在府署北之甘节坊。梁天监初，卫尉卿陆公僧瓒舍宅以建也，初赐名重玄，陈隋之际毁，至唐而复，广德初加号广德重玄。遭废于会昌末，重兴未几，而又毁，至后唐而复。宋咸平间，更一新之。大中祥符初，始赐额曰承天，宣和中乃改其额曰能仁。南渡后，毁于建炎末，而复于绍兴间。淳熙初，始定为禅居，皇朝因之，而悉蠲其租赋差役。曰承天能仁者，并存其故额也。先是尝于大界相之内，折其地为宝幢、永安、龙华、广福四院，久之复归于一寻，又别立圆通禅院，于其后而分立宝幢、永安两教院于其前。凡建置沿革与兴废之故可见者如此，其易律为禅也，妙庵宗公为开山第一祖；继之者有若无门觉庵诸公，皆以明德为世师表。法会甚盛，珍楼宝屋，绀殿缁庐，雄踞乎万井中，而隐然为一大丛林，五山十刹，殆无以尚也。仍纪至元之元年冬十有二月，寺厄于灾，惟无量寿佛铜像及盘沟祠灵佑庙独存，佛身丈有六尺，邦人所共瞻仰依，盘沟灵异之迹尤著。灵佑则卫尉之女不嫁，而精于梵行，以经营寺事，而祀为护伽蓝神，以祷祈有应，而赐庙额，累封慧慈灵感显佑益利夫人者也。烈焰炽然，而不与劫俱化，人知为重兴之兆矣。顾法席久虚，越三载莫有任起废之责者，行宣政院询于佥言，俾庐山开先南楚说主之。其至以四年冬十有二月，仅以衣袄坐具，一布囊自随，闻其风者，输财荐货，川赴山积，召匠简材，首建大殿。殿楹之高百三十尺，其大围十有五尺，广加其修若干尺厚，栋修表曲桑方窠咸以楹称，楹之表上至屋极又若干尺修去其崇若干尺广加其修若干尺。像设绘事，种种庄严，搏土设色，皆出国工之手。殿之后有万佛阁，其楹加于殿，楹三十尺，阁为间五，而东西朵楼为间四，隆其中而刹其旁，纵横修广，各中于度。其上列十五大莲花，一花一佛，一二花瓣亦各有佛，以足万数。下施机轮，可以运转奇诡殊特昔所未睹。范铜为巨钟，至万八千斤，比旧加三之一。会南楚升居径山，所作无量寿、观世音、护伽蓝神三小殿，及演法集僧之堂，三门两庑厨库之属，皆弗克视其成，他所宜有而未及为者犹多也。今住持雪窗明，以至正四年秋九月由虎丘迁主兹寺，亟捐衣盂之赀，构经、钟二楼，各为间者三，其崇十有七寻，修应称是栖经有藏，涂以纯金，一柱八面，纳甒五百天神环绕，力士翊扶幡盖，香云缤纷蒙蔽。达官大姓好事之家，观者莫不目眩心骇，争投钱币以助胜缘。雪窗之经画相劳，靡惮其勤，甫及三载，土木之功秩然有序，以老病厌理繁剧，悉衷众施，并倾己橐以授提点僧，而退处虎丘之东庵。八年冬，行中书省右丞石岩公、左丞吴公谋于行宣政院，挽之复出，遂以九年春三月再正法席，增饰万佛，创造四臂观世音、四天神、三护伽蓝神，而画正殿之八十四龛，庑下之五十三参，坛墁瓴甓，缜壮奢密髹彤金碧绚耀华美，厨堂库院什器之类，纤细毕备，南楚之弗克视其成者，至是可以无憾矣。斥大方丈为间者五，上为重阁，下为广堂，前为厅事，而蒙堂有位，众寮有阁，仓庾湢室亦次第告成，南楚之未及为者，雪窗无不按其法之所宜有而伸其志之所欲为。虽曰前规后随，而功实倍之，南楚之成，其始者奎章阁侍书学士内翰虞公记之，而雪窗之成，其终者未之有记，于是其徒奉耆旧僧所述事状属潜书而刻焉。《阿含经》世尊说若能补故寺，是谓二梵之福，南楚虎岩嫡嗣，雪窗以晦机笑隐为师友，相与绍隆，祖道扶植，教基期与国家亿万斯年永永无极，是用假方便力示现有为，不离世间法而入第一义，岂止可资二梵之福而已。雪窗之功，倍于南楚，而潜于虞公无能为役，何以赞一辞哉。姑序其岁月，使来者考云尔。"①

第二篇是黄潜《报恩万岁贤首教寺长生田记》，云："平江报恩万岁寺，其先吴大帝赤乌年，尝为乳母陈氏买田造寺，名通玄至，唐改赐开元号。五代钱氏时，更择地徙置之，田亦随徙，已乃取支硎山报恩故额建寺，补其处，今有寺之始也。寺旧有文殊、普贤、法华、泗州、水陆五院，宋季悉合而一之，遂为大丛林。凡学乎贤首氏而游其地者，咸聚而归

———

① 《吴都文萃续集》卷二十九。

焉。岁阻入田租不足充其食，其徒盖病之久矣。大德中，飓风起海上，穿城郭，坏庐舍，寺适当风之冲，屋尽毁，领教事者率为之倚席不讲，而竭其昼夜之勤，以支倾而植仆，未暇谋田事也。延祐年夏五月，佛性圆融无碍大师被玺书嗣住是山，首捐衣盂资以倡众鸠材会工构钟楼高至百三十丈，饰巨阁覆佛涅槃像，寻又葺栖僧演法之堂方丈之室，于是昔之所有，皆复完，其未始有者亦无或不备，而穹檐广溜，厚栋大梁，敞显严邃，视旧有加。土木既讫，乃大发私笈，市田三顷有奇，募施者又得田十五顷有奇，以为长生田而别籍之。岁推有齿德者二人，受其入以给学徒之食，且俾笺库毋敢与而听主教席者，稽其出内讲事得以不废，惧后无所考而志之，弗继征文以纪之。夫报恩为寺，垂千百年，而所以食其徒者，待师而后具。盖师之毕力殚虑于此为不易矣，惟游于斯者，毋苟利乎安饱而务究其学焉，庶有以寿国福民而延其施于无穷也。师名传教，字别传，耆旧僧任兴造者普修、普照，辍田以相之者允贞、普颀也，田步亩乡落之详自有籍。至顺三年六月既望，应奉翰林文字儒林郎同知制诰兼国史院编修官黄溍撰。"①

《平江承天能仁寺记》《报恩万岁贤首教寺长生田记》不见于《文献集》，是黄溍的两篇佚文。第三篇是阎复《报恩万岁贤首教寺碑》，云："至元壬辰，予客吴郡，正月望日游报恩寺，南轩熏公迎憩丈室，导予登塔，周览殿庐，他日来访持报恩兴替之迹，求为寺碑，予遂书其事，刻诸石。按，报恩本吴通玄寺，吴主孙权为乳母陈氏作也。隋伐陈，为吴令孙宽所废，唐僧慧頵更筑之。开元中，诏郡国名蓝为开元寺，郡以此寺应诏。大顺乾宁复毁于兵，钱氏有国日，即故址新之，揭以支硎山报恩旧额，报恩之名实本于此。古塔起于梁僧正慧，久堕劫灰。元丰重建，苏文忠公轼尝舍铜龟以藏舍利，崇宁初赐名。万岁建炎之难，鞠为煨烬，今所存者九成，盖绍兴僧大圆所造。寺有释迦文佛示寂像，长及数丈，弟子环绕擗踊哭泣，极形似之工，土人呼为卧佛寺。近岁，淳祐敕造杰阁以覆兹像，令锡今额。图志相传又有不染尘观音像，唐太和石经像，毁于建炎而复于绍兴，经石则荡为冷风矣。自吴赤乌纪年迄今千余岁，浙右精蓝此为最古旧，分文殊、法华、泗州、水陆、普贤五院合而为一，大敞法筵，牓

---

① 《崇祯吴县志》卷二十四；《吴都文萃续集》卷二十九。

曰华严性海,实出芝林石桥诸师手。熏公即开山崧鉴义法孙也,皇朝混一之初来主教席,以谓宝坊净域,臣子祝厘之地,不可不严,于是度材训工,岁缉月絫,起外三门,营东西庑中甓法堂上严塔院,若宾寮,若忏室,若土地祠,若华严祖师殿,若僧堂,以至井亭浴室猊座法器之属,敝者以新,缺者以完,坠者以举,轮奂以楹计数百有畸,垦辟以亩计数千有畸,工用以缗计数万有畸。予既叙寺缘始末,且谂以报恩之说,曰:'父子之亲,人皆有之。君臣之义,人皆有之。今师以无碍辩才,阐扬妙法,因权显实,纳民于善。俾为子者,竭力报亲,为臣者尽忠报国,岂非真报恩耶?十篇之义,孰外是乎?'师曰:'善哉!谨系以铭辞,曰:'佛日西晖,慈云东冒。赤乌纪祥,通玄斯肇。祯明被兵,乾宁陷盗。扁去开元,乃崇今号。塔始萧梁,中严佛宝。元丰起废,苏文可考。圮于建炎,金圆再造。沧海几尘,炎冈几燎。不坏真如,尝圆觉照。孰主是圆,孰明是妙。崧秀相传,维熏克绍。载辟堂筵,载严塔庙。彩绘虚空,金瑰蓬藋。鹫表灵纵,龟呈吉兆。花雨昼零,莲灯夕耀。启迪愚迷,阐明道要。何恩不酬,何德不报。为臣思忠,为子思孝。是名报恩,允符真诰。历劫光华,恢宏象教。'至元二十九年八月望日,通议大夫翰林学士江南西道肃政廉访使阎复撰。"①

上述三篇文献,叙重元寺沿革以及修建情况,可见元代报恩寺重修规模之巨大。三篇文章既保存了报恩寺在元代的沿革与重修之概况,亦属保存报恩寺文献的艺文。宋元时期关于重云寺的艺文,除《记》之外,亦有不少诗歌。范仲淹《同章岷推官登承天寺竹阁》:"僧阁倚寒竹,幽襟聊一开。清风曾未足,明月可重来。晚意烟垂草,秋姿露滴苔。佳宾何以伫,云瑟与霞杯。"②陈深《重玄寺旃檀林桂花》:"有桂生祇园,团团拥旌盖。灵根挺蟠错,翠色深晻蔼。疑从鹫峰移,迥与蛾石对(寺有蛾眉山石)。商飙动闾阖,夜气凝沉瀣。清芬弥六合,芳意函纤芥。华飘广寒府,金布如来界。天空氛翳灭,冏冏凉月挂。幽人夜禅起,净想□□解。清游时独行,真赏聊自爱。妍华易销落,徒抱贞心在。苍鸾宁复来,临风发深慨。"③郑思肖《游承天寺》:"野梅香软雨新晴,来此闲听笑语声。

---

① 《崇祯吴县志》卷二十四。
② 范仲淹:《范文正集》卷三,《四库全书》本。
③ 陈深:《宁极斋稿》,《四库全书》本。

不管少年人老去，春风岁岁阊间城。"①

孙觌多有题寒山寺诗作，《吴郡志》云："（宋）范文穆《吴郡志》寒山寺（下），有孙觌《示迁老》诗三首，亦见《吴都文粹》。仲益守郡，正在迁老兴寺之日。考《鸿庆居士集》，仲益寒山寺诗，不仅此三首。有《赠沼老》云'与余相遇枫桥方丈'，又有《悟上人索诗》云：'来枫桥访余，又似以僧房为旅舍，或在去官后乎？'《赠沼老》云：虎邱沼老，豫章诗僧也，与余相遇于枫桥方丈，诵所作《徐献之侍郎生日》诗，有'东湖孺子，南极老人'之句。余爱其工，赋小诗寄赠：'落景下层城，遥烟起孤戍。系舟著渔矶，曳杖叩僧户。忽逢丹霞侣，自诵碧云句。噌吰应黄钟，清绝追白纻。不落江西派，肯学邯郸步。冥搜自天得，妙中有神助。贪缘半日留，邂逅一笑遇。讵复管中窥，看沐南山雾。'又《悟上人》一首，云：能仁寺悟上人来枫桥访余，索诗，赋两绝句：'捻断吟须皱两眉，镂冰琢雪等儿嬉。解啼孤月如鸡口，堪笑穷郊作许悲。'（自注："韩吏部诗云有穷者孟郊，郊《闻鸡》诗云：'似闻孤月口，能说落星心。'"）'老去都将笔砚焚，相逢相问只寒温。更无一语堪酬对，已入维摩不二门。'"② 其中提到的悟上人，是居承天寺的僧人，故《悟上人》诗实际写的是承天寺，而非寒山寺。

与寒山寺、承天寺有关的事，还有对姑苏半夜钟声的争论。张继《枫桥夜泊》诗中"夜半钟声到客船"句，意指寒山寺夜半时敲钟，欧阳修似乎不以为然，《吴郡志》辨之云："《吴郡志·考证门》：按，唐张继《枫桥》诗云'姑苏城外寒山寺，半夜钟声到客船'（在阊门外七里），欧阳文忠公云：'句虽佳，其奈三更非撞钟时。'欧公盖未尝至吴中，今吴中僧寺，实半夜鸣钟，或谓之'定夜钟'，不足以病继也。《南史》：'邱仲孚，吴兴人，好学读书，常以中宵钟鸣为恨。''恨'他书皆作'限'字。阮景仲为吴兴守，诗云：'半夜钟声后'。白乐天亦云：'新秋松影下，半夜听钟声。'吴中半夜钟，其来久矣。又于鹄《送宫人入道》诗'定知别后宫中伴，遥听缑山半夜钟'，温庭筠诗亦云'悠悠旅榜频回首，无复松窗半夜钟'，何独于继而疑之？"③ 南宋龚明之对寒山寺半夜鸣

---

① 厉鹗编：《宋诗纪事》卷八十，《四库全书》本。
② 《寒山寺志》卷二。
③ 《寒山寺志》卷一。

钟提出新的疑问,在"半夜钟"中论云:"唐张继《宿枫桥》诗云:'月落乌啼霜满天,江村渔火对愁眠。姑苏城外寒山寺,半夜钟声到客船。'昔人谓钟声无半夜者,《诗话》尝辨之云:'姑苏寺钟,多鸣于半夜。'予以其说为未尽,姑苏寺钟,惟承天寺至夜半则鸣,其他皆五更钟也。"[①] 龚明之认为苏州只有承天寺才半夜敲钟,其他的寺院都是五更敲钟。

赵孟頫《报恩寺写墨竹题诗》云:"开轩蓁竹杪,坐久闻清韵。重云结春阴,小雨生衣润。亲友有嘉集,笑语发真蕴。游衍暮始还,流光疾如瞬。"诗后有黄溍的《跋》,云:"至大间,赵魏公游姑苏报恩寺,小憩于丈室,乘兴写墨竹一小枝于壁,题古诗五言四韵于窗间。今垂四十年,竹故在,而窗纸久不存。住山宣公法师闻吴江贤上人裁得此纸,物色得之,并竹摹刻于石,将使久而勿坏,庶后来有以想见其清标雅韵也。夫杂花境土,实报庄严,毘卢楼阁,非我怀相。高人上士,游戏作如幻事,岂以石之寿为真足恃哉?姑以备好奇者之一览云尔。黄溍跋。"[②] 报恩寺在元代时又被称为北寺,陈基《北寺竹林》云:"秋风日萧爽,散策入空林。有竹心已清,无言念弥深。杂花不容把,疏磬有余音。逍遥毘卢境,落景驻遥岑。"[③] 杨基《北寺竹林》云:"僧居古城阴,迢递通万竹。林光落虚牖,坐爱衣裳绿。斋余孤磬远,茶罢微烟续。道人悟重玄,淡然无众欲。譬彼石根泉,亭亭甚寒绿。"[④] 杨维桢有《承天阁》诗:"荆棘荒凉吴故宫,梵王突兀画图中。地连沧海何曾断,月堕青天不离空。蠨蛸挂檐秋易雨,蒲牢吼屋夜还风。越南羁客登临倦,尚赋囚山日月笼。"诗后有注云:"承天能仁禅寺,在府治北甘节坊,梁卫尉卿陆僧瓒舍宅建,初名广德通玄寺,宋改承天,宣和中禁称'天''圣''皇''王'等字,遂改能仁。寺前有二土阜,内有无量寿佛铜像,及盘沟祠灵佑庙、万佛阁。寺屡毁,至元间僧悦南楚重建,黄溍、郑元佑《记》。至正末,张士诚据以为宫,寻复为寺,僧纲司在焉。国朝宣德十年,尚书周忱建赐经阁。正统

---

① 《中吴纪闻》卷一;《寒山寺志》卷一。
② 《吴都文粹续集》卷二十九;《崇祯吴县志》卷二十四。
③ 《吴都文粹续集》卷二十九;《崇祯吴县志》卷二十四。
④ 《吴都文粹续集》卷二十九;《崇祯吴县志》卷二十四。

八年十月寺毁，成化十年僧道泽戒昌重建。"①

四　明清时期的承天寺

明清时期重元寺的沿革情况，已见上引《同治苏州府志》第三十九之所载。从能见到的文献来看，这个时期对重元寺的称呼颇多，重玄寺、承天寺、报恩寺、能仁寺等称谓都能见到，也都有人使用。兹将所能见到的文献抄录于下。

重元寺在明代曾大兴土木，重新修建，修建始末及详情参见宋濂《报恩万岁贤首讲寺释迦文佛卧像铭》、陈继《重修承天寺记》、吴宽《承天寺重建大雄殿记》等文。宋濂《报恩万岁贤首讲寺释迦文佛卧像铭》详细载录了时任主持德岩法师修建佛陀卧像事：

> 姑苏报恩万岁贤首讲寺，乃吴赤乌初大帝为乳母陈氏所建，名曰通玄，唐玄宗因其年改作开元，吴越钱武肃王为之起废，揭以支硎山报恩寺旧额，宋徽宗崇宁初加以万岁之号。至佛日崧公来为住持，专讲《华严经疏》，尊为贤首讲寺。寺有淳祐巨阁七楹，阁下覆释迦文佛灭度之像，相传自唐即有之，州民攀慕邀福者殆无虚日。元季伪吴张士诚据有其地，惑五行家言，以为佛卧非吉征，更造立像，民情焦然弗宁。及伪吴亡，德岩法师俯徇群情，起主寺事，不二三年易腐为坚，殿堂楼阁门庑宝塔之属一一葺之，焕焉如新。已而，叹曰："诸役幸粗完，象不可复于古乎？"于是走告民间，不分耄倪，皆举首加额，竞输货泉，以后为愧。法师乃戒抟土之功，斫嘉木为骨骼，承以高座，塑卧像其上，涂以五色，覆以彩衾，诸弟子涕泪悲泣，环列前后，摩耶佛母亦立其侧，怅然兴哀。惟文殊、普贤二大士神情闲旷，超出死生之外。用意精致，形模宛然，像长六十六尺，高一十二尺，文殊等像高一十八尺。经始于洪武十一年秋七月十五日，明年夏五月十六日讫，工縻钱五万有奇，用工六百有奇。伻来俾濂记之。呜呼！佛之法身，犹如虚空，本无去来，何有生灭。其示八相，以觉群迷，

---

① 《吴都文粹续集》卷二十九。

不过降本垂迹,俾同人法而已。本则真谛,迹则俗谛,真俗混融,皆不思议之事,乌可以异观哉。况八万四千,无非度门,触类而入,洪纤毕达。姑以入灭论之,实具华严五教。大百小乘,虽除吾执未达性空,但知实色,故示之以涅槃,非近于愚法声闻教乎?色法二相,本无自性,皆从缘生,灭度之际,断缘归空,独存真空,真空既存,幻有亦住,二体互融,了不相碍,非近于大乘终教乎?灭而非灭,非灭而有,既灭而空,空有俱泯,理事交夺,如如不动,无即无离,非近于大乘顿教乎?熙连河间,居然唱灭,灵山会上,俨尔常存,随举即色,随举即空,如示一身,不起于座,如化多身,遍满尘刹,无量为一,一为无量,力用相收,纵横自在,非近于乘圆教乎?诸有情众,若胜若劣,来瞻灵像,随其机宜,证入教位,至于混极,不翅亲闻,卢舍那演说圆满,修多罗之为快。法师此举,其于树教基续慧命,有功于法门甚大,非特福泽被于一州而已。抑濂闻昔人设像,俱有所表,则非苟然也。如来中居,表众生大觉之心;饮光胜尊在左,表自利之行;庆喜在右,表利他之行;文殊乘狮子,表大智而降嗔也;普贤骑象王,表大行以制贪也。他日如剑斧两神,则表观空择法二智,取义深远,使人目击而道存,故历代袭之,定为常法,而此涅槃之像,奈何独无所表乎?濂因略举杂华之说,断然谓五教之理咸具,不然佛法偏在一切处,果何言哉。濂既为作说,殷勤遐仰复学主夜神,以偈赞佛之语,系之于后。法师名净行,德岩其字也。博通帝心云贤首,清凉定慧诸家书,力振其宗于将堕之时,一弹指间悉起诸废。其化导有缘以成法师之志者,善良、正宗二沙门也。偈曰:世雄大悲利群物,果后示权不思议。既由应身显法身,从体起用宣妙法。人机既得饶益故,唱入灭度示化仪。化仪有始而有终,所以惩创懈怠者。七宝床中右胁卧,慧日一朝竟西没。娑罗树木皆变白,诸天众号雨天花。四众围绕更悲咽,妙香结楼奠金棺。发三昧火而自焚,各分舍利建塔庙。如来虽入涅槃中,毕竟终无涅槃者。是知一性镇常住,不从变易有生灭。俾哉贤首古伽蓝,三吴法会斯第一。乃造涅槃微妙相,因相摄入有情众。近遭纷更紊常制,缁素茕然失怙依。有大比丘起复古,最先补葺诸楼阁。一一庄严成妙境,次令挻土肖灵像。五色交缠广博身,州民瞻礼至洒泣。如还故乡逢故物,此即大乘正法门。种种皆能济郡品，观者毋以像观像。如观杂华大经王，字字化为法焰云。云中化物皆现前，一身示现无量身。无量身中现一身，令我悉除邪见网。直济难思解脱海，行住坐卧皆见佛。佛之智慧如虚空，无性无生无所依。大光明藏时时现，与我无同亦无别。从上所言真实法，众生慎勿怀疑念。①

宋濂是佛教信徒，撰写了大量的维护佛教的文章，被称为明初的护法者。《报恩万岁贤首讲寺释迦文佛卧像铭》中记载德岩法师讲寺院"一一葺之"，并修建佛陀卧像及其他石像，其功德"非特福泽被于一州"。文末的长篇偈语，显示了宋濂的佛学修养，告诫信众"毋以像观像"，而应领悟佛教之真谛。德岩法师这次修葺之后，似乎距离时间不久，报恩寺又重修了寺内的宝塔，陈琦《重修报恩寺宝塔记》云："吴城大刹，最古而名著者，惟宝恩贤首讲寺。寺创于吴大帝赤乌初年，而塔则肇于萧梁时，凡十一级。屡堕劫灰，至宋绍兴间，沙门大圆仅成九级，即今塔是也。然历岁既远，峻崎亭毒，风摧雨击，易就隤毁，过者兴嗟。弘治庚申，知吴县邝侯璠命僧德寿鸠工修葺，且戒诸人勿挠。其事未久，德寿示寂，众举僧德昊、道充、宗恩司之，洎善士倪道完复相其役各协，乃心不惮劳勤，若见若闻，悉生喜跃，于是大姓割其财，小夫奏其力，铢积寸垒，总费万余缗。经始于是年五月，明年是月乃底于成，易腐为坚，增新去旧，珠顶光芒，金绳交络，白垩外饰，丹梯上通，豫设庄严，天神森卫，阑楯旋绕，层层如一。风铎之声闻乎四境，夜灯之焰烛乎半空，顾不雄哉！诸僧以兴修之功不易，皆赖侯外护之力，不可无文，用昭永远乃持其所述本末，谒文于予。按，佛氏之说，释迦说法于灵山，多宝佛塔从地涌出为作证明，及其入灭，留舍利八斛四斗，为浮图八万四千，遍满娑婆利乐群品，此塔之所由兴也。若今之塔，苏文忠公曾施铜龟以藏舍利于中，想八万四千之一也。我国家神道设教，仁寿跻民，而亦妙严宝乘，乃无象教之功，易惑蠢愚之善心也哉。兹塔之伟丽，观者起敬，可以住持佛法，巩固皇图，为东南塔院之冠冕矣。但今之学佛者，或离乎真，或蔽乎物，高者为名，下者为利，余波末流，无所不至，而佛法微矣。德昊辈必不若是，

---

① 钱穀编：《吴都文粹续集》卷二十九。

其得义以了心者乎！因请记，并序其事而警之，且以告后之同志者，嗣而茸之，庶斯塔之不朽也。"① 此文没有标明写作的时间，文中提到的德寿、德昊、道充、宗恩等法师亦不能查索到实际，推测应该是在宋濂所记的修葺之后的事情，距离可能不是太久。明前期还有一次重修，这从陈继（1370—1434年）《重修承天寺记》可以了解，文云：

> 寺之创于梁天监初，曰重玄，唐曰广德重玄，宋曰承天，后曰能仁，元曰承天能仁，国朝曰承天。历岁既深，废而复，复而废者累矣。至元间，南楚说公主之，继以雪窗明公，二公先后为大殿，为穹阁，为经、钟二楼，及诸殿堂，皆极宏丽，而天下未有与之称者也。然未百年，而剥陊倾败者日甚，其为之主恬然视之莫能茸复者，已越数辈，长其教者恒虑不宁，乃谋于众，曰东南大观而振吾道以为众之所归者，惟在承天，主席既虚，弗得其人，将何所托？佥曰'南印定公其可为南楚、雪窗后者'，即举其住之。公淡然若无所为，惟勤其道，敕其行以善化人而已。与之游者，熏其仁慈，不为残忍，浸其宽裕，而黜隘陋，茹其诚笃以谢浮薄，迹其刚毅用变柔懦，故人皆曰定公贤德，而足以翊吾善之为者也。咸倾心向之，公乃倡于众，曰'吾欲使是寺而轮奂之若初也'，尽出其赀以集工材，其乐施占事者源源而至，始茸大阁为佛万数，再茸经、钟二楼，茸无量、观音二殿，而新盘沟殿末理。大殿为四天王，于三门画五十三，参于两庑，凡诸貌像而皆饰之，幡幢、供具处所宜有者无一不具。金碧耀日，辉煌映发，入而睹之者，恍然若不知其为人境也。其功盛哉！然公之志犹未已也，往时南楚、雪窗皆为宗门硕德，著声湖海，其相继事以雄土木之功，犹称不易，况公一身而复新其旧者哉？前有作者，后无继之，其传不远，公可谓有功于二公者矣，可谓不孤其所知者矣。公溧阳人也，姓李氏。生六岁，闻长者诵佛书即忻忻喜悦，父母以其有宿缘，乃出家于邑之兴化寺，持规就度，而若素习者。十七游京师，止天界，日接诸老，绪论释然开悟。既而溯大江，抵荆湘，遍求佛祖陈迹，尽谒有道以正其学。久之超然而还止庵，祥公与之语，喜而谓曰

---

① 钱榖编：《吴都文粹续集》卷二十九；《崇祯吴县志》卷二十四。

'子能为吾宗嗣矣'。公始出世于吴江普济转湖之天，圣人皆归之，起废为新，其主承天能仁，越十年，言行如一日，于乎公可谓杰然而不凡者与？余其事，述其行，以刻于石，俾有劝于后来者，从其寺之耆旧众所请也，以书数抵北京，而恐余言与之后者，藏主璨荆石也。[1]

陈继载录了南印法师修葺承天寺的情况，这次主要修葺了大雄殿、无量殿、观音殿、经楼、钟楼等，并增加佛像"万数"，寺内寺外装饰一新。南印法师以一己之力，将承天寺修葺一新，确实非常不易，"有功于二公者（南楚、雪窗）"。吴宽《承天寺重建大雄殿记》专门载录成化时重建承天寺大雄宝殿事，云：

> 萧梁氏好佛，其下化之，一时佛寺江左为盛，然尤莫盛于吴中。若承天，又吴中之特盛者，相传寺为卫尉乡陆僧瓒宅而舍以建者，自梁以后废辄兴之。至元至正间，主僧南楚极力改作，而其制之壮伟精巧绝矣，金华黄文献公寔为记其事。入国朝，殆历八十年，当正统癸亥之十月，寺一夕大火，荡然无存。又明年，适朝廷颁《大藏经》至僧纲司，都纲永端时兼住持，特建堂九间以尊奉之，其后僧徒相视莫敢复措手者，盖三十年于此。今住持道泽，谓寺不可终废也，然功宜自大雄殿始，乃谋建之。盖承天，固郡人之所瞻仰者也，于时闻有是举，争出钱、粟来助其徒，戒昌更刺指血书《法华》，严誓成其事，而助者益众矣。竟以成化甲午七月丙辰起功，凡六年而功始完，高广深阔一如旧制，凡所像设亦无不备。于是泽公领郡荐来受都纲之命，乞序书之，其言曰："寺之功甚巨，此未及其半，吾当次第成之，而未可必也。幸先界之文以记。"嗟夫！大雄之建，非以奉佛也乎，佛之道，吾不能知，然尝观于其书，务为宏博广大之说，故学其道者，每务为宏博广大之事。亦惟好于上者极其护持而不拘以法禁，化于下者致其崇奉而不惜乎财力，此其事之所以成也。今夫官府、学

---

[1] 周永年编：《吴都法乘》卷十，载《中国佛寺史志汇刊》第3辑第22册，第1249—1251页。

校所以出政令而资风化，是固有益于上下者，或病其敝且陋而有所为焉，费于公而罪戾，至劳子民，而怨谤生，继之者视以为戒，故有终其任不易一木增一瓦者，此其事之所以废也。则泽公之为此举，固其才之长力之专，以出乎其徒，亦惟其为彼而不为此，此其费若劳虽不可以数计，卒能随其用使致其才力，以成乎所谓宏博广大者，而还郡中之旧观也。予故记之，以示其后之人。①

时任承天寺主持道泽主持重建大雄宝殿，"好于上者极其护持而不拘以法禁，化于下者致其崇奉而不惜乎财力"，吴宽赞叹佛经"务为宏博广大之说"，信徒"务为宏博广大之事"。与佛教信众修建寺院的热情相比，对学校的修建导致"怨谤生"而使官吏"终其任不易一木增一瓦者"，吴宽叹惜非常。

明代成化时期，报恩寺再次重修了大殿，杨循吉（1456—1544年）《报恩佛殿重修记》云："凡吴之古刹，无居报恩先者，惟殿亦然，由南宋至今三百载矣，而岿然存如故，然后乃知佛之道大而尊，即一宇盖久若是也。然佛言曰'凡物之成，必归于坏，而况其久者欤'，夫值其久，遭其坏，胜之以力而不移，于尝数此又存，夫其人焉。始殿之敝，再修再辍，或言赵灵释文瑛之能而不以佛市者，遂迎之，至则果以勤役无私，动乎人起仆而植，易腐而坚，入其中靓深弘丽，不啻若所谓神通涌化焉者，俨乎菩提道场之弘开，而天人之憧憧也。于是其徒嘉之，相与言'吾佛大师，福德被三界'，莫不钦崇，而一土木之兴，绵纪弗就，何哉？诚驾其说者道不足也，今若人乃能成，是其道不优而能然乎？因偕诣余述其事，愿书以励其人，乃备录以为记，而使镵之石。"② 祝允明（1460—1526年）有《为报恩卧佛寺众请瑛师主修崇宁大塔叙》，云："瑛师字独辉，居大姚之大觉寺，始郡人张廷玉以卧佛寺观音殿久毁，请师来主造。既完住山，泽公以正殿未完，与大檀陆明辈止师完之，历七年诸工告成，师乃还旧隐。于是泽与合山勤旧议以崇宁大塔日就颓敝，为山中欠事，复图请师来司嗣葺，乃求予言似师以彰前功，而表今愿以谢以

---

① 周永年编：《吴都法乘》卷十，载《中国佛寺史志汇刊》第 3 辑第 22 册，第 1252—1254 页。

② 钱穀编：《吴都文粹续集》卷二十九；《崇祯吴县志》卷二十四。

恳。予谓佛以其大法力阴护开发我人，我人受其阴护开发之力，故为修造，安奉以报之，而为之徒者，乃为经营以成就我人报佛之心，而使佛之力永行于我人。是虽天人小果，而经营感应之间，实有一因缘。且师未来时，观音殿之毁久矣，孰意不几寒暑而遽完？又孰意正殿之敞，又继是而并完也哉？以是知修造之果，虽在其徒有成就报佛之心，而其经营感应之间，则难以强也，其遂是不可谓非佛缘所致也。师于此请，安知非未了之缘邪？吾闻师先主昆山之赵灵，一出山后屡造胜果，随造随成，是则此缘所在，当不可外师而他请。师乎倘是予言，当便飞锡。"①《报恩佛殿重修记》中的释文瑛与《为报恩卧佛寺众请瑛师主修崇宁大塔叙》的瑛师为同一人，即释文瑛主持重修了大雄殿和寺内的大塔。重修大雄殿和大塔之后，释文瑛又重修观音殿，杨循吉《重创不染尘观音殿记》记云："予既记寺之大佛殿，瑛师复有请，曰'东廊不染尘观音菩萨殿近成，请子并述其颠末'。按，殿寺故有也，旧传菩萨像以七宝末和泥而成，端严妙丽，飞尘不集其上，故称不染尘观音。四方之客至者，必求观焉。十数年前，殿毁于火，像存一首，而已久无葺者。成化癸卯，郡人张廷玉为采良材于千里外，将图构之，而瑛师适以修大佛殿在寺，阻岁荒，功未成，廷玉乃请师辍巨功，而先为是殿。越二年告成，虽兼众力，然多廷玉之施也。其后为菩萨塑像者，别有陆道明、张创合二家之力，而东廊之观遂复旧。所谓旧像之故首，则装于后壁，而以云拥护焉，不染尘之名则不易也。呜呼！佛菩萨多矣，然阎浮之人皆独称观世音名号，无间于老少男女者，则以菩萨慈悲深重，能应一切故也。然菩萨虽曰遍舍众生，而于其中唯就求之者斯往应焉，故曰观音。众生之音不至，菩萨之定不起，故大求大应，小求小应，无求则无应也。故有求于菩萨者，患其不专，不患其不应也。今廷玉为敬于菩萨者，如此岂谓无求乎！慧眼所观，必有获其愿者矣，而瑛师固无所求，为惠利众生之故也，此菩萨之心也。遂书之石。"② 按照杨循吉的描述，释文瑛重修完大殿之后，信众邀释文瑛再主持塑造观音菩萨像。释文瑛塑造观音像，自身并无所求，是"为惠利众生之故也"。

---

① 郑虎臣编：《吴都文粹》卷二十九。
② 《崇祯吴县志》卷二十四。

释文瑛修葺之后，大雄宝殿之后似乎又废，有圆觉法师再次重修，王穉登（1535—1612年）《重建承天寺大雄宝殿疏》云："承天寺，即重玄寺也，江南大刹，吴下名蓝，因回禄而一空，似咸阳之三月。僧虽多而佛安在，难瞻白毫绀日之容；门虽设而殿不存，遂成蔓草荒烟之地。破壁寒螀啼夜月，游人莫不伤心；野花黄蝶领春风，比丘徒然束手。爰有师名圆觉，产自嘉禾，俗本名宗，僧推上足，□经吴废苑，抚祇树而徘徊，步入梵王家，睹劫灰而叹息，蒲团放下，发大愿信若山河；藤杖植来，立诚心坚于金石。忍草踏残三月雨，灵花诵遍五更霜，纵孤僧欲结良因，非众善孰成胜果。阛闠城连栀接，栋铜山金埒之家不少，岂无几个有缘人？大雄殿插汉千霄，云阶月户之费虽多，定有一朝重建日。但得施财不吝，何愁大事难成。"① 这次修葺又在寺内新建观音殿，王穉登《承天寺建观音殿疏》云："承天寺内方丈门前，荆榛瓦砾之区，煨烬劫灰之壤，欲建观音宝殿，奉安大士金身。地不满乎袈裟，堪著一方兰若，功仅同于芥子也。须众善檀波傅大令首发十钟，胜似助人舟，载麦王头陀沉冥半偈，漫言题疏笔生花，法虽涉乎有为，因实成于无漏，入宝山莫教空手，布金地咸赖发心。潮音洞口青莲幻，向阶前的皪补怛。林中紫竹，移来槛外，檀乐皈依大士身，愿他罗刹、夜叉一切尽成佛道，念彼观音力，饶君咒诅毒药，何须还著本人。偈曰：广长舌上无是非，清净意中离爱恶，奉劝庄严普门品，有情悉证菩提路。"②

王世贞（1520—1590年）沿用元代称报恩寺为北寺的称呼，撰有《吴郡北寺重修九级浮屠记》，记述明代后期重修寺内佛塔的始末，《记》云：

> 原夫窣堵波之昉肇也，如来示寂双树之间，阇维不烬，皆成舍利。上而帝释梵天，下至拘尸摩竭，咸构层刹以示瞻依。爰及弟子鹙子庆喜之伦，虽等级小殊，而供养胪次。汉明之季，则摩腾标帜于洛阳；孙氏之初，则康会著祥于江左。古语所述，经来白马，教盛赤乌，殆非虚也。当是时孙之乳母陈氏，有宅于吴郡城之艮隅，拟舍为寺，而仲谋信心方炽，大捐国帑以成厥功，郁作雄刹。后有僧正慧

---

① 王穉登：《法因集》卷一，载《王百穀集十九种》，《四库全书禁毁丛书》本。
② 王穉登：《法因集》卷一，载《王百穀集十九种》。

者，别创窣堵波十一层于殿之右方，迨千余载而不戒于火。宋元丰中，善信比丘及诸大檀越合谋新之，且曰《后分经》载如来十三层，辟支减二，而《因缘经》则谓如来八辟支七，夫数穷于九九之可也。盖绪成而感舍利之瑞，学士苏轼以所藏古铜龟奉之，而为之志，自是称壮观者数十年。未几，而遘金源之难，复委之火。绍兴末，头陀大圆复一新之，垂四百年而复不戒于火，其上三层与中之干柱荡为煨烬，搢绅大夫故严太保恪、顾太仆存仁、今钱司寇邦彦、郭光禄仁辈感形家言，发希有念，将鼎新之，而訾用不继，善信稀简。有山僧性月者，清净少欲，精勤自励，六时皈命，一钵不私，闻而慨然请任其役。延礼坐主朗公，为一大众开《首楞严》，衬施虽微，渐有至者。甫谋树架，而工师骄焉，故昂其直，以相要苦。有游僧曰南山如金者，自伏牛来，绕塔顶礼而叹。性月故识之，欢曰"事济矣"。请一切受署，如金初无所难，易架构之，工十未二三，即挺身木杪指挥群役，小间即为广说因果，辨辞泉涌，或戟双肘，或翘一足，猿跂鸟挂，踔厉若飞。尝一倾滑而坠，众谓立糜碎矣，去地丈许，暂腾而上，寻理旧谈，面不改色，乃共咋指以为神人。檀施云集，如金复手自料理，分功役作，往往兼数人。凡九阅岁而始成，为工三万余，为木石甓塈之费直金万余，高三十七丈，延袤二十八丈八尺，虽九级之尊，毋改旧观，而壮丽夐巨，俨然若揽化人之袪而造天中矣。如金又能贾其余力，化造能仁丈六金像，及圆通妙相慈氏应身，种种悉备。自是不能以其名隐，而漕使者符摄，俾主宝应湖堤，缘如金意难之，业已不可止，遂示微疾而逝。其徒之住持兹刹者，追感无已，俾居士记其略于坚珉。居士少尝读史，至齐梁魏隋间，见天下波靡于西竺之教，尽发齐民之盖藏而糜烂之，金碧宇舍，文绣土木，疑其荡而亡所节。得达磨有漏小果之一语，以为快。然至梁武之未契，折芦渡江，面壁嵩少，魏之女主亦尝再使问存。当时永宁之刹，上彻霄汉，下穷黄泉，吞若同泰者八九，而未闻有所讽止者，何也？盖以实引冠达，而以权听胡媚也，此所以待中智下根之异也。破相尽于大鉴，即心标自寂公，夙慧之士一时为之颖脱，而百丈继之，别树法堂，不立佛殿。丹霞烧木像以御寒，玉泉书祖名于犊鼻，乃至有尽撒诸佛投之水火，而即师子坐设皋比者，曰佛菩萨假名也，西方假地也，天堂地狱假设也。今夫律者，人之所不乐受也；财者，人之所不乐捐也，非有甚畏于彼者，未有能去而就此者也。今天下之号为丛林者众矣，然往往创自六季，及唐至宋若元而复者有之矣，创者何寡也。其在于今则毋论创而复也，因而饰之者，非宫掖之重，则大珰鹾贾耳，于齐民何寡也，非古财力之独易而今之独艰也，其权屈于实，实之不足，而权亦因以泯故也。嗟乎！冠达而前，尊佛之迹而迷其心；百丈而后，得佛之心而绌其迹，迹绌而心存，此其重奚啻倍蓰。然而能使佛之教日凌夷而不振者，亦一滥觞也。夫以吾郡之一窣堵波，于佛事至猥小耳，以如金之为幻，而使人趣之，苟有所就，其功德亦至渺浅耳。然使阐提之众因而有所提策，振怠而为警，破吝而为施，间左之金钱粟帛不去而之狭斜，改陵博游冶斗讼之业而皈善地者，非亦末法之一助也耶。诸公又为言郡以雄闻天下，其势盘纡若龙，而兹窣堵波实为之尾，前者灾民为之谣曰"龙无尾，雨不起"，今兹大有利哉！则非居士所与知也。①

《记》中叙述了寺院兴废的情状，以及重修之难。王世贞的这篇记，与吴宽等人的《记》中表达的情绪很不同，吴《记》记信众修建寺院的热情很高，王世贞《记》则提到修建寺院也并不是很容易的事，一样是"訾用不继，善信稀简"，"律者人之所不乐受也，财者人之所不乐捐"。在对佛教的认识上，二人倒是一致，吴宽赞叹佛经"务为宏博广大之说"，信徒"务为宏博广大之事"，王世贞认为佛教"大有利"。

清代的报恩寺，如前文所述，却没有太多的文献记载。《道光苏州府志》中收录有《本朝汪琬重修报恩寺记》，叙述了汪琬重修报恩寺的情况，云："报恩寺，在府治卧龙街之北，俗但谓之北寺。宋世，佛日崧法师道场也。按，郡志在孙吴时为通元寺，在唐为开元寺，至吴越有国始易今名。宋崇宁中，加号万岁，寻以崧法师开演《华严疏钞》于此，敕为贤首教寺。其地故有塔十一成，凡再建再毁。绍兴末，行者大圆重建始去其二级为九成。明隆庆中，又不戒于火，僧如金重建，推为一郡浮图之冠盖。此寺屡兴屡废，踰千载矣。由宋而元，迄于明初，其徒侣日益蕃，其

---

① 王世贞：《弇州四部稿》续稿卷六十二，《四库全书》本。

规制亦日益恢大，长生田至千八百亩有奇，黄文献公溍、宋文宪公濂后先为文以记。迩者百余年以来，田俱不可复问，而殿宇亦倾圮并尽，寒烟古木，荒溪败草，栖鸟雀而牧马牛者不知其几何月日矣。惟塔犹岿然独存，逮入国朝，亦复陊剥渐甚，有僧惟一者，募修颇力，卒未竟而罢。康熙五年，太傅金文通公归老于家，偕其仲子待卫君顾而叹息，促延剖石璧公主之，首葺不染尘耳，殿继兴塔，工施者辐凑坌集，于是飞金涌碧，绚耀中天之上，栏楯俛云，铃铎交风，缁俗瞻仰，莫不踊跃赞颂。方议肇正殿之役，会文通公及璧公相次即世，嗣法席者一源闻公，即璧公大弟子也，甫莅事，慨然引为已任，尽哀衣盂所储，倡之，复集社友凡十辈，醵金左右之，闻公喜曰'役可兴矣'。遂鸠材召匠，诹日从事，起十二年冬，阅九年而始溃于成，其崇十寻，而缩修加于崇十三尺而赢，广视修之数而倍其半。中楹奉妥金像三坐，搏土设色，悉出名手。他若栖禅之所，演法之堂，旁及斋寮、厨库之属，大细略备，共縻白金二万余。两危檐重溜，文阶画栋，如役神力，如入化宫，文通公、璧公之素愿，至此方大慰。而闻公又示疾矣，临化召门人，曰：'吾精力尽殚此殿，苟无文述之，将何以示诸方、垂来者乎？'门人某等既承遗命，乃介侍卫君属文于琬，琬窃观吴中诸名刹，莫如灵岩、元墓两刹最著，类皆借名山，以成其胜。惟其有泉石可玩，有峭崖深壑可泳可游，以是春秋佳时，士女信向者争趋焉。第非挟宿舂之粮，藉舟车之力，不能以至也。若报恩则距阛阓仅步武耳，四墉而外，市廛贾区鳞次栉比，无泉石崖壑为士女之观也，然而室庐像设之壮丽，宝华名荗之幽馥，钟鼓鱼版梵呗之悠长，无日夜不在庸俗耳目间，于以警其惰偷，而激发其斋心好善之念者，岂不尤易易哉。所谓不离世间有为法，而入第一义谛，将在此矣。琬故乐叙其兴造本末，俾刻诸石，若社友氏名及所输财若干，则另列于碑阴云。旧志云：按，报恩初由通元改，开元浮海石像及钵，在晋时不得系之，今开元寺朱长文《图经续记》始末最悉，今从之。"[1] 这里把报恩寺的前身称为通元寺而不是通玄寺，不过《记》中的叙述与宋濂所叙相同，因此《记》中所叙应该就是由通玄寺而来的报恩寺。

明清时期关于重元寺的诗歌倒是不多，明代何自有《重玄寺别朱时

---

[1] 《道光苏州府志》卷四十。

行用韵》诗,云:"之南出精篮,风云暝树含。归心悬越鸟,客思老吴萱。别泪深交尽,穷途久客谙。无情亦愁思,孤剑响霜函。"①沈周有《北寺庆公水阁》诗,云:"喧市纷聒耳,幽寻达城阴。谁料此城中,其境自山林。僧寮敞小构,雅据西水浔。清流可俯掬,须眉亦堪临。返照在东壁,水影浮虚金。人物相映荃,寂静宜道心。散木列左右,上下鸣春禽。疏竹不蔽墙,累累见遥岑。游赏莫禁客,酒茗喜相寻。借问尝来辙,记壁谁曾吟。笔研我所事,漫以开烦襟。"②《吴都法乘》中"登重玄寺阁"条,收录了许多诗人撰写的与通玄寺有关的诗歌,前部分是唐宋元时期的,前面已录,将明代部分录于下:"沈周《暮投承天习静房与老僧夜酌复和一首》:'临昏细雨如撒沙,城中官府已散衙。空林古寺叶满地,墙角仅见山茶花。系舟未稳复沽酒,布帘尚曳河西家。老僧开门振高木,宿鸟续续番鸥鸦。松寮竹榻古且静,人影凌乱灯含葩。殷勤小行颇展敬,酾酒莫及先烹茶。更添香炷侑清啜,坐久不觉蒲牢挝。三杯破冻聊尔耳,俗虑脱臆如人爬。浮生岁月聚散过,抚事感老徒兴嗟。净方频来亦夙契,敢惜词组偿烟霞。'《承天僧寓见徐亚卿留刺》:'老僧无住著,久别野僧家。上客空留刺,何人道吃茶。庭虚柏树子,檐落款冬花。题句聊申谢,相逢未有涯。'郑思肖《春日游承天寺》:'野梅香软雨新晴,来此闲听笑语声。不管少年人老去,春风岁岁阊阖城。'王宾《竹阁》(承天寺文正公与章岷来登,有诗。岷字伯镇,平江推官,有文名):'寥寥层构有清阴,非在人家花卉深。公不乘春宴他处,却邀文士到阁吟。'《元达药圃》(承天寺建,唐僧年八十余,好种名药):'暗想前生是药王,此生尤为药多忙。轻烟细雨赍锄处,今在诗人卷里藏。'《承天寺》([注]承天寺在甘荁坊,梁陆僧瓒见其家祥云重覆地曰建寺,曰后误书重玄寺,唐史惟则尝书重玄寺额,后又号广德重玄寺,钱氏置奇石庭下,世称双我石,因称双戟寺。宋祥符改额承天,宣和改能仁。僧瓒、陆惠晓与张融并居,其中有水,何点言是醴泉,融家为晏坐寺承天。有别寺五,曰药师、龙华、圆通、净土、永安,永安即福昌,药师即宝幢,承天有田一万八千亩):'更无奇石卧庭边,有水空闻是醴泉。旧说祥云平地见,今看楼阁镇寒

---

① 何白:《汲古堂集》卷十三,《四库全书禁毁丛书》本。
② 《崇祯吴县志》卷二十四。

烟.'文征明《元日承天寺访孙山人》:'六街斜日马蹄忙,自觅幽人扣竹房。残雪未消尘迹少,一函内景对焚香。当年结习住僧家,对客分泉自品茶。欲识道人高洁处,纸窗残雪照梅花。'《承天寺中隐堂》:'古径无车马,闲门带茑萝。秋风吹宿雨,日暮盼庭柯。世味逢僧尽,新凉入寺多。居山未有计,此地数来过。'冯时可《访张山人承天寺》:'招提切城市,寂莫一来寻。旅鬓相疑镜,离怀各问琴。天河宿殿角,月魄漏桐阴。自有无生话,能淹不住心。'周治《答德操过访于承天寺》:'人烟衷晚寺,草树幸能幽。敛性依僧食,摊书与病谋。春风吹杖影,晴日半扉留。识我恒居意,兹心何所求。'《寺居答九章同实闻二公见过》:'竹阴留晚照,时序属怀人。微尚还相劳,奇文已自亲。霜林如与肃,心目讵非真。只愧高僧意,尘劳屈此身。'《寺夜答逸民》:'榛莽荒余步,绨衣添夕凉。月高秋殿影,人过隔篱香。物力斯时感,旅情终岁伤。故交惭问及,烟水梦孤航。'《寺雨答草臣》:'林晓淹残雨,经声未启扉。冷萤才匿照,宿羽不轻飞。是日情如聚,于身事已微。闲园想同卧,过屐此时稀。'《将离寺入山呈虚受》:'无家身不系,散迹在亲游。渔艇呼同载,僧寮难独留。乱山迎去路,落木管深秋。酒禁当先解,醉歌能遣愁。'"[①]

综上所收集的文献来看,重元寺建立南朝梁时期,创建时间应属颇早之列,寺院在历史上曾经非常兴盛,寺院的规模在不断的重修过程中不断扩大,在苏州甚至整个江南地区的佛教与寺庙史曾经具有比较重要的地位。重元寺在历史上屡次毁废,影响或阻碍了寺院更好的发展,这是非常可惜的。上述文献梳理了重元寺在历史上的沿革、重修重建、发展扩大的大概历程和脉络,以现重元寺曾经所具有的面目。

[①] 《吴都法乘》卷二十二,《中国佛寺史志汇刊》第3辑第25册,第2453—2458页。

汉译佛经的譬喻与寓言

一

佛陀的教法因为过于深奥及听讲人根性的差别，往往不容易理解。为了能使听讲人通晓深奥的佛理，佛陀采用一些容易让人理解的方式来阐说佛理，譬喻便是其中重要的方式之一。如极受重视的大乘重要经典之一《妙法莲华经》，其第三品题为譬喻品，文中多次提到譬喻，如："彼佛出时，虽非恶世，以本愿故，说三乘法，其劫名大宝庄严。何故名大宝庄严？其国中以菩萨为大宝故，彼诸菩萨无量无边不可思议，算数譬喻所不能及，非佛智力无能知者。"又记佛教说："诸佛世尊以种种因缘、譬喻言辞，方便说法，皆为阿耨多罗三藐三菩提……今当复以譬喻更明此义，诸有智者以譬喻得解。"[①] 下面就是著名的火宅之喻、四车之喻。"算数譬喻所不能及"之类的话语在佛经中经常出现，如《大方等陀罗尼经》云："若复有人书持此经一四句偈，此人功德复过于上百千万分，乃至算数譬喻不能到边。"[②] 算数譬喻是譬喻的类型之一，下文有说明。这些话表明，佛陀在讲法中，使用大量的、各式各样的譬喻，亦如《百喻经》引言中所说"汝等善听，今为汝广说譬喻"[③]。

火宅之喻，以"财富无量"的大长者的舍宅着火为喻说，言长者之诸子不觉知，仍在着火的宅子中玩耍。《法华经》以此来譬喻三界实际上就如一座火宅一样："三界无安，犹如火宅，众苦充满，甚可怖畏，常有生老病死忧患，如是等火，炽然不息。"长者遂许诺给诸子以羊车、鹿车

---

① 鸠摩罗什译：《妙法莲华经》譬喻品第三，《大正藏》第9册，第11、12页。
② 法众译：《大方等陀罗尼经》，《大正藏》第21册，第649页。
③ 周绍良译注：《百喻经译注》，中华书局1993年版，第2页。

和牛车，诱使诸子"争出火宅"，长者见诸子安稳得出，便各赐一辆高广、庄严的白牛车，此即为四车之喻。

《法华经》共二十八品，第一品是《序品》，叙述佛在说《无量义经》之后，入三昧现瑞，表示将说《法华经》的缘起。第二品是《方便品》，佛应舍利佛三请，开示悟入佛之知见，揭明佛法只有一乘，二乘三乘之说都是方便，而非究竟。《譬喻品》为第三品，宣说火宅之喻、四车之喻。将《譬喻品》放在第三品的位置上，表明了造经者对譬喻的重视。

《法华经》中的譬喻不仅出现在《譬喻品》中，而且第四品《信解品》、第五品《药草喻品》、第七品《化城喻品》，至第九品《授学无学人记品》，皆是通过譬喻的方式将《方便品》的内容加以说明。《信解品》中，摩诃迦叶、大目犍连、须菩提、摩诃迦旃延等四大弟子领解其说，以长者穷子譬喻，令听者同得领解法说譬说之旨。第五品《药草喻品》，佛陀以三草二木来譬喻众生根机的差别，"随其所堪而为说法"。《化城喻品》指出三乘之果犹如化城，化城是小法，化城的目的是为引入佛智慧。此即表明，譬喻讲法的方式，实际上遍布于佛经之中。

使用譬喻来说法，目的是"更明此义""诸有智者以譬喻得解"，通过譬喻使深奥难懂的佛理更容易为听者所接受和理解。《譬喻品》后的偈言说："复有佛子，于大众中，以清净心，种种因缘，譬喻言辞，说法无碍。"由此来看，譬喻实际上一直是佛陀讲法使用的重要手段之一，运用譬喻的方式，使得"说法无碍"，使听者都能通晓他所说的高深的佛理。譬喻说法的对象，是所有听法的人，《大智度论》中，有听者问佛陀："诸钝根者可以为喻，舍利佛智慧利根何以为喻？"佛陀回答说："不必以钝根为譬喻。譬喻为庄严论议，令人信著。故以五情所见以喻意识，令其得悟，譬喻登楼得梯则易上。复次一切众生著世间乐，闻道得涅槃则不信不乐，以是故以眼见事喻所不见。譬如苦药，服之甚难，假之以蜜，服之则易。"[①] 譬喻就如梯子、蜂蜜一样，对于无论是钝根还是顿根的人理解佛理，都有极大的帮助。如同孙昌武先生所说："佛典运用譬喻，当然是为阐明佛教义理服务。"[②] 佛陀对譬喻的使用及其功能，如果也用譬喻来

---

① 龙树造、鸠摩罗什译：《大智度论》卷三十五，《大正藏》第25册，第320页。
② 孙昌武：《佛教与中国文学》第一章，上海人民出版社1988年版，第23页。

做形象说明的话,可以用《从婆罗门乞食喻》。《从婆罗门乞食喻》出自比丘道略集、鸠摩罗什译的《杂譬喻经》,文云:"昔有一道士,造婆罗门家乞食。婆罗门使妇擎食食之,妇在前立。其妇端正,道士观之,心便生变。语婆罗门言:'欲味,过患,出。'婆罗门不解,便问言:'何等欲味、过患、出?'道士便抱其妇咽,共呜呜已,语婆罗门言:'此是欲味。'婆罗门大嗔,以杖打此道人一下,道人复语:'此过是患。'复欲重打,道人走到门外,复回头语婆罗门:'此是出也。'"这个譬喻之意在说明"喻人不能玄解义味,要须指事,然后悟之也"①。譬喻是在听者不能明晓佛理时,给予"指事"者也。

二

《法华经》记载的"火宅"等七个譬喻,代表的是佛教大乘经典的譬喻。譬喻作为讲法的重要手段,实际上出现在所有佛经中。宋代禅师宗杲说:"佛说一大藏教,大喻三千,小喻八百,顿渐偏圆,权实半满,无不是这个道理。"② 早期的经典中便大量存在着譬喻,如巴利文三藏的小部中,第三十部即是《譬喻》,收录了大量的譬喻故事。③

汉译的早期佛典阿含部佛经中有着大量的譬喻,如《中阿含经》中有颇为著名的《箭喻经》,经中说鬘童子经过思考,提出一些诸如"世有常,世无有常;世有底,世无底;命即是身,为命异身异;如来终,如来不终,如来终不终,如来亦非终亦非不终耶?"等形而上学的问题。佛陀并没有正面对这些问题做出肯定或否定的回答,而是以一个譬喻来说明:"犹如有人身被毒箭,因毒箭故,受极重苦。彼见亲族怜念愍伤,为求利义饶益安隐,便求箭医。然彼人者方作是念:未可拔箭!我应先知彼人如是姓、如是名、如是生?为长、短、粗、细?为黑、白、不黑不白?为刹利族、梵志、居士、工师族?为东方、南方、西方、比方耶?未可拔箭!我应先知彼弓为柘、为桑、为槻、为角耶?未可拔箭!我应先知弓扎,彼为是牛筋、为獐鹿筋、为是丝耶?未可拔箭!我应先知弓色为黑、为白、

---

① 孙昌武、李赓扬译注:《杂譬喻经译注》(四种),中华书局2008年版,第232页。
② 宗杲:《大慧普觉禅师语录》卷二十,《大正藏》第47册,第895页。
③ 参见印顺《原始佛教圣典之集成》第十一章,中华书局2011年版。

为赤、为黄耶？未可拔箭！我应先知弓弦为筋、为丝、为纻、为麻耶？未可拔箭！我应先知箭杆为木、为竹耶？未可拔箭！我应先知箭缠为是牛筋、为獐鹿筋、为是丝耶？未可拔箭！我应先知箭羽为飘鹫毛、为雕鹜毛、为鹍鸡毛、为鹤毛耶？未可拔箭！我应先知箭镝为錍、为矛、为铍刀耶？未可拔箭！我应先知作箭镝师如是姓、如是名、如是生？为长、短、粗、细？为黑、白、不黑不白？为东方、西方、南方、北方耶？彼人竟不得知，于其中间而命终也。"① 佛陀用这个譬喻，说明追求这些形而上问题的人，如同中了毒箭的人一样。假若不即刻拔出毒箭、治疗毒疾，而是先研究箭是谁射的、箭头等是用什么做的等不急之务，中毒箭的人就会死去。对处在世间的人来说，最重要的是解决自己的人生实际问题，而不是首先去殚精竭虑地思考那些不切实际的形而上的问题。这个譬喻非常生动，可以使听者明了佛陀所讲之法的重点。

阿含部佛经中，类似《箭喻经》这样单以"喻"为名的单篇还有众多，如《中阿含经》中除《箭喻经》之外，还有：卷一的《城喻经》《水喻经》《木积喻经》，卷三有《盐喻经》，卷五有《水喻经》，卷七有《象迹喻经》，卷十一有《牛粪喻经》，卷十三有《乌鸟喻经》，卷十五有《三十喻经》，卷二十三有《青白莲华喻经》，卷二十八有《蜜丸喻经》，卷三十四有《喻经》，卷三十六有《象迹喻经》等。除这些以一个专门的譬喻来说明佛理方式之外，阿含部经中，譬喻的使用可谓比比皆是，如《增一阿含经》中记载二十亿耳"昼夜经行"修行，"若坐、若行，常修正法，初夜、中夜、竟夜，恒自克励，不舍思须"，却"不能于欲漏法心得解脱"。于是，便去找佛陀，佛陀告诉二十亿耳，修行就像是弹琴，弹得极急与缓慢，都不能发出动听的声音，只有"不急不缓"，按照节奏来弹，才能奏出美妙的琴音。佛陀接着告诉二十亿耳，修道就像弹琴，"极精进者，犹如调戏；若懈怠者，此堕邪见；若能在中者，此则上行。如是不久，当成无漏人"②。佛陀用这个譬喻，寓意修行不能太急于精进，也不能懈怠，而要"不急不缓"长久地坚持下去，才能取得成功。可以说，佛陀对这个譬喻的运用非常恰当。

---

① 瞿昙僧伽提婆译：《中阿含经》卷六十，《大正藏》第 1 册，第 804 页。
② 瞿昙僧伽提婆译：《增一阿含经》卷十三，《大正藏》第 2 册，第 612 页。

阿含部中还有许多部以譬喻命名的佛经，如《佛说咸水喻经》（失译人名）、《佛说箭喻经》（失译人名）、《佛说蚁喻经》（施护译）、《佛说月喻经》（施护译）、《五阴譬喻经》（安世高译）、《佛说马有八态譬人经》（支曜译）等。这些佛经有许多是从阿含经抽出来的，如《佛说箭喻经》，应该就是将《中阿含经》卷六十《箭喻经》抽出来独立译成篇的，僧祐在《新集续撰失译杂经录》所列《箭喻经》下注云"抄《阿含》"便可说明。僧祐在《群牛譬经》《婴儿譬喻经》《水喻经》《飞鸟喻经》《木杵喻经》《田夫喻经》等经下注云"抄《阿含》"，《佛为比丘说烧头喻经》下注云"抄《杂阿含》"，说明这些譬喻经都是从几部阿含经中抄写而出。还有抄自其他佛经的，如《鳖喻经》下注云"抄《六度集》"，《毒草喻经》《毒喻经》《毒悔喻经》下注云"出《生经》"，《譬喻六人经》下注云"抄《骂意经》"等。《铸金喻经》《羊群喻经》《马喻经》等经下注"抄"字，说明也是出自其他的佛经。有的没有注明出处，如《调达喻经》《马喻经》《浮木譬喻经》、《须河譬喻经》等下没有注明抄自哪部佛经，或许起初这些佛经就是独立成篇的。僧祐总结这些譬喻经说："安法师载《竺法护经目》有《譬喻经》三百首二十五卷，混无名目，难可分别。今新撰所得，并列名定卷，以晓览者。寻此众本，多出大经，虽时失译名，然护公所出或在其中矣。"[①] 僧祐明确指出"寻此众本，多出大经"，表明这些譬喻经大多是从其他大部佛经中抄出来的；也表明了譬喻经经过了长期的流传、搜集和整理的过程。这些佛经，大多是运用一个譬喻，表达佛陀所讲的教法。

阿含部是早期的佛经，最能体现出原始佛教的思想与观念。在讲法中大量运用比喻，表明了譬喻是佛陀所运用的最为重要的教化方法之一，也是佛经讲述佛法的重要方式之一。失译人姓名的《杂譬喻经》中的第16个譬喻故事是《夫畏妇喻》，讲一个妻子送其丈夫上战场，给了他一个五升的容器和一根织布的杼木，并说如果将这两件东西丢了的话，就"不复共汝作居家"。丈夫的军队在战斗中被打败，其他的士兵都向后逃跑，只有他怕弄坏两件东西而失去妻子，就举起杼木，面向敌军站立不动。敌军以为他是要以一人之力抵抗他们的进攻，惊惧他的勇猛而后退。国王十

---

① 释僧祐：《出三藏记集》卷四，中华书局1995年版，第175页。

分欢喜，问他为什么如此勇猛，他便实言相告。国王听了，仍然给了他很多的赏赐。故事中，"妇与夫五升器、丈一尺杼木者"，譬喻为"佛授弟子五戒、十善"；"属夫言'坚守二物不毁失者可得与吾共居也'"，譬喻为"持法死死不犯者，则得与佛俱升道堂"；将"既得当敌却军、复见封赏者"，譬喻"守戒人现世怨家横对为之消灭，后世受福天堂自然者"。在揭明所譬喻的对象之前，有"此世间示现因缘所得，佛借以为喻"① 之语，以及如第 18 个譬喻故事《买鬼喻》在讲述了故事之后说的"言波利国虽众物普有，其空手住者，一物叵得；持财货卖，无物不得，借以为喻"② 之语，从叙述方式来看，这个譬喻故事应该是写经者根据佛陀用譬喻讲法的过程整理、记录下来的，或是从其他佛经中抄录出来的。这个故事以及表现出来的叙述方式，再次说明，譬喻是佛陀讲法中非常重要的方式，也为写经者在造作佛经时所认可、讲解佛法的重要方式。孙昌武先生说："'善证善喻'是佛教教学的传统。佛陀生前教导弟子即广用譬喻。他在说法中经常使用生动、具体的实例启迪后学，并一再直接而明确地说明譬喻的重要。"③

如《佛说咸水喻经》等以一个譬喻故事来说明佛理的经典不同，佛经中还有许多直接以"譬喻"命名的譬喻故事合集，现存流传最广泛的主要有五部：《旧杂譬喻经》、《百喻经》和三部《杂譬喻经》。《旧杂譬喻经》至隋代《法经录》（卷六）和《历代三宝记》（卷五）中开始著录为吴天竺三藏康僧会译，因此本经通常署名为三藏康僧会译，但该经是否真地为康僧会所译历来有争论④。全书共 38 个譬喻故事。

《百喻经》，又称《百句譬喻经》《百句譬喻集经》，经前有"尊者僧伽斯那撰、萧齐天竺三藏求那毗地译"，僧祐在《百句譬喻经前记》中说："永明十年九月十日，中天竺法师求那毗地出。修多罗藏十二部经中抄出譬喻聚为一部，凡一百事，天竺僧伽斯法师集行大乘，为新学者撰说

---

① 孙昌武、李赓扬译注：《杂譬喻经译注》（四种），第 167 页。
② 孙昌武、李赓扬译注：《杂譬喻经译注》（四种），第 170 页。
③ 孙昌武、李赓扬译注：《杂譬喻经译注》（四种）前言，第 1 页。
④ 参见梁晓虹《从语言上判定〈旧杂譬喻经〉非康僧会所译》，载《佛教与汉语词汇》，佛光文化事业有限公司 2001 年版。

此经。"① 又在《求那毗地传》中说:"僧伽斯于天竺国抄集修多罗藏十二部经中要切譬喻,撰为一部,凡有百事,以教授新学。毗地悉皆通诵,兼明义旨。以永明十年秋译出为齐文,凡十卷,即《百句譬喻经》也。"② 据此可知,本经是僧伽斯那为了使"新学者"明了佛理,从各部经中抄出譬喻故事,聚合在一起而成,又由求那毗地译出。鲁迅对《百喻经》非常重视,1914 年 9 月,他捐助 60 银元委托南京金陵刻经处刻印了 100 本,1926 年 5 月,再次出资赞助王品清校点《百喻经》,自己亲自作了题记,即《〈痴华鬘〉题记》,云:"尝闻天竺寓言之富,如大林深泉,他国艺文往往蒙其影响,即翻为华言之佛经中,亦随在可见。明徐元大辑《喻林》,颇加搜录,然卷帙繁重,不易得之(按,《喻林》分五百八十门,采《百喻经》五十喻,收入二十门中)。佛藏中经,以譬喻为名者,亦可五六种,惟《百喻经》最有条贯。其书具名《百句譬喻经》,《出三藏记集》云:天竺僧伽斯那从修多罗藏十二部经中钞出譬喻,聚为一部,凡一百事,为新学者,撰说此经。萧齐永明十年九月十日,中天竺法师求那毗地出。以譬喻说法者,本经云,'如阿伽陀药,树叶而裹之,取药涂毒竟,树叶还弃之,戏笑如叶裹,实义在其中'也……尝称百喻,而实缺二者,疑举成数,或并以郑首之引,卷末之偈为二事也。尊者造论,虽以正法为心,譬故事于树叶,而言必及法,反多拘牵;今则已无阿伽陀药,更何得有药裹,出离界域,内外洞然,智者所见,盖不惟佛说正义而已矣。"③ 鲁迅对《百喻经》的重视,一方面可能是因为它对中国的影响,即所谓的"天竺寓言之富,如大林深泉,他国艺文,往往蒙其影响。即翻为华言之佛经中,亦随在可见";另一方面是其中的譬喻故事生动、形象,可读性很强。日本学者岩本裕考证,《百喻经》的内容多取自印度愚人故事。④《百喻经》中故事的原型可能是来自印度愚人故事,佛教编纂者采用这些故事主要是用来开示未悟者,本意并非专门搜集愚人

---

① 释僧祐:《出三藏记集》卷九,第 355 页。
② 释僧祐:《出三藏记集》卷十四,第 552 页。
③ 《鲁迅全集》第七卷,人民文学出版社 1958 年版,第 93 页。又参考《中国佛教》第四册隆莲所撰写之《百喻经》条,东方出版中心 1989 年版,第 11 页。
④ 岩本裕:《佛教故事研究》第二卷《佛教故事的源流与发展》,开明书院 1978 年版,第 118 页。转述自孙昌武《佛教与中古文学》第一章。

故事。

关于三部《杂譬喻经》，应该是同名异本的三部经[①]。其中一部失译者姓名，经目多将其附在后汉录中。按，根据本部经中《众猕猴溺死喻》篇末的"故维摩诘言'是身如聚沫，澡浴难忍'"之语来看，其在中国的出现极可能是在《维摩诘所说经》在中国被译出之后。一部旧署名为后汉月支沙门支楼迦谶译；一部署名为比丘道略集、后秦鸠摩罗什译。这三部《杂譬喻经》的结成情况，大概与《百喻经》相同。《出三藏记集》失译经书录中列有《杂譬喻经》六卷（下注："或云《诸杂譬喻经》"）、《旧譬喻经》二卷、《杂譬喻经》二卷、《杂譬喻经》一卷（下注："凡十一事"）四种，并载有《譬喻经》一卷、《譬喻经》一卷（下注：异出）两种，后一种所注的"异出"，可能是说此经与前一经是名同而内容不同的佛经。"凡十一事"的《杂譬喻经》可能就是署后汉月支沙门支楼迦谶译的《杂譬喻经》，现存此《杂譬喻经》存有十二个譬喻故事，数量上非常接近。另五部《譬喻经》中，或许现署名康僧会译《旧杂譬喻经》、失译者的《杂譬喻经》就包含在内；也或许是某种《譬喻经》的节选本。僧祐对早期佛经存在的这种情况，亦说明道："祐总集众经，遍阅群录，新撰失译，犹多卷部，声实纷糅，尤难铨品。或一本数名；或一名数本；或妄加游字，以辞繁致殊；或撮半立题，以文省成异。至于书误益惑，乱甚棼丝，故知必也正名，于斯为急矣。是以仇校历年，因而后定。其两卷以上，凡二十六部，虽阙译人，悉是全典。其一卷以还，五百余部，率抄众经，全典盖寡。观其所抄，多出四《含》、《六度》、《道地》、《大集》、《出曜》、《贤愚》及《譬喻》、《生经》，并割品截揭，撮略取义，强制名号，仍成卷轴。至有题目浅拙，名与实乖，虽欲启学，实芜正典，其为愆谬，良足深诫。今悉标出本经，注之目下，抄略既分，全部自显，使沿波讨源，还得本译矣。寻此录失源，多有大经，详其来也，岂天坠而地涌哉？将是汉、魏时来，岁久录亡；抑亦秦、凉宣梵，成文届止；或晋、宋近出，忽而未详。译人之阙，殆由斯欤。寻大法运流，世移六代，撰注群录，独见安公，以此无源，未足怪也。夫十二部

[①] 孙昌武、李赓扬译注：《杂譬喻经译注》（四种）前言，第1页。

经，应病成药，而传法沦昧，实可怅叹！"①

汉译佛典中的譬喻经，还有一类《出曜经》。"出曜"是梵文 udāna 的译语，又名"法句"（dhammapada）。佛典中的《出曜经》，由姚秦竺佛念译出，是一部譬喻故事合集，据僧睿《出曜经序》说："录其本起，系而为释，名曰出曜。出曜之言，旧名譬喻，即十二部经中第六部也。"《出曜经》卷六又云："六者出曜。所谓出曜者，从无常至梵志，采众经之要藏，演说布现以训将来，故名出曜。"②"出曜"的名称，有可能是来自《诗经》的"日出有曜"，即译出者将佛教譬喻故事视为具有太阳般的光辉，照亮、消除未悟者心中的烦恼和迷惑。《出曜经》中的部分譬喻故事，亦被抄出独立成篇，《出三藏记集》录《调达生身入地狱经》一卷下注"抄《出曜》"。与《出曜经》类型相同的有《法句譬喻经》，《出三藏记集》录《法句譬喻经》一卷，下注"凡十七事，或云《法句譬经》"。这个"十七事"的《百句譬喻经》可能只是收有十七个譬喻的简本，现收于大正藏的《法句譬喻经》三十九品、四十二个故事。

比较典型的譬喻类佛经，还有《撰集百缘经》和《贤愚经》。《撰集百缘经》的梵文为 Avadāna-śataka，或 Purnamukhavadāna-sataka③，译为汉语亦为譬喻之意。本经题为三国吴支谦译，学者对此持怀疑态度。内容上有十品，共 100 个因缘故事，故名《百缘经》。《贤愚经》中共收有 69 个譬喻故事，僧祐《贤愚经记》云："十二部典，盖区别法门。旷劫因缘，既事照于本生；智者得解，亦理资于譬喻。《贤愚经》者，可谓兼此二义矣。河西沙门释昙学、威德等凡有八僧，结志游方，远寻经典。于于阗大寺遇般遮于瑟之会。般遮于瑟者，汉言五年一切大众集也。三藏诸学，各弘法宝，说经讲律，依业而教。学等八僧随缘分听，于是竞习胡音，析以汉义，精思通译，各书所闻，还至高昌，乃集为一部。既而踰越流沙，赍到凉州。于时沙门释慧朗，河西宗匠，道业渊博，总持方等。以为此经所记，源在譬喻；譬喻所明，兼载善恶；善恶相翻，则贤愚之分也。前代传经，已多譬喻，故因事改名，号曰贤愚焉。"④ 僧祐说的"此

---

① 释僧祐：《出三藏记集》卷四，第 123 页。
② 竺佛念译：《出曜经》，《大正藏》第 4 册，第 643 页。
③ 参见童玮编《二十二种大藏经通检》，中华书局 1997 年版，第 719 页。
④ 释僧祐：《出三藏记集》卷九，第 351 页。

经所记,源在譬喻",明显地表明这是一部譬喻经。

三

由于佛经中对譬喻的大量使用,譬喻被列为佛经"十二部经"("十二分教")的专门一类。早在阿含类佛经中就已经提到了佛经的分类,如《长阿含经》中提到十二部经说:"比丘当知我于此法自身作证,布现于彼。谓贯经、祇夜经、受记经、偈经、法句经、相应经、本缘经、天本经、广经、未曾有经、证喻经、大教经。"① 其中"证喻经"就是譬喻经。《增一阿含经》中直接提出譬喻为十二部经之一类,云:"云何比丘不知所爱?于是,比丘于十二部经:契经、祇夜、授决、偈、因缘、本末、方等、譬喻、生经、说、广普、未曾有法,如是比丘不知所爱。"② 阿含经中对十二部经的表述,表明在早期佛教的传播中,譬喻的方式起到了非常重要的作用。

关于十二部经的分类,在说法上稍微有些不同,支谦译出的《佛说七知经》中说:"何为知法?谓能解十二部经:一曰文,二曰歌,三曰说,四曰颂,五曰譬喻,六曰本起纪,七曰事解,八曰生傅(传),九曰广博,十曰自然,十一曰行,十二曰章句,是为知法。不解十二部经,为不知法。"③ 失译人姓名附东晋录下的《般泥洹经》说:"十二部经:一文,二歌,三记,四颂,五譬喻,六本记,七事解,八生传,九广博,十自然,十一道行,十二两现。"④ 竺法护译《佛说意经》中说:"契(一也)、歌(二也)、记(三也)、偈(四也)、所因(五也)、法句(六也)、譬喻(七也)、所应(八也)、生(九也)、方等(十也)、未曾(十一也)、法说(十二)。"⑤ 各种记载中,譬喻都是其中重要的一类。鸠摩罗什译出的《摩诃般若波罗蜜经》说:"菩萨摩诃萨欲闻十方诸佛所说十二部经:修多罗、祇夜、受记经、伽陀、忧陀那、因缘经、阿波陀

---

① 佛陀耶舍、竺佛念译:《长阿含经》卷三,《大正藏》第1册,第16页。
② 瞿昙僧伽提婆译:《增一阿含经》卷四十六,《大正藏》第2册,第794页。
③ 支谦译:《佛说七知经》,《大正藏》第1册,第810页。
④ 《般泥洹经》卷下,《大正藏》第1册,第188页。
⑤ 竺法护译:《佛说意经》,《大正藏》第1册,第901页。

那、如是语经、本生经、方广经、未曾有经、议论经。"①《摩诃般若波罗蜜经》中的"阿波陀那"即譬喻之意，印顺解释说："'阿波陀那'，一般都译为'譬喻'，是'十二分教'的一分。被推为分教的一分，应该是迟于'九分教'的。"印顺同时指出，无论是九分教还是十二分教，都有"阿波陀那"一类："立'九分教'的部派，如铜鍱部的《小部》中，有'阿波陀那'；大众部所传的'杂藏'中，也有'本行'。这可见立'九分教'，或立'十二分教'，虽部派间有所不同，而各派的圣典，有称为'阿波陀那'的部类，却是一致的。"又进一步解释说："西元三世纪，'阿波陀那'已被译为'譬喻'了。西元二、三世纪，譬喻师（Darstantika）脱离说一切有部，而独立盛行起来。这是以广说'譬喻'（Drstanta）得名，而譬喻更通俗化。'阿波陀那''阿波摩耶'，在实际应用中，与 Drstanta 相结合。传说譬喻大师鸠摩罗罗陀（Kumaralata），造《显了论》《日出论》，都是'为令晓悟所立义宗，广引多门比例开示'。'阿波陀那'，被想起了赫赫光辉的意思，而被解为'有比况说，隐义明了'了。'阿波陀那'被解说为'譬喻'，是通俗弘化所引起的。论到原始的意义，应以圣贤的光辉事迹为是。"②

阿波陀那（avadana）被译为譬喻，只是"譬喻"的来源之一，还有 udaharana、upama、upmamna、drstanta、aupamya 等③。关于譬喻，也叫比喻，略称为"譬"或"喻"。丁敏对此进行了详细的说明，可参阅其所著的《佛教譬喻文学研究》一书，亦可参阅李小荣《汉译佛典文体及其影响研究》第六章对其研究的转引。

譬喻的类型有很多，如《大毗婆沙论》中就说："譬喻云何？谓诸经中所说种种众多譬喻，如长譬喻、大譬喻等。如大涅槃，持律者说。"④ 这里说的"种种众多譬喻"不是说佛教中譬喻的数量多，而是说譬喻的类型多。从大的属类来看，主要有两种，一种是修辞学意义上的譬喻，另一种是文学上的譬喻，佛经中的譬喻兼有此两种类型。修辞学意义上的种类，如《金刚经》中说："一切有为法，如梦幻泡影，如露亦如

---

① 鸠摩罗什译：《摩诃般若波罗蜜经》卷一，《大正藏》第 8 册，第 220 页。
② 印顺：《原始佛教圣典之集成》第八章，中华书局 2011 年版，第 486、500 页。
③ 参见李小荣《汉译佛典文体及其影响研究》，上海古籍出版社 2010 年版，第 286 页。
④ 玄奘译：《阿毗达磨大毗婆沙论》卷一二六，《大正藏》第 27 册，第 660 页。

电,应作如是观。"① 这是著名的《金刚经》六喻,这种譬喻就是语句上的比喻,用梦、幻、泡、影、露、电比喻"有为法"是"有相而动",且不真、不牢、不常住。文学上的譬喻,更多的是指存在于佛经当中有情节的譬喻故事。

佛经中的譬喻种类,不同的佛经中有不同的说法。《大智度论》在论述譬喻的种类时说:"譬喻有二种:一者假以为喻,二者实事为喻。今此名为假喻。所以不以余物为喻者,以此四物丛生稠致、种类又多故。舍利弗、目连等比丘满阎浮提,如是诸阿罗汉智慧和合,不及菩萨智慧百分之一,乃至算数譬喻所不能及。"这里提到假喻、实喻、算数譬喻。假喻是用虚拟的事物或不可能发生的事件设喻,反之则为实喻。② 算数譬喻,上文引《法华经》之《譬喻品》中已提到,是博喻的一种,指佛经中以各种数目名称出现的比喻,丁敏在《佛教譬喻文学研究》中也称之为"增数譬喻",如《法华经》七喻、《金刚经》六喻、无常十喻等。北本《大般涅槃经》提到譬喻有八种:"一者顺喻,二者逆喻,三者现喻,四者非喻,五者先喻,六者后喻,七者先后喻,八者遍喻。"顺喻是:"如经中说天降大雨,沟渎皆满,沟渎满故小坑满,小坑满故大坑满,大坑满故小泉满,小泉满故大泉满,大泉满故小池满,小池满故大池满,大池满故小河满,小河满故大河满,大河满故大海满。如来法雨亦复如是。众生戒满,戒满足故不悔心满,不悔心满故欢喜满,欢喜满故远离满,远离满故安隐满,安隐满故三昧满,三昧满故正知见满,正知见满故厌离满,厌离满故呵责满,呵责满故解脱满,解脱满故涅槃满。"逆喻是:"大海有本,所谓大河。大河有本,所谓小河。小河有本,所谓大池。大池有本,所谓小池。小池有本,所谓大泉。大泉有本,所谓小泉。小泉有本,所谓大坑。大坑有本,所谓小坑。小坑有本,所谓沟渎。沟渎有本,所谓大雨。涅槃有本,所谓解脱。解脱有本,所谓呵责。呵责有本,所谓厌离。厌离有本,所谓正知见。正知见有本,所谓三昧。三昧有本,所谓安隐。安隐有本,所谓远离。远离有本,所谓喜心。喜心有本,所谓不悔。不悔有本,所谓持戒。持戒有本,所谓法雨。"现喻是:"如经中说:众生心性,

---

① 朱棣集注:《金刚经集注》,上海古籍出版社1984年版,第287页。
② 参见李小荣《汉译佛典文体及其影响研究》,第290页。

犹如猕猴,猕猴之性,舍一取一。众生心性,亦复如是,取著色、声、香、味、触、法,无暂住时,是名现喻。"经中引佛陀"昔告波斯匿王"的一段话来说明非喻,云:"大王,有亲信人从四方来,各作是言:'大王,有四大山从四方来欲害人民。'王若闻者,当设何计?王言:'世尊,设有此来,无逃避处,惟当专心持戒布施。'我即赞言:'善哉大王!我说四山,即是众生生老病死,生老病死常来切人,云何大王不修戒施?'王言:'世尊,持戒布施得何等果?'我言:'大王,于人天中多受快乐。'王言:'世尊,尼拘陀树持戒布施,亦于人天受安隐耶?'我言:'大王,尼拘陀树不能持戒修行布施,如其能者,则受无异。'"先喻是:"我经中说:譬如有人贪着妙花,采取之时为水所漂,众生亦尔,贪受五欲,为生死水之所漂没。"后喻是:"如法句说:莫轻小罪,以为无殃。水渧虽微,渐盈大器。"先后喻是:"譬如芭蕉生果则死,愚人得养,亦复如是,如骡怀妊,命不久全。"遍喻是:"如经中说,三十三天有波利质多树,其根入地,深五由延,高百由延。枝叶四布,五十由延,叶熟则黄。诸天见已,心生欢喜。是叶不久,必当堕落。其叶既落,复生欢喜。是枝不久,必当变色。枝既变色,复生欢喜。是色不久,必当生疱,见已复喜。是疱不久,必当生嘴,见已复喜。是嘴不久,必当开剖,开剖之时,香气周遍五十由延,光明远照八十由延。尔时诸天,夏三月时在下受乐。善男子,我诸弟子亦复如是。叶色黄者,喻我弟子念欲出家。其叶落者,喻我弟子剃除须发。其色变者,喻我弟子白四羯磨,受具足戒。初生疱者,喻我弟子发阿耨多罗三藐三菩提心。嘴者,喻于十住菩萨得见佛性。开剖者,喻于菩萨得阿耨多罗三藐三菩提。香者,喻于十方无量众生受持禁戒。光者,喻于如来名号无碍周遍十方。夏三月者,喻三三昧。三十三天受快乐者,喻于诸佛在大涅槃得常乐我净。"① 有意思的是,经中在解释八种比喻时,无一例外地使用了譬喻的方式,可谓是以譬喻说譬喻了。

更有趣的是,北本《大般涅槃经》中除了说到八种譬喻之外,还有听譬喻而不解的譬喻,文云:"如生盲人,不识乳色,便问他言:'乳色何似?'他人答言:'色白如贝。'盲人复问:'是乳色者如贝声耶?'答言:'不也。'复问:'贝色为何似耶?'答言:'犹稻米末。'盲人复问:

---

① 昙无谶译:《大般涅槃经》卷二十九,《大正藏》第 12 册,第 447 页。

'乳色柔软如稻米末耶？稻米末者复何所似？'答言：'犹如雨雪。'盲人复言：'彼稻米末冷如雪耶？雪复何似？'答言：'犹如白鹤。'是生盲人虽闻如是四种譬喻，终不能得识乳真色。是诸外道亦复如是，终不能识常乐我净。"这段话用盲人终不识乳色，譬喻外道"虚妄计有常乐我净，而实不知常乐我净"①，即终不能领悟佛理。这个譬喻在《大般涅槃经》卷二十九又重复了一遍，云："凡所引喻，不必进取，或取少分，或取多分，或复全取。如言如来面如满月，是名少分。善男子，譬如有人初不见乳，转问他言'乳为何类？'彼人答言'如水、蜜、贝，水则湿相，蜜则甜相，贝则色相'，虽引三喻，未即乳实。"②佛经对譬喻的使用的普遍情形，犹如昙无谶在所译《大方等大云经》中再云"诸佛如来实不可喻，犹引喻为喻"③了。

文学的譬喻往往称之为寓言，汉译佛经中几乎没有出现过"寓言"这个词语，中土僧人的著述中则屡屡出现，可能是与中土僧人受到《庄子》的影响有关。如明代高僧智旭在《阿弥陀经要解》中说："实有极乐国土，在十万亿土之外，最极清净庄严，不同庄生寓言。"④这是说西方极乐世界是真实存在着的，而非寓言故事。李小荣在阐述譬喻文体表现及其功能时，认为中土僧人著述中的"寓言"一词的含义和《庄子》中的"寓言"含义相近，并列举了八条文献，展示对汉译譬喻经典的看法。

对佛教譬喻和譬喻经的研究，较早有印顺《原始佛教圣典之集成》第八章第二项《阿波陀那》的论述。孙昌武先生《佛教与中古文学》第一章《汉译佛典及其文学价值》中，有"譬喻和譬喻经"部分，论述了佛经中的譬喻、譬喻经，指出佛经中"广用譬喻和寓言"，是为"阐明佛教义理服务"，并指出"这种譬喻本身的客观意义，以及它们在表现上的文学价值，也是不可否认的"⑤。孙昌武先生在编注的《汉译佛典翻译文学选》前言中，指出譬喻故事的一个突出的特点是"往往具有普遍的哲理或伦理意义"，"他们形成于一定的社会环境中，其背景或内容又往往

---

① 昙无谶译：《大般涅槃经》卷十四，《大正藏》第 12 册，第 447 页。
② 昙无谶译：《大般涅槃经》卷二十九，《大正藏》第 12 册，第 536 页。
③ 昙无谶译：《大方等大云经》卷六，《大正藏》第 12 册，第 1105 页。
④ 智旭：《阿弥陀经要解》，《大正藏》第 37 册，第 365 页。
⑤ 孙昌武：《佛教与中古文学》，上海人民出版社 1988 年版，第 23 页。

反映当时的社会矛盾,体现一定的社会意义。其中许多应出于印度或西域的民间传说,或是模仿民间传说制作的,大抵短小精悍,富于情趣,又通俗易懂,在很大程度上体现了民间文学质朴、风趣的艺术特色"①。这个概括可谓精要。此后有丁敏的专著《佛教譬喻文学研究》(东方出版社1996年版)。侯传文的《佛经的文学性解读》第二章《〈妙法莲华经〉的文学性解读》提到譬喻时指出"譬喻在佛经中非常普遍",并说:"佛经中的譬喻不是一般的比喻,而是用一个比较完整的小故事来说明一个道理,近似一般文类中的寓言。"② 第七章《佛本生故事概论》中,论述到譬喻和寓言,指出寓言有散见于诸经中的譬喻和独立成篇的寓言故事两种形式,此即印顺所说"'譬喻'与'记说''本事''本生''因缘',在流传中,都有结合的情形"③。吴海勇的《中古汉译佛经叙事文学研究》第一章《佛经翻译文学概说》中,对譬喻和譬喻经作了概说,将因缘与譬喻混杂的佛经统归为譬喻经。李小荣的《汉译佛典文体及其影响研究》第六章对譬喻文体及其影响作了阐述。梁丽玲的《〈杂宝藏经〉及其故事研究》(法鼓文化出版社1998年版)、《〈贤愚经〉研究》(法鼓文化出版社2002年版)涉及对《杂宝藏经》和《贤愚经》中的譬喻的研究。论文如东元庆喜的《佛典に見える譬喻の种类》(《印度学佛教学研究》1968年第7卷1号),郭良鋆的《佛教譬喻经文学》(《南亚研究》1989年第2期),丁敏的《譬喻佛典之研究——撰集百缘经、贤愚经、杂宝藏经、大庄严论经》(《中华佛学学报》1991年第4期),出本充代的《〈撰集百缘经〉の译出年代について》(《パーリ学佛教文化学》1995年第8期),陈允吉、卢宁的《什译〈妙法莲华经〉里的文学世界》(《佛教文学研究论集》,复旦大学出版社2004年版),李小荣的《简论汉译佛典之"譬喻"文体》(《福建师范大学学报》2009年第5期)、《〈法句经〉与譬喻文学》(载《佛教与中古文学散论》,凤凰出版社2012年版),李玉珍的《佛教譬喻(Avadana)文学中的男女美色与情欲——追求美丽的宗教意涵》(《新史学》第10卷第4期,1999年),王孺童的《〈百喻经〉譬喻故事研究》(《法音》2007年第10期),冯国栋的《〈大般涅槃经〉的譬

---

① 孙昌武编注:《汉译佛典翻译文学选》,南开大学出版社2005年版,第9页。
② 侯传文:《佛经的文学性解读》,中华书局2004年版,第19页。
③ 印顺:《原始佛教圣典之集成》,第496页。

喻研究》(载《寒山寺佛学》第二辑,上海古籍出版社2003年版)、梁丽玲的《〈撰集百缘经·饿鬼品〉研究》(收于《冉云华先生八秩华诞寿庆论文集》,法光出版社2003年版)、《〈出曜经〉的动物譬喻》(载《潘重规教授百年诞辰纪念学术研讨会论文集》,台湾师范大学国文学系2006年)等。硕士学位论文有洪梅珍的《〈百喻经〉及其故事研究》(台湾高雄师范大学,2004年)、林韵婷的《杂阿含经譬喻故事研究》(玄奘大学,2005年)、黄渊红的《佛典譬喻经复句研究》(北京外国语大学,2011年)等。

对中国佛教著述譬喻的研究,也是佛经文学研究的重点之一。如陈允吉的《关于王梵志传说的探源与分析》(载《古典文学佛教溯源十论》,复旦大学出版社2002年版)一文中,根据《桂苑丛谈》和《史遗》中关于王梵志的一条文献,探寻了王梵志传说的来源和譬解。马纯燕的硕士学位论文《王梵志诗的譬喻研究》(中山大学,2011年)也是探讨王梵志诗歌的譬喻。陈允吉在另一篇文章《王维"雪中芭蕉"寓意蠡测》(载《古典文学佛教溯源十论》)中,探讨了佛经中"是身如芭蕉"譬喻对于王维画作和诗歌的影响,等等,此类的研究成果颇多。从语言方面进行譬喻修辞研究的,主要在周裕锴的《禅宗语言研究》(杭州人民出版社1999年版)、疏志强的《禅宗修辞研究》(山东文艺出版社2008年版)、张胜珍的博士学位论文《禅宗语言研究》(南开大学,2005年)等论著中提到。

譬喻经的整理受到研究者的重视。鲁迅于1914年和1926年两次捐助《白百喻经》出版,并为之撰写《题记》。在20世纪40年代,冯雪峰以《百喻经》为底本,删去解说部分,写成白话本《百喻经故事》。周绍良撰写了《百喻经译注》(中华书局1993年版)。近些年来,佛经整理出版的速度明显加快,涉及譬喻经的整理出版物明显增多。如孙昌武、李赓扬将《旧杂譬喻经》和三部《杂譬喻经》进行了整理,合并成《杂譬喻经译注(四种)》(中华书局2008年版)。2012年以来,中国社会科学出版社陆续出版了由荆三隆等人整理的《月喻六经注译与辨析》《旧杂譬喻经注译与辨析》《杂譬喻经注译与辨析》《众经撰杂譬喻经注译与辨析》《六度集经注译与辨析》《法句譬喻经注译与辨析》《杂宝藏经注译与辨析》《撰集百缘经注译与辨析》《大庄严论经比喻故事注译与辨析》《贤愚经比喻故事注译与辨析》等。众多的佛经故事选中,譬喻故事都是必选的内容之一,如孙昌武编注的《汉译佛典翻译文学选》、张友鸾的《佛经寓言选》、王邦维的《佛经故事选》、罗秉芬与黄布凡的《佛经故事》、谢生保的《佛经寓言故事选》、郭良鋆与黄宝生译的《佛本生故事选》等,都选择了大量的譬喻故事,甚至譬喻故事是一些佛经选本的主要构成内容。

四

综合佛经的譬喻故事来看,其一般特征有:

一是譬喻故事的取材大多来自人们的日常现实生活,尤其是《百喻经》中所收的譬喻更是如此。如本经中第一个《愚人食盐喻》,说有个愚人到别人家做客,嫌弃饭菜"淡无味",主人就在他的菜里加了些许的盐。愚人尝后,自念道:"所以美者,缘有盐故。少有尚尔,况复多也?"于是就空口吃盐,"返为其患"[1]。岩本裕将《百喻经》称为印度愚人故事集,说明这些譬喻都是来自现实生活,佛陀用生活中的愚人故事作为讲说佛法的手段和开悟学人的桥梁。

二是有众多的故事是以动物为主人公,即动物譬喻故事。这类譬喻故事涉及大量的动物,如象、龙、马、驴、蚊子、狗、牛、羊、狮子、狼、虎、豹、老鼠、鸡、鸟、龟鳖、猴子、鹿、猫、兔子、蛾子等,几乎应有尽有。如《旧杂譬喻经》中有《狗听经喻》,有只狗趴在"昼夜诵经"的沙门的床下,"一心听经,不复念食"。几年后,狗去世后"得人形","生舍卫国中作女人",长大后作了比丘尼,"精进得应真道"[2]。又如署鸠摩罗什译的《杂譬喻经》中有《龙升天喻》,有条龙升天,降下大雨,"雨落天宫,即成七宝;雨落人中,皆为润泽;落饿鬼身上,变成大火,举身烧然"[3]。署鸠摩罗什译《杂譬喻经》中的《鹿林喻》亦属于此类。这类譬喻尤在《众经撰杂譬喻经》《出曜经》、佛本生譬喻故事等经典中有不少。

---

[1] 王月清、范赟注译:《百喻经》,中州古籍出版社2007年版,第19页。
[2] 孙昌武、李赓扬译注:《杂譬喻经译注》(四种),第21—22页。
[3] 孙昌武、李赓扬译注:《杂譬喻经译注》(四种),第216页。

三是有些故事以神鬼为喻。如《众经撰杂譬喻经》中的《二鬼相诤喻》，有一个人独宿在空房子里，半夜时有一个鬼扛着一个死人来到房间，接着另一个鬼追来，为这个死人是谁扛来的发生争执。争执不下，就让这个人来作证，这个人想到无论是说真话还是说谎话都会被杀死，干脆就说了真话。后鬼大怒，将这个人的胳膊扯了下来，前鬼就用死人的胳膊给他补上，如是将这个人的另一只胳膊、两脚、头、肋都换成了死人的了。二鬼就将这个人被扯下来的身体吃了。这个人看着被换的身体，迷惑不已："我父母生我身，眼见二鬼食尽。今我此身尽是他身肉，我今定有身耶为无身耶？若以有者尽是他身，若无者今现身如是。"[1] 这个譬喻是说无我的道理。

四是譬喻故事无论长短，一般都情节生动活泼，富有情趣，有些譬喻的结构相当完整；语言通俗易懂，一般的民众很容易读懂。多数譬喻故事篇幅都不长，但也有如署鸠摩罗什译《杂譬喻经》中的《大迦叶夫妇因缘喻》这样的长篇。本篇通过迦叶的父亲尼具律陀向树神祈子、树神报告给天帝释、帝释让一位即将寿终的梵天转生到其家、帝释告诉树神此意、树神又告诉尼具律陀、尼具律陀之妻子怀孕、迦叶降生这一过程，详细说明了迦叶的来历。又通过尼具律陀夫妇为了阻止迦叶出家为其寻找合适的妻子、迦叶不同意娶妻提出要娶漂亮无比的紫金色女人为妻子的条件、尼具律陀夫妇找到了一个符合迦叶要求的女子并与之成婚这一过程，叙述了两个志愿修道不愿意成家的男女结成夫妇的因缘。最后又叙述了迦叶夫妇二人求道愿望强烈、遇到佛陀出家、迦叶成为比丘、妻子成为比丘尼、比丘尼劝诫国王夫人守戒却被迫承受国王九十天的淫欲的过程。整个过程的叙述相当详细，过程也非常曲折，故事性极强，虽没有在篇末特意点明要说明的道理，但包含于故事之中的寓意却极为明显，表述了佛教因缘的道理。

五是如上所述，譬喻故事所表达的寓意一般都十分明显，寓意或直接评论出来，或隐含在故事之中。几乎所有的故事，都是先有一个譬喻，然后揭明所要表达的道理。一般的故事，都是喻体长，最后简明扼要地说出要说明的含义。也有如署鸠摩罗什译《杂譬喻经》中的《五百力士为沙

---

[1] 道略集、鸠摩罗什译：《众经撰杂譬喻经》，《大正藏》第 4 册，第 531 页。

门喻》这样的喻体很短而寓意却很长的故事。本篇的喻体是:"昔佛在世时,有五百力士俱为沙门,共在一处坐禅诵经。有不善贼尽夺诸沙门,衣钵荡尽,唯有泥洹僧在。是贼去后,诸沙门轻着泥洹僧,俱诣佛所,具白此意。佛语诸沙门言:'汝何不大唤?'诸沙门答言:'佛未听,是故不敢唤。'佛语诸比丘:'汝若不敢唤者,贼当日剥汝衣,谁当能常给者?从今日后,听汝见贼来时大唤,捉杖砖石,恐怖令去,但莫至诚伤害之耳。'"然后,接着就是长篇的说道理:

> 人之所重者,身也、命也、财也。此三事,皆不足惜,不可轻也。不足惜者,以其非常、败坏,无有坚固。愚惑惜之,以为我物,贪爱吝惜,起不善因缘,后堕恶道,故不足惜也。不可轻者,以有身故,遇值贤圣,擎跪曲卷,承迎礼拜,后得金刚宝身,不可毁坏,故曰不可轻也。
>
> 命不足惜者,人为命故,杀生、强盗、淫泆,口犯四过,心生贪恚邪见,后堕地狱,故曰不足惜也。而亦不可轻者,以有命故,值遇圣贤,得闻法言,精义入神,尽寿修行,后得宝命无量无穷,故曰亦不可轻也。
>
> 财不足惜者,以财是五家之分:盗贼、水、火、县官、恶子,五家忽至,一旦便尽,故曰不足惜也。不可轻者,遇良福田,持用布施,种种供养,无所遗惜,后得宝财四大藏,周穷济乏,求得无尽,故曰不可轻也。
>
> 夫修福德,皆当拟心求成佛道,不应但索人天果报也。所以者何?譬如种谷,但求其实,实虽未熟,茎节枝叶自然已得。布施作福亦复如是,发意拟仪,但求成佛泥洹之道。道虽未成,人天中乐、金轮圣主、帝释、梵王自然并至,亦如种谷,不期茎节枝叶自然而得也。所以不应但求人天果报之乐者也。①

如这样的譬喻,在佛经中还是比较少见的。一般来说,一个譬喻故事

---

① 比丘道略集、鸠摩罗什译:《杂譬喻经》,载孙昌武、李赓扬译注《杂譬喻经译注》(四种),第238—239页。

只表达一个道理，也有一个故事表述多个道理的情况，如署鸠摩罗什译《杂譬喻经》中的《尸利求多喻》，叙述了佛与六师外道之争后，说："此喻极广，不能一一出，故略举其要也。"① 这个喻体所寓含的含义太多，竟然不能一一列举出来。

六是有些譬喻故事与世界其他地区的寓言、譬喻有相似之处。如《百喻经》中的《乘船失釪喻》云："昔有人乘船渡海，失一银釪，堕于水中，即便思念：'我今画水作记，舍之而去，后当取之。'行经二月，到师子诸国，见一河水，便入其中，觅本失釪。诸人问言：'欲何所作？'答言：'我先失釪，今欲觅取。'问言：'于何处失？'答言：'初入海失。'又复问言：'失经几时？'言：'失来二月。'问言：'失来二月，云何此觅？'答言：'我失釪时，画水作记，本所画水，与此无异，是故觅之。'又复问言：'水虽不别，汝昔失时，乃在于彼，今在此觅，何由可得？'"② 这个故事，不由得使人想起中国的刻舟求剑的故事，几乎是一模一样。③ 又如同经中的《人效王眼瞤喻》，云："昔有一人，欲得王意，问余人言：'云何得之？'有人语言：'若欲得王意者，王之形相，汝当效之。'此人即便后至王所，见王眼瞤，便效王瞤。王问之言：'汝为病耶？为着风耶？何以眼瞤？'其人答王：'我不病眼，亦不着风，欲得王意，见王眼瞤，故效王也。'王闻是语，即大瞋恚，即便使人种种加害，摈令出国。"④ 这个故事，也会使人想起东施效颦。而同经中的《口诵乘船法而不解用喻》，与中国的纸上谈兵如出一辙。失译的《杂譬喻经》中的《瓮中身影喻》，则与中国的杯弓蛇影相类似。署支娄迦谶译《杂譬喻经》中的《贾人得道喻》里的沙门为能得道而勤苦修行，"使人作锥，长八寸。睡来时便刺两髀，以疮痛不睡"，结果不到一年的时间就证得了"真道"。这个譬喻，与中国的"头悬梁、锥刺股"所表达的含义相同。失译的《杂譬喻经》中的《毒蛇喻》，有一个人在山中学道，"山中多有蝮蛇，道人畏之，便依一树下，高布床褥，坐禅念定，而但苦睡，不能自制"。

---

① 孙昌武、李赓扬译注：《杂譬喻经译注》（四种），第 230 页。
② 王月清、范赟注译：《百喻经》，第 59 页。
③ 凝溪《中国寓言文学史》中举刻舟求剑的例子，说"中国远古的文化对佛经已有了一定的影响"（云南人民出版社 1992 年版，第 218 页），这个说法恐怕很难站住脚。
④ 王月清、范赟注译：《百喻经》，第 73 页。

天人看到这个学道者只知道睡觉,"因作方便,欲恐令不睡"。到了晚上,天人言:"道人,毒蛇来矣。"道人惊醒,点燃灯火,"遍求之不见",又倒头睡觉。天人"数数不止",道人生气说:"天人何以犯两舌?都不见物,云何为言,言毒蛇?"这个故事,和古希腊《伊索寓言》中的"狼来了"也有异曲同工之妙。从这些故事、寓言的产生时代来看,相互之间影响的可能性极小,可以说在世界各地都有相类似的故事或智慧同步产生[①],佛陀将这些发生于日常生活中的事情纳入佛法的宣扬和教化当中,反映了他对生活的细致观察和深刻体验。

七是很多譬喻故事重出。如上所述,现存的几部譬喻经,基本上是抄集众经中的譬喻故事而成,所以各经中有不少故事重复出现。如《百喻经》中的治鞭疮喻、蛇头尾相争喻、踢长者口喻、劫盗分财喻等,在《杂譬喻经》中就有基本相同的譬喻故事。《百喻经》中的愚人集牛乳喻、见水底金喻等,和《众经撰杂譬喻经》中的故事相同。失译《杂譬喻经》的《老母欲随子死喻》中的老母,因唯一的儿子死了而欲自了,佛陀告诉她能招来"不死家火"便可将她的儿子救活,老母见人便问"汝家前后颇有死者未",凡所问到之人,家里皆有人于过去或现在有人去世,老母从而明晓了无常之理。在巴利三藏的小部经中有《长老尼伽陀》,第213—223首叙说盖莎长老尼幼子夭亡,她悲痛绝望,以致疯癫,抱着儿子的尸体求佛陀救活儿子。佛陀叫她到城里去找一户从未死过人的人家,讨几粒芥籽服下,她儿子便可复活。她跑遍全城,芥籽几乎家家都有,但从未死过人的人家却没有。盖莎长老尼由此顿悟了生死无常之理,并说偈道:"诸行无常,不分种姓,人间天界,一理相通。"[②]

《旧杂譬喻经》中的《鬼欲啖王喻》与失译《杂譬喻经》中的《啖人王喻》应该是一个故事,但详略却有很大的差别。《旧杂譬喻经》中的《鬼欲啖王喻》文云:"昔有梵志,从国王丐。王欲出猎,令梵志止殿上:'须我方还。'乃出猎,追逐禽兽,与臣下相失。到山谷中,与鬼相逢,

---

① 季羡林在《佛经故事选》(重庆出版社1985年版)的序中说:"印度的神话、寓言和童话,几乎传遍了全世界,连古代希腊寓言,比如说《伊索寓言》中都可能有印度的成分。以后的《十日谈》《坎特伯雷的故事》以及许多国家的寓言和童话中都能找到印度影响。"此为一说。

② 参见维摩拉拉特纳著、邓殿臣译《巴利三藏中的〈长老尼伽陀〉》,《法音》1991年第4期。

鬼欲啖之。王曰：'听我言。朝来于城门中，逢一道人，从我丐。我言止殿上待还，今乞暂还，与此道人物已，当来就卿受啖。'鬼言：'今欲啖汝，汝宁肯来还？'王言：'善哉！诚无信者，我当念此道人耶？'鬼则放王。王还宫出物与道人，以国付太子，王还就鬼。鬼见王来，感其至诚，礼谢不敢食也。师曰：'王以一诚，全命济国。何况贤者奉持五戒，布施至意，其福无量也。"① 失译的《杂譬喻经》中的《啖人王喻》全文云：

  昔有国王，喜食人肉敕厨士曰："汝等夜行，密采人来，以供厨。"以此为常，臣下后咸知之，即共斥逐，捐于界外，更求良贤以为国王。

  于是啖人王十三年后，身生两翅，行啖人，无复远近。于山中向山树神请求祈福："当取国王五百人，祠山树神，使我得复还国为王。"于是便飞行取之，得四百九十九人。之山谷，以石密口。

  时国王将诸后宫诣浴池戏。始出宫门，逢一道人，说偈求乞。王即许之："还宫当赐金银。"时王入池，当欲澡洗，啖人王空中飞来，抱王将去，还于山中。国王见啖人王，不恐不怖，颜色如故。

  啖人王曰："吾本捕取五百人当持祠天。已有四百九十九人，今复得卿一人，数已满，杀以祠天。汝知是，何以不恐惧乎？"国王对曰："人生有死，物成有败，合会有离，对来分之，不敢愁也。旦出宫时，道逢道士，为吾说偈，即许施物。今未得与，以是为恨耳。今王弘慈宽恕，假数日中，布施讫还，不违要誓也。"即听令去而告之曰："与汝七日期，若不还者，吾往取汝亦无难也。"王即还宫，都中内外，莫不欢喜。即开库藏，布施远近。拜太子为王，慰劳百姓，辞决而去。

  啖人王遥见其来，念曰："此得无异人乎？从死得生，而故来还。"即问曰："身命，世人所重爱者也，而卿舍命所信，世之难有。不审何守志趣，愿说其意。"即曰："吾之慈施，至诚信盟，当得阿惟三佛，度十方。"彼王曰："求佛之义，其事云何？"便为广说五戒、十善、四等、六度。心开坦然，从受五戒，为清信士。放四百九

---

① 孙昌武、李赓扬译注：《杂譬喻经译注》（四种），第62—63页。

十九人,各各令还国。

诸王追是后王,共至其国。感其信誓,蒙得济命,各不肯还于本国,遂便住止此国。于此国王各为立第一舍,雕文刻镂,光饰严整,法国王饮食服御,与王无异。四方来人问言:"何以有此如王舍遍一国中?"众人答曰:"皆是诸王舍也。"名遂远布。从此以来,号言王舍城。

佛得道已,自说本末:"立信王者,我身是也,啖人王者,殃崛摩是。还王舍说法,所度无量,皆是宿命作王时因缘人也。"佛说是时,无不欢喜,得福得度,不可訾计。①

从内容上看,两个譬喻都是讲国王守信的故事,前者是纯粹的譬喻,而后者则应为一个佛本生故事;从篇幅上看,《杂譬喻经》中的《啖人王喻》是《旧杂譬喻经》中的《鬼欲啖王喻》的近四倍,情节更生动曲折,人物形象也更丰满。这表明两个故事有可能来自同一个渊源,或者后者是在前者的基础之上进行的再加工。值得一提的是,如这两个譬喻中的守信故事,在譬喻经中还有不少,如署康僧会译《旧杂譬喻经》的《当嫁女到童子门喻》,女子遵守了在出嫁前先到捡到她橘子的童子那里去的"重誓愿",表现出了遵守誓愿的强烈愿望和行动。这些表达相同寓意的譬喻故事,可能是佛陀或造经者为说明同一个道理而在不同场合所说的。

五

汉译佛典本身具有很强的文学性,譬喻故事则更重视文学性,如印顺说佛经中的"种种'阿波陀那',重于文学趣味,等于佛法通俗化的故事"②。

汉译佛典对中国文学的极大影响,是越来越为研究者所肯定的。佛经中的譬喻和譬喻故事,对中国文学、文艺的发展也表现出重大的影响。一方面是故事的内容、所要表达的义理进入中国的文学作品。简单的事例如

---

① 《杂譬喻经》,载孙昌武、李赓扬译注译注《杂譬喻经译注》(四种),第148—149页。
② 印顺:《原始佛教圣典之集成》,第495页。

《六度集经》中"盲人摸象"的譬喻故事，在中国流传久远，且多次被用于文学作品中。《百喻经》及其他佛经中类似笑话的愚人故事，在六朝到明清时期的文学作品、笑话集中一再被编入、引用和改编。佛经中屡屡出现的"身如芭蕉"的譬喻，使王维画出了《袁安卧雪图》中的"雪中芭蕉"，等等。另一方面，譬喻也影响到中国文学的表达方式。如佛经中经常运用成串譬喻的方式就为中国文人所接受和使用。《大品般若》中有著名的"大乘十喻"，云："于诸法门盛解观察，如幻、如阳焰、如梦、如水月、如响、如空花、如像、如光影、如变化事、如寻香城。"[①] 这里连用十个譬喻，造成了磅礴的文势，渲染了说法的力度。中国唐宋时期的文人在写作时深受佛经连用譬喻的启发，在写作中经常使用这样的技巧。如韩愈《送石洪处士赴河阳参谋序》中说："坐一室，左右图书，与之语道理，辨古今事当否，论人高下，事后当成败，若河决下流而东注，若驷马驾轻车就熟路而王良、造父为之先后也，若烛照数计而龟卜也。"[②] 这篇文中连用譬喻的气势，宋人洪迈说"韩、苏两公为文章，用譬喻处，重复联贯，至有七八转者"[③]，与佛经中连用譬喻的方式非常相像。韩愈虽然辟佛，但他与佛教的关系学界已多有论述，因此其此种写作方式与技巧，应该就是来自佛经对譬喻的使用。宋人邵博说"韩退之之文自经中来，柳子厚之文自史中来"[④] 之语中的"经"，自然是指儒家经典，但根据韩愈对佛经的借用，在一定程度上可以说是自"佛经"中来。

对于佛经譬喻和譬喻故事对中国文学的影响，闻一多曾说："我们至少可说，是那充满故事兴味的佛典之翻译与宣讲，唤醒了本土的故事兴趣的萌芽，使它与那较进步的外来形式相结合，而产生了我们的小说与戏剧。故事本是民间的产物，不用讳言，它的本质是低级的。正如从故事发展出来的小说戏剧，其本质是平民的，诗的本质是贵族的。要晓得它们之间距离很大，而距离是会孕育恨的。所以我们的文学传统既是诗，就不但是非小说戏剧的，而且推到极端，可能还是反小说戏剧的。若非宗教势力带进来的那点新鲜刺激，而且自己的歌实在也唱到无可再唱的了，我们可

[①] 玄奘译：《大品般若》卷一，《大正藏》第5册，第1页。
[②] 刘真伦、岳珍校注：《韩愈文集汇校笺注》卷十一，中华书局2010年版，第1190页。
[③] 洪迈：《容斋随笔》三笔卷六，上海古籍出版社2015年版，第273页。
[④] 转引自吴文治编《韩愈资料汇编》，中华书局1983年版，第206页。

能还继续产生些《韩非·说储》，或《燕丹子》一类的故事，和《九歌》一类的雏形歌舞剧，但是，元剧和章回小说决不会有……异国形式也许早就来到了，早到起码是汉朝佛教初输入的时候，你可以在几百年中不注意它，等到注意了之后，还可以延宕，抽搐个又一度几百年，直到最后，万不得已的，这才死心塌地，接受了吧！……第一度佛教带来的印度影响是小说戏剧。"① 闻一多这里说的是佛教传入中国之后，对中国小说和戏剧的重大影响，重大到若没有佛教的输入"元剧和章回小说决不会有"的地步。事实上，佛教对中国文学的影响，远不止在小说和戏剧方面，几乎对中国文学的各个方面都有着重大的影响。关于佛教与中国文学的影响与关系，陈寅恪、季羡林、郭在贻、孙昌武、陈允吉、李小荣等众多著名学者的研究已经进行了大量的阐述，如陈寅恪曾以《维摩诘经》论述与中国小说的关系，云："盖《维摩诘经》本一绝佳故事，自译为中文后，遂盛行于震旦。其演变滋乳之途径，与其在天竺本土者，不期而暗合。即原无眷属之维摩诘，为之造作其祖及父母妻子女之名字，各系以实际，实等于一姓之家传，而与今日通行小说如杨家将之于杨氏，征东征西之薛氏，所记内容，虽有武事、哲理之不同，而其原始留别及演变滋乳之程序颇复相似。"② 胡适则在引述了《法华经》中的"火宅"之喻后，说："这里描写那老朽的大屋的种种恐怖和火烧的种种纷乱，虽然不近情理，却热闹的好玩。后来中国小说每写战争或描摹美貌，往往模仿这种形式，也正是因为他热闹好玩。"③ 本文于此不再做广面的阐述，兹举几个实例予以点缀。

（一）《杂宝藏经》之《弃老国缘》中有云："天神又复问言：'此大白象，有几斤两？'群臣共议，无能知者，亦募国内，复不能知。大臣问父，父言：'置象船上，著大池中，画水齐船深浅几许。即以此船量石著

---

① 闻一多：《文学的历史动向》，载《神话与诗》，上海世纪出版集团 2006 年版，第 166 页。

② 陈寅恪：《敦煌本维摩经文殊师利问疾品演义跋》，载《金明馆丛稿二编》，上海古籍出版社 1980 年版，第 185 页。

③ 胡适：《白话文学史》第一编《唐以前》，载欧阳哲生主编《胡适文集》，北京大学出版社 1998 年版，第 243 页。

中，水没齐画，则知斤两。'即以此智以答。"① 这个故事赞扬老人的才智，如同常说的"家有一老如有一宝"，老人的智慧是一生经历的结晶，以此来谴责弃老国驱逐抛弃老人的做法。《三国志》中有"曹冲称象"故事："邓哀王冲，字仓舒。少聪察岐嶷，生五六岁，智意所及，有若成人之智。时孙权曾致巨象，太祖欲知其斤重，访之群下，咸莫能出其理。冲曰：'置象大船之上，而刻其水痕所至，称物以载之，则校可知矣。'"② 这两个故事的内容完全是一样的，目的也都是展示人的智慧。不同的是，《弃老国缘》中称赞老人的智慧，"曹冲称象"是称赞少儿的智慧。三国时期，佛教在中国的传播已经很广泛了，各种譬喻故事也为人所津津乐道，"曹冲称象"的故事完全有可能是根据《弃老国缘》改编的。将这个故事加在曹冲身上，也是受到当时清谈风气的影响。在《世说新语》等志人小说中记载有大量当时士人智识的轶事，其中也有许多表现儿童聪慧、才智和德行的事例，"曹冲称象"就是这些众多儿童聪慧的事例之一。《三国志》在叙述完曹冲这个聪慧故事之后，接着还有一段："时军国多事，用刑严重。太祖马鞍在库，而为鼠所啮，库吏惧必死，议欲面缚首罪，犹惧不免。冲谓曰：'待三日中，然后自归。'冲于是以刀穿单衣，如鼠啮者，谬为失意，貌有愁色。太祖问之，冲对曰：'世俗以为鼠啮衣者，其主不吉。今单衣见啮，是以忧戚。'太祖曰：'此妄言耳，无所苦也。'俄而库吏以啮鞍闻，太祖笑曰：'儿衣在侧，尚啮，况鞍悬柱乎？'一无所问。冲仁爱识达，皆此类也。"③ 老人具有这样的智慧是可以理解的，很难想象一个不足十岁的儿童竟然有这样的智慧。《世说新语》记载魏晋时期众多的此类事情，曹冲的这两件事却都不见记载，很使人怀疑"曹冲称象"之事到底有没有发生过，或许是《三国志》的著者为了表现曹冲的聪明才智而自己加上去的。

再如署鸠摩罗什译《杂譬喻经》中有《恶雨喻》，文云："外国时有恶雨，若堕江湖河井、城池水中，人食此水，令人狂醉，七日乃解。时有国王，多智善相。恶雨云起，王以知之，便盖一井，令雨不入。时百官群臣食恶雨水，举朝皆狂，脱衣赤裸，泥土涂头而坐王厅上。唯王一人，独

---

① 吉迦夜共昙曜译：《杂宝藏经》，《大正藏》第4册，第449页。
② 《三国志》卷二十，中华书局1959年版，第580页。
③ 《三国志》卷二十，第580页。

不狂也,服常所著衣,天冠璎珞坐于本床。一切群臣,不自知狂,反谓王为大狂,何故所著独尔。众人皆相谓言:'此非小事。'思共宜之。王恐诸臣欲反,便自怖懅,语诸臣言:'我有良药,能愈此病。诸人小停,待我服药,须臾当出。'王便入宫,脱所著服,以泥涂面,须臾还出。一切群臣见皆大喜,谓法应尔,不自知狂。七日之后,群臣醒悟,大自惭愧,各着衣冠而来朝会。王故如前赤裸而坐,诸臣皆惊怪而问言:'王常多智,何故若是?'王答臣言:'我心常定,无变易也。以汝狂故,反谓我狂,以故若是,非实心也。"[①] 无独有偶,《宋书》袁粲传中有一个相同的故事。袁粲著《妙德先生传》以续嵇康《高士传》以自况,其中借妙德先生之口讲了一个"狂泉"的故事:"昔有一国,国有一水,号曰'狂泉'。国人饮此水,无不狂,惟国君穿井而汲,独得无恙。国人既并狂,反谓国君之不狂为狂,于是聚谋,共执国主,疗其狂疾,火艾针药,莫不毕具。国王不任其苦,遂至狂泉所酌水饮之,饮毕便狂。君臣大小,其狂若一,众乃欢然。"袁粲生平为420—477年,完全能够看到鸠摩罗什(344—414年)所译出来的《杂譬喻经》。根据这篇自况,袁粲"九流百氏之言,雕龙谈天之艺,皆泛识其大归",是完全有可能去阅读佛经的。袁粲用这个故事,可能是表达自异于当时社会上之士人,自诩有"舜之遗风",是一个"修道遂志"者,卷末的评价说:"袁粲清标简贵,不属负图,朝野之望虽隆,然未以大节许也。及其赴危亡,审存灭,岂所谓义重于生乎!虽不达天命,而其道有足怀者。"朝野对袁粲"未以大节许",但袁粲却能卫护刘宋,在刘宋危亡之际,"以身受顾托,不欲事二姓",不愿归向"天命有归"[②] 的齐王,以实际行动表明了自己的独醒。袁粲很好地理解了《恶雨喻》,其所作的"狂泉"譬喻故事,可以说是对《恶雨喻》非常恰当的借鉴。

这两个事例,说明佛经譬喻是如何进入中国作品以及如何影响到中国人的观念、思想和创作的。

(二)佛教譬喻与中国寓言文学。中国寓言产生很早,大概萌芽于公元前6世纪。先秦是中国古代寓言产生和蓬勃发展的时期,寓言作品主要

---

① 比丘道略集、鸠摩罗什译:《杂譬喻经》,载孙昌武、李赓扬译注译注《杂譬喻经译注》(四种),第224页。

② 《宋书》卷八十九,中华书局1974年版,第2230、2231、2234页。

集中在诸子散文里面，为阐述不同学派的理论和政治主张服务，是"哲理寓言"。两汉时期寓言的主旨，是通过寓言来总结、宣传历史教训，为汉王朝寻求长治久安之道，是"劝诫寓言"①。至六朝时期，随着佛教影响的深入，中国寓言尽管仍沿着自己的道路发展下去，但具有了浓厚的佛教色彩，无论从写作题材内容还是格式和义理上，都受到佛经譬喻故事的深深影响。如上文所言与中国杯弓蛇影典故极为相似的失译《杂譬喻经》中的《瓮中身影喻》，被隋代侯白进行了改写。侯白《启颜录》中收录了隋之前许多士人轶事、诙谐笑话，其中有"县董子尚村"条，云："鄠县董子尚村，村人并痴，有老父遣子将钱向市买奴，语其子曰：'我闻长安人卖奴，多不使奴预知之，必藏奴于余处，私相平章，论其价直，如此者是好奴也。'其子至市，于镜行中度行，人列镜于市，顾见其影，少而且壮，谓言市人欲卖好奴，而藏在镜中，因指麾镜曰：'此奴欲得几钱？'市人知其痴也，诳之曰：'奴直十千。'便付钱买镜，怀之而去。至家，老父迎门问曰：'买得奴何在？'曰：'在怀中。'父曰：'取看好不？'其父取镜照之，正见眉须皓白，面目黑皱，乃大嗔，欲打其子，曰：'岂有用十千钱，而贵买如此老奴？'举杖欲打其子。其子惧而告母，母乃抱一小女走至，语其夫曰：'我请自观之。'又大嗔曰：'痴老公，我儿止用十千钱，买得子母两婢，仍自嫌贵？'老公欣然。释之余，于处尚不见奴，俱谓奴藏未肯出。时东邻有师婆，村中皆为出言甚中，老父往问之。师婆曰：'翁婆老人，鬼神不得食，钱财未聚集，故奴藏未出，可以吉日多办食求请之。'老父因大设酒食请师婆，师婆至，悬镜于门，而作歌舞。村人皆共观之，来窥镜者，皆云：'此家王相，买得好奴也。'而悬镜不牢，镜落地分为两片。师婆取照，各见其影，乃大喜曰：'神明与福，令一奴而成两婢也。'因歌曰：'合家齐拍掌，神明大歆飨。买奴合婢来，一个分成两。'"这两个故事之间的差别，就是将瓮改成了镜子，侯白去掉了《瓮中身影喻》中说寓意的句子，使之成为一个纯粹的笑话。这个譬喻在明代还被浮白主人在《笑林》中改成了"买梳看镜"的笑话，应该来源于《瓮中身影喻》或是侯白的《启颜录》。

至唐宋，佛经譬喻对寓言的影响更达到了极高的程度，其中最为明显

---

① 参考陈蒲清《中国古代寓言史》，湖南教育出版社1983年版。

的是柳宗元。柳宗元创作的寓言数量不是很多,但塑造了很多成功的有典型意义的寓言形象。柳宗元的寓言受到佛经譬喻的影响极其明显。从格式上来看,柳宗元的寓言使用了与譬喻故事先说一个譬喻、篇尾说出寓意的形式一样,陈允吉说:"如果以柳宗元寓言里后面的说理文字,与佛经寓言寓意部分作一比较,两方面影合仿同的迹象就愈加明显。"① 如《蝜蝂传》的前部分说:"蝜蝂者,善负小虫也。行遇物,辄持取,卬其首负之。背愈重,虽困剧不止也。其背甚涩,物积因不散,卒踬仆不能起。人或怜之,为去其负。苟能行,又持取如故。又好上高,极其力不已,至坠地死。"后部分说出蝜蝂所含的寓意云:"今世之嗜取者,遇货不避,以厚其室,不知为己累也。唯恐其不积,及其怠而踬也。黜弃之,迁徙之,亦以病矣。苟能起,又不艾。日思高其位,大其禄,而贪取滋甚,以近于危坠,观前之死亡不知戒。虽其形魁然大者也,其名人也,而智则小虫也。亦足哀夫!"② 孙昌武先生在总结柳宗元寓言与佛经譬喻的关系时说:"例如柳宗元《蝜蝂传》的情节与《旧杂譬喻经》第二十一经'见蛾缘壁相逢,诤斗共堕地'③ 立意相近;《李赤传》可能受到《大般涅槃经》卷二十三'有人堕于圊厕既得出已而复还入'故事的启发;《梓人传》则是敷衍《大智度论》卷二十八'譬如工匠但以智心指授而去,执斤斧者疲劳终日,计公受赏,匠者三倍'一段的。《黔之驴》的情节也与印度民间和佛经故事有相似之处。"④ 柳宗元《黔之驴》与佛经譬喻故事的关系,季羡林在1947年撰写了《柳宗元〈黔之驴〉取材来源考》,指出这个故事来源于载在《五卷书》《故事海》《益世嘉言集》以及佛本生故事集等中的一个蠢笨驴子的故事。陈允吉《柳宗元寓言的佛经影响及〈黔之驴〉故事的渊源和由来》一文又进行了深入的探讨;李小荣《佛教与〈黔之驴〉——柳宗元〈黔之驴〉故事来源补说》一文,又进行补充研究,文中说:"研究古典文学,特别是魏晋以降的古代文学,如果不懂得一点印

---

① 陈允吉:《柳宗元寓言的佛经影响及〈黔之驴〉故事的渊源和由来》,载《古典文学佛教溯源十论》,复旦大学出版社2002年版,第214页。
② 尹占华、韩文奇校注:《柳宗元集校注》卷第十七,中华书局2013年版,第1212页。
③ 按,"蛾缘壁相逢,诤斗共堕地"出自署康僧会译《旧杂譬喻经》之《蛾、羊所语喻》,参见孙昌武、李赓扬译注译注《杂譬喻经译注》(四种),第39—40页。
④ 孙昌武:《佛教与中国文学》,第244页。

度文学和佛教文学方面的知识,有些疑难问题是不会得到正确的答案的。"① 柳宗元《黔之驴》的事例,说明了佛经譬喻对于中国寓言的影响是如此深入。

（三）佛经譬喻对中国文学影响最大的应该是小说。鲁迅在《中国小说史略》中说:"中国本信巫,秦汉以来,神仙之说盛行,汉末又大畅巫风,而鬼道愈炽;会小乘佛教亦入中土,渐见流传。凡此,皆张皇鬼神,称道灵异,故自晋迄隋,特多鬼神志怪之书。其书有出于文人者,有出于教徒者。"② 佛经中的譬喻故事,对六朝乃至后来的小说创作,从观念、思维方式、题材内容、人物塑造、情节构思等方面都产生了重大的影响。有研究者指出,署康僧会《旧杂譬喻经》中的《鹦鹉灭火喻》与中国的精卫填海故事相类,殊不知六朝志怪小说《宣验记》中有一篇几乎一模一样的文字。先看《旧杂譬喻经》中的《鹦鹉灭火喻》,文云:"昔有鹦鹉,飞集他山中。山中百鸟畜兽,转相重爱,不相残害。鹦鹉自念:虽尔,不可久也,当归耳。便去。却后数月,大山失火,四面皆然。鹦鹉遥见,便入水,以羽翅取水,飞上空中,以衣毛间水洒之,欲灭大火。如是往来,往来。天神言:'咄！鹦鹉,汝何以痴！千里之火,宁为汝两翅水灭乎？'鹦鹉曰:'我由知而不灭也。我曾客是山中,山中百鸟畜兽皆仁善,悉为兄弟。我不忍见之耳。'天神感其至意,则雨灭火也。"③ 再看六朝刘义庆《宣验记》中之"有鹦鹉飞集他山"条,文云:"有鹦鹉飞集他山,山中禽兽辄相爱重。鹦鹉自念,虽乐,不可久也;便去。后数月,山中大火。鹦鹉遥见,便入水沾羽,飞而洒之。天神言:'汝虽有志意,何足云也！'对曰:'虽知不能救,然尝侨居是山,禽兽行善,皆为兄弟,不忍见耳。'天神嘉感,即为（《六帖》引作为雨）灭火。"④ 对比来看,《宣验记》之文无论从哪个方面来看,都与《鹦鹉灭火喻》近乎完全的一

---

① 李小荣:《佛教与中国文学散论》,凤凰出版社2012年版,第130页。
② 鲁迅:《中国小说史略》第五篇《六朝之鬼怪志怪书》,上海古籍出版社1998年版,第24页。
③ 康僧会译:《旧杂譬喻经》,载孙昌武、李赓扬译注译注《杂譬喻经译注》（四种）,第42页。
④ 文载《艺文类聚》卷九十一、《初学记》卷三十、《六帖》卷九十四、《太平御览》九百二十四,转引自《鲁迅辑录古籍丛编》第一册,人民文学出版社1999年版,第274页。

致。再如梁吴均《续齐谐记》中的阳羡书生故事云:"阳羡许彦,于绥安山行,遇一书生,年十七八,卧路侧,云脚痛,求寄鹅笼中。彦以为戏言。书生便入笼,笼亦不更广,书生亦不更小,宛然与双鹅并坐,鹅亦不惊。彦负笼而去,都不觉重。前行息树下,书生乃出笼,谓彦曰:'欲为君薄设。'彦曰:'善。'乃口中吐出一铜奁子,奁子中具诸肴馔,珍馐方丈。其器皿皆铜物,气味香旨,世所罕见。酒数行,谓彦曰:'向将一妇人自随,今欲暂邀之。'彦曰:'善。'又于口中吐一女子,年可十五六,衣服绮丽,容貌殊绝,共坐宴。俄而书生醉卧,此女谓彦曰:'虽与书生结妻,而实怀怨。向亦窃得一男子同行,书生既眠,暂唤之,君幸勿言。'彦曰:'善。'女子于口中吐出一男子,年可二十三四,亦颖悟可爱,乃与彦叙寒温。书生卧欲觉,女子口吐一锦行障,遮书生。书生乃留女子共卧。男子谓彦曰:'此女子虽有心,情亦不甚,向复窃得一女人同行,今欲暂见之,愿君勿泄。'彦曰:'善。'男子又于口中吐一妇人,年可二十许,共酌,戏谈甚久。闻书生动声,男子曰:'二人眠已觉。'因取所吐女人,还纳口中。须臾,书生处女乃出,谓彦曰:'书生欲起。'乃吞向男子,独对彦坐。然后书生起,谓彦曰:'暂眠遂久,君独坐,当悒悒邪?日又晚,当与君别。'遂吞其女子,诸器皿悉内口中。留大铜盘,可二尺广,与彦别曰:'无以藉君,与君相忆也。'"① 这个故事之情节,实出乎读者之意料。关于这个故事,陈寅恪先生早就指出与出自署康僧会译的《旧杂譬喻经》中的《王敕宫中喻》的情形是一样的。不同的是,《王敕宫中喻》表明的是"天下不可信,女人也"之主旨,阳羡书生故事则在末尾说"彦大元中为兰台令史,以盘饷侍中张散,散看其铭题,云是永平三年作",贯穿的是六朝时期"发明神道之不诬"的传统。将佛经中辅助讲法的譬喻故事,视为中国"神道之不诬"的史实,也是中国人的创造。

上引北本《大般涅槃经》中的"十喻",在《维摩诘经》中的表述是:"是身如聚沫,不可撮摩。是身如泡,不得久立。是身如焰,从渴爱生。是身如芭蕉,中无有坚。是身如幻,从颠倒起。是身如梦,为虚妄见。是身如影,从业缘现。是身如响,属诸因缘。是身如浮云,须臾变

---

① 吴均:《续齐谐记》,《四库全书》本。

灭。是身如电，念念不住。"① 将北本中的"空花"译成"是身如芭蕉"。"身如芭蕉"是佛经中常用的譬喻之一，意为人身如虚空而不常住。王维根据这个譬喻，画出了著名的《袁安卧雪图》，表明自己认识到自身如芭蕉般虚空，而舍身追求佛法。这个譬喻，在唐代时曾产生新的变化，即用来表扬高僧的得道。《续高僧传》卷第十四《道慗传》云："经三宿卒于山所，春秋七十有五，即其年十二月二十五日也。阖境同号，若丧考妣。当夜雪降，周三四里，乃扫路通行，陈尸山岭。经夕忽有异花，绕尸周匝，披地踊出，茎长一二尺许，上发鲜荣，似款冬色，而形相全异。"② 又，卷二十一《法融传》中云："又二十一年十一月，岩下讲《法华经》。于时素雪满阶，法流不绝。于凝冰内获花二茎，状如芙蓉，璨同金色。经于七日忽然失之。"③ 因为是得道高僧，故在大雪飘飞的冬季开出"鲜荣"之花，这或许是王维"雪中芭蕉"构思的来源之一，抑或是清代小说《镜花缘》构思的来源。《镜花缘》有武则天在严冬令百花开放的情节。武则天在雪夜酒醉，看到腊梅开放，自诩"以妇人而登大宝，自古能有几人"，认为百花应如腊梅一样不畏寒而"与朕陶情"，趁着酒兴下谕旨令百花开放，云："明朝游上苑，火速报春知。花须连夜发，莫待晓风催。"百花之仙不敢"违了圣旨"，在武则天的淫威之下顶雪开放，残冬时的上林苑"满园青翠紫目，红紫迫人，真是锦绣乾坤，花花世界"④。这个情节，或许是小说作者李汝珍受到了佛经譬喻故事的启发。

（四）《贵人为比丘尼因缘喻》与中国戏曲。闻一多说佛教对中国的戏剧有"决不会有"的影响，并非过于夸张之言，众多的佛经犹如戏剧一般，如胡适说："鸠摩罗什译出的经……其中《维摩诘经》本是一部小说，富于文学趣味。居士维摩经有病，释迦佛叫他的弟子去问病。他的弟子舍利弗、大目犍连、大迦叶、须菩提、富楼那、迦旃延、阿那律、优波离、罗睺罗、阿难，都一一诉说维摩经的本领，都不敢去问疾。佛又叫弥

---

① 鸠摩罗什译：《维摩诘经》"方便品第二"，《大正藏》第14册，第539页。
② 道宣：《续高僧传》卷十四，载《高僧传合集》，上海古籍出版社1991年版，第213页。
③ 道宣：《续高僧传》卷二十一，载《高僧传合集》，第213页。
④ 李汝珍：《镜花缘》第四回《吟雪诗暖阁赌酒　挥醉笔上苑催花》，中华书局2013年版，第11—14页。

勒菩萨、光严童子、持世菩萨等去,他们也一一诉说维摩经的本领,也不敢去。后来只有文殊师利肯去问病。以下写文殊与维摩经所显的辩才与神通。这一部半小说、半戏剧的作品,译出之后,在文学界与美术界的影响最大。中国的文人诗人往往引用此书中的典故,寺庙的壁画往往用此书的故事作题目。"又说:"《维摩诘经》《思益梵天所问经》……都是半小说体、半戏剧体的作品。这种悬空结构的文学体裁,都是古中国没有的;他们的输入,与后代弹词、评话、小说、戏剧的发达都有直接或间接的关系。"① 本处以《杂譬喻经》中的《贵人为比丘尼因缘喻》为例,说明佛经譬喻故事进入中国戏剧一例。

《贵人为比丘尼因缘喻》是署"比丘道略集、后秦鸠摩罗什译"《杂譬喻经》中之一篇,文云:"昔有一贵女人,面首端正,仪容挺特,出家修学,得应真道。于城外林树间独行,道逢一人。见此比丘尼颜貌端正,意甚爱著。当前立而要之,口宣誓言:'若不从我,不听汝去。'比丘尼便为说恶露不净之法:'头眼手足,有何可贪?'彼士夫便语比丘尼言:'我爱汝眼好。'时彼比丘尼右手挑其一眼,示彼男子,血流于面。彼男子见之,欲意便息。比丘尼手捉一眼,还到佛所,以复眼本处。向佛具说,因是结戒。从是以来,不听比丘尼城外住及聚落外独行也。"② 这个譬喻故事中,比丘尼以刺坏眼睛使得男子消除"欲意"。这个故事被明代戏曲家徐霖所借用,成为《绣襦记》中一段惊人的情节。

徐霖是明代正德时期著名的戏曲家之一,字子仁,号九峰、髯仙,又称徐山人。曾创作戏曲八部,今只流传下《绣襦记》一部。朱彝尊言其事云:"武宗南狩,召见,欲官之,固辞;赐飞鱼服,扈从还京,后归里。"又引《诗话》,述其"工填南北曲":"髯仙多能艺事,书画之外,工填南北曲。文徵明赠诗云:'乐府新传桃叶句,彩毫遍写薛涛笺。'所筑快园,康陵南巡,两幸其居。有晚静阁、宸幸堂、浴龙池。及扈跸入都,每夜宿御榻前,与帝同卧起。永陵之初,威武近幸,多逮治坐罪,惟子仁脱然。亦滑稽之雄也。"③ 由此来看,徐霖的戏剧创作水平在当时是颇被认可的。《客座赘语》载其轶事《髯仙秋碧联句》,云:"黄琳美之元

---

① 胡适:《白话文学史》第一编《唐以前》,《胡适文集》第八册,第238、253页。
② 孙昌武、李赓扬译注:《杂譬喻经译注》(四种),第247页。
③ 朱彝尊:《明诗综》,中华书局2007年版,第1854页。

宵宴集富文堂，大呼角伎，集乐人赏之，徐子仁、陈大声二公称上客。美之曰：'今日佳会，旧词非所用也，请二公联句，即命工度诸弦索，何如？'于是子仁与大声挥翰联句，甫毕一调，即令工肄习，既成合而奏之，至今传为胜事。子仁七十时于快园丽藻堂开宴，妓女百人，称觞上寿，缠头皆美之诒者。大声为武弁，尝以运事至都门，客召宴，命教坊子弟度曲侑之，大声随处雌黄，其人距不服，盖初未知大声之精于音律也。大声乃手揽其琵琶，从座上快弹唱一曲，诸子弟不觉骇伏，跪地叩头曰：'吾侪未尝闻且见也。'称之曰'乐王'。自后教坊子弟，无人不愿请见者，归来问馈不绝于岁时。嗟呼，二公以小伎为当时所慕如此，岂所谓折杨黄荟，则听然而笑者耶！顷友人陈荩卿所闻，亦工度曲，颇与二公相上下，而穷愁不称其意气，所著多冒他人姓氏，甘为头捉刀人以死，可叹也。嗟呼，彼武夫、伶人犹知好其知音者，今安在乎哉！"①

《绣襦记》讲述的是唐代郑元和与妓女李亚仙的故事，这个故事起源于唐代白行简的传奇《李娃传》，后来的宋元南戏《李亚仙》，元杂剧《郑元和风雪打瓦罐》、《李亚仙花酒曲江池》及朱有杂剧《曲江池》都是以此故事而创作的。《绣襦记》便是在综合上述传奇和戏曲的基础上，加以改编而成。《绣襦记》的第一句《传奇纲领》云："〔末上〕郑子元和，荥阳人氏。隽朗超群，应长安乡试，李娃眷恋，追欢买笑，暮雨朝云。忽尔囊空，李娘计遣。路赚东西怨莫伸，遭磨折残生几丧。进退无门，贫寒彻骨伤神，叹饥吻号猿衣结鹑。幸逢娃痛惜，绣襦护体，乳酥滋胃，复振精神，剔目劝学。登科参军之任，父子萍逢诉此因，行婚礼重谐伉俪，天宠沐殊恩。"开头交代本剧是讲述郑元和与李娃故事之"纲领"过程。在这里，作者重点提出了李娃的"剔目劝学"。本剧的第三十三句是《剔目劝学》，句云：

【玉交枝】〔旦〕你文章不看，口支离一划乱言，读书有三到。〔生〕那三到？〔旦〕心到、眼到、口到，你书到不读，为何频顾残妆面，不思继美承前。〔生〕见你秋波玉溜使我怜，一双俊俏含情眼。〔旦〕你不用心玩索圣贤，却为妾又垂青盼。〔生〕我的娘。谁

---

① 顾起元：《客座赘语》卷六，中华书局1987年版，第179—180页。

教你生得这般样好。【前腔】〔旦〕且把书来收卷。罢罢,为妾一身,捐君百行,何以生为?我拼一命先归九泉。〔生〕大姐何出此言。〔旦〕你喜我这一双眼么?〔生〕端的一双俏眼。〔旦〕我把鸾钗剔损丹凤眼,羞见不肖迤遭。〔生〕呀!不好了。涓涓血流如涌泉,潸潸却把衣沾染,今始信望眼果穿,却教人感伤肠断。呀!大姐苏醒。【玉胞肚】〔旦〕我在冥途回转,尚兀自心头火燃,你还只想凤友鸾交,焉得造鹭序鹓班。我好痴,这般不习上的,管他则甚。我向空门落发,伊家休得再胡缠,纸帐梅花独自眠。〔旦〕罢罢,我不免自去落发为尼,你若有志读书,做个好人,尚有相见之日,若只如此,我永不见你了。〔生〕罢罢,他妇人家尚然如此立志,我何苦执迷如此。大姐,你不须烦恼,小生闻得上国开科,如今就此拜别。若得官回来见你,若不得官,决不见你之面。〔旦〕如此却好,我有白金十两,赠君为盘费。〔生〕多谢。①

这句叙述了李娃剔目劝学的情节,郑元和受到剔目劝学的刺激,发奋读书,最终科举中第。

这段的情节亦根据白行简《李娃传》,但《李娃传》中并无剔目劝学的情节,《李娃传》云:"异时,娃谓生曰:'体已康矣,志已壮矣。渊思寂虑,默想曩昔之艺业,可温习乎?'生思之,曰:'十得二三耳。'娃命车出游,生骑而从。至旗亭南偏门鬻坟典之肆,令生拣而市之,计费百金,尽载以归。因令生斥弃百虑以志学,俾夜作昼,孜孜矻矻。娃常偶坐,宵分乃寐。伺其疲倦,即谕之缀诗赋。二岁而业大就,海内文籍,莫不该览。生谓娃曰:'可策名试艺矣。'娃曰:'未也,且令精熟,以俟百战。'更一年,曰:'可行矣。'于是遂一上,登甲科,声振礼闱。虽前辈见其文,罔不敛衽敬羡,愿友之而不可得。娃曰:'未也。今秀士苟、苟获擢一科第,则自谓可以取中朝之显职,擅天下之美名。子行秽迹鄙,不侔于他士。当砻淬利器,以求再捷,方可以连衡多士,争霸群英。'生由是益自勤苦,声价弥甚。"显然,徐霖对这一段进行了改编,而且是尤其

---

① 徐霖:《绣襦记》,载毛晋编《六十种曲》第七册,中华书局1958年版,第1、94—95页。

重视本段情节，谭正璧引《藤花曲话》卷二之内容云："《绣襦记》传奇、《曲江池》杂剧，皆郑元和李亚仙事也。元和之父曰郑公弼，为洛阳府尹，《绣襦记》作郑儋，为常州刺史，各不相符。《曲江》之张千，即《绣襦》之来兴。《曲江》以元和授官县令，不肯遽认其父，《绣襦》则谓以状元出参成都军事，父子萍逢。两剧虽属冰炭，要于曲义无关。惟亚仙刺目劝学一事，《绣襦》极意写出，《曲江》概不叙入，似乎疏密判然。"①

徐霖对这一段的改编，可能是与他的佛教意识有关。从相关文献来看，徐霖具有浓厚的佛教意识。《客座赘语》中有关于徐霖的三段资料，其一为《警世词馀》，处处体现出浓郁的佛教韵味，云："徐子仁尝作《警世曲》，调对《玉环带清江引》，曰：'极品随朝，谁似倪官保，万贯缠腰，谁似姚三老。富贵不坚牢，达人须自晓。兰蕙蓬蒿，到头终是草，鸾凤鸥鸦，到头终是鸟。北邙道儿人怎逃，及早寻欢乐。纵饮十万场，大唱三千套，无常到来还是少。'（其一）'暮鼓晨钟，聒得咱耳聋。春燕秋鸿，看得咱眼朦。犹记做顽童，俄然成老翁。休逞姿容，难逃青镜中。休逞英雄，都归黄土中。算来不如闲打哄，枉把机关弄。跳出面糊盆，打破酸齑瓮，谁是惺惺谁蒙懂？'（其二）'春去春来，朱颜容易改。花落花开，白头空自哀。世事等浮埃，光阴如过客。休慕云台，功名安在哉？休访蓬莱，神仙安在哉？清闲两字钱难买，何苦深拘碍。只恁过百年，便是超三界。此外别无闲计策。'（其三）'礼拜弥陀，也难凭信他。惧怕阎罗，也难回避他。世事枉奔波，回头方是可。口若悬河，不如牢闭着。手惯挥戈，不如牢袖着。越不聪明越快活，省了些闲灾祸。家私那用多，官职何须大，我笑别人人笑我。'（其四）"② 因此，徐霖没有明确说这段戏文的改编参考了《贵人为比丘尼因缘喻》的譬喻故事，不过根据他对佛教义理的体认，可以猜想他有可能读过鸠摩罗什所译的这部《杂譬喻经》，并根据《贵人为比丘尼因缘喻》的故事改编了李亚仙劝学郑元和的情节。而且，从《剔目劝学》的曲文来看，李亚仙要削发出家，正是佛教意味的体现。

---

① 谭正璧：《三言两拍源流考》，上海古籍出版社2012年版，第456页。
② 顾起元：《客座赘语》卷六，第178页。

徐霖对这段情节的改编，颇为后来的小说家和戏曲家所流传，如《警世通言》第三十一卷《赵春儿重旺曹家庄》中引用此故事作为说明"助夫成家"之有志女子，云："又有一个李亚仙，他是长安名妓，有郑元和公子嫖他，吊了稍，在悲田院做乞儿，大雪中唱《莲花落》。亚仙闻唱，知是郑郎之声，收留在家，绣绵裹体，剔目劝读，一举成名，中了状元，亚仙直封至一品夫人。"① 说明徐霖对这个情节的改编颇为成功。

佛经譬喻和譬喻故事对中国文学创作的影响，远非此几句话所能说清楚的，其对中国的诗歌、辞赋、戏曲、俗文学等诸多方面的影响是深远而广阔的，更多的可参看孙昌武《佛经与中国文学》与其他各种论著，以及其他各位学者的研究成果。本处只是补充一点读书所得，以为各位专家宏论之点缀。

---

① 冯梦龙编、严敦易校注：《警世通言》，人民文学出版社1956年版，第450页。

"诗法禅机，悟同而道别"
——谢榛与佛教

在一般的中国文学通史和明代文学史中，前后七子往往被当作一个整体来进行研究和探讨，对个人的具体情况分析得不多。即如廖可斌《明代文学复古运动研究》专门以前后七子的文学复古为研究对象，亦以群体为研究的出发点，对谢榛关注更多的是其与李攀龙之间交往关系的始末[①]。从一定程度上说，谢榛的文学思想被掩盖在对前后七子的总体概括与评价之中，实际上这些并非谢榛的全部，甚至不是其主要方面。本文围绕谢榛的禅学交游、禅学思想、禅学与诗论、诗歌与诗论中屡屡出现的"浮"这个诗语等方面，对谢榛及其文学思想、心态进行具体、实事求是的分析。通过分析，可以看到谢榛的文学思想与后七子中的其他人具有较明显的差异。

一

谢榛的作品只有诗歌和诗话，没有专门论理的文字，不能直接透析其思想倾向，不过从诗歌中可以看出其有很深厚的禅学修养。

王世贞评论谢榛说"诗辨三乘体，经翻四大藏"[②]，说明谢榛可能遍读《大藏经》，谢榛在诗和诗话中大量运用佛经中的典故，是对王世贞评论的最好注解。《同李兵宪廷实、刘计部伯柬宴集，因谈五台山之胜，遂

[①] 也有少数著作中对谢榛进行专门的讨论，如袁行霈、孟二冬、丁放著《中国诗学通论》中，列有谢榛专章，讨论其诗论的"格调"。

[②] 王世贞：《弇州四部稿》卷三一《正月六日雨阻江上，因记昨岁同于鳞诸君访茂秦于华严庵，分韵赋诗，一时之盛，怅焉有怀，爰赋十韵》，《四库全书》本。

赋长歌》诗"化城金界未深入"(《谢榛全集校笺》卷二①,下引该书只注卷数)、《早游盘山憩古公兰若》诗"黄金作化城"(卷一六)等句中的"化城",就是《法华经》中著名的譬喻之一。又《示本海禅师》诗云"讵待谈经五六月,满山涌出金莲花",《适晋稿》中有孔天胤对此诗的评语说"正如莲花秀妙"(卷二),形容他们之间的谈禅精彩如莲花秀妙。孔天胤的评语很恰当,而"满山涌出金莲花"应该也是借用了《法华经》的典故。《法华经》卷四"见宝塔品第十一"中写道:"尔时,佛前有七宝塔,高五百由旬,纵广二百五十由旬,从地涌出。"② 此宝塔名为多宝如来塔,若有说《法华经》处,则从地涌出。而卷五"从地涌出品第十五"说佛陀讲此经时,"娑婆世界三千大千国土,地皆震裂,而于其中,有无量千万亿菩萨摩诃萨同时涌出"③。两处提到的"涌出",都是形容讲经的精妙,谢榛"满山涌出金莲花"同样是说明谈禅的精妙,应当有借用的联系。又如《宝庆寺见桂花》诗中有"金粟见如来"(卷四)之句,金粟如来是维摩诘的前身,此诗一方面表明谢榛自比维摩诘,另一方面还寓含从金粟中能见到或者体悟到如来真身的含义,这是大乘佛教所说的真如法身无处不在,万事万物都有真如之体。这些对佛经典故的使用,反映出谢榛对大乘经典很熟悉。

谢榛一生游览四方寺院众多,每到一处,都和当地的僧人交往密切,诗歌往来;作为僧人们的禅侣,谢榛与一些僧人结下了深厚的友谊,对他们念念不忘,《送悟正上人游楚》云"应怀旧禅侣,钟磬坐宵分"(卷四);有些寺僧亦长时间记得谢榛,钱谦益引潘之恒《亘史》云:"后三十余年,客访旧宿寺中,寺僧犹能道其遗事。"④

谢榛游览这些寺院,一方面固然是流连山水,另一方面亦和这些寺院里的僧人谈禅论道,讲求佛理,《少林感旧篇,因示镇性禅子,兼忆宗书

---

① 李庆立《谢榛全集校笺》,出版于2003年,汇集著者二十余年来的研究成果,以万历三十二年丁子裕和程兆相重新修订赵府冰玉堂刻《四溟山人全集》为底本,以现存谢榛著述的各种版本、选本以及明清以来的有关总集、别集、方志等补辑而成。本文所征引谢榛的文献,除有特别注明出处之外,皆以该书为准。
② 鸠摩罗什译:《妙法莲华经》卷第四,《大正藏》第9册,第32页。
③ 鸠摩罗什译:《妙法莲华经》卷第五,《大正藏》第9册,第39页。
④ 钱谦益:《列朝诗集小传》丁集上《谢山人榛》,上海古籍出版社1983年版,第425页。

上人》诗云:"少林当形胜,登攀几词客。中有惠远流,旧识非凡格……人生若沙鸟,飞去不言迹。因之忆汝祖,谈禅坐深夕。山精出阴崖,天花没乱石。寸心千佛间,空然湛秋碧。杖锡何所归,西方路咫尺。两神有时会,冥漠自无隔。"(卷一)谢榛既惊叹于少林寺的风光形胜,又为"两神有时会"的禅理及"谈禅坐深夕"的僧人所吸引。谢榛对与佛僧之间的谈禅似乎乐此不疲,《北望华岩禅院悼中庵上人》诗云"招余共山斋,谈禅几朝暮"(卷一)。与独自读佛经相比,同僧人谈禅,往往能加深对佛教义理的理解,《除夕过东林寺同晓公谈禅》诗云:"冲寒过支公,相围地炉炭。一谈得真蕴,贝叶徒满案。学禅若栽松,老有万枝干。谁能顿悟间,森然俱斩断。见心是道侣,寂寂坐夜半。慧灯无际光,照破几梦幻。生死譬朝夕,岁尽岂嗟叹。处世各有缘,焉得不聚散。"(卷一)表明谢榛通过与禅僧之间谈禅而加深对佛教义理的领悟,也表现出他对通晓佛教义理僧人的恋恋不舍。

与谢榛交往的佛僧,大都对禅理有深刻的认识,非明末口角圆滑之禅徒[1]。如《题香山禅院示玉峰上人》诗云:"偶逢老衲是同乡,相对不言中有悟。人生自抱摩尼珠,乾坤谁种菩提树。何劳长检贝叶经,如来在心非在形。蒲团坐久忘尔我,不知草虫喧户庭。"(卷二)玉峰上人与文人、士大夫、贵胄交游广泛,安庆王朱恬烄就有《赠别玉峰上人》诗云:"关山去迢递,飞锡有谁同。行苦三乘里,心开万法中。定回云满榻,偈后月低空。相忆听钟磬,泠然度晓风。"[2]可知玉峰上人对禅理的精通,受到时人的承认。

谢榛和文人之间的交往,谈论佛禅也是一项重要内容。如《同程太守子晋过昭觉禅院》云与程子晋谈禅妙:"使君重惠远,频往兴逾高。共欲参禅妙,何心索句劳。"(卷一〇)《送孟方伯存甫之关中》云回忆和孟存甫谈禅的盛景:"东林尚忆谈禅处,月满松庭共夜分。"(卷一三)《送张户部道卿还省中》云与张道卿商定日后谈禅:"抱病祇园几度看,仙郎别我去长安。他时定议谈禅处,云隔钟声二水寒。"(卷一九)《灵岩寺许

---

[1] 袁宗道在《西方合论叙》说明中后期僧俗盲口谈佛禅,而不知佛禅为何物,"止图口角圆滑",这样的谈佛禅者"一举足将坠于火坑也"(《白苏斋类集》卷之二十二,上海古籍出版社1989年版,第316页)。

[2] 《御选明诗》卷二,《四库全书》本。

克之夜赋》云与许克之论禅理:"何物澹相对,苍然独象山。心空诸色界,月回一禅关。钟磬夜深寂,松萝云际间。偈成连榻卧,无梦落人间。"(卷四)《张二守鸣远携酒夜过禅房,率尔赋赠》云与张鸣远论禅悟:"兴高云影外,心悟声色余。每过论三昧,无令禅榻虚。"(卷九)由此可见,谢榛与交游的文人之间谈禅的风气很浓厚。

与佛僧、文人们谈佛论禅的交游,极大地深化了谢榛的禅学认识。谢榛对禅宗不是一般的浮泛之解,而是有深刻的体验,如《北园偶成示炬上人》诗云:"吾生浪迹鬓皤然,结社东林信有缘。独卧上方聊习静,相过竹院又谈禅。一鸿水底窥时月,百尺竿头立出天。石踞松蟠龙虎在,松枯石烂定何年。"且不说诗中对禅宗"百尺竿头"典故的运用,就从字里行间所透露出来的禅理禅意来看,谢榛对禅宗的理解是非常深刻的,所以冯惟讷在《适晋稿》此诗后评论说"自解禅语"(卷一二)。又如《藏经殿》诗云:"五祖自知圆寂夜,密传衣钵片言间。千函一理无人会,只合云封二酉山。"《适晋稿》在此诗后有孔天胤的评语云"禅宗语,妙"(卷二〇)。《冬夜昭觉禅院示万灯上人》诗中有"慧力划诸障,禅心通百灵"之句,《适晋稿》在此诗句之后有冯惟讷的评语云"深得禅旨,句法似杜"(卷七)。这些评语都是对谢榛浸染禅风的中肯评价。

谢榛对禅宗的深入体验和所得之"禅旨",一个重要的方面就是对禅宗否定经论与追求超悟独见的认识。谢榛有两首诗中提到《楞严经》,即《法云篇送芜上人访吴楚真僧》诗中的"夜逢老衲说《楞严》"(卷二)、《彻上人见过值雪》诗中的"谈罢《楞严》冲雪去"(卷一九)。有论者认为《楞严经》"为诸经之统摄,十二分教兼总于斯"①,又有论者将《楞严经》视为禅悟的关键:"此乃最上一乘诸佛之慧命,众生之正因,教典之宏纲,禅门之要关也。夫欲明心见性者,咸当于此尽心焉。"② 作为禅宗中的重要典籍,《楞严经》否定一切经论和言说,元代著名僧人中峰明本说《楞严经》"扫空生佛之狂言,荡尽妄真之魔说"③。谢榛可能就是从这几个方面着眼看待《楞严经》的。谢榛说梵语本身是"混沦"的,译成汉语之后便失去了本来真面目,因此致使中国佛教分宗分派,在

---

① 乘旹:《楞严讲录自叙》,《续藏经》第15册,第1页。
② 王撰:《楞严经正见募疏》,《续藏经》第16册,第635页。
③ 钱谦益:《楞严经疏解蒙钞》卷末五录之二,《续藏经》第13册,第846页。

这种情况下，《金阁寺夜同海公谈禅》云"超然独见竟何人"，意即谓应像禅宗那样摆脱经论，追求超然独见。这种认识，得到冯惟讷的赞同，言其"超悟独见"（卷二）。谢榛在诗中屡屡提到这个意思，前引《题香山禅院示玉峰上人》诗即明确表明谈禅悟道不在于辛苦读经（贝叶经）；《雪中过镇师禅房》诗亦云"佛性见时见，《心经》看处看"（卷一〇），读经而不拘泥于经书，禅要靠心悟，这就是纯粹的禅宗观念了。谢榛追求唐宋高僧快刀斩乱麻式的顿悟，《李园夜雪联句》诗云："学禅若栽松，老有万枝干。谁能顿悟间，森然具斩断。见心是道侣，寂寥坐夜半。慧灯无际光，照破残梦幻。"冯惟讷评道："世故空谛具澈。"孔天胤评道："公不谈空而有禅悟，岂支遁是其前身乎？"[①]

对禅理的体悟，关键是要明心，《赠瞽僧》诗云："谈法元无象，观空只在心。"（卷六）只有从心上去寻求，才能真正认识空。如果能从心上去领会、顿悟，万佛之心相同，《佛光寺》诗云："阇梨指顾间，顿悟默相向。万佛具一心，空然了无相。"（卷一）悟禅就要自求自心、领悟自性清净，《夜集禅院同安庆王、李之茂分得葵、樽二字》诗云"禅应一己悟，岂应众人知"（卷一〇），此即唐宋以来禅僧们所说的悟禅如人饮水、冷暖自知。悟禅之悟，就是悟到自己本心清净不染，自心与佛心一般，《宿黄花寺》诗云"此心元不染，秋水照青莲"（卷八）。谢榛对禅悟的这种理解，和唐宋禅宗的发展完全一致。唐宋以来，禅宗祖师们一直追求自性清净，此心即佛心，凡圣相同，石头希迁说："吾之法门，先佛传授，不论禅定精进，唯达佛之知见，即心即佛。心佛众生，菩提烦恼，名异体一。汝等当知：自己心灵，体离断肠，性非诟净，湛然圆满，凡圣齐同，应用无方。"[②] 黄蘗禅师说："此心是本源清净，佛、人皆有之，蠢动含灵，与诸佛菩萨，一体不异。"[③]

谢榛对自性清净、自心是佛的另一种表达，即上引《题香山禅院示玉峰上人》诗中所说的"人生自抱摩尼珠，乾坤谁种菩提树"。摩尼珠即摩尼，珠宝之总名，丁福保《佛学大辞典》援引《慧苑音义》（上）释其名曰："摩尼，正云末尼，末谓末罗，此云诟也；尼谓离也。谓此宝光

[①] 谢臻：《适晋稿》卷六《李园夜雪联句》，嘉靖四十五年冯惟讷、孔天胤批点刊行本。
[②] 道原编：《景德传灯录》卷一四，《大正藏》第51册，第309页。
[③] 裴休编：《黄檗山断际禅师传心法要》卷一，《大正藏》第48册，第380页。

净，不为诟秽所染也。"所谓"人人自抱摩尼珠"，是说每个人自性是佛，不要向外求觅，就是历代禅宗祖师常说的"自家宝藏"，如大珠慧海到马祖道一处求佛法，马祖说："自家宝藏不顾，抛家散走作什么！我遮（这）里一物也无，求什么佛法？……即今问我者，是汝宝藏，一切具足，更无欠少，使用自在，何假向外寻觅？"① 谢榛多次提到摩尼珠，《玉岩寺》诗云"摩尼珠光自寂照，菩提树影何冥茫"（卷一一），《悼南峰上人》诗云"云山已藏舍利骨，水月犹见摩尼珠"（卷一三），《春夜同玉峰禅师游湖上》诗云"摩尼珠独在，长此照虚无"（卷一六）等，可见谢榛对人人具足自性清净心的重视。对自具的"摩尼珠"而言，迷则为瓦砾，觉则为真珠。慧可曾说："本迷摩尼谓瓦砾，豁然自觉是真珠。无明智慧等无异，当知万法即皆如……观身与佛不差别，何须更觅彼无余。"② 从重视"摩尼珠"来看，谢榛确实深得禅旨。

二

深厚的禅学修养对谢榛诗歌创作和诗论有重要的影响。陈养才在《谢山人全集后跋》中评论说："茂秦故能诗，而其诗之悟入玄解，若参禅宗而超然上乘者。"③ 谢榛曾自云"客居禅宇，假佛书以开悟"④，即谢榛借禅学以悟作诗之法，并以禅悟论诗。

宋人对诗与禅的关系有较多的论述。吕本中在《童蒙诗训》中，提出以悟或悟入为诗："作文必要悟入处，悟入必自工夫中来，非侥幸可得也，如老苏之于文、鲁直之于诗，盖尽此理也。"⑤ 吕本中精通禅学，但其所主张的诗悟，还并非完全是指禅悟，他所说的悟入途径有二：其一是多读书，领会古人创作的精神和方法；其二是通过长期而艰苦的创作实践来悟入。与吕本中同时的一些诗人，受到吕本中以悟为诗之说的启发，直言诗禅相通，如韩驹《赠赵伯鱼》诗云："学诗当如初学禅，未悟且遍参

---

① 道原编：《景德传灯录》卷六，第246页。
② 道宣：《续高僧传》卷一六《齐邺中释僧可传》，载《高僧传合集》本，第232页。
③ 谢臻：《四溟山人全集》，明万历二十四年赵府冰玉堂刻本。
④ 王世贞：《艺苑卮言》卷七，《四库全书》本。
⑤ 胡仔：《渔隐丛话》后集卷三十一，《四库全书》本。

诸方。一朝悟罢正法眼，信手拈出皆成章。"① 曾几《读吕居仁旧诗有怀其人作诗寄之》诗云："学诗如参禅，慎勿参死句……忽然毛骨换，正用口诀故。居仁说活法，大意欲人悟。"② 葛天民评论杨万里以禅意入诗说："参禅学诗无两法，死蛇解弄活泼泼。气正心空眼自高，吹毛不动全生杀。生机熟语却不排，近代独有杨诚斋。才名万古付公论，风月四时输好怀。知公别具顶门窍，参得彻兮吟得到。赵州禅在口皮边，渊明诗写胸中妙。"③ 南宋初赵蕃和吴可都有"学诗浑似学参禅"④ 的论诗之句。这些以禅喻诗之语，虽略涉玄虚，不过禅宗本身极富艺术性，与诗歌确实存在着许多相通的地方，借用禅宗的某些语言作为譬喻，也确实能把深奥的诗歌理论说得更为清楚明白，更易于为当时的理论界和创作界所接受。

《诗家直说》中多次提到赵蕃等人的名字，因此谢榛对这些以禅喻诗、以禅悟诗的论述应深有体会。谢榛同样认为诗家、诗歌创作和禅有着相通的联系，他借禅宗六祖慧能之悟来比喻作诗："作诗者有专用学问而堆垛者，或不用学问而匀净者，二者悟不悟之间耳。惟神会以定取舍，自趋乎大道，不涉于歧路矣。譬如杨升庵状元谪戍滇南，犹尚奢侈，其粳、糯、黍、稷、脯、鬻、殽、鲑种种罗列于前，而箸不周品。此乃学问之癖也。又如客游五台山访禅侣，厨下见一胡僧执爨，但以清泉注釜，不用粒米，沸则自成粥，此无中生有，暗合古人出处。此不专于学问，又非无学问者所能到也。予因六祖慧能不识一字，参禅入道成佛，遂在难处用工，定想头，炼心机，乃得无米粥之法……姑借六祖之悟，以示后学，诚以六祖之心为心，而入悟也弗难矣。"（卷二四）杨慎学问渊博固然可敬，然"无米粥之法"乃不专于学问，又非学问所能致。若以慧能之心为心，则悟作诗之法亦不难，且作诗能出新意。《周子才见过谈诗》诗云"诗家超悟方入禅，画蛇添足何争先"（卷一一），《彻上人见过值雪》诗云"茅堂延坐起茶烟，自信诗家半入禅"（卷一九），从两首谈诗法的诗来看，

---

① 韩驹：《陵阳集》卷一，《四库全书》本。
② 陈思编、陈世隆补：《两宋名贤小集》卷一九〇《茶山集》，《四库全书》本。
③ 葛天民：《寄杨诚斋》，参见陈起编《江湖小集》卷六七《葛天民小集》，《四库全书》本。
④ 参见魏庆之《诗人玉屑》卷一《诗法第一》中"赵章泉学诗""吴思道学诗"条，《四库全书》本；包恢《敝帚稿略》卷二"答傅当可论诗"，《四库全书》本。

谢榛主张诗家要超悟，而且诗家本来就应该入禅，这是以禅喻诗的鲜明体现。

《诗家直说》中多次提到严羽。严羽是宋代以禅喻诗的典型人物，如以佛教水月镜花之喻论诗说："诗者，吟咏情性也。盛唐诸人惟在兴趣，羚羊挂角，无迹可求。故其妙处透彻玲珑，不可凑泊，如空中之音，相中之色，水中之月，镜中之象，言有尽而意无穷。"① 谢榛深受严羽的影响，论诗语中有"诗有可解、不可解、不必解，若水月镜花，勿泥其迹可也"（卷二二）之语，显然是受到严羽的启发。严羽提出了著名的妙悟说："大抵禅道惟在妙悟，诗道亦在妙悟。且孟襄阳学力下韩退之远甚，而其诗独出退之之上者，一味妙悟而已。惟悟乃为当行，乃为本色。"② 严羽以妙悟论诗，把妙悟看成学诗作诗的途径，学诗作诗犹如学禅领悟真如佛性而获得认识上的飞跃，从而领悟诗歌的艺术特质及其神韵趣味。谢榛论诗继承了严羽的妙悟说，在《诗家直说》中多次以妙悟论诗，如云："德平王南岑《赠别素愚上人》：'释子来何处，庐山复太行。翻经淹岁月，补衲犯冰霜。浩劫尘缘尽，弥天觉路长。智珠元不染，好去照迷方。'此作甚佳，其来有源。宪王南山素嗜谈禅，诗亦妙悟，信乎伯仲齐名，岂非寒山、拾得化身邪？"（卷二五）"智珠"意同谢榛所说的"摩尼珠"，"智珠元不染"也就是人性本自清净，与谢榛的禅学观念完全一致。

从对德平王和宪王的评价来看，谢榛认为禅和诗都是妙悟。严羽曾说"作诗譬诸刽子手杀人，直取心肝"，谢榛评价道："此说虽不雅，喻得极妙。凡作诗，须知道紧要下手处，便了当得快也。"（卷二五）所谓"直取心肝""紧要下手处"，更多的就是从禅、诗相通的妙悟而言的。《诗家直说》一则佚文直言诗法和禅机"悟同"："诗境由悟而入，愈入愈深妙。法存乎仿佛，其迹不可捉，其影不可缚。寄声于寂，非扣而鸣；寓象于空，非写而见。不造大乘者，语之颠末，若矢射石，石而弗透也。沧海深有包含，青莲直无枝蔓。诗法禅机，悟同而道别。"③ 谢榛对自己的这些议论似乎很自负，认为这是"天机"，"天机"只会触物而成，非苦索可

---

① 严羽著、郭绍虞校释：《沧浪诗话校释》"诗辨"，人民文学出版社1961年版，第26页。
② 严羽著、郭绍虞校释：《沧浪诗话校释》"诗辨"，第12页。
③ 陶宗仪：《说郛续》卷三四所收录《诗家直说》佚文，上海古籍出版社1988年影印《说郛三种》本，第1618—1619页。

得:"诗有天机,待时而发,触物而成,虽幽寻苦索,不易得也。"(卷二三)并自信即使李白、杜甫复生,也会对他的"天机"加以肯定:"夫万物一我也,千古一心也,易驳而为纯,去浊而归清,使李、杜诸公复起,孰以予为可教也。"(卷二四)体会到"万物一我""千古一心",从而洞晓诗歌创作的诀窍,这就是谢榛以禅悟论诗的主要内容。

与论诗的格调一致,谢榛在诗歌中频频提到"妙悟",如《寄门人王少海秀才》诗云"雨花台上谈禅夜,水月虚涵妙悟心"(卷一九),《过西岩君书斋醉赋六首》诗第六首中谈到禅学与诗妙"欲将衣钵传诗妙,一法归心万法同",《适晋稿》在此诗后所作评语说"首首俱好,好尤绝出"(卷二〇),这是对谢榛在诗歌中贯彻妙悟说的肯定。《适晋稿》的评价并不是过高之誉,谢榛一些谈禅学与诗妙的诗歌,确实清脱出尘,《同裕轩、节轩昆季论诗》诗云:"诗在杳冥处,从来不易寻。极天才是远,入海更求深。字字排山力,篇篇造物心。"孔天胤评语说"此以文为诗,却是拈花"[①]。用"释迦拈花,迦叶微笑"的典故,说明谢榛得诗歌言外之旨、字外之妙。苏祐《谢四溟诗序》中论谢榛诗说"其妙在超悟形神,匪拘名理。论者譬之禅乘,允哉知言"[②],是对谢榛以禅悟论诗的一个很好的总结。

谢榛重"自性清净"的禅学思想、追求超悟与妙悟的诗论,体现在他的诗歌创作上,即基于顿悟"自性清净",追求无思、无念的境界,体悟到自心的绝对,达到清净自性的发现与复归,这是对主体的认识与肯定。如同上文《题香山禅院示玉峰上人》中"人生自抱摩尼珠"的诗句,肯定自性,摆落对外在行迹的追求,自性亦如《宿黄花寺》所提到的"此心元不染"。并且在强调认识与肯定心灵主体的基础上,强调主观的表露与发扬。谢榛的诗歌,特别是那些与其禅学主张相连的诗歌,明显地表现出对心性、性情的重视。

明末性灵派的江盈科敏锐地看到谢榛诗歌中存在以心性为主体的角度和方式,曾评论说:"求真诗于七子之中,则谢茂秦者,所谓人弃我取者也。"[③] 江盈科的文学思想和公安三袁一样,主张抒发胸臆,抒写性灵,

---

① 谢榛:《适晋稿》卷二。
② 谢榛:《四溟山人全集》。
③ 江盈科:《诗文才别》,载《江盈科集》"雪涛诗评",岳麓书社1997年版,第804页。

求真弃模拟。江盈科以求真的标准来衡量七子,所谓"人弃我取",大概是从"求真诗"而言,其他人看到的是谢榛模拟风格的诗作,江盈科所取则是谢榛抒写胸臆风格的诗作。七子其他人强调复古模拟,步履古人,谢榛则求真求本色。谢榛诗歌中抒写本色,评论者已经注意到,如《元夕,西池君同过昭觉禅院漫赋》诗后有冯惟讷"本色语"的评论,《清凉石》诗后亦有冯惟讷"本色谛当"的评论。这些不是泛泛的议论,而是独具慧眼地看到了谢榛所自具的风格。谢榛在《诗家直说》中说"作诗最忌蹈袭"(卷二三),并且明确提出模拟非为本色:"比喻多而失于难解,嗟怨频而流于不平。过称誉岂其中心,专摹拟非其本色。"(卷二五)值得注意的是,谢榛也有模拟前人之作,如自言其模拟僧人齐己诗句云:"五言诗皆用实字者,如释齐己'山寺钟楼月,江城鼓角风'。此联尽合声律,要含虚活意乃佳。诗中亦有三昧,何独不悟此邪?予亦效颦曰:'渔樵秋草路,鸡犬夕阳村。'"(卷二二)谢榛对齐己的模拟不是在句式、句法等方面,而是在诗之"含虚活意";所"效颦"之诗句确深有禅味,所以对自己的模拟颇有些自得。

性灵派的渊源亦是来自禅学,在这方面,谢榛与性灵派一样,在诗论和创作的诗歌中,主张直写胸次,认为文章应该从胸臆中自然地流出,意随笔生,不假布置:"宋人谓作诗先立意。李白斗酒百篇,岂先立许多意思而后措词哉?盖意随笔生,不假布置。"(卷二二)又说意随字生:"意随字生,岂必先立意哉!"(卷二三)诗作中,谢榛多次提到诗歌、艺术要直出胸次,《张子翔画竹歌》诗云"阴晴寒暖同不同,变化无穷出胸次"(卷二),《赋得山水图长歌赠潘太守瑞征》诗云"天与元精豁胸臆"(卷三),冯惟讷在《客居篇呈孔丈》诗后评论道"胸次豪迈,有醉翁之意不在酒者"(卷三),在《谢侍郎与德郊亭饯别》诗后评论道"感旧怅别,流出胸次"(卷一三)。谢榛亦曾以此来评价他人作品,如论"不随七子学步"[①]的卢柟作品为"直写胸中所蕴"(卷二四)。

谢榛所说的流出胸次的内容,就是作者的性情、作者的主体意识。谢榛论诗,看是否出自性情是一个重要的方面,《诗家直说》中说:

---

① 《四库全书总目》卷一七二《蠛蠓集五卷》提要,《四库全书》本。

《碧鸡漫志》曰："斛律金《敕勒歌》曰：'敕勒川，阴山下，天似穹庐，笼盖四野。天苍苍，野茫茫，风吹草低见牛羊。'"金不知书，同于刘、项，能发自然之妙。韩昌黎《琴操》虽古，涉于摹拟，未若金出性情尔。（卷二三）

　　能发自然之妙的，即使不知书的作者所作，也是好的作品；而若涉于模拟，即使是韩愈的作品，也不能说是好的作品。衡定作品的好与否，是看作品是否出自作者的性情。又说："今之学子美者，处富有而言穷愁，遇承平而言干戈，不老曰老，无病曰病。此摹拟太甚，殊非性情之真也。"（卷二三）谢榛的诗作，亦多直抒性情之作，赵王在为谢榛作的《四溟旅人诗叙》中说谢榛之诗："无不弥纶物理，陶写性情。"[①] 孔天胤评论《雪中柬南泉君》诗云："极是性情。"（卷一一）孔天胤和冯惟讷对谢榛诗歌的这些评语，与其他的大多数只关注谢榛法唐、学杜、高古等方面的议论，确实独具慧眼。

三

　　佛教对谢榛的心态和心境也产生了重要影响。晚年时，谢榛作《老怀》诗云："残年百事过，阅世几人存。风雪双蓬鬓，穷愁一酒樽。交游能自定，文字有时论。易了浮生意，难酬国士恩。"[②] 又《夜过蕴公房访邹子序，因忆乃舅吴子乔，时寓大梁》诗云："客里无眠惊落木，老来多难感飞蓬。"（卷一三）这可看作谢榛对自己一生的总结，仔细品味诗意，丝毫觉察不出其中有入世的快乐和志意，只有对人生易逝、世事无常的感叹。下面选取"诗语"这个角度，通过谢榛诗歌中对"浮"字的运用来考察佛教对谢榛心态与心境的深刻影响。

　　谢榛的诗歌中，"浮"字的出现频率非常高，经过统计，"浮"字在集中出现二百余次，数量之多，实在令人惊讶。除大量单字之外，这些"浮"字多出现在一些诸如"浮云""浮生"等固定的复合词当中。在这

[①] 谢臻：《四溟山人全集》。
[②] 李攀龙编选：《古今诗删》卷二六所收谢榛诗，《四库全书》本。

些复合词中,"浮生"、"浮云"、"浮世"、"浮沉"(或"沉浮")、"浮名"频繁出现,在诗歌中占有相当的比重。还有几个多次出现的词语:"浮烟""浮光""浮尘""浮萍""浮天"。也有仅仅出现一次的:"浮梗""浮海""浮俗""浮动""浮蔼""浮船"。虽然就大多数词语来说,并不是谢榛所新造,而是被以往的诗人无数次地使用过,不过就谢榛将这些词语高密度地集中在诗歌中来说,似乎可以把这些词语看作谢榛的诗语。

浮,《说文解字》云:"浮,汎也。"又说:"汎,浮皃。皃,当作'也'。"《广雅·释言》:"浮,漂也。"《玉篇·水部》:"浮,水上曰浮。"《诗·小雅·菁菁者莪》:"汎汎杨舟,载沉载浮。"汎与浮二字是互训,汎有浮游不定貌之义,《诗·鄘风·柏舟》:"汎彼柏舟,在彼中河。"《抱朴子外篇·诘鲍》:"日出而作,日入而息,汎然不系,恢尔自得。"王逸注《楚辞·招魂》云:"氾犹汎。汎,摇动貌也。"由这些解释来看,"浮"在中国古代字书和传世文献中主要是"漂"和"摇动不定"之义,很容易被文人用来表达那种漂泊不定的心绪,古代诗歌中也有大量的例句。

"浮"的这种意义被佛教所借用。在佛经中经常提到的与"浮"有关的词语,如浮孔、浮木、浮根、浮尘、浮想、浮云、浮生、浮尘根、浮囊等,基本上都是使用浮的"漂"与"摇动不定"之义。但佛教在使用这些词语时,除保留其基本意义外,亦将一些词语赋予了更为丰富的内涵,如浮生、浮云、浮尘等。浮云是《维摩诘所说经》中的譬喻之一,《方便品第二》云:"是身如浮云,须臾变灭。"僧肇注曰:"夫万事万行,皆四大成,在外则为土木山河,在内则为四肢百体。聚而为生,散而为死。生则为内,死则为外。内外虽殊,然其大不异。故以内外四大,类明无我也。如外地,古今相传,强者先宅,故无主也。身亦然尔。众缘所成,缘合则起,缘散则离,何有真宰常主之者?"① 这里的"浮云"也有漂浮、摇动不定之义,但更多的是象征着万事万行为因缘和合而成而非实有的假相。《方便品》中,浮云又与聚沫、泡、火焰、芭蕉、幻、梦、影、响、电光并列使用,这些词语代表着变幻无常和时间短促的特征。佛经中,浮

---

① 僧肇:《注维摩诘经》卷二,《大正藏》第38册,第341页。

尘亦被赋予虚假不实的含义：一切有为之诸法，浮尘不实，尘翳真性，故曰浮尘。《楞严经》二曰："阿难，汝犹未明一切浮尘幻化相。"长水疏曰："虚假不实，污染真性，故曰浮尘。"① 万事万物都是众缘和合而成，所以为浮，为不实。"浮生"同样被赋予了虚幻、不真实的含义，契嵩《非韩子三十三篇》第一云："彼悟浮生，谓死生为梦为幻。"② "浮生"亦与"浮云"一样，具有短暂的含义，如云："浮生顷刻，迷愚不觉；后无常住，乃可知苦。"③ 又如云："每念浮生，速于瞬息。"④ 契嵩《岁暮书怀》诗亦云："浮生奄忽往，芳颜安得住。"⑤

谢榛诗作中，除了如"浮烟""浮天"这样的纯粹关乎景色描写的词语之外，其他"浮"字复合词少数保留了基本含义，大多是运用佛教中的含义。《忆庐山东林寺》诗云："心空不假悟，佛在亦应多。未揽匡庐胜，浮生奈老何。"《适晋稿》中孔天胤对此诗评论道"熟读禅家公案，方知此句底蕴"（卷五），可谓一语中的。谢榛大量使用"浮"字及与之相连的复合词，不能简单地认为是巧合或者偶然，应该是佛教义理影响其深层心理的一种体现。仔细梳理这些诗语，可以看出谢榛的心态、心境的变化和升华。

谢榛布衣一生，穷困一生，"韦褐以掩形，藜藿不充食"⑥，以诗为贽交游名流维持生计。虽然有时候受到某些藩王、高官的欢迎，如王世贞在《谢生歌七夕送脱屣老人谢榛》诗中言其曾受欢迎的景况说："赵王自是平原君，玳簪珠履三千人。生衣短衣巾角巾，握管从容踞上宾。"⑦ 苏祐《寄谢茂秦》诗亦说："邺下才名世共传，梁园宾客更谁先？"⑧ 表面上是上宾，事实上毕竟只是一个门客而已，即王世贞在《赠谢榛》中所说的"脱屣平原客"⑨。谢榛一生的境遇，实际上非常艰辛，李攀龙在《戏为绝

---

① 子璇集：《首楞严义疏注经》卷二，《大正藏》第39册，第857页。
② 契嵩：《镡津文集》卷十四，《大正藏》第52册，第726页。
③ 法天译：《妙法圣念处经》卷八，《大正藏》第17册，第443页。
④ 延一编：《广清凉传》卷二，《大正藏》第51册，第1112页。
⑤ 契嵩：《镡津文集》卷十七，《大正藏》第52册，第740页。
⑥ 宗臣：《宗子相集》卷四《谢山人榛》，《四库全书》本。
⑦ 王世贞：《弇州四部稿》卷一六，《四库全书》本。
⑧ 苏祐：《谷原诗集》卷四下，《四库全书存目丛书》本。
⑨ 王世贞：《弇州四部稿》卷一三，《四库全书》本。

谢茂秦书》中说："昔逮尔在赵王邸中，王帷妇人而笑之，尔犹能涉漳河也。则之长安，在大长公主家，又不负一䩞镞剑，令主家监先亟断席，与尔别坐，家监乃置恶，啗马尔；邸中辄怒马，使蹻于庭，践溺沃尔冠。亡何，又迁尔于传舍，使与骑奴同食，传舍长三投尔屦于户外，岂其爱士而执袜，謦以游居？期年，传舍长迁尔于儴舍，舍人责尔偿儴也。"① 李攀龙并非因为与谢榛交恶而诋毁，可能是实情。王兆云曾说："初敎制小令奸邑显人，因得见王，王稍资给之。然榛一目眇，体貌庸鄙，而口又涩迟不便快，王不甚礼。"② 吴国伦《临清谢山人茂秦》诗说："谢生本无家，老作王门客……归来腹不充，四顾复何适？"③ 谢榛的辛酸可想而知。在这样的境遇下，谢榛充满了感叹，《妙应寺》诗云："浩劫殊无极，浮生会有因。可怜倦游客，空自老风尘。"（卷一六）自己就像漂无居所的游客，空自在风尘中老去。

谢榛曾评论杜甫道："子美不遭天宝之乱，何以发忠愤之气，成为百代之宗？"（卷二三）言社会经历、社会生活对诗人性情的影响和作用。谢榛似乎不仅仅是在谈论杜甫，好像也是在说自己。谢榛的诗歌，同样是社会生活对他的历练。谢榛一生到处流寓，"丐活"④ 于公卿间，心中必然是充满愁苦。李攀龙《寄茂秦》诗云："谁惜虞卿老去贫，平原食客一时新。怀中白璧如明月，何处还投按剑人？"⑤ 吴国伦也在《寄谢茂秦》诗中说"嗟君怀璧有谁知，赵氏连城亦自疑"⑥，虽然怀抱"白璧"，满腹才华，却缺乏真正的赏识者；亦如吴国伦在另一首《送谢茂秦》诗中所云"结交满京华，谁为同心者"⑦。谢榛精通禅理，其诗作中极少提到唐宋僧人，却多次提到六朝的慧远和支道林。一方面大概是谢榛熟读

---

① 李攀龙：《沧溟集》卷二五，《四库全书》本。
② 王兆云：《皇明词林人物考》卷九《谢茂秦》，《四库全书存目丛书》本。
③ 吴国伦：《甔甀洞稿》卷五，《四库全书存目丛书》本。
④ 鹅池生，本名宋登春，字应元。谢榛 "以诗游公卿间，声籍甚"，鹅池生得其诗，览而唾之曰："作诗何为者，而令七尺躯津津谀贵人丐活耶？"（《御定渊鉴类函》卷三〇八《鹅池生传》，《四库全书》本）
⑤ 李攀龙：《沧溟集》卷一二，《四库全书》第 1278 册，第 324 页。
⑥ 吴国伦：《甔甀洞稿》卷三一。
⑦ 吴国伦：《甔甀洞稿》卷四。

《高僧传》的缘故（《上方寺》诗云"试读《高僧传》"①），更主要的可能是反映了谢榛的期望。对照《世说新语》，支道林等人神骏高远，神采飞扬，善于玄谈，深受贵族、士大夫和名士们的欢迎。谢榛身为布衣，可能也向往如支道林那样展现出自己的神采，从而获得当时人的认同。《碧云寺》诗云"安得支公侣，相从老涧阿"（卷七），表达了和支道林为侣、陶醉于山水之间的期望。

谢榛切肤四处漂泊的辛酸，在诗歌当中不止一次地咏叹自己的飘摇和飘摇的世界，《寄怀郑一阳山人》诗云"身在浮云世"（卷五）。人生和有生命的芸芸众生，都像无根的浮云那样飘浮不定，《留别程侍御信夫、宋比部汝花》诗云"故乡意气且杯酒，天外浮云安可期"（卷二），《弟松来闻从弟恩病，因忆从弟惠久客江淮，杳无消息，怆然有赋》诗云"艰虞仍远道，生死各浮云"②。

嘉靖三十二年，谢榛到顺德去看望了时任顺德知府的李攀龙。这次见面却使二人交恶，不久李攀龙就作了《戏为绝谢茂秦书》，随后王世贞又将其排除在七子之外。这些变化给谢榛的思想和心理带来的感受可想而知。谢榛感觉到一切的世事，都那么虚幻、不真实与变化无常。《送徐生归临清》诗中"旧业浮云尽"（卷五）、《还邺二首》诗中"多事感浮生"（卷四）、《送席子南之京兼讯马怀玉》诗中"浮生无定迹"（卷一六）、《北行示弟》诗中"浮生若游丝"③ 等诗句，应该都是谢榛这种思想和心理的真实反映。

谢榛在诗歌中以佛教的义理来认识世界的本质，万事万行在本质上都是因缘和合而成，如同浮云那样瞬息生灭，生存于虚幻、非真实世界中的"浮生"，充满了"苦"的逼迫，《李郡丞叔东晚过》诗中"浮生各有劳，鬓发易为变"（卷一）、《东关寺送别王希元》诗中"浮生各有系，谁苦易颓颜"（卷六）等诗句，说明谢榛的体悟非常深刻。《中秋夜登楼忆昭觉寺，因寄德平、镇康、安庆三王》诗中"浮云亦暂尔"（卷五）、《悼李太仆天锡》诗中"万事浮云散"（卷八）等诗句，表达了对万物和人生短暂的感叹。

---

① 李庆立：《谢榛全集校笺》卷八，第 357 页。
② 王世贞编选：《谢茂秦集》卷下，嘉靖丙辰刻本。
③ 王世贞编选：《谢茂秦集》卷下。

在佛教的观念里，虚幻非真与短暂是世界、物类的属性，如云："定知世相无常，浮生虚伪。譬如朝露，其停几何。"如果眼光仅仅关注在变幻不真实的浮生，会产生错误的认识："盖浮生在世，徒唱百年，长短参差，终成谬说。"① 佛教正是认识到人生虚幻、短暂，因此从虚幻、短暂中摆脱出来，去追求永恒的涅槃或寂静。谢榛亦是如此，由自己的身世、经历和人情的冷暖而感叹世界、万事万行的虚妄和短暂，但他没有仅仅沉迷于失意的悲叹中，而是从中解脱出来，以更高远的视境和心态来看待世界，从感慨自身而升华到感慨世事盛衰变化无常和短暂。

世人如同惘然的浮生一样，对世界本质缺乏真正的了解，"浮生重惘然"（卷一五）。《百花叹》诗云："花似去年花，春来又春暮。先后总成尘……浮生谁自悟。"（卷一）虽然浮生汲汲营营，却没有永恒的存在，有的只是永恒的无常变化。有些诗语，表面上看仅仅是目下的景色，而实际上却寓含着世事、历史无常和短暂之意，《蜀中行赠李仲白》诗云："浮云忽散青天回……古来豪贵何足论。"（卷三）《同吕子性、吴子有昆弟游北邙山》诗云："共眺邙山酒半醺，千年陵墓总浮云。"（卷一八）《丁明府、陈主簿同谒原陵，晚酌道院有感》诗云："汉陵谒罢命车行……浮云落日古今情……忆昔豪华总消歇，北邙松柏起悲声。"（卷一四）

看到古今盛衰无常的变化，谢榛认为世事难以预料，"世事从来变仓卒，出门谁预知晴阴"（卷一一）；富贵权势转瞬即逝，是非浮沉顷刻成为过眼烟云，《都门酒家翁》诗云："大都世事总堪醉，半酣却憎沉醉人。自觉醒眼全吾真，四朝风光惟一身。历观豪华壮甲第，十度星霜易主频。"（卷二）世间没有永恒的东西，人们所追逐的名利、富贵和奢华等，如雷电一样转眼即逝，《河亭话别赠琴士张良玉》诗云："君不见掣电流行无久光，富贵须臾何苦忙。清杀秋蝉一枝露，几人高蹈采琼芳。"② 富贵就像掣电一样须臾就不见了，因此没有必要为短暂而虚幻的富贵而奔忙。《金谷园吊古》诗云"昔年斗富等风花，今日词人吊荒草"（卷二），昔日

---

① 释道世著，周叔迦、苏晋仁校注：《法苑珠林校注》卷四八，中华书局2003年版，第1863页。

② 李腾鹏辑、王度订正：《皇明诗统》卷二九，万历十九年刻本。

的富贵，现在已经成为荒草之地。表达这个含义的诗歌在谢榛作品中占有相当大的比例，再如《暮雨送春》诗云："花盛春将归，岂待百花飞。有人独先见，感叹当斜晖。霍家豪贵从头数，金谷繁华无定主。"（卷三）《疑冢》诗云："魏武雄才吞八荒，翠华一去曹茫茫。不知典午移宗庙，七十二陵空夕阳。"（卷二〇）《示张秀才仲友》诗云："宋家已非旧故国，豪门厚蓄何处觅。"（卷三）历史的盛衰如此，眼前的人事同样是如此，《穷居吟寄胡秀才希颜》诗云"眼中宦达几凋谢，垄树啼乌空落曛"（卷三）；人生的短暂与自然造化、时间的恒久来说，再渺小不过了，《有感》诗云："嗟哉利与名，多事亦劳生。身外千年恨，心间几日平。"（卷九）

透彻地认识了世事的无常变化，谢榛对"生"也有了清醒的认识。《自挽》诗云："形骸元土木，夜半返真时。气尽陈登傲，天留王粲诗。人皆怜鹤发，谁更惜蛾眉。还得素輀并，何如金谷悲。绿珠不同死，魂亦不相随。"这首诗是对生死的领悟，所以孔天胤评价说"几于达生"（卷一六）。谢榛表达了不再积极入世，甘愿保持平常、寂静的心态，《寄黄质山隐君》诗云"壮心甘向吴门老，能使山灵护镆铘"（卷一二），《端阳怀古》诗云"《离骚》聊一诵，醒醉过浮生"（卷五），《北园同孔老赋得风字》诗云"身出熏名外，心归恬淡中"（卷七），《有怀》诗云"野云随浪迹，村酒脱浮名"（卷六），《四景图》诗云"世事惟高枕，窗含万壑秋"（卷一八），若没有坎坷、沧桑的经历，谢榛对"生"的理解是不会这样深刻的。

正是基于这样的认识，谢榛摆脱了人世间的各种名缰利锁，转向了一种追求超然的、自由自在的心境，这是谢榛对"浮"这一诗语使用的另一种意象。在古代诗歌中，浮云是使人引起愁感的象征物之一，谢榛诗作中亦多次使用，《寄怀胡兀山监丞》诗云"排难虑思鲁连辈，浮云聚散使人愁"（卷一四），《送别张金宪肖甫之颍州兼忆徐太守子与》诗云"浮云蓟北叹相违，旧社词人各是非"（卷一一），"旧社词人各是非"似乎是他对过去经历人事的一种批评。谢榛超越于一般诗人的是，他的这种愁绪被更浓重的对是非与无常变化的感慨、对人生的感悟所代替。《柬栗别驾道甫》诗云"高枕浮云过，孤樽落月虚"（卷一〇），《病怀》诗云"是非高枕浮云过，遥忆西河旧钓竿"（卷一二），《送窦子南还》诗云"凤凰台上重登眺，白日浮云万古情"（卷二〇），《述怀》诗云："浮生吾自遣，底事役心机。白发成疏懒,黄金有是非。乾坤惟竹杖,寒暑一荷衣。"(卷八)谢榛这种自由心境的达成,是他经历了人生的变幻,尝尽了人生的甘辛而感悟出来的,是对人生彻底的洞悟。《浮生》诗是谢榛这种心情一种最有力的表达:"浮生不自惜,久客世情间。白日驱生事,黄金驻醉颜。业存三径僻,心寄五湖间。何处逢丹侣,烟霞信往还。"(卷四)所以梁有誉在《谢山人榛》诗中说谢榛啸傲自得:"贫贱心所安,颠颔岂催抑?……穷来抱影居,澹词蕴古色……蹈海乃自得,长啸吾自得。富贵与荣名,松菌固殊域。"[1]

谢榛能超然于个人的悲感愁绪,上升到对历史、对人生的慨叹,摆脱富贵名利、是非沉浮的束缚,转而达成一种自由的心境,表现出了与前后七子中其他人的较大差别。有评论说七子的文学主张实由谢榛所发:"当七子结社之始,尚论有唐诸家,各有所重。榛曰:'取李、杜十四家最胜者,熟读之以会神气,歌咏之以求声调,玩味之以衷精华。得此三要,则浩乎浑沦,不必塑谪仙而画少陵也。'诸人心师其言,厥后虽合力摈榛,其称诗指要,实自榛发也。"[2] 由上文的叙述可知,虽然谢榛主张要熟读前代诗家作品,但论诗、作诗强调本色、抒写胸臆,并不如李梦阳、李攀龙等人那样强调"但能守古而尺尺寸寸之"[3] "刻意古范,铸形宿镆,而独守尺寸"[4] "所作一字一句,摹拟古人"[5] 的文学主张。前后七子中的文学复古主张,随后遭受到了强烈的驳斥,不过这些驳斥的言论并没有直接将矛头对准谢榛,如《明史》仅以李梦阳、何景明、李攀龙、王世贞四人为标的:"李梦阳、何景明倡言复古,文自西京,诗自中唐而下,一切吐弃,操觚谈艺之士翕然宗之……李攀龙、王世贞辈,文主秦汉,诗规盛唐。王、李之持论,大率与梦阳、景明相倡和也。"[6] 谢榛曾身为后七子之长[7],却没有被点名批驳,在一定程度上说明谢榛的文学思想,并不是如李攀龙等人那样僵化地模拟汉、魏、盛唐。

---

[1] 梁有誉:《兰汀存稿》卷一,《续修四库全书》第1348册,第627—628页。
[2] 《明史》卷二八七《谢榛传》,中华书局1974年版,第7376页。
[3] 李梦阳:《驳何氏论文书》,《空同集》卷六二,《四库全书》本。
[4] 何景明:《与李空同论诗书》,《大复集》卷三二,《四库全书》本。
[5] 《四库全书总目》卷一七二《沧溟集三十卷附录一卷》提要。
[6] 《明史》卷二八五"文苑叙",第7307页。
[7] 《明史》卷二八七《谢榛传》,第7375页。

论汤式散曲中的佛教意蕴

汤式，元末明初的戏曲创作者，《录鬼簿续编》有汤式小传，云："汤舜民，象山人，号菊庄。补本县吏，非其志也，后落魄江湖间。好滑稽，与余交久而不衰。文皇帝在燕邸时，宠遇甚厚。永乐间，恩赍常及。所作乐府，套数、小令极多，语皆工巧，江湖盛传之。"① 可知汤式的一生，元时曾为县吏，可能是志不得伸而落魄江湖。入明后先是入朱棣燕王府，朱棣即帝位后，仍受宠幸。汤式曾创作杂剧《娇红记》《风月瑞仙亭》，散曲作品保留下来较多，"江湖盛传之"一语表明汤式的作品在当时颇为流行，受到民众的喜爱。明初朱权《太和正音谱》中有论明初散曲创作十六人之语，其中论汤式的散曲云"汤舜民之词，如锦屏春风"②。汤式是由元入明，其散曲既被收入《全元散曲》，又被收录到《全明散曲》中。关于汤式生平的文献资料极少，除《录鬼簿续编》中简要小传外不见其他文献记载。关于汤式及作品，郑振铎《插图本中国文学史》说"汤舜民所作乐府，今传者尚多……舜民之作，是曲中的老手，能手；圆稳老到，是其特长，却没有怎样了不得的天才。像《南吕一枝花》（《题田老斋》）：'树当轩作翠屏，月到帘为银烛，柳绵铺白厨毡，苔绿展翠绒褥，四壁萧疏。若得琅玕护，何须萝蔓铺。'设景也还平庸，不见怎么的新警。"③ 对汤式才能的评价不错，却也并不认为他是"了不得的天才"。《风月瑞仙亭》《娇红记》两种杂剧目前没有发现存本；散曲存明钞本《笔花集》，有缺残，收有小令160多首、套数40余套；《中国古代文学要籍简介·词曲别集》有对《笔花集》的介绍。汤式的散曲作品亦

---

① 王钢：《校订录鬼簿三种·录鬼簿续编》，中州古籍出版社1991年版。
② 朱权著、姚品文点校笺评：《太和正音谱笺评》，中华书局2010年版，第29页。
③ 郑振铎：《插图本中国文学史》第五十三章"散曲的进展"，上海人民出版社2005年版，第901页。

散见于《雍熙乐府》《盛世新声》《彩笔情词》等集中，谢伯阳《全明散曲》（齐鲁书社1994年版）收录有汤式散曲，谢伯阳于2016年又出版《全明散曲》增补版，再次增收汤式散曲数首。本文据《全明散曲》收录及《全明散曲》增补的散曲作品，分析汤式散曲中的佛教意识。

一

根据贾仲明所作的小传，汤式在元代曾为县吏，之后流落江湖，入明后先为朱棣之文学侍从，朱棣即位后备受宠遇。与汤式一起受到朱棣宠遇的有贾仲明与杨讷，贾仲明曾提到三人关系十分紧密。汤式的散曲中有套数《送景贤回武林》写送杨讷回武林，【夜行船】云："花柳乡中自在仙，惹春风两袖翩翩。酒社诗坛，舞台歌榭，百年里几番相见。""酒社诗坛"是写二人似乎志趣相投，"百年里几番相见"是写二人相聚相处的时刻很多，关系很密切。【新水令】云："君家家近六桥边，占西湖洞天一片。柳阴蓝翠蔼，花气麝兰烟。锦缆银鞭，一步步画屏面。"写杨讷居住的环境，居住在这样环境中的杨讷，想法与观念应该不执迷于世俗，【胡十八】云："醉舞筵，殢歌扇。偎柳坐，枕花眠，生来长费杖头钱。酒中遇仙，诗中悟禅。有情燕子楼，无意翰林院。"写杨讷访仙悟禅，混迹青楼而"无意翰林院"。同样擅长作曲关系密切的二人，应该有相同的志趣，【离亭宴带歇指煞】云："珊瑚文采天机绚，珍珠咳唾冰花溅。霜毫锦笺，品藻杜司空，褒弹张殿元，出落双知县。一襟东鲁书，两肋西厢传，相看黯然。朝雨渭城愁，夕阳南浦恨，芳草阳关怨。休言鸡黍期，漫结莺花愿。咱两个明年后年，湖上吊苏林，花间觅刘阮。"① 二人相约"花间觅刘阮"，刘阮自然是指刘晨、阮肇，二人在山中遇到仙人；汤式将自己与杨讷比作刘晨、阮肇，就是表达他们跳出尘世的志趣。"花间觅刘阮"不仅是访仙人，更多的是指高蹈出尘的精神状态与出世之心境，这种精神状态与心境来自道教，也来自佛教。汤式、杨讷都是对佛教、道教有深入了解的曲作者，其行为与观念出入佛道二教。

从受到朱棣的宠遇来看，汤式入明后的经历应该算比较顺利，而从现

---

① 谢伯阳编纂：《全明散曲》第一册，齐鲁书社1994年版，第86页。

存曲子的内容来看，曲子中没有政治得遇的志得意满，只有志意不得伸的申诉，因此汤式的散曲绝大多数应作于明之前。

　　汤式自然怀有读书人的抱负，套数《言志》【一枝花】云："自怜王粲狂，莫怪陈登傲；不弹贡禹冠，谁赠吕虔刀。十载青袍，况值烟尘闹，事无成人半老。黄金台将丧斯文，白玉堂空怀故交。"曲子中显示汤式一样具有伸展抱负的志意，希望能得遇贤明者"赠吕虔刀"，可惜他的志意终得不到伸展，"事无成人半老"是志意的落空，一生空蹉跎。汤式的志意，可从【梁州】中看出来，曲云："看鞍马上诸公衮衮，听刀戈下众口嗷嗷。因此上五云迷却长安道。曳裾休叹，投笔空焦；题桥谩逞，击楫徒劳。直钩儿怎钓鲸鳌，闷弓儿难射鹏雕。喜的是砚池内通流着千丈沧溟，诗卷里包藏着九重宣诏，书楼上接连着万里云霄。虽道是浅识，寡学。这几篇齐鲁论也不下于黄公略，捻吟髭自含笑。矫首中天日正高，豪气飘飘。"【尾声】云："闲拈斑管学张草，静对黄花诵楚骚。等待新雁儿来时问个音耗：若说道董仲舒入朝，公孙弘见招，看平地风雷奋头角。"① 从曲子来看，汤式的志意是施展儒家的抱负，希望能在为国家服务中大展身手。套数《赠人》与《言志》一样，是展现汤式的志意，【一枝花】云："雍容黄阁姿，卓荦青云态。彷徨忧国志，慷慨济时才。奉诏西来，冲瘴雾临边界，驾天风下凤台。正正旗堂堂阵蛇鸟争辉，辚辚车萧萧马风云动色。""忧国"与"济时"同样是儒家一贯的抱负，【梁州】继续描述他的志意云："展其韬施其略孙吴是法，依于仁行于义周孔为怀。经纶迥出诸藩外。八阵旗春营柳暗，七重围夜帐莲开。六钧弓晓星迸溅，双龙剑秋水磨揩。转储胥周馈饷掌上裁划，抚疲羸知劳逸阃外驱差。玉兔毫挥翰墨学足三冬，紫鸾诰叙勋旧恩封三代，丹墀陛列班资步近三台。伟哉，盛哉。况赖着巍巍圣德乾坤大，露布驰玉关外。倒挽银河下九垓，净洗氛埃。"汤式渴望建立功绩，功绩包括战场上杀敌退敌，包括"依于仁行于义周孔为怀"的"道"的树立与建设，也包括为君王进言献策，【尾声】云："录丰功褒盛绩班班拟见铭钟鼎，著芳声垂后代历历终期绚竹帛。若报道东阁门前不妨碍，借尺地寸阶，进一言半策，那时节吐气扬眉拜丰

---

① 谢伯阳编纂：《全明散曲》第一册，第111页。

采。"① 不管是建言献策的功绩,还是施展韬略的武功,以及"依于仁行于义周孔为怀"的立"道"行"道",都能够使自己"吐气扬眉拜丰采"。汤式还有两首《赠人》套数言其志意,第二首套数《赠人》的【一枝花】言要"文共武皆穷究":"心怀雨露恩,气禀乾坤秀。读书尊孔孟,许国重伊周。得志之秋,文共武皆穷究,正青春正黑头。孙吴略切切于心,齐鲁论孜孜在口。"【梁州】言要成就功名:"瞻日月抬头是凤阙,会风云闲步是龙楼。真乃是祖生鞭不落刘琨后。千金买剑,五彩攒裘,七重围帐,半万戈矛。跨锦鞯丝辔骅骝,拥铁关金锁貔貅。论文时芸窗下摘句寻章,论武时柳营内调丝弄竹,消闲时花阴外打马藏阄。五行,本有。功名二字俱成就,能燮护会消受。一寸丹心答冕旒,愁甚么建节封侯。"【尾声】云:"烟消青海城边堠,兵洗黄河天上流,庆祝皇图万年寿。蛮夷殄收,戎狄遁走,恁时节描入麒麟画工手。"② 第三首套数《赠人》的【一枝花】云:"汪汪江海心,落落云霄志。昂昂经济才,矫矫廊庙姿。阃外行司,暂把牛刀试,播芳声雷贯耳。匣中剑冰涵秋水芙蓉,腰间带银钗盘花荔枝。"【梁州】言"丈夫"之行事:"烽烟息朝廷有道,簿书闲公馆无私。笑谈间唤得春风至。昆季雍雍穆穆,友朋切切偲偲。礼法兢兢业业,规模念念孜孜。了公家无甚萦思,追欢乐有甚推辞。猎西山金仆姑锦袋雕弓,宴东阁银凿落琼筝宝瑟,游南陌紫叱拨玉辔青丝。丈夫,似此。多管是胸中寸地平如砥,嘉瑞已天赐。庭下兰孙与桂子,雨露滋滋。"【尾声】言"丈夫"之许国:"于亲已足平生志,许国应当少壮时,显孝扬忠但如是。抱金曳紫,承恩奉旨,稳情取勋业班班照青史。"③ 最后一句"稳情取勋业班班照青史"可以看作汤式内心志意的概括,是儒家文人的一贯抱负。

《言志》与三首《赠人》显示汤式有极强的担当和抱负的志意,既有许国之心志,又有"读书尊孔孟""依于仁行于义周孔为怀"的为"道"的志意,对此,套数《题崇明顾彦升洲上居》的【尾声】云:"幽寻不索桃源洞,高卧何须太华峰。但得个留心诵周孔,研朱墨训蒙,买犁锄务

---

① 谢伯阳编纂:《全明散曲》第一册,第 111—112 页。
② 谢伯阳编纂:《全明散曲》第一册,第 112—113 页。
③ 谢伯阳编纂:《全明散曲》第一册,第 113 页。

农，则消得赡老良田二三顷。"① 这首曲子写于隐居之时，或者是为隐居的顾彦升所写，曲句表达即使处于隐居的状态，心里仍想着"诵周孔"，真的是做到了"齐鲁论孜孜在口"。

《言志》以及这三首《赠人》很难确定写作的时间，不能确定是写于明前还是入明。若是作于明前，汤式是借曲子表达他内心渴望实现的志意；若是作于明后，也可以看作他受到朱棣宠遇对于自己志意的抒发。明前与入明，反映的是汤式两种不同的心态，一是对施展抱负的渴望，二是抱负能够施展的意气风发。这样风格和内容的曲子，在汤式的作品中只有这样几首，因此这些曲子作于明前的可能性极大，这些曲子只是抒发其伸展抱负的渴望。《言志》中的"事无成人半老"，显示汤式满怀的志意得不到伸展的无奈与嗟叹，三首《赠人》中对抱负和志意的抒发，只能更加衬托出其期望施展抱负和实现志意的内心情感。

《言志》等几首曲子，最大可能是作于县吏任上或弃官流落江湖之时。流落江湖的汤式，长期混迹于风月之所。套数《自省》【一枝花】云："黑漫漫离恨天，白漭漭迷魂海，闹垓垓风月场，昏惨惨雨云台。天与安排，都变做莺花界，单捱着聪明的撞入来。枕畔言糊突了胸襟，花下酒消磨了气色。"② 入明之后的备受明成祖宠遇的汤式，不太可能如此频繁地混迹风月之所，"枕畔言糊突了胸襟，花下酒消磨了气色"很显然是对不得遇的抒发，"花下酒消磨了气色"应该是指自己的志意得不到实现，酒色逐渐消磨掉了自己的志意。"花下酒"的含义似乎是汤式自指长期混迹于风月之所，《赠教坊殊丽》【梁州】中的"纵舍千金度一宵"③；汤式流连于风月之场，受到了密友杨讷的戏弄，杨讷小令【普天乐】直接以《嘲汤舜民戏妓》为题云："宁可效陶潜，休要学双渐。觑了你腰驼背曲，说甚么撒正庞甜。你拳如斩马刀，舌似吹毛剑，你将节风月须知权休念。三般儿惹得人嫌，间花头发，烧葱齆鼻，和粉髭髯。"④

汤式多有与妓女相关的曲子，如套数《赠妓宋湘云》，【一枝花】描写妓女的多情："送飞琼下九天，驾弄玉游三岛，伴巫娥临楚台，偕裴子

---

① 谢伯阳编纂：《全明散曲》第一册，第136页。
② 谢伯阳编纂：《全明散曲》第一册，第102页。
③ 谢伯阳编纂：《全明散曲》第一册，第98页。
④ 谢伯阳编纂：《全明散曲》第一册，第204页。

赴蓝桥。景物飘飘，翻覆手谁能料，去来心怎忖度。舞香风暮暮朝朝，酣霢雨花花草草。"【梁州】写与妓女之间的亲密："飞南浦新愁冉冉，度东墙旧恨迢迢。锁朱楼不放春光晓。记崔生密约，感苏子寂寥；任酸带笑谑，怪杜牧粗豪。果无心不趁轻薄，若随风一任低高。云呵您休得蔽蟾宫妒嫦娥夜色娟娟，云呵您休得横秦岭使退之忧心悄悄，云呵您自合下巫山感襄王魂梦飘飘。想着，念着。梨花枕上闲情绕，既徘徊莫萧索。一曲清歌驻碧霄，巧笔难描。"【尾声】写二人之间的情感："云呵您片时聚散情虽少，几处飞来恨怎消，日暮江东信音到。休低迷画桥，休深笼翠阁，则不如为雨为霖润枯槁。"① 套数《赠妓素兰》，【一枝花】写妓女的貌美与"风流意"："散清风烟月中，逞素质风尘内，染一枝春色淡，攒两叶翠痕低。束具含犀，另一种风流意，比群芳分外奇。悄如苏名重秦楼，娇似芷声扬楚国。"【梁州】继续写妓女的容貌："天谪下仙葩圣卉，世修来雪骨冰肌。等闲谁许问容易。玉盘儿生长。锦窨儿栽培。影双双连理，叶小小菩提。幽斋结珮相宜，赏兰亭修禊闲题。胭脂瓣洗渲净天香，金花粉调和成玉蕊，素檀心抽拣出柔荑。巧移，俏植。舞蹲一捻腰肢细，解人意。笑杀春风不敢吹。种种相宜。"② 对妓女如此的称赞和描写，只能说明汤式与青楼女子之间的交往频繁且有相当的情感。其他如套数《赠教坊殊丽》《赠妓素》《嘲素梅》等曲子，都是描写青楼女子的貌美与对这些女子的怜惜。在多首曲子中，汤式会以桃源洞、武陵溪等来描写青楼女子，如上引套数《赠美人》【一枝花】中言"是谁人赚出桃源洞"，又如套数《赠教坊殊丽》【一枝花】中言"武陵溪犹撞着"③，其意应该是说虽然这些女子都是青楼女子，却是出淤泥而不染，一样的清新脱俗。

汤式可能与青楼女子之间有情感纠葛，如套数《赠美人号展香绵杨铁笛为著此号》写对一女子的爱慕，【尾声】云："若能够半丝儿系足为媒聘，煞强似几缕同心结志诚。常记得雪虐风陵夜初静，孤眠的惯经，知音的试听，有他呵便冻死了梅花愁甚么被窝儿冷。"④ 这个女子可能是青楼女子，"若能够半丝儿系足为媒聘，煞强似几缕同心结志诚"显然表达

---

① 谢伯阳编纂：《全明散曲》第一册，第139页。
② 谢伯阳编纂：《全明散曲》第一册，第140页。
③ 谢伯阳编纂：《全明散曲》第一册，第97页。
④ 谢伯阳编纂：《全明散曲》第一册，第101页。

出在一起结缘的期盼。出于这样的情感与对青楼女子的爱怜,汤式甚至劝说妓女从良,套数《劝妓女从良》【梁州】云:"妆镜里暗暗的添了白发,酒席上飘飘的过了青春。急回头已是三十尽。粉褪了杏腮桃脸,涎干了瓠齿樱唇,尘暗了锦筝银甲,香消了彩扇罗裙。恁待要片时间拔类超群,则除是三般儿结果收回。招一个莽庄家便是良人,嫁一个穷书生便是孺人,苦一个俊孤答便是夫人。"① 汤式对青楼女子在青楼中蹉跎自己的大好年华很是痛惜,希望她们能从良有个好归宿。套数《赠美人》【一枝花】云:"缘底事谪离方丈台,是谁人赚出桃源洞,何日里拜辞王母殿,甚风儿吹下广寒宫。蓦地相逢,眼眩乱魂飞动,方信道仙凡路可通。内家妆都猜是金屋婵娟,前生业却做了青楼爱宠。"② 这首曲子叙述貌美女子流落青楼、做了青楼女子是因其"前生业",是以佛教观念对其不幸的命运加以解释,显示了汤式对这个美丽青楼女子的爱怜和对其命运的无奈。

《赠美人》【一枝花】叹息女子流落青楼是因"前生业",汤式是以佛教的观念来为这些女子进行辩护,从中更看出其内心对青楼女子的爱怜和惋惜。套数《嘲妓名佛奴》通篇充满了佛教的词语、观念和典故,【一枝花】云:"不参懵懂禅,先受荒淫戒。才离水月窟,又上雨云台。东去西来,还不了众生债。竞说甚空是空色是色,苦俫呵四十八愿叮咛咒誓,巴馒呵五十三参容颜变改。"【梁州】云:"恰殢着老达磨泛芦叶浪游海国,又沾上阿罗汉觅桃花远访天台。那里问当年摩顶人何在?超度了千家子弟,坐化了万种婴孩。则落得拈香剪发,早难道灭罪消灾。虽然道村冯魁布施些钱财,须不曾俏双生供养在书斋。卧房儿伽蓝殿般收拾,客院儿旃檀林般布摆,门面儿龙华会般铺排。左猜,右猜。这浬洼水不曾曹溪派,那庵门甚宽大。但有庞居士般人儿莽注子抳,便慧眼睁开。"【尾声】云:"张无尽气冲冲待打折了莺花寨,韩退之嗔忿忿敢掀翻烟月牌,赢得虚名满沙界。风月所状责,教坊司断革,送配与金山寺江中贩茶客。"③ 这个妓女名佛奴,汤式却嘲弄她并不懂一点佛教之理。佛教禁淫欲,做妓女本身就是犯了淫戒,这个妓女可能是对汤式说了色即空空即色之语,故其嘲之"竞说甚空是空色是色"。这首曲子只是对这个"竞说甚

---

① 谢伯阳编纂:《全明散曲》第一册,第105页。
② 谢伯阳编纂:《全明散曲》第一册,第101页。
③ 谢伯阳编纂:《全明散曲》第一册,第110页。

空是空色是色"名为佛奴的妓女的嘲弄,曲子中运用了佛教的词语和典故,却并没有阐述多少佛教之理,不过是汤式随当时情境之所发而已。尽管没有阐述态度的佛教义理,汤式在曲子中使用了佛教的词语、解释青楼女子的遭遇,在一定程度上显示出佛教成为汤式情感描写的背景。

二

汤式对佛教义理和观念运用较多的地方,展现在表达出世之心境与对无常的感叹。上述所言志意不能得伸,可能是汤式对自己任县吏或之前时的写照,当流落江湖时反而有着平静的心境。套数《题友回老窝》【梁州】云:"破陆续歇两肘疲童洒扫,烟刺答漏双肩老妪供厨。主人自得其中趣。隔墙贳酒,凿壁观书。拾薪煮茗,赁圃载蔬。雀堪罗忙煞蜘蛛,鼠无踪闲煞狸狐。寂寞似莱芜县范史云琴堂,虚敞似临邛市马相如酒垆,潇洒似浣花溪杜子美茅庐。"对平淡生活的描写颇有出世之意味,反映出汤式的出世之心。尤其是下句"坦然,自足",表现出他的内心相当的满足,接下来"想石崇在金谷,止不过锦障春深醉绿珠"[1]一句,表明汤式对当下平静生活的满意更胜于权势与富贵。套数《送车文卿归隐》【一枝花】中"平地间宠辱关心,故纸上兴亡在眼",是对宠辱、兴亡的感叹。与宠辱、兴亡相比,平淡的生活才更觉得可贵,【梁州】云:"愁甚么负郭田无二顷,喜的是依山屋有三间。一回头万事都疏懒。绿蚁樽浇平磊块,紫鸾箫吹散愁烦。黄虀菜养成脾胃,青精饭驻定容颜。岸天风乌帽翻翻,拂埃尘布袖斑斑。比鹤上人不驭飙轮,比山中相不登仕版,比壶内翁不炼金丹。得闲,且闲。"这是"摆脱了是非患"的生活,唐代庞蕴居士是这样生活的典范,"鹿门庞老为师范"是以庞蕴为典范和榜样。从经历过世事、兴亡之后的平淡生活回看过往,"恰便似高枕着昆仑顶上看,人海波澜",人生之乐莫过于【尾声】所云:"落红阶砌胭脂烂,新绿门墙翡翠寒,安乐窝随缘度昏旦。伴几个知交撒顽,寻一会渔樵调侃,终日家龙凤团香兔毫蘸。"[2] "安乐窝随缘度昏旦",是省悟之后的人生才能达到

---

[1] 谢伯阳编纂:《全明散曲》(增补版)第一册,齐鲁书社2016年版,第135页。
[2] 谢伯阳编纂:《全明散曲》第一册,第131—132页。

的境界。

上引套数《题友回老窝》《送车文卿归隐》对平静平淡生活的描写，描述的是出世之境。出世之境反映出的是出世之心，先有出世之心才会有出世之境，也才能够体会到出世之境，套数《赠钱塘镊者》【一枝花】云："三万六千日有限期，一百二十行无休息。但识破毫厘千里谬，才知道四十九年非。这归去来兮，明是个安身计，人都道陶潜有见识。谁恋他花扑扑云路功名，他偏爱清淡淡仙家道理。"① 此处"偏爱清淡淡仙家道理"体现的就是出世之心，汤式字面上描述的镊者的出世之心，其实是表达自己的出世之心。"清淡淡仙家道理"并不是在强调道教的义理，而是说明平淡的如同出世一般的心境，套数《题云巢》【一枝花】云："揽将天上云，占却山头树。树头云暧䁹，云底树扶疏。从此归欤，混沌安心素，微茫隔世途。既然以天地为家，甘分与林泉做主。"既描写出世的生活，更表达出世的心境，"以天地为家"就是《送车文卿归隐》中的"安乐窝随缘度昏旦"，平静逍遥而自在，无拘无束而自乐。这样的出世之心如同无心之白云，【梁州】云："但知变化须臾，还看聚散何如。云生也四壁模糊，云定也一团蓊郁，云收也万象空虚。羡乎，笑乎。方信道白云本是无心物。谁把此中趣，淡淡浓浓写作图，畅不尘俗。"有出世之心、能品出世之境者方能"把此中趣"，【尾声】云"怡然自娱，恬然自足"②。

上面的曲子中平静平淡的出世之心来自对兴亡的感叹，曲子中的"清淡淡仙家道理"字面上是道教的神仙，反映的心态却是佛教。"故纸上兴亡在眼"是对世事无常的感叹，"安乐窝随缘度昏旦"是禅宗任运随缘的阐发。汤式出世之心的塑成，可能与任县吏时志意不得伸展有关，官场上受到的摧残与对历史兴亡的感叹，使汤式形成了出世之心境，套数《旅中自遣》【梁州】中云："一片心远功名无甚沾粘，两只脚信行藏有甚拘钤。经了些摧舟楫走蛟鼍鲸窟波翻，行了些坏车轮被虎豹羊肠路险，过了些连云梯绝猿猴鸟道峰尖。静中，自检。事无成志不遂人情欠，休施逞且妆俭。但得个小小生涯足养廉，甘分鳞潜。"【尾声】云："能文章会谈论才高反被时人厌，守清贫乐清闲运拙频遭俗子嫌。有一日际会风云得凭

---

① 谢伯阳编纂：《全明散曲》第一册，第133页。
② 谢伯阳编纂：《全明散曲》第一册，第134页。

验,那时节威仪可瞻,经纶得兼,正笏垂绅远佞谄。"① 曲子中所描写的显然是汤式自己所经历过的,"能文章会谈论才高反被时人厌,守清贫乐清闲运拙频遭俗子嫌"应该是真实的经历,反映出汤式确实是志意没有得到伸展而郁闷。小令【湘妃引】《和陆进之韵》四首,汤式将自己的心理作了清楚的表白,之一云:"得峥嵘我怎不峥嵘,倦憕憧咱非真憕憧,要知重人越不知重。嘻嘻冷笑中,叹纷纷眼底儿童。莫听伤时话,休谈盖世功,愁对东风。"之二云:"守书窗何日离书窗,瞻玉堂何时步玉堂,避风浪何处无风浪。浮生空自忙,赋登楼醉墨淋浪。怨花柳春三月,误功名纸半张,愁对斜阳。"之三云:"使聪明休使小聪明,学志诚休学假志诚,秉情性休乔真情性。江湖已半生,伤心一事无成。物换人非旧,时乖道不行,愁对书灯。"之四云:"守清贫随分乐清贫,求荐人何方可荐人,说聪俊谁肯怜聪俊。儒冠多误身,谩夸谈子曰诗云。黑鬓三分雪,貂裘一寸尘,愁对芳樽。"② 一个饱读儒书却处处碰壁的书生形象跃然纸上,经过挫折之后的汤式,不再谈"盖世功",看开了"功名纸半张",认识到了"时乖道不行""儒冠多误身"。汤式甚至对坚信的立"道"行"道"产生了疑惑,流落江湖的汤式,反而能够摆脱开功名的牵绊,怀有悠远、平静的出世之心,小令【湘妃引】《自述》云:"龙涎香喷紫铜炉,凤髓茶温白玉壶,羊羔酒泛金杯绿。暖溶溶锦绣窟,也不问探花风雪何如。一步一个走轮飞鞚,一日一个繁弦脆竹,一夜一个腻玉娇酥。"③ 是汤式对"安乐窝随缘度昏旦"的另一种描述。

佛教对汤式出世之心的形成起到了塑造的作用。上引《嘲妓名佛奴》曲子体现了汤式对佛教的了解,汤式的曲子中不乏关于佛教寺院的描写,如小令【湘妃引】《题金山寺》云:"砥中流玉立如拳,镜里楼台,画里林泉。虹连断浦成桥,风送轻舟作浪,水吞平地成天。七宝塔斜倚着扶桑树边,三神山刚对着枯木堂前。两般儿尘世难言,照残经借得蛟蜃,爇清香分得龙涎。"④ 曲子描写了金山寺的形胜,"照残经借得蛟蜃,爇清香分得龙涎"写出了寺庙之境"尘世难言"。【湘妃引】《题舜江寺》云:"乱

---

① 谢伯阳编纂:《全明散曲》第一册,第134页。
② 谢伯阳编纂:《全明散曲》第一册,第139页。
③ 谢伯阳编纂:《全明散曲》第一册,第43页。
④ 谢伯阳编纂:《全明散曲》第一册,第43页。

云堆出禅关,金碧交辉,松桂生寒。银河倒挂觚棱,红日低悬殿角,翠涛想拍阑干。登上方接下土万里花生醉眼,开东阁敞西楼四围山拥青鬟。风荡幢幡,烟散旃檀。地僻尘稀,天上人间。"① 写舜江寺地僻尘稀,如同"天上人间"。【沉醉东风】《游龙泉寺》中描写寺庙之境为"海眼灵泉滴沥,山腰空翠萋迷"②。【小梁州】《上巳日登姚江龙泉寺分韵得暗字》中写汤式在龙泉寺中"论经谶",云:"登临未了斜阳暗,借白云半榻禅龛。发笑谈,论经谶,老龙惊惮,拖雨过江南。"③ 较多阐发和运用佛教义理的曲子,是套数《赠王观音奴》,【一枝花】云:"出西方自在天,受南海无边愿。宫妆宜水月,香步绕金莲。体态婵娟,绿杨柳腰枝软,白鹦哥声调圆。结百千万种良因,示五十三参化显。"【梁州】云:"苦海阔色空未脱,爱河深情欲相牵,今生不了前生愿。慈悲厚德,救苦真言。枝头甘露,瓶里香泉。旃檀林夜月婵娟,雨花台苦恨绵绵。宰官身进宝归依,善男子赍金募缘,老门徒统鬘参禅。上天,下天。龙华会里曾相见。叩庵门觅方便,指点其中意已穿,心绪悬悬。"【尾声】云:"拟将缨络千金串,结就珍珠七宝钿,世世生生作姻眷。脱空心告免,指山盟是谝,则不如剪发燃香意儿远。"④ 曲子写的是对观音"慈悲厚德,救苦真言"的描述,其中夹杂着禅宗和弥勒信仰等一些内容,看得出汤式对佛教的运用比较杂乱,如同民间民众对佛教的理解与使用一般。王观音奴应该也是一个青楼女子,汤式在这里还是用佛教来解释情感,不能够"世世生生作姻眷"便"剪发燃香意儿远",以佛教消解情感的不如意。套数《赠王善才》亦是满篇佛教词语,【一枝花】云:"手曾将千眼佛绿柳瓶,身曾侍七宝岩红莲座。目曾瞻普陀山金孔雀,心曾记南海岸玉鹦哥。为一念差讹、离水月观音阁,随风尘锦绣窝。金刚刃怎割愁肠,甘露水难消业火。"句子中罗列了一串的佛教词语,其实是写业果,"甘露水"是观音手持净瓶中之水,"甘露水难消业火"之意可能是说自己造的业需要自己去消除,依靠观音的他力不能够完全消除。【梁州】云:"记五十三参坎坷,爱四十八愿奔波。舍身崖一片声名大。风魔了智广,病愁煞维摩,痴迷了六祖,调

---

① 谢伯阳编纂:《全明散曲》第一册,第45页。
② 谢伯阳编纂:《全明散曲》第一册,第60页。
③ 谢伯阳编纂:《全明散曲》第一册,第54页。
④ 谢伯阳编纂:《全明散曲》第一册,第137—138页。

笑煞弥陀。则为你送行云两点秋波,舞香风六幅春罗。至诚人但焚香有愿须酬,慈悲友既剪发随缘较可,薄情郎纵赍金没福难合。俺呵,敢么。多持七宝香璎珞,既相承怎空过。指点其中自忖度,于意云何。"写佛教的因缘,有缘之人或"慈悲友"剪一缕头发即可,无缘人或"薄情郎"纵使舍黄金也不能得到。【尾声】是写发誓要得到善因果:"衣垂舞凤珍珠颗,髻挽蟠龙翡翠螺,粉脸生香衬莲萼。龙华会见他,香音国有他,誓结今生善因果。"① 发誓今生得到善因果,回应了【一枝花】中的"甘露水难消业火",要以自己之力或愿力结下善因果。

上引《送车文卿归隐》中的"故纸上兴亡在眼",是对历史兴亡的慨叹,是对无常的慨叹。小令【满庭芳】《武林感旧》之一云:"钱唐故址,东吴霸业,南渡京师。其间四百八十寺,不似当时。山空濛湖潋滟随处写坡仙旧诗,水清浅月黄昏何人吊逋老荒祠。伤情思,西湖若此,何似比西施。"钱塘景物皆"不似当时",曾有的繁华与霸业,现在只剩下"老荒祠"。之二云:"笙歌醉乡,绮罗绚采,粉黛吹香。业风人海波千丈,送尽春光。湖内外静悄悄六桥画舫,浙东西冷清清一道长口。休悲怆,自今日往,何物不兴亡。"② 曲子中的"何物不兴亡",既是"故纸上兴亡在眼"的直观表达,又是比之更深的慨叹。《武林感旧》之外,汤式还有多首以怀古感叹无常之作,如【沉醉东风】《维杨怀古》、【沉醉东风】《姑苏怀古》、【沉醉东风】《钱唐怀古》、【沉醉东风】《燕山怀古》、【普天乐】《维扬怀古》、【普天乐】《金陵怀古》、【普天乐】《姑苏怀古》、【普天乐】《钱唐怀古》等,如《姑苏怀古》《钱塘怀古》《维扬怀古》等都是反复作之,显示了汤式对无常慨叹之深。

上述的这些怀古之作,皆在阐发"何物不兴亡"之意,如【天香引】《西湖感旧》云:"问西湖昔日如何,朝也笙歌,暮也笙歌。问西湖今日如何,朝也干戈,暮也干戈。昔日也二十里沽酒楼香风绮罗,今日个两三个打鱼船落日沧波。光景蹉跎,人物消磨。昔日西湖,今日南柯。"③ 西湖过去的"朝也笙歌,暮也笙歌""二十里沽酒楼香风绮罗"与今日的"朝也干戈,暮也干戈""两三个打鱼船落日沧波"的对比,是兴亡与无

---

① 谢伯阳编纂:《全明散曲》第一册,第138页。
② 谢伯阳编纂:《全明散曲》第一册,第52页。
③ 谢伯阳编纂:《全明散曲》第一册,第43页。

常的直观感受,光景的蹉跎与人物的消磨,带给后之观察者的深深慨叹。小令【满庭芳】《京口感怀》云:"残花剩柳,摧垣废屋,新冢荒丘。海门天堑还依旧,滚滚东流。铁瓮城横刺着虎口,金山寺高镇着鳌头。斜阳候,吟登舵楼,灯火望扬州。"① 京口不变的是天堑和滚滚东流水,曾经的人物、功绩只留下了"残花剩柳,摧垣废屋,新冢荒丘",过往的一切似乎皆无意义。【沉醉东风】《维扬怀古》中"梦儿中一度繁华,满耳涛声起暮笳,再不见看花驻马"②,【沉醉东风】《姑苏怀古》中"等闲间麋鹿奔驰,留得荒台卧台断碑,再不见黄金范蠡"③,【沉醉东风】《燕山怀古》中"望中天五云零乱,白草茫茫紫塞宽,再不见秦楼榭馆"④,【普天乐】《维扬怀古》中"绝了信音,疏了故旧,老了英豪"⑤,【普天乐】《金陵怀古》中"山围故国,歌残玉树,香冷胭脂"⑥,【普天乐】《姑苏怀古》中"长洲野草,孤城流水,古殿残碑"⑦,【普天乐】《钱唐怀古》中"亭台拽塌,笙歌静悄,风物萧疏"⑧,这些曲句表达的都是同样的意蕴,都是对无常的慨叹,透露出作者一种悲凉的心境。通过这些无常迁变,汤式却是得到一种"飒然悟",套数《梦游江山为友人赋》【一枝花】云:"蜀道难长怀李太白,庐山高每羡欧阳叔。江曲折多询郭景纯,海周遭曾问木玄虚。大刚来混一皇舆,万里神游去,何须觅坦途,脚到时选胜寻幽,眼落处兴今慨古。"【尾声】云:"湿淋浸满身香露侵毛骨,吉玎珰过耳清飉响珮琚,蓦然地睁破双眸飒然悟。尚兀自炉烟馥郁,灯花恍惚,月在梧桐画阑曲。"⑨ 通过对"故纸上兴亡在眼"与无常的慨叹,汤式由"兴今慨古"而飒然有悟,所悟之境如同《题云巢》所言的"方信道白云本是无心物",这是对历史与世事的超越之心境,亦是对佛教义理的深刻悟解。

---

① 谢伯阳编纂:《全明散曲》第一册,第51页。
② 谢伯阳编纂:《全明散曲》第一册,第57页。
③ 谢伯阳编纂:《全明散曲》第一册,第58页。
④ 谢伯阳编纂:《全明散曲》第一册,第58页。
⑤ 谢伯阳编纂:《全明散曲》第一册,第62页。
⑥ 谢伯阳编纂:《全明散曲》第一册,第63页。
⑦ 谢伯阳编纂:《全明散曲》第一册,第63页。
⑧ 谢伯阳编纂:《全明散曲》第一册,第63页。
⑨ 谢伯阳编纂:《全明散曲》第一册,第115页。

非空非色：施绍莘散曲中的佛教意识

施绍莘（1581—1640年），字子野，华亭人（又云嘉兴人），自号峰泖浪仙。施绍莘是明代后期重要的散曲创作者之一，今存散套86套，小令72首，收录在《秋水庵花影集》中。《四库全书总目》提到《花影集》有内府藏本，评论说："是集前二卷为乐府，后三卷为诗余，多作于崇祯中。大抵皆红愁绿惨之词，所谓亡国之音哀以思也。"① 现在能见到的《续修四库全书》收录本、《四库全书存目丛书》收录本、哈佛大学收藏本都出自明末的同一个刻本，前四卷为乐府，第五卷是诗余，与《四库全书总目》记载的"前二卷为乐府，后三卷为诗余"颇不同。施绍莘的作品四分之三是散曲（"乐府"），四分之一为词（"诗余"），故《四库全书本》所言的乐府二卷、诗余三卷可能并不准确。上海古籍出版社1989年出版来云点校《秋水庵花影集》。

目前对于施绍莘及创作的研究成果并不多，钟文伶《施绍莘〈花影集〉北曲析探》（《中华人文社会学报》2008年辑）探讨了施绍莘散曲中的北曲作品，将其北曲题材归纳为歌咏自然风物与四时景色、女子闺怨情思、遣怀诉志三类，作品多取材于生活层面，体现出潇洒率性的人格特质与生活情趣，反映了晚明文人的审美情趣。创作上并未完全遵循北曲规范，曲牌联套借用南曲联套的体例。本文从佛教的角度探讨其散曲中存在的佛教意识，以及对无常的慨叹。

一

《四库全书总目》评论施绍莘的曲子"大抵皆红愁绿惨之词"，这是

---

① 《四库全书总目》卷二百。

从词句上说的，确实符合其散曲的特征。施绍莘身处晚明时期，李自成等农民起义风起云涌，清朝崛起于白山黑水之间，内忧外患使明帝国处于风雨飘摇之中，下一句"所谓亡国之音哀以思"，其中确实有施绍莘对当时形势的忧心通过作品中无意识地抒发出来之因素，散曲中萧凉之气象其实更多的是对无常的慨叹。

陈继儒在《秋水庵花影集序》中记施绍莘的读书与创作云："子野好日出酣眠，而能读书至夜半，未尝作低迷欠伸态。好与人轰饮恶战，而能数月持酒戒甚坚。好治经术，工古今文，而能旁通星纬舆地，与二氏九流之书。掉弄而为乐府、诗余，跌宕驰骋，于古今当行家，意倔强未肯下。"① 这段话表明施绍莘读书多且杂，作品中必然由此体现出内容的多样性。施绍莘自述其创作云："犹记十六十七时，便喜吟咏，而诗余、乐府，于中为犹多。十余年来，废纸不知几十万。尝贮之古锦囊，挑以筇竹杖，向桃花溪畔，杏树村边，黄叶丹枫，白云青嶂，席地高歌一两篇。虽不入谱律，亦复欣然自喜。"② 可知施绍莘全身心投入散曲（及诗余）的创作，将创作融于他的日常生活中，随时作之亦随时歌之；从下文的叙述中亦可知，施绍莘对自己的作品一直在不间断地修改。

陈继儒是施绍莘交往较多的朋友之一，两人都隐居于佘山，陈继儒筑屋于佘山之东，施绍莘筑屋于佘山之西，由于二人将隐居之地修饰得"帘栊窈窕，花竹参差"，引得远近游人络绎不绝地前去观赏。陈继儒《序》中继续说："余不设藩垣，听人往来，如檐燕，如隙中野马。而子野严肩镱，以病辞，中酒辞。顾阁上嘈嘈，数闻弦索度曲声，则子野所自制词也。客唐突不得入，横折花枝，呵詈委道旁而去，而子野默默笑自如。"施绍莘虽然不喜欢远近而来的游者，对之"严肩镱，以病辞"，对"横折花枝"的游者却亦能"默默笑自如"③，透露出淡然与无执的性格与心态。

施绍莘隐居佘山，应该是在遭遇仕途和情感双中挫折之后。密友沈德生去参加乙丑年（1625年）科举，施绍莘前去送行，沈德生在《秋水庵花影集序》中说："子野将予水湄，予谓之曰：'吾予世味已嚼蜡，幸为

---

① 施绍莘：《秋水庵花影集》卷首，《续修四库全书》本。
② 施绍莘：《秋水庵花影集》卷首。
③ 施绍莘：《秋水庵花影集》卷首。

我求隙地与东西余间，行将与尔赋咏著述，何物五斗，能使人折腰耶？'子野戏曰：'予冷人也，合受冷趣。尔热人也，应受热业。尔若飘然归来，我当分草堂半榻，容汝四大，何必买山而隐耶。'予笑曰：'子何居高而视下也，区区沈生，亦有心胸头面者。斑衣捧檄，固知喜动颜色。乃山鬼移文，亦知愧入毛发。此行予之不得已也，戊辰之役，倘拾得一第，则借一命娱两亲。不然，则袖书归田，为老农毕世耳。'子野曰：'善，吾固知君非久于风尘者，吾将结茅花下以待。'"施绍莘自谓是一冷人，或许是性格使然，更或许是因为尘世中所遭受到的挫折使其成为一个冷人。沈德生自述其若不能得一第则"袖书"归隐佘山，其实是对施绍莘当时"袖书归田"境况的写照；施绍莘对沈德生说的"吾固知君非久于风尘者"，更是言自己是"非久于风尘者"。此时的施绍莘似乎已经是出世的"袖书"归隐状态，沈德生说："予捧读良久，心花皆开，拍案叹曰：'嗟乎。予所行世，不过一时尘言，而子则千秋慧业，岂不仙凡霄壤，尚敢轻置一喙哉。'虽然，子野知我，亦惟我知子野。子野词章高妙，人人所知，然予以为正非子野本色也。子野外服儒风，内宗梵行。其于世间色相，一切放下。高栖山谷，睥睨今古。视富贵如浮云，功名若苴土。"沈德生"不过一时尘言"之语，正表明了施绍莘对其"热人"的判断，"子野知我"一语确实不差。施绍莘此时信仰佛教，"内宗梵行"，放下了一切"世间色相"①。

　　隐居佘山，似乎是施绍莘注定的人生机缘，套数《泖上新居》的自跋云："予烟霞痼疾，出于性成。犹记五六岁时，便喜种植，以盆为苑，以盘为池，竟日徘徊，欣然如有所得。七岁就塾师，或迁延避学，无他嬉也，止游戏于花草间耳。既壮，诱慕日增，时寄情于诗酒声色，要以铺衬林泉，未尝忘本也。丙辰冬，始营西畲别业，遂为先人卜宅，盖便为予归骨地矣。己未秋，复移家圆泖滨，故予词有置身峰泖间，避世诗酒里之句。幽怀逸事，多散现于诸词句字间，可考而得也。每春秋则居山，享桃梅桂菊之奉，览烟云月露之奇。冬夏则居水，长禾黍鸡豚之社，乐池潭风雪之观，吾事不亦既济矣乎。夫清福上帝所忌，予自分福薄，何以堪此，但性有所近，天实赋之。违天不祥，拂性斯戾，惟愿折功名富贵之缘，并

---

① 施绍莘：《秋水庵花影集》卷首。

于一途，庶几当忏悔云尔。"① 即是说，施绍莘在性格中就有出世的倾向，沈竹田在套数《山园自述》中评论道："子野丘壑幽姿，青霞傲骨，其徜徉尘外，眈睨窍中，要是天授耳。"② 施绍莘隐居佘山时，酷爱养花，将主要的精力都用在养花上，套数《佞花》自跋中说："一生与花作缘，无日不享供养。使无奇文丽句，纳交献媚，亦甚愧为花神薄幸人矣。甲寅春有祝花小词，甲子春稍稍更定，自谓差效微情。然犹觉花恩深重，未能报颂万一。清明花下，复填右词。谱调生新，语意柔逸，深情委思，颇极其致。今人语诣媚之甚者谓之肉麻，是真可谓肉麻矣。第求免为花神薄幸，须眉之气，于此毫无所用也。本题初为歌花，复改为佞花，正道其实，且志我痴耳。"③ 隐居佘山的施绍莘将自己的精神放在种花、养花以及爱花、佞花上，曲子中甚少提到科举和情感上的事情，可能是有意避而不谈，不去触及这些难以掩消的伤痛。对一个有血肉的人来说，尽管可以努力去避开这些伤痛，隐藏在内心中的伤痛却总会时不时地从心底涌出来，将人的情绪变得低落。对文人来说，当这样的情绪和伤痛从内心涌出来的时候，往往会通过作品予以表达，这样的表达或许是不自觉与潜意识的。施绍莘即是如此，虽然尽力掩盖仕途上和情感上的挫折，低落的情绪还是时不时地在作品中流露出来。

对科举挫折的伤感，套数《送闇生北游》中流露得非常明显。

【好事近】烟柳拂旗亭，悠然远水遥村。送君于此，看君别我登程。须听我有空言赠你，字字如金，非关是离愁谱引，非关是寻常谀语，活套叮咛。

【锦缠道】问君今，可曾经覆雨翻云。青眼竟何曾，趁今番教人认得吾们。你须是扳丹桂步蟾宫便雁塔题名，不然啊又何须万里长征。我与你戴头巾着蓝衫的可休依本分，要鹏抟九万程。方见得书生使性，不容他兄嫂笑苏秦。

【锦庭乐】料吾曹天定，怎没有功名分。平空地平空地官锦垂身，官花朵乱插斜簪。厮惊呆路人，恰才知灯窗下有个书生。

---

① 谢伯阳编纂：《全明散曲》第三册，第 3478 页。
② 谢伯阳编纂：《全明散曲》第三册，第 3751 页。
③ 谢伯阳编纂：《全明散曲》第三册，第 3753 页。

【古轮台】叹吾生,与君终岁学穷经,可堪潦倒红尘里。君才负屈,我命遭迍,尽人间贫穷曾经。自此高飞,一齐鸣跃,忽然头角两峥嵘,才显得芸窗同志,略酬些笔底烟云,可知道时来福凑。三千里路,三年辛苦,还你有分明。君今去,大家领取看题名。

曲子中失落之意十分明显,感叹一生"终岁学穷经",最终却"潦倒红尘里",一句"料吾曹天生定""我命遭迍"是何其无奈。"书生使性""恰才知灯窗下有个书生"之语显示出其在遭受科举考试失利之前的书生意气和自负。"兄嫂笑苏秦""尽人间贫穷"之语,可见科举失利对他的打击之重与伤痛之深。"教人认得吾们""惊呆路人""自此高飞"之语显出他对于科举强烈的渴望、期盼,却同时又是满心不甘的流露。因为有这样的期盼、渴望和不甘,故而对闇生去参加科举加以发自内心的无尽的"叮咛"。这首曲子将其内心中因科举造成的低落、失意、不甘和期盼等种种情绪倾泻而出,抒发着内心的不平之气,负气的情绪和情感相当强烈,看得出施绍莘作这首曲子时的内心是极其不平静的。曲子后的自跋中,施绍莘说明了自己的这股情绪,云:"此予少年负气时语也。是岁闇生登乙榜,予丁先子忧。岁戊午,闇生得隽,而予竟潦倒名场,垂十余年。一事无成,二毛将变,雄心猛志,化为槁木寒灰。且迩年多病,高卧山村,学出世法。渐觉功名富贵,诚哉浮云。即山水花木,犹然色相。故予尝有诗曰:'高人也是买山隐,自在山中不见山。'此语更在八尺杆头矣。回思囊时,碌碌名场,是痴是梦,且作此壮语,怨天尤人,何鄙陋至此。要是英气未除,识解未圆耳。"曲子表达的确实是"负气时语",施绍莘尽力掩盖科举失利对自己造成的伤痛,闇生赶考却又将他的伤痛勾了出来,"负气"的情绪再也无法掩盖和压制,遂如洪水下泄般地喷涌出来。岁月的流逝,慢慢将其曾经具有的"扳丹桂步蟾宫便雁塔题名""宫锦垂身"的"雄心猛志"消磨成"槁木寒灰"。平静又平淡的佘山隐居生活,多年佛教信仰形成的佛教观念,施绍莘认识到"碌碌名场"不过是痴梦,并反省自己之所以能说出这些负气之语是识解并未达到圆融的境地。曲子后有弥清禅师的跋语,云:"予初剃发,与彦容、闇生、子野为诗友。会舍身橋李,不恒过松。或比年归省,第一问阿翁起居。便过从三君,限香觅句。初见子野英英遒上,意谓宰官后身,功名富贵人也。更两年重来，而子野异矣，殆又烟霞泉石人也。别去五六年，予奔亲丧而归，而子野更异矣。山园花阵如云，而子野常不知开落。时作妙词隽句，而脱稿便逸散，再诵不复得一字。乃知子野已在即离之间，殆直观空超悟人也。呜呼，一子野也，何前后复绝如是？盖性灵颖发，随地认取，不待老而闻道耳。"弥清禅师叙述了施绍莘从"宰官后身，功名富贵人"到变成"烟霞泉石人"、学出世法信仰佛教的历程，字句中透露科举失利是其转变的重要因素。施绍莘的佛教观念达到"观空超悟"的地步，此时却因阇生前去参加科考而发出如此的负气之语，似乎与其佛教信仰和佛教观念颇不一致，故弥清禅师说："右词殊非今日本色，如出二手，适赴阇生斋，披阅之次，不觉失笑，喷饭满案。"① 此首曲子"殊非今日本色"，正说明科考失利对施绍莘带来的伤痛之深。施绍莘自跋中对曲子中怨天尤人的"壮语"，随之作了"鄙陋至此"的自省，表明其最终能以佛教观念来克制内心中情绪的波动。

施绍莘情感上的挫伤，套数《决绝词》中可以充分说明。曲子前有自序，说明写作此曲子的缘起，云："予旧有情缘，几拼命死，不谓恩情中道弃绝。深杳无垠，莫测侯门之海。栖迟难再，谁回陌上之车。想鹦鹉之在雕笼，时常话旧。叹了香之围绣幄，岁结愁新。入梦相逢，谁知逢处是别，惊鸿待信，翻嗟信里堪疑。一襟血泪，空留下黑心之符。十院灯魂，终无望黄衣之力。盖欢随事去，春与人归。但临风而叹奈何，空销魂惟别而已。只应义命自裁，切莫更寻旧梦。纵有因缘为祟，也须直待来生。虽负心薄幸，似非烈丈夫所为。而守礼闲情，岂作儿女子之态。用是属句澜翻，窃欲命决绝。殆莫可谁何，而为是言，亦不能无恨，而托绮语也。"开句便是自言几乎为情缘而死，可见施绍莘的这段情缘之深，二人之间虽有因缘却因为某些缘由终不能相守，由"负心薄幸"一语来看，施绍莘似乎是由于无奈而主动放开了这段情缘。曲子云：

【普天乐】我才名，伊风韵。天付与，休谦逊。只为我柳苦花辛，拖带你香愁玉损。夫妻两字，兀是名不顺，使俺一对鸳鸯无投

---

① 施绍莘：《秋水庵花影集》卷三。

奔。你非干负义忘恩，俺非干抛脂恋粉，却缘何劈雨分云。

【雁过声】当初，你肯我肯，就生死终身愿跟。谁知一语风霜紧，怨谁人，恨谁人。这其间长短，再也休论。俺从头自忖，青楼薄幸谁甘认，且休埋怨别人儿，权自忍。

【倾杯序】伤神，吐甘甜，食苦辛，脉脉自心头印。想初见如冰，逐渐添温，到热沸如盆，你便心允。这其间可有你的恩情，俺的辛勤，到如今你的眼前身畔换何人。

【玉芙蓉】亲他不可亲，丢你心难忍。把前情想起，耳聋眼昏。几番拼死是心头忿，尚勉强偷生为旧日恩。前生债，今生事，翻指望后世因，笑姻迹倒仗那癸灵神。

【小桃红】收拾你残脂粉，留下你金莲寸。把花笺，手迹常描润，向衣巾，泪渍时瞧认。记生辰八字推花运，多只是扯淡殷勤。

【尾文】告苍天，须帮衬。但愿你鸳鸯睡稳，我甘认萧郎是路人。

【普天乐】第一句"我才名，伊风韵"，看来二人之间是才子佳人故事；【雁过声】中的"你肯我肯，就生死终身愿跟"、【倾杯序】中的"想初见如冰，逐渐添温，到热沸如盆"说明最初二人相互仰慕，彼此之间逐渐建立起深厚的感情。【雁过声】中的"青楼薄幸谁甘认"与自序中的"莫测侯门之海"两句很令人费解，"侯门之海"似乎是女子的门第很高，施绍莘科举不第，二人之间终不能相厮守，似乎是因为门第的原因。"青楼薄幸"一句，则似乎女子为青楼之妓女，此女子可能亦有才华，二人情感的终结是由于青楼女子的薄幸；才子与青楼女子之间的情感，往往较少有欢喜结局，"青楼薄幸"或许是以青楼女子情缘不幸比喻其与心上女子之间的无缘。现在不太清楚施绍莘这段姻缘的真实状况，不管真实的状况如何，二人之间的感情曾经应该是十分深厚的。【小桃红】中的"收拾你残脂粉，留下你金莲寸"、向衣衫上辨认旧时泪渍，又再次陈述二人曾经情感的深厚，从【倾杯序】中的"其间可有你的恩情，俺的辛勤，到如今你的眼前身畔换何人"可读出施绍莘内心中无比的失落。施绍莘后来为此曲子重作跋语，云"吾人未免有情，谁能甘自菲薄。况誓海波干，盟山石烂，弥天怨气，亦复谁能堪此。虽然'发乎情止乎礼义'，此学究之言也，然于此可得补过法。缘至则合，缘尽则离，此因果之说也。然于此可得忍情法，岂应妄求无厌，为风流罪人哉？予此番情案，悠悠成梦境矣。每一念至，气尽魂离，而义命两言，时举为药。所不至于沉疴痼疾者，于此得力多也。小窗暇日，偶检古词，见《四时欢》一阕，乃按其谱律，特制右词。诚思守礼闲情，窃欲因文见志云尔。后之览者，勿以予为薄幸人。若云薄幸，则当有分任其咎者矣。"其中的"吾人未免有情"表明施绍莘是有情之人，曲子后湛生的评论说："字字呕心，当亦有心可呕耳，子野信情种哉。彼云守礼，予曰多情，多情而能守礼，益难。然则子野真可谓守礼君子矣。"[①] 施绍莘"每一念至，气尽魂离"之语颇令人动容，"情种"之名不虚。施绍莘对此女子一直不能忘却，小令【玉抱肚】《夜泊怀人》云："逢欢不喜，要消愁翻嫌酒卮。妙人儿挂在心头，据人言你会相思。教人争不越心痴，况风雨孤灯又不寐时。"对佳人时时不能相忘，听到一些对方的信息就"心痴"，常在风雨不寐之夜为之守孤灯。曲子的自序云："情缘断了，甘同陌路之萧，信息传来，又似章台之柳。将信将疑，终须要信，半思半恨，毕竟堪思。孤舟风雨夜，隔岸有灯；残梦睡醒间，半衾是泪。""半思半恨""半衾是泪"的情景之下，必须有"只字言心"以题"闷情"[②]。

面对着这样一种深厚的情感，施绍莘"发乎情止乎礼义""多情而能守礼"，可能是因为意识到二人的感情不会有好的结局，由此可见施绍莘对待二人之间的情感相当理性，这种理性却又使他更加的伤感和痛苦。施绍莘"发乎情止乎礼义""多情而能守礼"的态度，可以猜测女子应该是侯门之女，所谓的"青楼薄幸谁甘认"可能是说自己理性地放弃二人之间的感情，就如青楼的薄幸人一般。曲子、自序以及自跋中，施绍莘感悟到二人的情感是"前生债，今生事"，因情相慕、有情而不能相守则是"缘至则合，缘尽则离"，完全是以佛教的观念来认识他们情感之因果。这首套数名称为《决绝词》，揭示出施绍莘的内心之痛，施绍莘能够信仰佛教，情感的挫伤应该是一个极其重要的因素。

对科考和情感的省悟，套数《夜窗话旧》曲子似乎是对二者的总括。

[①] 谢伯阳编纂：《全明散曲》第三册，第3885—3887页。
[②] 谢伯阳编纂：《全明散曲》第三册，第3731页。

《夜窗话旧》曲云：

【八声甘州】鸳鸯牒上，把云英姐姐配定装航，谈何容易，蓦面便教相傍，勾消几许相思账。收拾无边年少场，方才有今宵细语空窗。

【前腔】记当日画楼相访，正朦胧睡起，半懒梳妆。兜的觑上，从此不教抛放。曾深谈雨枕销金帐，曾泣誓风灯萧寺房，也曾守凄凉枫落吴江。

【不是路】不厌疏狂，许我真心学孟光。亲供状，就轮回也愿作鸳鸯。怎生忘，把池边树影做谈心幌，将峰外松台做拜月堂。相偎傍，一场花梦拼劳攘，尽他魔障，尽他魔障。

【解三酲】我也曾锦衾罗幌，我也曾路雨桥霜，我也曾把香心月梦潜来往，我也曾封寄啼痕十万行，我也曾软偎珠翠将花心养，我也曾抹杀须眉将浩气藏。风流账，为风流两字，搂得人慌。

【前腔】你如今绣房鸳帐，你如今琴几炉香，你如今舞裙歌扇抛尘网，你如今伴先生月勺花觞，你如今不愁心上鸳鸯旷，你如今冷看人间脂粉狂。休谦让，真个是情因证果，花籍生光。

【尾文】空窗一夜闲论讲，个里悲欢有一万场，把天比情还未是长。

从内容上，曲子更多写的是过去曾有的情感，曲中的"你"，或者就是曾经《决绝词》中"生死终身愿跟"的女子。曲子后施绍莘的自跋，揭明曲子表达的不仅仅对曾经情感的回忆和感伤，更有对自己一生的感伤。跋云"'二十年前一梦空，依稀犹记梦花红。而今短鬓侵寻白，闲话风流落照中'，此予乙丑春日花前感旧诗也。夫人生七十，谓之古稀。而初十年太少，后十年太老，中间止五十年。而坐困于塾师者几十年，羁缠于病冗者几十年，幽沉于风雨者几十年，所存几何哉。而粉债花魔，酒兵愁阵，又无日不煎熬热沸，为生亦良苦矣。幸有一字诀曰忘，庶以寡情得安乐法耳。奈何绊系情根，常在心口，当年童心，业已多事，又复为之追思记忆，点算狂花。旧事萦缠，业缘增重，何时得解脱哉？右词乃十年前旧案，《花影集》成，予拟删去。彦容曰：'事不须忆，而词则可传尔，但作空花观，听天下着相人临文感叹可也。'乃仍附之卷中，令如夕阳之在疏林，半明半灭云尔。"① 曲子和自跋，颇有凄凉伤悲之感，尽管施绍莘写作自跋时是站在佛教的立场，企图从"着相"中摆脱出来，忘掉曾经的伤痛和坎坷，实际上仍是不能完全做到，如其所言"绊系情根""为生亦良苦"，不是容易忘却的。施绍莘可能是希望借这首曲子和自跋，从"业缘"中完全将自己解脱出来，不再有"何时得解脱"之叹。

二

上引施绍莘自序中提到，其创作中"废纸不知几十万"，他的曲子在当时相当流行，不仅仅是"欣然自喜"而已，曲子的流行有可能进一步刺激了他的创作。施绍莘曾对陈继儒说："子老矣，请时时过我，俯首拍掌而和之。暇则为我题数行传海内，海内故有天耳，人尝为施郎点头耳。"施绍莘期望陈继儒能为其曲子题序，扩大其影响而使曲子更为广泛地流传。实际上施绍莘的曲子已经颇为流传了，陈继儒叙述其曲子之传播云："夫曲者，谓其曲尽人情也。诗人人可学，而词曲非才子决不能。子野才太俊，情太痴，胆太大，手太辣，肠太柔，心太巧，舌太纤。抓搔痛痒，描写笑啼，太逼真，太曲折。当其志敞意得，摇笔如风雨，强半为旁人掣去。或写素屏纨扇，或题邮壁旗亭，或流播于红绡丽人、黄衣豪客之口，而犹未睹子野之大全也。今花影集一出，上至王公名士，下至马卒牛童，以及鸡林象胥之属，皆咄咄吁骇，想望子野何如人。购善本，换新声，掷饼金斛珠，当不吝惜，岂特为三梦、四声猿之畏友而已乎。"② 从陈继儒的记述看，施绍莘的曲子几乎为各个阶层、各色人等接受和喜爱。"情太痴，胆太大，手太辣，肠太柔，心太巧，舌太纤"指的是曲子的内容、风格、形式，"或写素屏纨扇，或题邮壁旗亭，或流播于红绡丽人、黄衣豪客之口"指的是流传的形式，无论是"素屏纨扇"还是"邮壁旗亭"都是与人们尤其是文人们每天关系最为密切的日常生活内容。"流播于红绡丽人、黄衣豪客之口"则是指曲子的歌唱性、欣赏性与娱乐性，

---

① 谢伯阳编纂：《全明散曲》（增补版）第六册，第4704—4705页。
② 施绍莘：《秋水庵花影集》卷首。

普遍的歌唱增加了曲子的传播范围。

明代很多文人的作品往往牵拉富贵者、权势者以抬高自己的声誉，施绍莘却似乎自觉地不"攀缘附会"显贵者。《秋水庵花影集》的杂记"校阅"云："予不妄校，未尝攀缘附会，校雠评阅，止吾相知几人。常见世之梓刻，有交尽显人、评满天下者，兹刻自觉寒酸，然宁使为予之寒酸矣。"① 施绍莘宁使《花影集》看上去寒酸亦不结交显贵者，或许是对作品一般而靠结交显贵者装潢门面之作者的不屑，或许也是对自己作品的自信。事实上，施绍莘并没有因拒绝"攀缘附会"显贵者而使作品遭受冷落，相反却受到相当的欢迎。《秋水庵花影集》的杂记"伪窃"中，提到其词经常被剽窃："小词虽极芜陋，然自写一得，亦颇自珍惜。奈每为小人掩窃，曾于一歌姬扇头，见《梦江南》，宛然予作，而已识他人姓字矣。如此者甚多，一一崔声飞上天，岂容假人耶？不敢不辨。"② 歌姬将施绍莘《梦江南》的词写在扇子上，故陈继儒说的"或写素屏纨扇"并不是虚写，确是事实。这个歌姬扇子上的词是由剽窃者所题写上去的，正说明了施绍莘曲子和词的流行程度；另外，没有被剽窃而被题于"素屏纨扇"上的作品应该更多。《秋水庵花影集》的杂记"流传"云："予流连词翰，多阅岁年，靡音丽语，每为好事者所传。但尔时少作，时复改窜，至有终篇一字不同者，亦有句字几经更换者，观者当以兹刻为正。"③ 施绍莘反复修改曲子，说明他不苟且的创作态度；好事者能主动去传播施绍莘的曲子，表明曲子极为民众所欢迎和接受。

《梦江南》是施绍莘作的十首小词，题作"秋思"，写的是作者在秋景中的感思，表达内心中一种莫名的愁绪和惆怅，颇能引起歌者和听者对于萧凉秋景的同感。如其一云："人何处，人在碧云楼。雨雁带愁横浦树，风花惊梦扑帘钩，应是倦梳头。"④ 这首词颇似北宋词人柳永《八声甘州》的下阕："不忍登高临远，望故乡渺邈，归思难收。叹年来踪迹，何事苦淹留。想佳人妆楼颙望，误几回天际识归舟。争知我依阑干处，正恁凝愁。"词意、词句与词境都非常接近。施绍莘的《梦江南》篇幅较

---

① 施绍莘：《秋水庵花影集》卷首。
② 施绍莘：《秋水庵花影集》卷首。
③ 施绍莘：《秋水庵花影集》卷首。
④ 施绍莘：《秋水庵花影集》卷五。

短,所题"秋思"对秋景的描写并不充分,更多的是写在碧云楼上倦梳头的女子,"雨雁带愁横浦树,风花惊梦扑帘钩"两句写的秋景,主要的作用还是作为倦梳头女子的定语,这两句并不能使人想象到作者所描写的秋景,更容易想象到处于萧秋中的女子以及倦梳头的形象。尽管如此,《梦江南》的秋意仍然很充足,一方面"雨雁带愁横浦树,风花惊梦扑帘钩"两句使人想象到的虽是女子,毕竟能使人感受到秋景的萧瑟;另一方面,题目"秋思"中的"秋"字,似乎能弥足小词中对秋景描写的不足。当看到"秋"字,随着对小词的阅读,"秋"字与词句对秋景中倦梳头女子的描绘相结合,很容易在脑海中刻画出萧瑟秋景的气象,如同柳永《八声甘州》上阕之歌唱:"对潇潇暮雨洒江天,一番洗清秋。渐霜风凄惨,关河冷落,残照当楼。是处红衰翠减,苒苒物华休。惟有长江水,无语东流。"苏东坡曾评价柳永《八声甘州》云:"世言柳耆卿曲俗,非也,如《八声甘州》云'霜风凄紧,关河冷落,残照当楼',此语于诗句不减唐人高处。"① 如《八声甘州》一样,施绍莘《梦江南》中同样显现出一丝丝唐人之气象。北宋初期的文人词往往以"春女善怀"角度抒发才人失志之意,柳永《八声甘州》却是男性的视角抒发"秋士易感"的才人志士对暮年失志的悲慨,施绍莘《梦江南》是以女子的口吻描写碧云楼中倦梳头的女子,表达出的意象不是"春女善怀",而是与《八声甘州》的"秋士易感"相近,可能是因为词题和词意写的是秋而非春。施绍莘的曲子和词中这样的作品不在少数,如《点绛唇·题雪图》词意与《秋思》颇为接近,上阕"风雪溪桥路一点"写的是冬季"野色"之景,与《秋思》写秋景稍有不同,却同样萧杀。下阕云"人行正在模糊处,冲寒去打头,狂絮人远天涯暮"②,表达出与《秋思》相同的由萧凉景色引起的惆怅和愁绪。《御选历代诗余》卷五选此词作为施绍莘的代表作之一,可能就是因为词中所蕴含的与宋代词人柳永相同的秋士易感之心绪。这样的词,可以说是施绍莘真实境况与真实内在心境的写照,因为真实、情真而能感动人,很容易受到处于漂泊之中文人才子的喜爱,将其题于"素屏纨扇""邮壁旗亭"之上,歌唱于"红绡丽人、黄衣豪客"之口,是相

---

① 赵令畤:《侯鲭录》卷六,《四库全书》本。
② 施绍莘:《秋水庵花影集》卷五。

当自然的。

施绍莘的曲子似乎是自觉地、有意识地为演唱而作，上引自序中提到很多曲子"不入谱律"，即使不合谱律，也是为演唱而写。《秋水庵花影集》"杂记"中的"徵歌"云："集中诸曲，已半付歌儿，管弦翻谱，屡属名手，幸免铁绰板之讥。词坛解人，不烦更费推敲，试一按板，自然入律。"① 施绍莘的曲子"已半付歌儿"，且由名手演唱，表明了他的曲子演唱性（音乐性）之强、水平之高、受欢迎程度之广。套数《贺闇生新居》曲子后附的《西佘山居记》云："凡四时风景，及山水花木之胜，皆谱小词，教山童歌之。客至，出以侑酒，兼佐以箫管弦索。"② 再次证明了施绍莘曲子的歌唱性，陈继儒在套数《杨花》后评论道："古人谓丝不如竹，竹不如肉，以为渐近自然。袁中郎《虎丘记》云：'比至夜深，箫板亦不复用，一夫登场，四坐屏息。音若细发，响彻云际，每度一字，几尽一刻。飞鸟为之徘徊，壮士听而下泪矣。'予谓子野《杨花》等词，每于声音句字外，别有神韵，政须付若辈歌之。"③ 施绍莘的曲子正须付给歌者演唱，方更显其妙，套数《送春》后施绍莘自记歌此曲子云："送春两字，无限关心，已谱南宫，付之箫管。复缀是词，并被弦索，凄凉悲壮，始各极其致，每歌此词，大都在落红飞絮中。一时情味已为香绵病粉，搅乱擷翻，而丝愁竹怨之声，复袅袅耳根，倘未免有情，敢问谁能不痛哭也。"④ 套数《旅怀》后的自记又云："予结习未除，艳句日积。癸亥春末，始付小童歌之，花月之下，偶有新声，亦复随时换谱。"⑤ "幸免铁绰板之讥"自然用的是苏东坡与柳永的典故。宋代俞文豹载一幕士论柳永、苏轼词云：

东坡在玉堂，有幕士善讴。因曰"我词比柳词何如"，对曰："柳郎中词，只好十七八女孩儿，执红牙拍板，唱'杨柳岸晓风残

---

① 施绍莘：《秋水庵花影集》卷首。
② 谢伯阳编纂：《全明散曲》第三册，第 3852 页。
③ 谢伯阳编纂：《全明散曲》第三册，第 3782 页。
④ 谢伯阳编纂：《全明散曲》第三册，第 3797 页。
⑤ 谢伯阳编纂：《全明散曲》第三册，第 3805 页。

月'；学士词，须关西大汉，执铁板唱'大江东去'。"公为之绝倒。①

这个幕士由于善歌且可能经常歌唱柳、苏二人词，故对二人之词有如此中肯的评论。施绍莘"幸免铁绰板之讥"之说，是认为自己的词并非如苏轼词那般豪放与铿锵有力，更接近于柳永之婉约词风。施绍莘多作有北曲与南北合套，曲子中的豪放之气自然不免，南北双调合套的《清明》自跋云："艳阳光景，春海无边，不谱新声，凭何献颂。辛亥清明，拟缀小词，初得句调犯商角，谓其悲伤宛转，情文未协。乃改填南北双调，峻激流利，兼而有之。可令歌姬徐啭莺喉，亦可令豪士下几铁板，或亦春游一助也。"所谓"亦可令豪士下几铁板"，表明其曲子中亦有豪放之气，可以令豪士执铁绰板而歌之，故其曲子并不是完全能"免铁绰板之讥"。

从表面上看，施绍莘的曲子与柳永词的属性基本是一致的。施绍莘虽然隐居于佘山，与青楼歌妓的交往却颇为不少。如套数《与妓语旧感赠》便是因逢着旧时青楼歌姬而作，【步步娇】云："未许芳心全灰死，想起前头事，当初见你时。姊妹随肩，记得排行次。自分会无期，却谁知，梦里重逢此。"【玉交枝】云："我今老矣，渐腮边鬏鬏有须。当初花柳和云雨，今日是笔砚琴书。心窝忘了定情诗，眼睛晕了鸳鸯字。笑当初，痴耶忒痴，索性有今朝忘记。"施绍莘可谓真的是情痴，如自跋云"吾辈情之所钟，每见遗粉残膏，犹是销魂欲死""情种既深，遂觉艳根柔蔓，绵引不已"等语，自序又云"痴心又来做梦"，显然旧情不是能容易忘却的。曲子后徐合明"写情传恨，语语幽深。盖身经是境，自是摹神。倘不悲而泣，正恐其泪不下耳"的评语，确实准确。在这方面，施绍莘曲子的风格更接近于柳永之词。施绍莘这类曲子的性质，正与词最初的特性相同，如欧阳炯《花间集叙》云："镂玉雕琼，拟化工而迥巧；裁花剪叶，夺春艳以争鲜。是以唱云谣则金母词清，挹霞醴则穆王心醉。名高《白雪》，声声而自合鸾歌；响遏行云，字字而偏谐凤律。《杨柳》《大堤》之句，乐府相传；《芙蓉》《曲渚》之篇，豪家自制。莫不争高门下，三千

---

① 俞文豹：《吹剑续录》，见张宗祥辑录、校订《吹剑录全编》，古典文学出版社1958年版，第38页。

玳帽之簪；竞富樽前，数十珊瑚之树。则有绮筵公子，绣幌佳人，递叶叶之花笺，文抽丽锦；举纤纤之玉指，拍按香檀。不无清绝之词，用助娇娆之态。"① 施绍莘的曲子，尤其是爱情曲子，颇有"绮筵公子，绣幌佳人，递叶叶之花笺，文抽丽锦""举纤纤之玉指，拍按香檀"之姿。套数《集彦容舟中时苏王二姬在坐》的自序中云："季春八日，风日和美。彦容乃折简招宾，携樽命妓，若苏，若王，皆松之冠也。彦容能使之来，且能使不去，其为弦管尊罍，生色多矣。是时雨过燕忙，芹肥水香，乃放舟中流，随潮上下。每过树则绿不见天，逢花则红欲妒面。兼之远山如眉，岸草若带。池春甫萍，小风微波。而浴鸥出没，如与人戏。此时之乐，不言可知也。未几月上，词客影乱，而琵琶按拍，犹未慵休，客有欲醒不能，辞醉不肯者。"② 由自序中的"琵琶按拍"知其曲子，是便作便唱，与欧阳炯《花间集叙》中所描写之情状一般无二。

施绍莘是华亭人，属今上海一带，其隐居的佘山亦在华亭一带，其曲子中存有的绣幌佳人"娇娆之态"实属正常。值得注意的是，施绍莘有大量的北曲作品以及南北合套的作品，套数《春游述怀》的自跋云："予雅好声乐，每闻琵琶筝阮声，便为魂销神舞。故迩来多作北宫，时教慧童，度以弦索，更以箫管叶予诸南词。院本诸曲，一切休却。间有名曲，略谱其一二条。每遇佳时艳节，锦阵花营，美人韵事，则配以靡词。若奇山异水，高衲羽流，感怀吊古，则副以激调。随境写声，随事命曲。管弦竹肉，称宜间作。更以烟霞花月，酒茗诗棋，衬贴其间。如此逍遥三十年，归骨于先人之侧，乃以片石立墓道曰'有明峰泖浪仙之墓'，则吾愿足矣。头上乌纱，腰间白璧，青史上官衔政迹，件件让与他人可也。"③ 琵琶、筝等是北曲所用的乐器，南曲使用的乐器以弦索、箫管等为主，施绍莘因为喜欢琵琶、筝等乐器而作北曲。如其所言，作北曲"度以弦索，更以箫管叶予诸南词"，其曲子往往具有南曲和北曲两种风格。

套数《夏景闺词》内容上写的仍然是闺阁之情，如【江儿水】云："记得欢娱夜，凉堂浴罢者，掩青团共就荷亭月。那人儿亲自低声说，月

---

① 李谊：《花间集注释》卷首，四川文艺出版社 1986 年版，第 1 页。
② 谢伯阳编纂：《全明散曲》（增补版）第六册，第 4732 页。
③ 谢伯阳编纂：《全明散曲》第三册，第 3746 页。

盈亏，我和你无圆缺。谁料冤家恶劣，月缺重圆，偏我和你，常常离别。"一如既往地情深与哀怨，曲子后的子还评论云："揭帖韵极难，工此却洒然，至于入情深至，构语秀特，尤见名士风流。"又有韩有一评论云："痴憨娇怯，宛为佳人写照。拟其姿韵，所谓意似近而既远，若将来而复旋者耶。"开篇的【步步娇】却是极为不同的风格，云："梦破秦楼箫声咽，帘外如珪月，雕栏蔓字斜。茉莉初簪，点点堆堆雪。宝袜半痕遮，晚凉天，一味儿浑娇怯。"曲子中的"梦破秦楼箫声咽"很容易联想到李白的《忆秦娥》，同样的词句，同样的气象与格调，亦同样凄婉动人。施绍莘在自跋中说："粤自胡元，北声不劲，南音遂歌。诸名家诚不用沈约韵，亦未曾用中原韵，不过以声音相近为韵耳。自后生厌，常喜新而好为苟难，乃极诋沈韵，而必宗中原。夫沈之被驳，以'虞''元'等韵也，一声不谐，遗议千古。况中原废四声为三声，上去入，颠倒错乱，至于如此，而犹可为训乎？五音出于五行，五行有金木水火，而土寄位焉。所以四时有春夏秋冬，而土寄旺焉。然则五声之为四声，自然之理也。废而为三，是为何说乎？将四时亦缺一而可乎？且平、上、去、入，随声自叶，乃天籁之自然，如天、腆、䐃、铁，欲少一声不得，欲多一声亦不得。果如中原韵所云，将至'腆'字竟止矣。可乎？不可乎？甚矣，中原韵不韵也。要是胡元入主，北声乱华，刚劲乖劣，几不成响。周德清乃因其舛谬著而为书，令人知胡元某字，即中华某字。声音虽有不同，而真是卒不可混。六经音义由此终天不泯，此德清之苦心，当谅之声响之外者也。安得不以意逆志，反以缺舌为师，而非毁先贤哉？故予尝谓中原韵为攘夷功臣，而亦为贤智戎首。揭帖韵尤为乖戾，予极恨其诡窒。右词偶戏为之，不过严于用韵，以苦难笔墨耳。敢不大伸正论，为词林护法也哉。"[1] 施绍莘说自元代之后"北声不劲，南音遂歌"，是明代曲论家与曲作者普遍的看法，明代刘良臣论明代散曲说："西郊野唱北乐府者，今所谓金元曲也。盖是体始于尽，而盛于元，故云。北方风气刚劲，人性朴实，诗变之极，而为此音，亦气机之自然尔。歌唱之余，真足以助应夫壮士之气，而非优柔龌龊者之所知也。正德以来，南词盛行，遍及边塞，北

---

[1] 谢伯阳编纂：《全明散曲》第三册，第3861—3862页。

曲几泯，识者谓世变之一机，而渐返之。"① 刘良臣指出散曲源自金元，因地处北方，故有"风气刚劲""朴实"之风格。正德以来，南词盛行于全国，甚至遍及北方边塞，北曲几乎泯灭。在北曲几乎泯灭的风气中，施绍莘创作北曲以及南北合套曲子，或许如郑振铎在"嘉隆后的散曲作家们"中论述的："从嘉靖到崇祯是南曲的时代。散曲到了嘉靖，已入发展、转变的饱和期，呈现着凝固的状态。南曲过分发达的结果，大部分的作家都追逐于绮靡的昆山腔之后而不能自拔。北曲的作家，几至绝无仅有。在风格与情调上，他们是那样的相同：一部《吴骚》，我们读之，很难分别得出某一篇是何人所作的。因此，在这畸形的发达的极峰，即到了万历中叶的时候，作者们便不期然而然地发生自觉的感情的枯竭。一部分的人便想从北曲里汲取些新的题材与内容来；别部分的人便又想从民间歌谣里，得到些什么惊人的景色与情调。"② 南曲发展到极致之后，由于情感的枯竭，创作者又开始从北曲以及民间歌谣中寻找题材和内容。施绍莘的北曲创作或许是这种挽救散曲创作的努力之一，如其说的是"伸正论"而"为词林护法"。

《夏景闺词》虽与李白《忆秦娥》相近，施绍莘为北曲的"词林护法"之作，仍有南曲的软美与情欲，如《夏景闺词》中的【川拨棹】云："偏是凉添夜，你醉平康竞狭斜。枉教人短叹长嗟，枉教人短叹长嗟，惨斑斑腮边泪血。"③ 南曲与北曲两种风格有机和谐地融合在一起，是施绍莘曲子被称道的地方，顾彦容评论套数《春游述怀》时云："南音多柔曼，北音多激壮，盖亦五方风气使然。子野此词有'大江东去'之雄风，复饶'晓风残月'之佳致。故以铜将军铁绰板歌之而不失之凌劲，即以十七八娇女儿挟锦瑟按红牙唱于步丝帐下而不失之纤弱。"④ 顾彦容认为施绍莘的曲子既有苏轼之豪放又有柳永之婉致，是对其"多作北宫，时教慧童，度以弦索，更以箫管叶予诸南词"等作品的恰当评价。

---

① 刘良臣：《刘凤川遗书》文集卷一《西郊野唱引》，中国书店1983年影印本，第一册第32页。
② 郑振铎：《插图本中国文学史》第六十三章，载《郑振铎全集》第九卷，第461—462页。
③ 谢伯阳编纂：《全明散曲》第三册，第3861页。
④ 谢伯阳编纂：《全明散曲》第三册，第3744页。

综上所述，施绍莘信仰佛教，虽然常出负气之语，却最终能以佛教的观念理性看待情感以及世界。曲子所歌唱的，佛教的内容同样很多，如《春日述怀》中提到的"若奇山异水，高衲羽流，感怀吊古"，套数《贺阊生新居》曲子后附的《西佘山居记》再次结交"高衲羽流"，云："予性苦城居，颇乐闲旷，己未冬移家泖西。而每岁春秋必来山中，或侵寻结夏，至十月而归，而梅花时又遄至矣。居山中，雨不出，风不出，寒不出，暑不出，贵客不见，俗客不见，生客不见，意气客不见，惟与高衲羽流相知十数人往还。""高衲羽流"指的是佛教和道教，《西畬山居记》又云："予山居则疏疏落落，而点次于山水间也。在山腹者曰半间精舍，本为先人墓地，于此供僧忏佛故名。中堂曰春雨，其前平田远水，一目千里。西偏曰无梦庵，卧处也。""庵前高梧数株，壁立耸翠。更作香霞台，每岁锦茵绣幙，为牡丹洗妆于此。水折而东，稍稍深阔，作轩其上，为聊复轩，轩内作暖室，曰一灯十笏。中供如来，及纯阳祖师像，每清斋禅诵于此。"[1] 施绍莘住处内供奉如来以及吕纯阳祖师像，故结交的"高衲羽流"应该有佛教僧侣和道教的道士。在曲子中，施绍莘基本上极少提到道教，"高衲羽流"指的主要是佛教。《秋水庵花影集》中有许多评论者，与施绍莘关系特别密切，《秋水庵花影集》杂记"评语"云："集中乐府大套，俱已著评人姓字，其间小令、诗余，未经明注者，大约彦容、巨卿、冲如、德生为多。盖时常聚首，趁笔拈题，不觉其珠联而贝合也。"[2] 这些关系密切的朋友在评论曲子与施绍莘本人时，提到最多的是曲子中的佛教观念与施绍莘本人的佛教信仰，却无一句提到施绍莘关于道教信仰的评语。

杨慎援引马浩澜《花影集》自序云：

> 马浩澜著《花影集》，自序云：予始学为南词，漫不知其要领。偶阅《吹剑录》中载：东坡在玉堂日，有幕士善歌，坡问曰"吾词何如柳耆卿"，对曰："柳郎中词宜十七八女孩儿，按红牙拍，歌'杨柳岸晓风残月'；学士词须关西大汉，执铁板唱'大江东去'。"

---

[1] 谢伯阳编纂：《全明散曲》第三册，第3851—3852、3849、3851页。
[2] 施绍莘：《秋水庵花影集》卷首，第218页。

缘是求二公词而读之，下笔略知蹊径。然四十余年，仅得百篇，亦不可谓不难矣。法云道人尝劝山谷勿作小词，山谷云"空中语尔"。予欲以"空中语"名其集，或曰不文，改称《花影集》。"花影"者，月下灯前，无中生有，以为假则真，谓为实犹涉虚也。①

所谓的"花影"之意，乃"月下灯前，无中生有，以为假则真，谓为实犹涉虚"，具有很强的佛教意蕴。马浩澜对"花影"的解释颇有佛教意蕴，杨慎援引马浩澜对"花影"的解释，显然是赞同马浩澜赋予花影的含义。马浩澜之"花影"是如此含义，施绍莘之"花影"同样被赋予此意，陈廷焯"明代两花影词"论马浩澜之《花影集》与施绍莘之《花影集》云："明代施浪仙《花影词》四卷，卑卑不足道，求其稍近于雅者，不获三五阕。同时马浩澜亦有《花影词》三卷，陈言秽语，又出浪仙之下。而当时并负词名，即后世犹有称述之者。真不可解。"② 陈廷焯论施绍莘曲子"卑卑不足道"，属不同评论者的仁智之见。从作品来看，两部《花影集》之题取意应该相同，施绍莘的《花影集》之意亦如杨慎所论。顾胤光《秋水庵花影集序》说："盖词不难填实而难使虚，而花之弄影，妙香色之俱空。词不难琢巧而难写生，而影之取花，妙即离之双遣。词不难繁音之噪耳，而难柔致之感物。而影晕花，花筛影，妙妩媚之无骨，而参差之善随。以子野词，拈作花观，两字欢愁，皆嫣红而惨绿也。百态离合，疑笑晴而泣雨也。以子野词，拈作影观，趣横景移，得意在精神之摹写也。"③《花影集》之名取"妙香色之俱空""妙即离之双遣"，即以佛教之意涵命名其作品。施绍莘在套数《月下感怀》的序中说："眼底空花，凭恁自开开谢谢，身中真果培他要岁岁年年。休说功名富贵，无过白骨生涯，莫分好歹贤愚，总是黄粱公案。不识影中幻相，真性何存，但知个里虚无，源头便见。所以清虚禅教，全非香味色声。就是好事儒家，岂关富强礼乐，但解当前破幻，何须别处寻真。如行到山穷水尽，回思归路才殷。似添得海竭河干，不用慈航自渡。此命篇之意云，亦

---

① 杨慎：《词品》卷六，上海古籍出版社2009年版，第137页。
② 陈廷焯：《白雨斋词话》卷六，载《白雨斋词话全编》，中华书局2013年版，第1295页。
③ 谢伯阳编纂：《全明散曲》（增补版）第六册，第4753页。

唤世之法也。"① 明确告诉读曲子者，他的曲子阐述的是"出世法"。袁仲闻在曲子后评论说："眦睨乾坤，揶揄今古，碧眼如炬，空花幻泡觑破多矣。"扈芷师把祇园上座让给施绍莘，云："予向闻子野，未识子野，适至眉先生斋，读《花影集序》，始识子野为如此子野，已而得读《花影集》，获观此词，乃更识子野为如此子野。他时祇园坐上，吾当以上目让之。"②

在曲子中，施绍莘结交"高衲羽流"之语时时出现，如套数《贺阇生新居》【古轮台】云"更羽客高僧，参推养生禅定"，曲子后的施绍莘自记云："阇生本宜置丘壑，竟以俗缘未断，犹滞城闉。故予以此词贺之，实规之也。未几，阇生辟园东郊，移家就焉，可谓从谏如流矣……予尝有《西畬山居记》，极言人外之乐，曾录一通寄阇生。窃自谓繁华梦短，冷淡情长。丹山白水，未可与空花热焰同日语也。"③ 施绍莘自言《西畬山居记》乃言"繁华梦短"之意，明确无误地表达自己的佛教体认。顾阇生在曲子后的评语中，言《西畬山居记》乃"出世法"，云："（子野）寄予此文，更属出世法，乃知人世间红尘蔽天，仍有一隙冷境可容闲人。予东郊有数椽，花木古秀，鱼鸟静乐，予将于此老我一生，与子野长作世外神交，分受林泉之乐，岂容子野独享，且以此傲睨人也。"④ 施绍莘与顾阇生是名副其实的世外之交，用曲子【念奴娇】中的"我世外闲心，宗门本色，堪于此处老余生"⑤ 一句来形容，是再恰切不过。曲子与自记中透露出来的佛教之意，韩巨卿评论说："文势纡回，文情闲旷，而曲折详尽，觉亭台桥道，历历可数。每澄心静观，神与境会，直似芒鞋竹杖缓步其间者。惠坡题李龙眠画云'如见所梦，如悟前世'，此记当亦云然。"⑥ 套数《园林初夏》【琥珀猫儿坠】云"阶前百合，香泛夜窗虚，鼻观心禅坐欲枯"⑦，表明施绍莘的佛教信仰不仅是供奉如来，

---

① 谢伯阳编纂：《全明散曲》第三册，第 3800—3801 页。
② 谢伯阳编纂：《全明散曲》第三册，第 3802 页。
③ 谢伯阳编纂：《全明散曲》第三册，第 3848 页。
④ 谢伯阳编纂：《全明散曲》第三册，第 3853 页。
⑤ 谢伯阳编纂：《全明散曲》第三册，第 3848 页。
⑥ 谢伯阳编纂：《全明散曲》第三册，第 3852 页。
⑦ 谢伯阳编纂：《全明散曲》第三册，第 3777 页。

更是认真地坐禅修禅。《西江月·忆朗公归山》词上阕云"佛佛灯前放榻，炙香炉畔烹茶"表明施绍莘的日常禅修生活，"忽思人去及梅花，几度霜天雪夜"表明施绍莘修禅极其勤勉，即使寒冬亦不辍。下阕"记得那人说道，水云深处为家""推窗极目望归霞，约摸结庐其下"①，是言对禅师朗公的想念及拜访并听其讲道之意。

施绍莘的信仰佛教以及修禅，是明代文人中的一种普遍的风气，如刘良臣《杨林暮雨》曲子中的参禅云："杨林古寺创年年，不见昌黎访大颠。金碧尚能明暮日，云烟忽已暗霞天。山腰野马看和气，壁障蜗牛润壳涎。安得琴操解佛语，风流太守共参禅。"② 杨慎小令【金衣公子】《五阕为张愈光题》中云坐禅："仙娃醉眠，诗翁坐禅。"③ 相比较而言，施绍莘的佛教观念表现得深刻而与众不同，与众不同是以绮语表达佛教观念，详见下文。佛教意识深刻，首先表现在佛教认识受到当时禅师的肯定，套数《赠石城董夜来》之自记云："戊午文战，予以首秋八日赴金陵，旅邸枯坐，萧条若僧。""萧条若僧"一是言其修禅，一是言其生活似禅僧，施绍莘日常生活与佛教僧徒一般无二。曲子之后有莲儒法师评论云："予既剃发，例不得读绮语。偶过三影斋，子野出小词示我，不觉神味洒洒。善哉参廖之言，譬如不事口腹人见江珧柱，能无一朵颐。盖正不须作空花观，其尖艳处皆其血性处，大可助人机锋。予请以子野为师，甘吃痛棒也。"④ 所谓的"血性处"，是其作品与言语如禅师一般能够打破痴迷人的关隘，故"大可助人机锋"；施绍莘的作品不似禅家机锋，却与禅家机锋有同样之作用。词作中有不少作品提到供佛与修禅，《点绛唇·泖桥次眉公韵》上阕云："寺枕荒塘，时时雪浪吞僧屋。桥头路曲，废井当枯木。如此幽闲，恰好闲人宿。窗敲竹，酒醒茶熟，天水鹦哥绿。"⑤ 施绍莘的住处旁边就有佛寺（屋），居住之处和僧居的环境相差无几。《梦江南·秋思》之八云："人何处，人在白云龛。供佛泥在烧柏子，换妆教婢

---

① 施绍莘：《秋水庵花影集》卷五。
② 刘良臣：《刘凤川遗书》文集卷二，中国书店 1983 年影印本，第二册第 4 页。
③ 谢伯阳编纂：《全明散曲》第二册，第 1410 页。
④ 谢伯阳编纂：《全明散曲》第三册，第 3785 页。
⑤ 施绍莘：《秋水庵花影集》卷五。

贴宜男，应是绣经函。"① 这首词与《西佘山居记》中提到的一样，住所中供着如来（佛）像。《如梦令·同朗公夜话和彦容作》词中多首对佛教有所涉及，之一云："有客儒冠覆顶，和尚衲衣一领。说到淡然时，灯烬茗温香尽。清冷，清冷，月定碧梧筛影。"之二云："打散眼魔昏晕，重剔灯儿分的。自洗瓮中茶，验取封题龙井。汤滚，汤滚，窗外鹤来窥听。"之三云："共在西堂竹里，正是维摩病起。坐久悄无言，对盏孤灯而已。如是，如是，打破语言文字。"本首"如是，如是，打破语言文字"句下有点评云"都又说破"。之四云："漠漠小床烟雾，爽气教人休卧。苔面落花多，指点月来云破。罪过，罪过，警醒梵天龙部。"此首"苔面落花多，指点月来云破"句下有点评云"正是现前指点"。无论是词本身还是点评之语，不仅明确言明对佛教的涉及和信仰，更隐含禅学的关怃，"都又说破""现前指点"之意与套数《赠石城董夜来》后莲儒法师"尖艳处皆其血性处"的评论相同。

施绍莘被视为"情种"，亦自视为"情种"，曲子中包含有大量的绮语和情欲、情感，因此其不可避免地会以佛教语言与观念来谈论情感，如《浪淘沙·有怀》词上阕云："休去倚栏杆，人在天南，云山隔断一丝牵。不信情痴痴甚也，或是因缘。"② 词中"情痴痴"是由因缘而起，便是以佛教观念说情感。《江城子·咏花》词上阕言因缘："蕊珠宫里掌花仙，为尘缘，债须填。命带花星，日费买花钱。检校人间脂粉籍，亲受记，玉皇前。"下阕言业："惜花功行满三千，赏花鲜，护花鸢。花落花开，尽使得吾怜。忏悔众花冤业了，同归去，大罗天。"③ 整首词以因缘和业报（因果）讲述情感。这样的作品只是以简单的佛教术语来论述情感，施绍莘更多的是以佛教观念，描绘出情感的变化无常，以及由此带来的凄凉与悲伤之境。套数《夜窗话旧》【解三酲】"你如今绣房鸳帐，你如今琴几炉香，你如今舞裙歌扇抛尘网，你如今伴先生月句花觞，你如今不愁心上鸳鸯旷，你如今冷看人间脂粉狂。休谦让，真个是情因证果，花籍生光。"④ 这首曲子在格式上与杨慎妻子黄娥的【雁儿落带得胜令】极其相

---

① 施绍莘：《秋水庵花影集》卷五。
② 施绍莘：《秋水庵花影集》卷五。
③ 施绍莘：《秋水庵花影集》卷五。
④ 谢伯阳编纂：《全明散曲》第三册，第3842页。

像,黄娥曲云:"俺也曾娇滴滴徘徊在兰麝房,俺也曾香馥馥绸缪在鲛绡帐。俺也曾颤巍巍擎他在手掌儿中,俺也曾意悬悬搁他在心窝儿上。谁承望忽剌剌金弹打鸳鸯,支楞楞瑶琴别凤凰。我这里冷清清独守莺花寨,他那里笑吟吟相和鱼水乡。难当,小贱才假惺惺的娇模样。休忙,老虔婆恶狠狠做一场。"① 杨慎与其他文人一样,免不了在外寻花问柳的习惯,黄娥对此十分愤怒,此曲直白地表达出对杨慎在外寻欢的怒气。施绍莘的【解三酲】是排比的"你如今",黄娥的【雁儿落带得胜令】是排比的"俺也曾",同样的句式表达出同样的爱情情感,不同的是黄娥表达的是愤怒,施绍莘表达的是对情感的悟观,认为因缘亦是因果,虽情深而不堕迷于情中,冷静、理性却又悲感。黄娥的愤怒令人同情,施绍莘的理性与悲感令人心有戚戚然的无奈之感。套数《感亡妓和闇生作》【二郎神】:"烟花梦,到今日因缘一旦空,粉债花魔闲打哄。从今以后,春花夜月秋桐,那个是当年人面孔,空剩粉遗香荒冢。"曲子后施绍莘自记云:"九娘朱颜皓齿,花韵莺喉,种种可怜。予一见销魂,颇有倚玉之意。而幽期一误,竟不重来。不一月,已为商人妇。更期月,而绿荫生子矣。且竟坐是死矣。红颜薄命,可痛可惜。"② 薄命的红颜,就如绽放的绚丽烟花,瞬时便消散,如同一场梦境,"空剩粉遗香荒冢"的无常之感使人气沮。这些曲子中,佛教观念成为情感描写的背景,施绍莘不是以感性来描绘情感,而是从佛教观念的角度认识、看待情感,再次表现出他对待情感的理性。这种理性却更能使人感到身处情感之中的那种无奈,使人在内心中更有同感,入人心亦更深,故陈廷焯论施绍莘曲子"卑卑不足道"之言,并非对施绍莘中肯的评价。

三

上述提到施绍莘的曲子如同《花间集》中的"绣幌佳人"演唱之词一般,施绍莘自言其曲子充满了"绮语",如套数《决绝词》序中便自言将己之情感"托绮语"以表达。施绍莘曲子中的绮语,确实是"尖艳"。

---

① 黄峨:《杨夫人乐府》卷三,载《杨升庵夫妇散曲》上册,第2页。
② 谢伯阳编纂:《全明散曲》第三册,第3863页。

小令【黄莺儿】《佳人睡着》云:"身子忒苗条,醒回来又睡去了,日高枝上鹦哥报。炉烟篆消,帘风韵高,娇痴困得酣难觉。把人抛,翻身时节,双手拆围腰。"①《佳人睡醒》:"睡眼半矇眬,帐轻纱翡翠笼,眼前失却鸳鸯梦。微痕线红,纤腰困慵,问郎今日寒轻重。缠鞋弓,双双立地,一朵醉芙蓉。"② 这些曲子写到女子慵睡,无论从曲子之意还是曲句来看,都是纯粹的绮语之作;"眼前失却鸳鸯梦"等句,或许施绍莘也在透露的女子思人之情,只是非常不明显。这些曲子不能判断出写作时间,不排除施绍莘通过女子思人的落寞表达自己在仕途上的失意的可能性,施绍莘很多描写情感的曲子实际上是在表达自己的失意与寂寥。施绍莘的词,大部分更属于绮语的范围,如《生查子·风情》上阕云"千帐护春寒,欢喜留郎住。烛影上牙床,深夜灯窗语",寥寥数语描写女子与情人相聚,至深夜仍有说不完的亲密之情。下阕云"还不信郎心,絮絮将郎数。故意发娇嗔,一脸风流怒"③,透露了女子的担心,虽然此时二人"深夜灯窗语",情意浓密,内心中却有深深的担忧("还不信郎心"),担忧情人悄然离自己而去,因此将自己的忧虑以"故意发娇嗔"的形式表现出来。"故意发娇嗔"一方面是表达情人之间的亲密,女子对情人的依恋和依赖以发娇嗔的形式表现出来;另一方面是"不信郎心"的忧虑之心的流露,担心此时的欢爱和亲密将不会再拥有。《浣溪沙·送春寄恨》之四的下阕云:"因改旧诗重感梦,偶看芳草忽相思,此生无计奈情痴。"④《长相思》词《时字词和闇生作》其一云:"知君时,慕君时,君在人前问我时,寻君不遇时。 感君时,谢君时,珍重尊前看我时,刚才见面时。"其二云:"怜君时,惜君时,君在东窗浣面时,楼头灭烛时。 别君时,忆君时,空有书来人远时,无书友盟时。"⑤ 这两首词可以有不同的理解,一种理解是施绍莘写给顾闇生的,表达对顾闇生亲密的情感与交谊;另一种理解则是借写给顾闇生的作品,以女性的口吻写给已离别的情人的,回忆曾经的相遇相知与恩情。

---

① 施绍莘:《秋水庵花影集》卷四。
② 施绍莘:《秋水庵花影集》卷四。
③ 施绍莘:《秋水庵花影集》卷五。
④ 施绍莘:《秋水庵花影集》卷五。
⑤ 施绍莘:《秋水庵花影集》卷五。

施绍莘很多艳情曲子中,却并不仅仅是写艳情,而是有他难以言明的寄托。或许是担心读曲子者不能明了曲中之寄托,施绍莘遂在很多曲子中作序、跋以明之,很多序、跋中表明了寄托,这些曲子都不能作为一般的香艳绮语的曲子来看待。套数《赠石城董夜来》后莲儒法师"尖艳处皆其血性处"的评论,揭示出施绍莘的绮语正是其表达的"血性处",即以"尖艳"之绮语表达佛教之观念和义理,以绮语揭"空"之义。绮语是"尖艳"之色,色即是空;色虽空,绮语又以悟空之语而存在。施绍莘绮语与空之关系,如顾乃大彦容《秋水庵花影集序》说:"其骈冶似平泉杏闹,金谷草薰,鹦鹉珠帘,胭脂零乱;鸳鸯腻浦,香雾溟濛。银烛高烧,忽共秋千遥送;瑶台空扫,却因蟾魄重窥。其绵惋又似贞娘墓古,妃子亭荒。依然细碧交加,率尔老红如雨。氍氍啼露,淡淡筛烟。倚残照以无言,随暮鸦而低堕。总之非空非色,疑假疑真。"① 从"骈冶似平泉杏闹"至"随暮鸦而低堕",即说明施绍莘曲子中的绮语性质,"非空非色,疑假疑真"即指施绍莘的曲子以绮语揭明佛教观念与义理,以绮语悟空之后而又齐绮语,在非空非色中体现佛教的义理与理性。

用佛教的义理和观念看待世界、认识事物的本质,施绍莘将其视为"药语"。套数《别石城罗采南和彦容作》序云:"彦容素豪侠,不善饮而喜看人饮酒,不好色而喜游戏声妓,然未免一二染指。近岁好道,几乎木鸡。今年予又善病,半载不相见,谓彦容真沾泥絮矣。适金陵归,出小词相示,是又何为者?吾拟规之,但其词丽婉绝伦。余既不忍不和,而使多作药语。予又不得为韵人,故依其声和之。而寓吾意于末,或者檀板敲残,两耳熟听,听至卒章,忽进一步,一切色胆,其当下空花乎!虽然,规者百之一,顺者十之九,未必无益,或正有损。人将曰'抱薪救火火益炽'。吾将曰'长君之恶其罪小'。"② 曲子虽然"丽婉绝伦",属于充满脂粉的绮语,施绍莘"寓吾意于末",将其观念灌输于其中,"两耳熟听"了"檀板敲残"的动听曲子之后,"一切色胆"便会化为"当下空花"。这就是将绮语化作了"药语"。如【字字锦】云:"勾消宿世缘,撞见风流脸。如何不爱他,宫扇和羞掩。可怜人曾见,万万千千,千千个

---

① 谢伯阳编纂:《全明散曲》(增补版),第六册,第4752页。
② 谢伯阳编纂:《全明散曲》第三册,第3873页。

不似伊家可怜。谁知缘悭分浅，枕边人儿水边，方才水边，看看天际远。把一对共巢鸾，做一对各天鸳。好个凄凉你俺，你还须念俺，你还须念俺。今宵那里，山山水水，风风雨雨。况又是思思想想，愁愁闷闷。痴指望，梦中相见。"① 词句中"思思想想，愁愁闷闷"之不能忘却的情感，追究起来不过只是"宿世因缘"的显现而已。如套数《悼亡妓为彦容作》的序中云"嗟嗟彦容，世事转眼，可悟空色"②，因缘之情再深再难以别离，终究将是"空"而已。

以绮语悟空、以情欲与情语悟空，很容易使人想起宋代文人黄庭坚与法云秀之间的故事。陈继儒《秋水庵花影集序》中说："昔山谷遇秀铁面道人，诃其笔墨劝淫，恐堕犁舌，故其叙叔原集云：妙年美士，近知酒色之娱；苦节臞儒，晚悟裙裾之乐。鼓之舞之，皆叔原之罪也。子野学道，请以山谷为戒。子野曰：'吾乐府诗余，非平章风月，则约束莺花；艳语丽情，十不得一。况虐浪俱是文章，演唱亦是说法。秀道人见之，即使木人歌，石儿舞可也。虽然，此集既行，愿将风流罪过，向古佛发露，忏悔一番。敢问眉先生新创扫帚庵，其意云何？'余曰：'有沙弥请法，佛教之诵扫帚二字，诵扫则失帚，诵帚则失扫，诵至三年，忽然上口，遂尔大悟。子野能舍无始来才子习气，做扫帚庵三年钝人乎，便不落绮语债矣。'子野稽首曰：'忏悔竟。'"③ 上引杨慎《词品》中亦提到黄庭坚与法云秀的对话，二人援引的是同一个典故。陈继儒的看法与杨慎完全相同，施绍莘的态度与黄庭坚亦完全一样，所谓的绮语不过是空语，"演唱亦是说法"明确承认作品中的佛教意蕴。施绍莘"舍无始来才子习气"做三年扫帚庵的"钝人"，完全是修行者的姿态，"不落绮语债"是指明绮语不过是悟空的媒介，如同指月之指而已。

杨慎与陈继儒两次提到黄庭坚与法云秀的典故，黄庭坚在《小山集序》中评述晏几道时，提到了禅僧法云秀对他的规劝，文云："余少时间作乐府，以使酒玩世，道人法秀独罪余'以笔墨劝淫，于我法中当下犁舌之狱'。"黄庭坚则反问法云秀"特未见叔原之作"，晏殊的词更为艳情与情欲，相比黄庭坚来说，晏殊之词使妙年美士"近知酒色之娱，苦节

---

① 施绍莘：《秋水庵花影集》卷三，第48页。
② 谢伯阳编纂：《全明散曲》第三册，第3837页。
③ 施绍莘：《秋水庵花影集》卷首，第211页。

臞儒,晚悟裙裾之乐,鼓之舞之,使宴安酖毒而不悔"①,其罪更甚。法云秀规劝黄庭坚不要作这样的艳词,否则"当下犁舌之狱",是以规劝的立场,黄庭坚其实也认识到了艳词所带来的问题。惠洪《冷斋夜话》收录这个典故时,记下了黄庭坚的忏悔,"鲁直悟法云语罢作小词"条:"法云秀,关西人,铁面严冷,能以理折人。鲁直名重天下,诗词一出,人争传之。师尝谓鲁直曰:'诗多作无害,艳歌小词可罢之。'鲁直笑曰:'空中语耳,非杀非偷,终不至坐此堕恶道。'师曰:'若以邪言荡人淫心,使彼逾礼越禁,为罪恶之由,吾恐非止堕恶道而已。'鲁直颔之,自是不复作词曲耳。"②黄庭坚坚持艳词乃"空中语耳",悟者自悟,自然不会受到艳词绮语的影响,相反艳词绮语会成为悟道的媒介。《冷斋诗话》又有佚文云:"山谷谓余言:吾少年时作《渔父词》曰:'新妇矶头眉黛愁,小姑堤畔眼波秋。鱼儿错认月沉钩,青箬笠前无限事,绿蓑衣底一时休。斜风细雨转船头。'以示坡,坡笑曰:'山谷境界,乃于青箬笠前而已耶!'独谢师直一读知吾用意,谓人曰:'此即能于水容山光,玉肌花貌无异见,是真解脱游戏耳。'"即,黄庭坚是以"解脱游戏"的笔调和态度来写作这些艳词的,并非心里执着于香艳之事。《冷斋诗话》中所记黄庭坚"颔之",且自后"不复作词曲",表明黄庭坚其实认识到艳词绮语带来的不良影响,尽管悟者自悟不受影响,却可使执迷者之迷更深,艳词绮语却能"以邪言荡人淫心",使人"逾礼越禁"。在法云秀的劝诫下,黄庭坚虽然没有真的"不复作词曲",却也于元丰七年(1084年)作《发愿文》以明"悚然悔谢"的心迹,文云:"菩萨师子王,白净法为身。胜义空谷中,奋迅及哮吼。念弓明利箭,被以慈哀甲。忍力不动摇,直破魔王军。三昧常娱乐,甘露为美食。解脱味为浆,游戏于三乘。安住一切智,转无上法轮。我今称扬,称性实语,以身语意,筹量观察,如实忏悔。我从昔来,因痴有爱。饮酒食肉,增长爱渴。入邪见林,不得解脱。今者对佛,发大誓愿。从今日,尽未来世,不复淫欲。愿从今日,尽未来世,不复饮酒。愿从今日,尽未来世,不复食肉。设复淫欲,当堕地狱,烈火坑中,经无量劫。一切众生,为淫乱故,应受苦报,我皆代受。设复

---

① 黄庭坚著、郑永晓整理:《黄庭坚全集辑校编年》第五辑,江西人民出版社2008年版,第619—620页。

② 惠洪:《冷斋夜话》卷十,第81页。

饮酒，当堕地狱，饮洋铜汁，经无量劫。一切后生，为酒颠倒故，应受苦报，我皆代受。设复食肉，当堕地狱，吞热铁丸，经无量劫。一切众生，为杀生故，应受苦报，我皆代受。愿我以此，尽未来际，忍可誓愿，根尘清净，具足十忍，不由他教，入一切智，随顺如来，于无尽众生界中，现作佛事。恭惟一身洞澈，万德庄严，于刹刹尘尘，为我作证。设经歌逻罗身，忘失本愿，唯垂加护，开我迷云。稽首如空，等一痛切。"① 文中体现出来典型佛经特征的慈悲胸怀，以及即烦恼而涅槃的大乘观念，以及深深的忏悔之意。

陈继儒言施绍莘"稽首曰'忏悔竟'"之语，表明施绍莘认为"虐浪俱是文章，演唱亦是说法"，绮语同样可以用以悟佛法，却也与黄庭坚一样认识到绮语带来的不良影响，故其"向古佛发露，忏悔一番"自己作品中的"风流罪过"。施绍莘援引这个典故，表明他受到黄庭坚之影响，以及在创作态度上与黄庭坚的相同。施绍莘并没有过多提到他受历代文人以及作品影响的痕迹，若细读其作品，就会发现他其实受到北宋文人的很深的影响，黄庭坚就是一个重要的事例。施绍莘同样受到了范仲淹的重要影响，这从两个小的事例中可以看出来。第一个事例，施绍莘有《谒金门·春尽》词，下阕云："无计留春住，只有断肠诗句。万种销魂，多寄与芳草斜阳树。"② 其中的"断肠诗句"或许受到秦观和贺铸的影子，如秦观《题郴阳道中一古寺壁二绝》之一云："门掩荒寒僧未归，萧萧庭菊两三枝。行人到此无肠断，问尔黄花知不知。"③ 贺铸的《青玉案》词写闲愁"一川烟草，满城风絮，梅子黄时雨"的"彩笔新题断肠句"，流传于众口之中，黄庭坚《寄贺方回》诗论云："少游醉卧古藤下，谁与愁眉唱一杯。解道江南肠断句，只今惟有贺方回。"④《谒金门·春尽》词中的"芳草斜阳树"出自范仲淹《苏幕遮》词的上阕："碧云天，黄叶地，秋色连波，波上寒烟翠。山映斜阳天接水，芳草无情，更在斜阳外。"⑤ 范仲淹的词同样说愁，如下阕云"酒入愁肠，化作相思泪"，然而

---

① 黄庭坚著、郑永晓整理：《黄庭坚全集辑校编年》第四辑，第385页。
② 施绍莘：《秋水庵花影集》卷五。
③ 秦观：《淮海集》卷十一，《四库全书》本。
④ 任渊注：《山谷内集诗注》卷十八，《四库全书》本。
⑤ 范仲淹：《范文正集》补编卷一，《四库全书》本。

这里的愁更多的却是从秋景的变化引发出内心的感发和慨叹。《谒金门》看上去是抒发只有用断肠之句宣泄春的离去及无法将春留住的恼怒，"芳草斜阳树"一语却将范仲淹《苏幕遮》词中的感发和慨叹包纳进去，词中的感情不仅仅只是对无法将春留住的宣泄。

施绍莘受范仲淹影响的第二个事例，上引套数《夜窗话旧》的自跋中，施绍莘感叹人生云"夫人生七十，谓之古稀。而初十年太少，后十年太老，中间止五十年。而坐困于塾师者几十年，羁缠于病冗者几十年，幽沉于风雨者几十年，所存几何哉。"人生若可以存活七十年，去掉初生十年的少年期、将去世的后十年，美好的时期只有五十年；五十年中，"坐困于塾师者几十年""羁缠于病冗者几十年""幽沉于风雨者几十年"，以此来看的话，美好的时刻并不多。明中期的刘守在套数《闺情》【一锦机】中云："人生好百年，能几三万日。常言七十稀，将往事思惟。二十三十，妙龄之际。四十将已及，早灭了容仪。"① 稍前于施绍莘的王问，小令【南越调浪淘沙】《慨世》云："人寿百年余，及早欢娱。中间睡梦半消除，又除了十岁孩童三十岁老，剩不得些须。"② 施绍莘所说与刘守、王令的曲子之意相同。这样来看的话，人生确实"剩不得些须"，确实是可悲又可叹。施绍莘自跋中的悲叹可能是看到过王问的曲子，其实更多的可能还是范仲淹的《剔银灯》词，《中吴纪闻》"范文正词"条援引范仲淹与欧阳修二人故事云：《剔银灯·与欧阳修席上分题》："范文正与欧阳文忠公席上分题，作《剔银灯》，皆寓劝世之意。文正云：'昨夜因看《蜀志》，笑曹操、孙权、刘备，用尽机关，徒劳心力，只得三分天地。屈指细寻思，争如共刘伶一醉。人世都无百岁，少痴騃，老成尪悴，只有中间，些子少年，忍把浮名牵系。一品与千金，问白发如何回避。'"③ 施绍莘与王问作品中关于人生年月的感叹，应该都来自范仲淹词中的"人世都无百岁，少痴騃，老成尪悴，只有中间，些子少年，忍把浮名牵系"一句。差别的是，王问看到人生"剩不得些须"而要"及早欢娱"，范仲淹词中感叹"忍把浮名牵系""问白发如何回避"，似乎也是感叹不应该将人生浪费在"浮名"上，实际上二者有着本质的区别。

---

① 谢伯阳编纂：《全明散曲》第一册，第844页。
② 谢伯阳编纂：《全明散曲》第二册，第1739页。
③ 龚明之：《中吴纪闻》卷五，《四库全书》本。

联系到《岳阳楼记》以及其他的文章，范仲淹追求的是对"道"的认同，是"先天下之忧而忧，后天下之乐而乐"胸怀的流露，世人多追逐功名而不求"道"，并不是文人学士所应有的真正胸怀。《剔银灯》词中的"问白发如何回避"，不是回避没有"及早欢娱"的悔悟，而是对求"道"的路程上没有做得更多，有一种超越当下放眼历史长河的超脱与感悟。施绍莘的曲子及其在自跋中所述之语，虽无范仲淹那般的求"道"之意与胸怀，却同样具有一种超脱的感悟，自跋的下句云"幸有一字诀曰忘，庶以寡情得安乐法"，是以佛教的观念忘却世间之缘而自得安乐，故其《西江月·警悟》词云："个个难抛紫绶，人人怕老头巾。与谁两个争输赢，恁地不知安分。　卜算从来不准，凭天自由前程。算来懵懂胜聪明，落得无愁无闷。"① 词中确实充满了对人生的警悟，这种警悟与范仲淹词中表现出来的超脱非常相似。

《谒金门·春尽》词中的"无计留春住"之语，以及《蝶恋花·途中有寄》第一句云"雨横风狂春信早，苦雨愁风，只使行人恼"②，又会联系到施绍莘与欧阳修的关系。欧阳修《蝶恋花》词云："庭院深深深几许，杨柳堆烟，帘幕无重数。玉勒雕鞍游冶处，楼高不见章台路。雨横风狂三月暮，门掩黄昏，无计留春住。泪眼问花花不语，乱红飞过秋千去。"③ 可以看到，施绍莘"无计留春住""雨横风狂春信早"都是出自欧阳修的《蝶恋花》，明初张庸《癸丑岁梅溪闻鹃》诗中的"尾长翼短路复迷，雨横风狂春已暮，且向庭前树上栖，莫向天津桥畔啼"④，可能也是施绍莘参考之诗句。第二个能够联系到施绍莘与欧阳修之关系的，是施绍莘《临江仙·茉莉》词，下阕云："点向佳人青两鬓，一团雪晕微生。在人头上更亭亭。水晶簪子插，斜傍玉钗横。"⑤ 欧阳修曾有过同样的词句，《尧山堂外纪》曾记钱惟演与欧阳修的典故云："钱文僖（钱惟演）宴客后园，一官妓与永叔后至，诘之，妓云：'中暑往凉堂睡，觉失金钗犹未见。'钱曰：'乞得欧阳推官一词，当即尝汝。'永叔即席赋《临

---

① 施绍莘：《秋水庵花影集》卷五。
② 施绍莘：《秋水庵花影集》卷五。
③ 欧阳修：《文忠集》卷一百三十二，《四库全书》本。
④ 朱彝尊：《明诗综》卷十二，《四库全书》本。
⑤ 施绍莘：《秋水庵花影集》卷五。

江仙》词。坐皆击节,命妓斟满送欧,而令公库尝钱。"欧阳修作的这首《临江仙》的下阕云:"燕子飞来窥画栋,玉钩垂下帘旌。凉波不动簟纹平。水精双枕,傍有堕钗横。"①欧阳修这首戏作,屡屡为后来之文人所提到和引用,施绍莘词中的"水晶簪子插,斜傍玉钗横"自然是出自欧阳修的"水精双枕,傍有堕钗横"了。

  上述援引的曲子、词句,可以确信施绍莘从范仲淹和欧阳修中受到很多的影响,范仲淹和欧阳修都与佛教有交涉,与范仲淹借佛教观念树立起胸怀天下的担当、欧阳修借排斥佛教树立起儒家担当大任的抱负不同,施绍莘的佛教观念与黄庭坚最为接近,借绮语与艳情表达空无,以怀古、叹古表达无常的慨叹。施绍莘的佛教观念,总结来说是以绮语悟空,以变迁明无常,从实质来说更符合佛教真实的意旨。上文提及施绍莘的艳情与绮语之曲子实际上寓含着其难以言明的寄托,这种寄托于范仲淹和欧阳修以诗文寄托内心的志意与抱负的表达不同,施绍莘的寄托即是以绮语与艳情悟空,以变迁揭示无常。

  以绮语与艳情悟空,上文已有所说明,此处可以再添加一些曲子和评论。套数《幽期》后妙喻法师评论说:"摹写曲尽,波澜无穷,子野久已闻道,如此绮语,亦应忏悔。"如妙喻法师之言,对佛门中人来说,《幽期》一首作为抒写爱情的曲子,确实有些香艳,如【香遍满】云:"蟾勾趄影,花阴悄然门已扃。把指弹弹挥不应,弓身潜自听。轻轻嗽一声,回头,怕有人闪过荼蘼径。"写女子夜间去赴约,却又怕被人看到,将女子的渴望与情人见面又担心被发现的忐忑心理描写得非常细腻与形象。曲子后有韩公选评论此曲可谓"艳绝"②,对于佛门中人来说,的确属于绮语之范畴了。又如套数《舟次赠云儿》【二郎神】云:"春云卷,看冉冉飞来逐水仙。曾记襄王宫里见,轻盈腻滑最堪怜,似玉如绵。忽一阵轻风生暴暖,早添上晕霞如线。情性软,抵多少花间嫩雨轻烟。"这是相当绮语的曲子了,君泰在曲子后评论云:"醉死香魂,销沉艳骨。风流蕴藉,绝世无双。"③施绍莘写这样的曲子并不仅仅是为了书写绮语与艳情以吸引人,更是以这样的绮语、艳情表达佛教的观念,如在套数《赠

---

① 转引自《御选历代诗余》卷一百十四,《四库全书》本。
② 谢伯阳编纂:《全明散曲》第三册,第3879、3881页。
③ 谢伯阳编纂:《全明散曲》第三册,第3883、3884页。

人》序中云："花梦觉来无梦，心禅了处皆禅。忽然遇着旖旎花，乃眼前花耳。偶尔卖弄文字禅，亦嘴头禅乎。"这些绮语亦如禅宗的文字禅而已，如曲子中的【懒画眉】云："尊前瞧见那冤家，头一个风流定数他。水晶簪子插梅花，忒煞撩人价，斜刺里，刚刚觑着咱。"【赚】云："晕脸潮霞，就害死相思有甚差。温甜话，端详句句绽心花。可怜他，妆非脂粉娇难画，韵做心肠性好拿。相逢乍，他佯羞不揣还相迓，掉他不下，闪他不下。"【皂角儿】云："穿一双花帮绣鞋，簇一团着人温麝。把风流尽数收来，扬愁烦耍人牵挂。我本是梦余花，泥里絮，病相如，慵内翰，也有些尴尬。银河咫尺，何年泛槎。肯许我桃花渡口饭否胡麻。"【尾文】云："道人也说风情话，岂是情痴未醒耶，便算做情痴题寄者。"曲句不可谓不绮语与艳情，施绍莘都将其视为文字禅，故陈继儒评论说："'道人也说风情话'，正王辰玉所谓'豪杰簿上写相思，神仙眼里滴红血'也。从来有根器人，每于粉黛丛中，认取本来面目。不知者，便以为火宅矣。"君深评云"韵人作俊语，自然字字韶令。若第强作解事，恐未免带学究气、文人气耳。"① 这些绮语不能"强作解事"，只能借文字本身去认取绮语之后的"本来面目"。钱四如评论套数《中秋》"凄怨缠绵，风华蕴藉"，曲子中寓含"达生之言"，更兼有"情致之语"，直分不清是"美人"还是"道人"②，故施绍莘的曲子是绮语的同时也是佛语。

套数《妾初度偶言》是更好的事例。施绍莘在曲子的自序中说："穷村僻远，三径成蒿，雨暮风朝，还往竟绝，洞花幽草。时以翻经绣佛之暇，相与寻讨烟霞，勾当香茗，此中幽趣，岂堪语忙人乎。乃因其初度，播之声歌，而私命其篇为北山迂叟房中之乐。"序中的"时以翻经绣佛之暇"相互"寻讨烟霞，勾当香茗"之幽趣，必然寓含佛教之乐，曲子亦必然寓含佛教之观念。曲子不长，只有四首，【南中吕渔家傲】云："今日里把往事从头作话题，不觉的日子三千。年头又八，我你容颜俱苍矣，各添年纪。俺守着经卷丹炉，你只是荆钗布衣。但年年花谢花开，花开时进酒卮。"【剔银灯】云："你姻缘事谁知在这里，前生事便嫁穷酸也何愧。几间屋正与翠巍巍前山对，几个人只在艳腾腾群花内。终年终日如

---

① 谢伯阳编纂：《全明散曲》第三册，第3877—3878页。
② 谢伯阳编纂：《全明散曲》（增补版）第六册，第4660页。

此，桑海变，俺和伊兀是不知。"【地锦摊花】云："谢天公，安顿咱和你。命福不低，乐田园案举眉齐。醉月吟风，斗茗围棋，永相依，享用些太平日。"【美娘儿】云："折花折花来上寿，花香点绣衣。把酒把酒双劝饮，红潮脸上脂。檀郎豪俊会填词，歌儿舌脆音律细。一簇一簇琼箫沸，似月满似秦楼跨凤时。"曲子中提到长生、丹炉等，表面上是讲道教，实际上从自跋中可看出施绍莘是在抒发佛教之意，自跋云："予山居在东西二畲之间，其地土肥水滑，宜花便木。丙辰冬，作半闲精舍在山腹，明年作就簏新居在山足。不五六年，树可荫人，而竹皆抱孙矣。更以亭台庵阁，点缀其间，虽不事华饰，然自是幽微妍稳。春花发艳，秋木陨黄，屋角参参，出没于红涛锦海之内。篇中'几间屋正与翠巍巍前山对，几个人祇在艳腾腾群花内'，盖实录也。夫吾辈进不能膏雨天下，若退又不能桔槔灌园，是真天地间一腐草，亦焉用此四大为。予自分无洪福，不敢负淡缘，凡移花接果之方，开畦疏水之法，莫不悉心悉力为之。今幸有小成，花木畅茂，禽留不去，山隐转奇，桥柳台松，古秀妩媚。春深秋早，日美风恬，得与村翁渔叟筋花问竹于其间。或令椎髻孟光，携东阁中人，矖花红，调竹粉，媒花斗草以为乐。盖用志不分，天遣食报。予既易之以劳，复享之以淡，庶几不取罪于彼苍。而予之筋骸骨血，亦差不为人间真弃物耳。予尝有诗曰：'苍生久矣无霖雨，三径何曾有旱荒。筋力未尝无用处，要销花福为花忙。'盖用以自勖，不敢甘自暴弃，孤负老天眷顾盛心也。"跋中的"吾辈进不能膏雨天下"隐寓其曾经有的类似于范仲淹"先天下之忧而忧，后天下之乐而乐"的志意，或者是儒家"兼济天下"的抱负，只是不能实现；"退又不能桔槔灌园"，尽管志意与抱负不能实现，却又不甘心做一个完全、纯粹的只谋取自己生计的农夫；"四大"自然是指佛教的四大了。序中虽然有失意之感，施绍莘却能为自己开解，让自己融入佛教之乐中，故陈寿卿评论道："扭声色入烟霞，将风情用花月，趣淡弥真，境冷逾热，子野可谓巧于享受矣。"施绍莘"巧于享受"的不是声色，而是佛教之乐。类似这样的绮语与艳情之曲，目的是要读者"认取本来面目"，从"道人"的风情话中体认出佛教之乐，陆性凤因而评论说："星剑霞衣，仙风道骨，岂真脂粉中人耶。"[1] 施绍莘确实并不是

---

[1] 谢伯阳编纂：《全明散曲》（增补版）第六册，第 4672—4673 页。

完全之"脂粉中人"。

套数《妾初度偶言》除以脂粉说佛教之观念外，曲句中"年年花谢花开""桑海变"等语又以道教之词语表达佛教之无常观念。对无常的感慨，是施绍莘曲子中抒发的重要主题。施绍莘感慨无常之变迁的基本都是篇幅较长的套数，如套数《金陵怀古》云：

【夜行船】虎踞龙蟠，看江山妍秀，古今都会。人间事，日夜潮来潮去，兴废。楚楚衣冠，扰扰干戈，纷纷宅第，如沸。今做了草头烟，寻得个断碑无字。

【前腔】痴儿，凿破方山，笑区区人力怎回天意。无多日，楚汉龙蛇并起，从兹三世开基，五马龙飞，六朝更替。惭愧，空费尽祖龙心，依旧有人称帝。

【斗黑麻】残棋，赌罢输赢，把楸枰剩在，再寻敌对。叹齐梁陈宋，总无长技。谁知，佛寺已劫灰，高台是祸基。鸟空啼，只见如梦前朝，在淮水东边月里。

【前腔】堪嗤，天堑中分，尽长江设险，好图机会。怎神州未复，楚囚流涕。吁嘻，清谈岂事机，偏安岂帝基。总灰飞，说甚砥柱中流，但挥尘风流而已

【锦衣香】叹前朝，真儿戏，到如今，英雄泪。还笑几许么麼，要窥神器，谁知天命有攸归。和阳一旅，日月重辉，笑谈间万里扫腥膻。羯胡北去，雪尽中原，耻替古今争气。钟山呵护，别开天地。

【浆水令】竟谁知北平兵至，破金川天心暗移，腐儒当国等儿嬉。纷更是非，不合时宜。周官制，成何济。成王已挂袈裟去，孤臣泪孤臣泪滔滔江水，年年化年年化杜鹃啼

【尾文】渔樵话里成兴废，叹今古暮三朝四，向胡涂帐里大家痴睡。

曲子感叹金陵作为古都的历史兴衰，权力的更替在历史洪流中就如同棋局一般，参与者纷纷赌输赢，其实不过是"潮来潮去""总灰飞"，无数的兴废只剩下"草头烟"与断碑残垣。曲子中其实寓含了施绍莘的志意，即【锦衣香】与【浆水令】中所表达的，"前朝"指的是朱元璋与

建文帝，施绍莘在曲子自序中云："天生吾辈多情，常以今人吊古，览江山之秀丽，恍业海之升沉，无不触目而感兴，乃遂谐声而按律。盖怆兴废于前人，总成陈迹，而辨是非于后死，差有古心，如金陵者，诚古今佳丽之地，更国家根本之区。稽往事则六朝之遗迹极多，已是死灰之不起。仰遗烈则圣祖之明威如在，岂无信史之可言。因兹搦管而陈词，心花渗墨，当亦循文而见志，泪血成珠。嗟乎，文皇之嗣统，天也时也，《周官》之辅政，才耶德耶。不能无迂儒误国之悲，宁自禁野老吞声之哭。将闲心与春草俱青，而遗恨付江流无尽而已。"建文帝即位之初，就接受齐澄等人的建议进行削藩，结果朱棣起靖难之兵，占领了南京，自任为帝。曲子以及序中的"腐儒当国等儿嬉"指的是齐澄不合实际的削藩建议和策略。"周官制"指的是方孝孺致力于恢复周代的官制，《明通鉴》卷十二叙其更定官制事云："更定官制，用学士方孝孺议也。升六部尚书为正一品，设左右侍中，位侍郎上。改都察院为御史府，都御史为御史大夫。罢十二道为左、右两院，左曰拾遗，右曰补阙。改通政使司为寺，大理寺为司，詹事府增置资德院。翰林院复设承旨，改侍读、侍讲学士为文学博士。设文翰、文史二馆，文翰以居侍读、侍讲，文史以居修撰、编修、检讨。又，殿、阁大学士并去大字，各设学士一人。改谨身殿为正心殿，增设正心殿学士一人。其余内外，大小诸司及品级、阶勋悉仿《周礼》制更定。时论以为不急之务，而孝孺志在复古，上悉从之。"方孝孺对官制的这些更定，只是根据《周礼》进行名称上的变化，对改革官僚体制、提高处理政事的效率等方面，毫无实际作用，所以被认为是"不急之务"，建文帝却"悉从之"。施绍莘认为建文帝君臣皆迂腐而不当，为朱棣所败在情理之中。曲子看上去是为建文帝抒发不平，其实并不尽然，靖难之役已过去两百年，施绍莘及先祖应该与靖难之役并没有什么瓜葛，【浆水令】中的"竟谁知北平兵至，破金川天心暗移""纷更是非""孤臣泪孤臣泪滔滔江水，年年化年年化杜鹃啼"等句，更多的是对金陵再次变迁、兴衰的感叹。顾彦容评论此曲云："金陵自齐梁以来，称烟花洞天，金粉福地。昔贤题咏，奚啻累牍。有云'旧时王谢堂前燕，飞入寻常百姓家'，悼晋也。有云'商女不知亡国恨，隔江犹唱后庭花'，伤陈也。至'王濬楼船'一章，压倒元白，亦止叙破吴事耳。荆公《桂枝香》绵婉清新，脍炙人口，虽云本色当行，未必扶风植纪。独子野凭吊千秋，扬摧昭代，胪兴亡之故案，搜今古之前车，恨周官为纷更，叹当轴为儿戏。觉一段深情幽愤，隐现于珠歌绢字之中，直令断碣残碑，凛含生气。丧师屋社，咎有攸归，岂第作关马优孟争妍韵调已哉。王元美评《幽闺》云：'无词家大学问，一短也；既无风情，又无裨风教，二短也；歌演终场，不能使人堕泪，三短也。'盖必如子野此词，才免三短。噫，难言之矣。"王世贞对《幽闺》一曲的评价不高，或许只是着眼于词句与情感，没有注意施绍莘以绮语悟空之意。顾彦容《金陵怀古》非"关马优孟争妍韵调"之作，唐叔扬在套数《赠别和彦容作》后评论施绍莘乃比肩于关汉卿、马致远："情言，凄怆缠绵，直欲刺人心，堕人泪，使关马再生，犹未知孰为瑜亮也。"[1] 唐叔扬的评价与王世贞的评价几乎正好相反，一言施绍莘曲子"不能使人堕泪"，一言"直欲刺人心，堕人泪"，综合施绍莘当时曲子的流行来看，唐叔扬的评价应该是更客观一些。非"关马优孟争妍韵调"之语，即《金陵怀古》所写之内容、所要表达之意与绮语和艳情无涉，而是包含着强烈的对变迁和无常的感叹，曲子后有存人的评论说："此关系大文字，非目空四海，胸藏万古，岂能雄浑如此。"[2] 实事求是而论，《金陵怀古》蕴含的感叹，确是"目空四海，胸藏万古"者方能作出。

施绍莘曲子中对无常感叹最为深刻的，是套数《钱塘怀古》。钱塘在历史上曾是繁华之地，钱塘名胜"甲冠江南""终日画船箫鼓"，越是这样的地方，越容易引起今昔的比较和感叹。施绍莘"过六桥而见桃李之空花，步孤山而趁鹤梅之幻影"，自然风景虽仍在，曾经无限风流的人物却已去。睹景思人，风流人物的故去与景色的恒存，"终日画船箫鼓"之景更使人感到叹惜与凄凉，施绍莘在曲子前自序云："凄凉何限，千年荒冢狐狸，两岸青山，可是文人笔冢。一朝红雨，依然粉面啼妆。干戈已歇，空余草木之兵。陵墓无痕，只剩牛羊之笛。谁分谁是而谁非，孰辨孰兴而孰废。似分劫火于秦坑，烧空热焰。爱赋文波于江管，写尽闲心。敢云字字可怜，窃谓声声是恨云尔。"整首曲子可谓"字字可怜""声声是恨"。

---

[1] 谢伯阳编纂：《全明散曲》第三册，第3859页。
[2] 谢伯阳编纂：《全明散曲》第三册，第3772—3774页。

【南仙吕入双调夜行船】传说钱塘,是莺花山水闹天热地,谁知是千古有情人泪。愁睇,古路残碑,废井新田,断桥荒寺。如此,知换却几多人可是影中装戏。

【前腔】萋迷,白傅堤边草,含颦不辨笕湖碑记,人烟聚六井不淘荒废。谁知功在苍生,也有而今,空劳心计。闲气,还有个恨无边塔下千年庆忌。

【黑麻亭】堪疑,野老林逋,但妻梅子鹤,淡缘高寄。问玉簪端砚,此人何罪。淹泪,百岁有尽期,诗人也废基,暗悲凄。只有苏合花深,仿佛断桥名句。

【前腔】重题,坡老当年,尽风流太守,问花参偈。自黄州去后,六桥烟蔽。痴睡,琴操久不归,朝云甚处飞,恼人意。眼见苏小坟头,松柏尽枯无树。

【锦衣香】问衣锦山,谁荣贵。问翠微亭,谁恬退。只可惜报国精忠,奉牌十二,十年心力一朝灰。千秋切齿,碟桧分尸,笑优游人在半闲堂。身谋家计,人国同儿戏,葬身无地,如今化作业风妖气。

【浆水令】种冬青痕消迹废,问遗民谁知是非,从来亡国总灰飞。伤心至斯,天道何知。桑麻地,烟花市,焉知不是藏龙处。真堪哭,真堪哭,苍烟荒雨。公然见,公然见,遁窜狐狸。

【尾文】江流九曲疑成字,写不尽古今兴废,可怜月送暮潮归去。

顾彦容认为施绍莘的这首曲子是一部西湖的游览志,评云:"癸亥三月,予坐雨湖上,亦成吊古一阕,然只写赵家南渡而已。子野揽古综今,举一切幽踪秘迹,艳种愁端,尽谱之竹肉。尝从耳热后,按拍歌之,恍入六桥花月,两山烟雨中。即以此七调,当一部游览志可也。"这部游览志不是钱塘景色的游览志,而是钱塘历史的游览志,更是钱塘历史兴衰的游览志。以一首曲子囊括钱塘之兴衰,可谓大家手笔。与顾彦容"举一切幽踪密迹"的评论相似,徐彤父评论道:"西湖事迹极多,此词收括无遗,缝合无迹,殆化工手也。至笔意之老,墨气之新,更须独步词家矣。"

《钱塘怀古》可谓是写尽无常之变化与感慨。钱塘历史之悠久,人物与景物曾经之繁盛，却因亡国而灰飞，令人"伤心至斯"与感慨至斯，耳热后按拍歌之"恍入六桥花月，雨山烟雨中"便是感慨至斯的深入表现，曾经的"六桥花月"、曾经的"雨山烟雨"恍如历历在目，现在却是"公然见遁鼠狐狸"，两相对比，令人何其慨叹。施绍莘在曲子后的自跋，又将这种感慨抒发得淋漓尽致，跋云："武林城平直如几，两高峰突屼如夐。而西湖一点圆明，正如青铜出匣，为古今业镜。凡兴亡炎冷，总无遁形。譬之宝镜临妆，今朝之眉晕才新，明旦之鬓鬟重换。妍嬉好丑，自去自来，清光不改，止添藓绿。然而照镜美人，已不知换却几多矣。此词极言影花泡幻，颇似该核，而调笑悲啼，两极其致。是使古今无遁形者，西湖也，使西湖无遁情者，此词也。攒愁数恨，传古人不死之心，画地指天，耸今人欲竖之发。盖撅翻二十一史，散寄于天人之籁，使千秋血泪化形为声，庶几磅礴亢虚，而风呼雨号，皆是物耳。当试于苏公堤上，处士坟头，山雨欲来，桃云半死。以一红牙，一头管，曼声唱之，当年绮艳，今日凄凉，总随竹肉余声，零乱于烟花草蝶之际。而青山不语而含颦，黄鸟欲言而无字。尔时柳眼花须，无不惨惨欲泪，而何况吾辈也。犹记戊午初夏，薄游江阴，偕沈德生、张曙台、夏子奇、周尔章登君山绝顶，江流浩荡，山色参差，怀古情深，愤悱欲发。适有渔歌一声，隐起于苍波浩渺之外，不觉大叫欲绝，相对泫然。盖惟声感人，正不须辞与境合，况此声声沉痛，将眼前兴废，挑人肺肠耶，宜乎其感怆之深矣。"钱塘之景色"清光不改"，照镜美人"不知换却几多"，这就是历史，就是无常。与历史的无常相比，风流人物、功业富贵等无不是"影花泡幻"。施绍莘将佛教观念灌之于"影花泡幻"之笔，使"古今无遁形"。施绍莘之曲绮艳，表达的却是今日"古路残碑，废井新田，断桥荒寺"之凄凉，读来令人伤感和沉思。施绍莘后来为此曲子又补一自跋，云："世间升沉万状，触目可怜。屈指君山吊古，曾未十年，而德生已化为异物。曙台诸君，亦迥绝天水。空有书来，人远梦破人离耳。即此已足千古之恨，不须更向夕阳衰草问断碣残碑也。《花影集》行，曙台诸君会应见之，当知酒徒无恙，老更情痴。芜词半幅，便可作寒暄书矣。独恨松杉烟雨中，有一不可复作之德生，从此千秋万岁，永为羊牛樵牧之墟。但供有心人感怀寄恨之，具宁不痛哉，宁不痛哉。"自跋又将对历史无常的感叹，移之于自身，感叹自己周围友人的逐渐消逝。其中的"君山吊古"，施绍莘有《江城梅花引·君山吊古》词,词的上阕写自然之景的不变:"海社江门鳌背上,一卷之石。飘渺外,乱帆高下,乱鸥浮没。浪势远冲风倒立,波光浩荡天相蚀。却等闲,容我一衔杯,浇胸臆。"下阕写历史与人事的变与无常:"伤楚事,空陈迹。断碑记,无人识。但老鸦枯树破家亡国,旧石高坟今已棘,当初盗国空为贼。倒供人,一醉一题诗,称豪逸。"① 此词与《钱塘怀古》曲子表达的情绪完全一致,施绍莘曾与沈德生一起在君山吊古,沈德生的去世,更加深化了施绍莘对人事之变与无常的慨叹。

曾经"荣贵"与风流的灰飞烟灭,或许人生正如施绍莘所表达的,"隐起于苍波浩渺之外"的渔歌似乎才是人生的真正归处。沈与可在曲子后的评论,可能是对施绍莘这种人生归处的回应:"余往游湖,当山空霜满之候,蛩凄猿怨之辰。水浅鸥明,松繁钟碎,乃放小艇,历孤山,出西冷。于寺,于桥,于曲楼遥树,于断岸,于残邨,无不极动息留连之致。炉沸高人之语,香参古树之魂。携子野右词,放歌哀吟,飞鸟为之徘徊,游鱼听而决骤。吴王台上鹧鸪啼,越王宫中乌鹊飞。只令人念鸱夷子,五湖谁载月明归。归与归与,复令我遐想扁舟时也。"一叶扁舟,逍遥于湖海与江山烟霭间,董子爱评论说:"闻子野先生,雅以张子野自命。予生也晚,不获登堂奉教,唱云被月来之句。时听吾友巨卿、存人、敬安诵说胜情,擒扬藻艳,弥深向往。适同游西湖,巨卿携此词相示,撼事入化,怀古多情,令人欲歌欲泣,恍从江山烟霭中晤对先生,当不复仅不见古人之恨矣。"②

"荣贵"与风流只剩下断碣残碑,"隐起于苍波浩渺之外"的渔歌的超然,施绍莘放弃了"谁分谁是而谁非,孰辨孰兴而孰废"的思论,《青玉案·述怀》词其二中说道"高低休论,是非休消,争甚闲公道"③,应该是施绍莘佛教观念最终的归宿。

---

① 施绍莘:《秋水庵花影集》卷五。
② 谢伯阳编纂:《全明散曲》第三册,第3793—3796页。
③ 施绍莘:《秋水庵花影集》卷五。